Kleinkunststücke

Eine Kabarett-Bibliothek in fünf Bänden

Herausgegeben von Volker Kühn

# KLEINKUNSTSTÜCKE

Band 5

# Hierzulande

## Kabarett in dieser Zeit ab 1970

Herausgegeben von Volker Kühn

QUADRIGA

Die Deutsche Bibliothek – CIP-Einheitsaufnahme

**Kleinkunststücke** : eine Kabarett-Bibliothek in fünf Bänden / hrsg. von Volker Kühn. – Weinheim ; Berlin : Quadriga.
NE: Kühn, Volker [Hrsg.]

**Hierzulande** : Kabarett in dieser Zeit ab 1970 / hrsg. von Volker Kühn. – Weinheim ; Berlin : Quadriga, 1994
(Kleinkunststücke ; Bd. 5)
ISBN 3-88679-165-3
NE: Kühn, Volker [Hrsg.]

Bd. 5 Hierzulande. – 1994



Lektorat: Harro Schweizer
Satz: Satz- und Reprotechnik GmbH, Hemsbach
Druck und Bindung:
Druckhaus »Thomas Müntzer« GmbH, Bad Langensalza
Umschlaggestaltung: Manfred Manke
Printed in Germany
ISBN 3-88679-165-3

# INHALT

WIR SIND WIEDER MEHR



SO SEHN WIR AUS

# VORWORT

Kabarett hierzulande und in dieser Zeit – in ein paar Jahren wird die freche Muse hundert. Es geht auf die Jahrhundertwende zu, wie damals zu Zeiten der Bel Epoque, als Brettl-Baron Ernst von Wolzogen zu seiner kulturellen Sightseeing-Tour ins benachbarte Frankreich aufbrach, auf Montmartre eine Entdeckung machte und alsbald erste Pläne für ein deutsches Kabarett schmiedete.

Was dabei herauskam, war Cabaret, Überbrettl-Tingeltangel, eine unverbindliche Tändelkunst, die bald ihre Unschuld verlor, mündig wurde und sich nach dem Ende der wilhelminischen Ära zum Kabarett mauserte. Das harte K kam nicht von ungefähr ins Markenzeichen der zehnten Muse. Das jähe Erwachen, das dem hurra-patriotischen Tagtraum angesichts des Völkermords des Ersten Weltkrieges folgte, zeigte Wirkung: Das Kabarett definierte sich neu, politisierte sich, nahm Partei, engagierte sich, sagte Nein, lebte Opposition.

Wer immer fortan die Kleinkunstkiste bediente, mußte sich daran messen lassen, was Kabarett ist, sein kann und soll: Botschaften von unten, die sich an der Zeit entzünden, die Stellung beziehen, die Unruhe stiften, Poesie beschwören, Betroffenheit artikulieren, sprachlose Wut verbalisieren, Mißstände geißeln, Unausgewogenes formulieren, auf Notwendigkeiten pochen, der Ohnmacht Stimme geben, uneingelöste Rechte einklagen, Grenzen überschreiten, Scheinwahrheiten aufdecken, auf Veränderung drängen. Und das alles mit der Lust am homerischen Gelächter zwischen Zwerchfell- und Hirnkitzel, am Anarcho-Spaß, der Energien freisetzt anstatt einzuschläfern. Alles andere ist Etikettenschwindel.

Die Kabarettisten haben sich oft fragen lassen müssen, was sie denn eigentlich wollen, wo doch die Erde so schön und rund sei. Kabarett will, daß sie bewohnbar bleibt, Kabarett will die Welt, wie sie ist, auf den Prüfstand stellen und dabei den Widerspruch zwischen Anspruch und Wirklichkeit aufzeigen. Und Kabarett will sich letztlich abschaffen, indem es für eine Welt plädiert, die, würde sie denn Wirklichkeit, Kabarett überflüssig werden ließe. Schöne Aussichten – ein Blick in die Morgenzeitung und die Tagesschau lehrt, daß uns das Kabarett noch lange erhalten bleibt.

Keine Frage: Es wird gebraucht. Und so kabarettelt es hierzulande allerorten. Das Kabarett boomt in letzter Zeit, aber es inflationiert sich wieder zunehmend als harmlos-heiteres Unterhaltungs-Angebot für jedermann. Will man gewissen öffentlichen Spaßmachern Glauben schenken, so sind in den letzten Jahren wieder, postmodern und ohne Harm, paradiesische Zustände über uns hereingebrochen, die Satire nicht mehr brauchen: seitdem wird wieder nach Herzenslust geblödelt, geblökt und auf die Bumsfallera-Trommel gehaun – das alles banalfidelt wieder munter drauf los. Man paßt sich ans Schlimme an und preist sich glücklich, wenn man vergißt, was da nicht zu ändern ist. Von der Reibung zwischen dem Einzelnen und der Geschichte keine Spur.

Tatsächlich wird das Kabarett unserer Tage hierzulande natürlich nicht ausschließlich von der Flucht in die Lachwerte bestimmt, auch wenn das Fernsehangebot an zeitgenössischem Kabarett das vermuten läßt. Das wird allein schon durch die Beiträge dieses Bandes ausführlich belegt. Hüsch und Hildebrandt sind noch da, und die Altmeister der Satire haben Nachfolger gefunden, die wissen, wie sich Kabarett im Deutschen professionell buchstabiert und was Tucholsky meinte, als er die Frage so stellte: »Also wat nu – ja oder ja?«

Und doch schmeckt der Zeitgeist nach Gründerjahren. Ein Kabarett mit starkem Hang zum großen C ist auf dem Vormarsch und bläst tingeltangelnd zum großen Halali. Also alles von vorne? Von Zeit zu Zeit erscheinen hupfdohlige Blödelmänner auf dem Kabarett-Podium, verkünden lauthals und minimalhumorig das Kabarett für tot und das Zeitalter des totalen Cabaretainments für angebrochen, den »moralischen Zeigefinger« der Tucholskys, Mehrings, Weinerts und Kästners für abgebrochen und singen mal wieder das Hohelied der unpolitischen Pointe, die nach allen Seiten zündet und mit dem Blödel-Knaller flächendeckend fröhlichmachende Glückseligkeit versprüht.

Kabarett mit C? Es sieht zuweilen so aus, als fände das Kabarett auf dem Weg ins 21. Jahrhundert, hier und da wenigstens, wieder zu den Wurzeln zurück, die ein deutscher Brettl-Baron vor knapp hundert Jahren hierzulande eingegraben hat.

Aber die Geschichte, so heißt es, wiederholt sich nicht. Ähnliches ist von der Kabarettgeschichte zu erwarten. Kabarett mit C? Das K lauert still vor sich hin. Und Totgesagte leben länger.

Schmitten, im September 1994 Volker Kühn

# Wieder Frieden im Land

## Nachrufe auf eine Utopie

Was willstu machen. Wenn du was willst.
Und die Verhältnisse, die sin nich so.
Dann mußtu eben auffe Verhältnisse los.

*Kuddl Schnööf alias Jochen Steffen*

Das Kabarett der Siebziger beginnt mit einem Erbe. Der 68er-Traum ist noch nicht ausgeträumt, das Erwachen wird Ernüchterung bringen. Der rebellische, aufmüpfige Ton, den das Kabarett in Anlehnung an Ziele und Gestus der außerparlamentarischen Opposition auf die Kleinkunstbretter bringt, verstummt allmählich angesichts realpoltischer Gegebenheiten. Clevere, weitsichtige Politiker, die Ursachen und Argumente der Studentenrevolte ernst nehmen und sie in parlamentarische, staatstragende Bahnen umzulenken beginnen, nehmen den Kabarettisten zunehmend den Wind aus den Segeln.

Der Protest zielt weitgehend ins Leere, wo sich die politische Wirklichkeit scheinbar den Unmut zu eigen macht und grundsätzliche wie grundgesetzliche Änderung verspricht. Die Politik gibt sich reformfreudig und läutet die Zeit der großen Sprüche ein, plötzlich will man sich zum Anwalt berechtigter Interessen machen, will man »mehr Demokratie wagen«.

Angesichts des virtuosen Kunststückchens, in dem der Bock die Rolle als Gärtner spielt und um Vertrauen wirbt, bleibt so manchem Satiriker die Spucke weg und die Luft aus. Erste Ahnungen davon, daß sich vom Kabarettkeller aus die Wirklichkeit nicht verändern läßt, dämmern in den Köpfen, die man sich eben noch über Alles oder Nichts, über die Veränderung von Grund auf zerbrochen hat: Die Kabarettisten im Kleinkunstkeller – ratlos.

Als erster wirft Schandschnauze Neuss das Handtuch und tritt den Gang in die Stille an, auch wenn er sich gelegentlich aus den eigenen vier Wänden in altgewohnter Schmäh-Manier zu Wort meldet. Wenig später verabschieden sich in Berlin das *Bügelbrett* und das *Reichskabarett* vom APO-Brettl und geben auf.

Am allseits ausgestreuten jüngsten Gerücht, den linksengagierten Kabarettisten fehle es, seit in Bonn die sozialliberale Koalition regiert, an Themen und politischer Gegnerschaft, läßt sich allenfalls ablesen, wie wenig die, die ihm Glauben schenken, die schöpferische Unruhe der Sechziger in ihrem Kern verstanden haben. Die Parteilichkeit, der sich das rebellische Kabarett der APO-Zeit verpflichtet fühlte, war wahrlich aus anderem Holz geschnitzt als ein sozialdemokratischer Büttel.

Der Unmut, der die Studenten in den Sechzigern auf die Straße getrieben hatte, ist und bleibt vorerst noch im Kabarett der frühen Siebziger präsent – der direkte, scharfe Ton, der da vom Kabarett-Podium nach außen dringt, zeigt sich unversöhnt und klagt noch im Nachruf auf eine Utopie uneingelöste Versprechen ein.

Dieter Süverkrüp

# Die Revolution ist beendet

Scheren Sie sich weg hier!
Haben Sie nicht gehört? Die Revolution ist beendet.
Mögen Sie vielleicht 'ne Tasse Tee?
Die Revolution ist leider beendet.
Müssen Sie doch gemerkt haben.
Alle haben es gemerkt.
Nur Sie nicht!!!
Viele Revolutionen wurden beendet
In letzter Zeit.
Muß sich doch rumgesprochen haben.
Spricht sich doch sonst alles rum.

Also gut, komm rein, ich heiße Willi.
Ich werde dir alle Revolutionen erklären.
Ich weiß aber die Reihenfolge nicht mehr.
Mach mir bloß keine Revolution deswegen!
Du nicht!!!

Also, die erste Revolution hatte Eier, aber keinen Penis.
Das war sozusagen die gedankliche Revolution.
Ist beendet.
Die zweite Revolution – da war's genau umgekehrt.
Deswegen hieß sie die sexuelle Revolution.
Ist beendet.
Die dritte Revolution war während der Sommerferien.
Ist aber wohl auch beendet.
Die vierte Revolution war die musikalische Revolution.
Ist noch immer beendet.
Die fünfte Revolution ... stimmt das? ...
Tja, da haben wir versucht, ganz unten anzufangen,
Bei den Kindern.
Ist beendet.
Die sechste Revolution
Brauchten wir schon gar nicht mehr selbst zu machen.
Hat der Stern für uns besorgt.
Ist beendet.

Die siebte Revolution weiß ich im Augenblick nicht mehr.
Die achte Revolution wandte sich vor allem
Gegen den Konsumterror,
Hat aber unglücklicherweise
Keine Massenbasis gefunden.
Ist beendet.

Wir haben noch viele Revolutionen gemacht.
Sind jedenfalls alle beendet.
Früher wurden Revolutionen ja auch beendet:
Die Englische Revolution,
Die Amerikanische Revolution,
Die Französische Revolution,
Die Revolution des Ackerbaus,
Die Revolution der Hygienik,
Die Erste Industrielle Revolution,
Die Zweite Industrielle Revolution,
Die Revolution von:
Romanik, Gotik, Renaissance, Barock, Klassizismus,
Neo-Klassizismus, Kubismus, Suprematismus,
Singout, Badeöl und Tuli Kupferberg.
Alle großen Revolutionen wurden beendet.
Alle kleinen Revolutionen wurden beendet.
Alle gelungenen Revolutionen wurden beendet.
Alle versehentlichen Revolutionen wurden beendet.
Alle inländischen Revolutionen wurden beendet.
Alle ausländischen Revolutionen wurden beendet.
Alle alten und verstaubten
Und vormals vielleicht revolutionären Revolutionen
Wurden beendet.

Opas Revolution
Wurde ein für allemal beendet!
Wir haben die Revolution der Revolution durchgeführt!!!
Diese Revolution ist nunmehr beendet.

Mögen Sie vielleicht doch 'ne Tasse Tee??
Wir haben auch andre Sachen da.
Wir fühlen uns herrlich frei seitdem.

Volker Ludwig

# Kabarett-Solo

Mein Gott, was hat Kabarett früher Spaß gemacht ... Erinnern Sie sich noch? Vor zehn bis zwanzig Jahren? »Wenn es dem Kom(m)ödchen nicht gefällt ...« Diese Feinheiten, dieser humanistische Doppelsinn! Diese Szenchen! Und Chörchen! Und Bonner Parkettchen! Schmuckstückchen von Spitzenniveau! Und wie die Pointen spritzten! Nach allen Seiten – piff, paff, puff! So richtig hundsgemütlich frech!

Und dazwischen dann das Mahnende; der besinnliche Fingerzeig, die Betroffenheit im Spot: die Lore-Lorentz-Soli, drei, vier pro Programm ... Mit Formulierungen, die auf der Zunge zergingen! Man muß ja nicht gleich »kapitalistischer Ausbeuter« sagen, man kann ja auch singen: »Das Geld ist in den falschen Händen ...« Heiliger Hachfeld! Und jedes Chanson in einem neuen Kostüm!

Und was haben wir nicht alles durch den Kakao gezogen! Den Adenauer! Den Schröder! Den Franz Josef! Die Frau Mende! Den Seebohm!! Richtig bös sind die manchmal mit uns geworden! Jajajaja!

Was haben wir gelacht! Und was haben Sie alle mitgelacht! Wir dienten dem Staat – mit Salmiak-Plus, wir waren das frivole Feigenblatt der Nation. Wir wußten Bescheid, Sie wußten Bescheid, wir waren eine große augenzwinkernde Familie.

Wir kämpften gegen die Wiederbewaffnung, bis wir sie hatten, gegen die Notstandsgesetze, bis wir sie hatten, und gegen die Ex-Nazis, bis wir einen als Kanzler hatten ...

Was haben wir gegen die Verbrechen dieser verrotteten, korrumpierten Gesellschaft getan? Wir haben sie ästhetisch formuliert!

Wolfgang Neuss

# RRRRevolution!

Hier, Romulus, riech! Ruhelos raucht rennend Radio-Rumor durch Rappelkopfs raunzenden Äther – äh, nicht Verräter!! Es muß immer was zum Rollen drin sein in einer Sprachübung. An der Wiener Burg hab ich mein rollendes RRRRR gelernt und heute auf den deutschen Bühnen kann ich es kaum noch radebrechen. Wer braucht einen pathetischen Stimmungssprecher? Diese Schüler ab zwölf bis 18, Herrjemineh, sie wollen sprachliches Understatement, nennen sich rote Garden und wissen sie nicht zu schätzen die aus dem vollen Hals überquillende Emotion! Pragmatik und Schnoddrigkeit in der Umgangssprache – wie soll so ein Leben schön sein?
Man spricht von Relativieren, Differenzieren, Rationalisieren, Manipulieren, man quatscht über Reaktion und den ratlosen Artisten in der Zirkuskuppel, aber sie haben alle keine Ahnung von unsereins, geschult, gedrillt, im Gehorsam verharrend, beherrscht, aber vulkanisch gelöst, das eine beflügelnde, antreibende durch nichts aufzuhaltende Wort aus dem Kehlkopf fliegen läßt: RRRRRRRRRRevolution!!!!! Wer so sprechen kann – hui – RRRRRRRevolution – hui – da ist sie schon gemacht. Da brauchen halbwüchsige Maoisten, Leninisten, Trotzkisten gar nichts mehr machen: wenn einer wie ich ins Rrrrrestaurant kommt und zum Ober sagt: »Einmal Rrrrrevolution, aber auf dem Tablett! Zack-zack!!«, dann bringt der Kerl eben ein Eisbein, das ist aber eine Rrrevolution! Riesig! Mit Sauerkraut, Erbspürre und Rülpswasser. Champagnersekt. Hach ja!
Aber sie brauchen unsereins nicht. Sie sagen: sie machens schon. Und dabei ist es doch mit-rrrrreißend wie unsereins sprrrrricht – ich weiß es, ich weiß es, ich bin selbst begeistert. Aber wer schreibt heute Stücke, wo man Sprachwunder wie mich benötigt? Handke nicht, Walser nicht, Dürrenmatt, Weiss, Frisch – ja selbst einen Goethe und Schiller inszenieren diese Priester der Kurzschrift ohne die pathetische Schleuder. Man ist einfach gezwungen, in die offizielle Politik einzusteigen. Ich habe mich als Parlamentssprecher beworben, ich habe Mut bewiesen und mich angeboten, selbst bei der Präsidentenwahl völlig neutral, doch salbungsvoll und einem Parlament entsprechend Erklärungen zu verlesen – aber nein!,

selbst dort verweist man auf bereits engagierte Mittelmäßigkeit – mein Gott, sie könnten nicht mal die Totengräber im Hamlet sprechen, diese leiernden Lüstlinge der Lotterhaftigkeit: laues, liebloses Lumpenproletariat!
Es bleibt mir quasi nichts anderes, als im Gemüsehandel die gefallenen Preise in die Gegend zu schleudern: RRRRRRotkohl!! – RRRRRRettig! – RRRRRRharbarber! – RRRRRRäpfel und RRRRRRomaten!!! In Künstlerkreisen ist nichts mehr für unsereins. Die neuen Burschen und die alten Playboys tragen Kottletten bis an die Knie, die Haare, als ob sie täglich rrrrationalisiert würden, und selbst auf dem Gemüsemarkt kann man schon nicht mehr mit dem kurzen Messerschnitt, mit der Bürste, mit dem Ohio-Blocker aufkreuzen, ohne die mißbilligenden Blicke einer gewissen Frauensorte auf sich zu ziehen, nur weil bei unsereins, rein stimmlich, der RRRRRRubel rrrrrrollt! Und wie gern würde ich »RRRRRRevolution« brüllen. Aber man läßt mich nicht. Man glaubt mir nicht.
Früher – ha! – früher durfte man überall mitlaufen, mitrennen. Ich habe ja nie »Heil« geschrien, immer: »Heilrrrrr«. Es fiel bei den vielen nicht auf, das rollende R, weil das walzende L natürlich stärker war. Doch man hatte zumindest seine Selbstbefriedigung. RRRRevolution für Patheten ist aber heute nicht drin. Sie wollen keinen, der sie nicht macht. Ja, will man denn auf die gehobene Sprache ein für allemal verzichten? Ich kanns nicht glauben. Das wäre ja das Ende der gepflegten Lüge. Das wäre der Beginn der Utopie!
Gestern sprach ich mit einem führenden Mitglied der revolutionären Schüler Deutschlands. Ich sagte ihm rundheraus, daß der Dorfrichter Adam meine Spezialrolle sei und ich nicht verstehe, warum der Krug nicht so lange zum Brunnen gehen könne …
»Kotz dich aus«, sagte der knochenharte Boy, »rotz dich weg. Putz dich um die Ecke. Dein Hals ist voller Beethoven.«
Es raubte mir den Verstand. Kein Beethoven mehr? »Doch«, sagte der Rotgardist, »aber auf der Mundharmonika.«
»Ja, und ich?« fragte ich mühsam, im Ich das R unterdrückend, »soll ich denn umlerrrrnen?«
Und wissen Sie, was der Schülerrevolutionär mir sagte?
»Paß auf«, sagte er, »du brauchst nicht umlerrrrnen, brauchst dich nicht umbrrrringen, brauchst dich nicht aufzurrrregen, du brauchst nur eins: die Schnauze halten!!«
Was soll man darauf sagen?

JOCHEN STEFFEN

# Kuddl Schnööf unnie Revolutschon

Öih, Macker! Asso, düsses hier sünd Vedunklungsrollos. Aussen zweiten Weltkriech. Wir gehm die Weltkriege je schon Nummers, damit wir mang sie durchfinnen können. Bezüchlich den drütten, Macker, da kanns beruhich wegen sein. Den komp nich so fix. Da kanns auf ab. Wa'um nich? Indem dass wir as Doitsche düssesma den Weltkriech nich sölps un alleine – asso, so ganz von inneren Herzen aus anfangen können. Düsses ma nich. Denn hoitigen Tachs dürfen wir das nur mit die Genehmigung vonnie Besazzunksmächche. Die je nu Pahtner heißen. Wir sagen je auch: Sozealpahtner – weil das Gechners sünd. Aber, sach ich ümmer, was brauchen wir auch 'n drütten Weltkriech, um unser doitsches Tum zu höchse Blüte zu entblättern, solange wir die Asülanten ham?
Düsse besachte Rollos, mein liehm Macker un Kollege, brauchen wir zwei beide – ich un mein Natalje – für 'ne prifate, ganz pesöhnliche Revolutschonsfeier in uns Wohnung. Noinzehnhunnert-achzehn! Nohvembä-Revolutschon! Has doch schon ma was von gehört, Macker?
Du, Kollege, damalige Zeit, nich, da wahn wir as Ahbeiterklasse noch so intack, dass wir tatsächlich gekonnt hätten, wenn wir wüßten, was wir wollen könnten.
Mein Natalje wollte petuh düsse Revolutschonsfeier machen. Sie will ihr auch gestalten. Natalje sacht, denn kricht ihr wieder den Optemismus, dassie Pehtei jene Polletik machen könnte, vor die die Gechners seit über hunnert Schahre wahnen. »In Augenblick«, sacht Natalje, »is sie je voll damit befass, den Schmidt seine Schtaatskunss zu beähdigen, damit die Loite nich sehn, dass sie schon Kohl wa. Nur wen Schmidt nich kennt, kann Rau vetrauen!«
Tjä, un besachte Rollos hieä, die komm bei die Feier vorn Fenster. Von düsse Feier brauch je kein was zu wissen von, nich. Was heiss hier schisserich? Solln wir uns as Schtaatszersezzer oder was vielleich noch ummie Rente bringen, wo wir MAD un Verfassunksschuzz wegen das schon inne Betriebe ham? Das is kein Schiss, das is strategische Weitsich!
Wa'um sie achzehn – asso, damalige Zeit – loslechten, wiss du

wissen? Damalige Zeit wußten die, die es nich wissen dürften, dass den Kriech veloren wa. Unnie Mariners – des Kaisers Kulis –, die hatten Schiss, dassie hooge Admiralität unnie Affziere den großen Unnergang in Ehren veanstalten wollten. Sonne richtige Gözzendämmerung, oder as das heiss.
Da kam die Kollegen auffe Generallienje: wenn schon Unnergang, denn ohne uns! Nach scheden Kriech, sachten sie sich, müssen je welche übergebliem sein, die den gansen kaputten Schiet wiederaufbauen un heil machen. Un zu so was kanns die Admiralität nich zu gebrauchen.
Auch Schiß, Kollege, wird zu 'ne revolutschonäre Gewalt, wenn ihm die Massen ergreifen tut. Un – ruckzuck – bevor die Pehteiführung da was gegen unnernehm konnte, ham die Macker beschlossen, lieber lebennige Meuterer as doote Unnergangshelden zu sein. Un sie sachten: Schluss mit'n Kriech; wech mit'n Kaiser; Schluss mit'n Hunger; Schluss mit'n Kapptalismus; alle Mach die Ahbeiters! Wen alle Werte schaffen tut, den muss auch allens bestimmen. Sachten sie. Damalige Zeit.
Was den hoitigen praktischen Nährwert von sonne Feier is? Tjä, asso den Bunnespräsidenten, den je so schlaue Reden halten tut, dass wir nich merken, wie dösich die Polletik is, den sacht je: Wen ausse Geschichche nix lähnt, muß ihr wiederholen. Mein Natalje is diesbezüchlich ganz seine Ansich. Natalje sacht: »Achzehn«, sacht sie, »wa die Perole: Gleiche Löhnung, gleiches Fressen wär der Kriech schon längs vergessen! Wen sonne Schnacks vegessen tut, den kricht Gelegenheit un lernen ihr neu. Bein nächsen Schlamassel.« Nu komms du!
Macker, an so was soß denken, wenn sie mit den neuen Heino un alle Schtrofen annie alten Grenzen wolln. Von der Maas büs annie Memel; vonner Etsch büs annen Belt. Mann inne Tünn, Kollege, das ischa 'n impralissisches Programm! Da sünd je Gegenden mang, da komms scha nich ma mit Neckermann-Reisen hin.
Mit düssen Überalles-Fimmel da sollte achzehn auch mit Schluss sein. Aber nöö, da wollten die Rechten nix wissen von. Lieber sünd wir mit ihn in zweiten Kriech bis achter die Elbe zurückgetürmt. Da nüzzen hoite keine Gedenkfeuers annie Grenze was gegen. Nöö, Macker, Feuer nüzzen überhaup nix, solange das inne Köppe zappenduster is.
Was sachs du? Die demekratischen Pehtein, die solln ...? Kollege, halt die Luff an. Die sünd je unner die Geißler gekommen. As wie in Mittelalter. Bloss verwammsen sie sich nich sölps – as damalige

Zeit –, sonnern ein den annern. Un auch mit so was kanns Vollbeschäffigung herstelln. Branschenmäßich gesehn.
Un denn kloppen sie sich in Pallament da über rum, wie weit einen Beampen einen Linksanwalt vor einen Gefangenenbesuch inne Unnerbüx in rumgrabbeln dahf, bis er anne Menschenwürde stoßen tut. Da bleip für was Vernünftiges kein Zeit über. »Deswegen«, sacht mein Natalje, »sezzete Helmut den Erssen sein Sozalismus für sein Funkschenieren 'n orntlichen Kapptalismus voraus. Un dass den Kapptalismus funkscheniät, nich, das ischa 'n Dauerauftrach. Deswegen musste ihn das internatschenale Kapptal dauernd in lange Reden verklickern, wie es sich – kapptalissisch gesehn – richtich zu vehalten hat. Un glaub man ja nich, dassas einfach is.«
Mein Natalje sacht: »Wen nich kapiän tut«, sacht sie, »dass einen Steuerberater inne Hand besser is as die Noie Heimat as Dach, den kapiät auch nich, dass 'ne Revolutschon ins Haus den Schaafrichter erspaht.« Ich sach: »Nu ma nich so blutich«, sach ich, »un nich so viel kapiän velangen. Die Kollegen kapiän ja nich ma, dass sie mit sie ihre Steuern für'n schnellen Brüter un die Kohleförderung 'ne doppelte Beähdigung – da'unner ihre eichne – bezahlen.«
»Sabbel bei meine Revolutschonsfeierrede nich ümmer damang«, sacht mein Natalje, »abers für 'ne Revolutschon, die nich blutich is, für die bezahls du auch 'ne doppelte Beähdigung. Du bezahls für die Pleite von deine Hoffnung, un du bezahls für die alten Herren ihre noien Geschäfte. Was die da oben nich umbring, das mach die bloss stähker. Un wir ham ihr nich umgebrach damalige Zeit. Nöö, wir ham ihr sogah 'ne Abfinnunk bezahlt un weiter für die Kapptalissen geahbeitet statt für uns sölben. Un, Kuddl, wenn die Bagasche da ohm bezüchlich ihre Intressen abgefunden wird, denn ham deine Intressen da nix mehr zu suchen.« Deswegen will mein Natalje annas Enne vonnie richtige Revolutschonsfeier auch singen: Blut, Blut, Bluhuhut, Blut muss fließen ... Nu komms du! Hör ma zu, Macker, weswegen drücks du mich zehn Mahk inne Hand? Has in Lotto gewonn? Was sachs du? Stereopur soll ich kaufen, Rollo genüch nich? Verdammi, da hascha ganz rech in. Bei sonne Rede genücht es nich un verdunkeln die Fensters. Nöö, da muss die Bude auch noch schalldich machen. Nich bloss wegen Verfassungsschuzz un MAD. Vor alle Dinge wegen die Nachbarn, Menschenskind! Macker, stell dir bloss ma vor, wenn die das zu hören kriegen, was sie as Ahbeiters inne Revolutschon ma gewollt ham, was solln die bloss von sich denken?

Volker Kühn

## Liberales Stoßgebet an die junge Linke

Es ist so … still … neuerdings
so furchtbar still ringsrum
Ewald sprach neulich sogar
die Nerven gingen ihm durch
schon von Friedhofsruhe
– – – ich lehne das ab

Wir haben es euch nicht leicht gemacht
Wir geben ja zu: wir hatten Bedenken
Anzumelden
Uns wurde ja alles vorgedacht
Der Schock, man kann sich das denken
Als ihr da plötzlich über Nacht
Mit Mao-Gebrüll
Und Fahnenschwenken
Uns aufgeschreckt habt
Aus unserm Idyll

Ihr müßt das verstehen
Wir hatten unsere Lektion noch zu lernen
Wir hatten von Marx nur gehört. Und nichts Gutes
Wir hielten Konsum für so 'ne Art Freiheit in der Bindung
Wir wurden betrogen
Der Ruf nach Ordnung war uns vertraut
Wir hatten dies Land doch gerade erst aufgebaut
Wir waren so erzogen
Verklemmt und verbogen
Das wissen wir jetzt
Doch dann –
kamt ihr

Wir scheuten noch
Die Hürde der Selbstbefreiung schien uns zu hoch
Der Blick aufs Ganze blieb uns verborgen
Was fehlte, war die Perspektive von morgen
Wir wurden ausgebeutet
Und was das bedeutet
Das wissen wir jetzt
Wenn wir ehrlich sind

So war's. Bestimmt
Doch dann –
                    kamt ihr

Und gabt ein Zeichen
Die Parole hieß Kampf
Ihr gingt auf die Straße
Uns stockte der Atem
Wir hatten noch Einwände
Wir gaben zu bedenken
Wir wollten das Kind nicht mit dem Bade
Wir meinten, noch sei nicht aller Tage
Wir …
          Doch dann –

Ihr habt es uns nicht leicht gemacht
Wir geben ja zu: Wir hatten noch Fragen
Nach ersten, zweiten und dritten Schritten
Wir waren naiv in jenen Tagen
Da habt ihr das Sofa uns aufgeschnitten
Das war ein Schlag ins Kontor
Heute lachen wir drüber
Der Wohlstand als Geißel, wir ham sie gespürt
Der ganze Schöner-Wohnen-Plunder
Brennt wie Zunder
Es braucht nur Feuer
Ihr habt's uns gebracht
Wir ham uns von allem frei gemacht
Was die Kehle zuschnürt
Über Nacht
Wir lernten zu atmen
Die Luft war rein
Das Sein bestimmt das Bewußtsein
Mann, so fing's an
Und dann –
                    ging's los

Wir haben es uns nicht leicht gemacht
Wir geben ja zu: Wir hatten Barrieren zu überwinden
An Überbau und lange Mähnen
Adornos Sprachschatz und Feuerbachs Lehren
Konnten wir uns erst allmählich gewöhnen
Doch das sollte sich finden

Wir lasen die Meister. M hoch drei
Marx, Mao, Marcuse und mancherlei
Anderes Rüstzeug. Darunter die Schriften
Der Anarcho-Spartakommunisten
Wenn wir ehrlich sind, hatten wir – zum Teufel
Beim ersten Bakunin noch heimliche Zweifel
Das gab sich
Und dann begann es –
erst richtig

Wir haben uns klar für Che entschieden
Und jeden linken Appell unterschrieben
Wir haben offen für Rudi votiert
Und uns im Geiste die Namen der Dra-Dras notiert
Wir haben Ho-Ho-Tschi-Minh skandiert
Den Extra-Dienst und Konkret abonniert
Wir haben gelernt, daß außer den Ketten
Die Arbeiter nichts zu verlieren hätten
Wir sagten es ihnen in ihrer Sprache
Wir lernten auch das. Für die gemeinsame Sache
Steckten wir lächelnd, was soll schon sein
Manch unaufgeklärt-proletarischen Arschtritt ein
Wir lernten, daß gegen den Kapitalist
Kein Kraut auf Erden gewachsen ist
Es sei denn – na ja, soweit waren wir schon
Die systemverändernde Revolution
Wir haben unsere Lektion gelernt
Doch jetzt –
sind wir allein

Kein Zeichen von euch. Nur Schweigen ringsum
Betroffen gehen wir alltäglichen Verpflichtungen nach
Alte Fehler vermeidend
Wo seid ihr, Genossen der ersten Stunde?
Gebt Kunde!
Wir
Die wir mit Ungeduld eurer harren
Warten auf ein Zeichen
Es fehlt an der Kommunikation
Ziemlich lange schon
Wie geht's weiter? Wo seid ihr?
Auf dem Marsch durch die Institution?

Gilt das noch?
Oder hat man euch schon
Und hält es geheim?
Beim Telefonieren knackt es neuerdings wieder
Die Entfremdung nimmt zu
Stück für Stück
Was sagt ihr zur neuen Ost-Politik?
Systemimmanenter Schmus?
Einen kurzen Gruß
Könntet ihr uns doch zukommen lassen
Man fühlt sich allein
Gelassen
Und diese Stille! Absolut Ruhe!!
Hat man bei euch was von Streiks gehört?
Hans Werner hat eine Oper geschrieben
Sonst alles wie immer
Wo seid ihr geblieben?
Meldet euch doch!
Sie schieben euch alles jetzt in die Schuhe
Es ist zum Lachen
Es ist doch immer die gleiche Tour
Wir könnten vielleicht
Einen Protestmarsch machen
Oder?
Besser nicht?
Wir könnten euch mit Proviant versorgen
Wenn ihr vorsichtig seid
Der Alltag ist fad. Wir denken an morgen
Wo seid ihr nur?
Wie?
Laßt uns nicht links liegen
Alleine kriegen
Wir nie
Eine zielbezogene Strategie
Zustande
Es gibt kein Zurück
Hierzulande
Noch
Gilt das doch?
Und ihr macht doch weiter?
Wie auch immer

Sagt nein!
Protestiert!
Wehrt euch!
Souffliert
Denn keiner
Aus dem Untergrund
Wie's weitergeht??
Es geht doch???
Oder????
Mit euch steht
Und fällt doch alles
Gegebenenfalles
Und was macht die Revolution?
Geht's gut? Geht's voran?
Es bleibt doch dabei?
Eins, zwei, drei …
Und so weiter?
Laßt von euch hören!
Wir beschwören
Euch um der Sache willen!
Gebt Antwort …!
Gebt …
… doch …
… endlich …

Gerd Wollschon

## Fortschritt

Dem Arbeiter geht es immer besser:
Früher ging er zu Fuß zur Arbeit
Dann fuhr er mit dem Fahrrad
Dann mit dem Moped
Dann mit dem Auto
Und jetzt fliegt er

Volker Kühn

# Operation total

*Die Szene spielt im Hospital. Auf dem OP-Tisch liegt der Patient: ein ziemlich hoffnungsloser Fall. Um ihn herum, entsprechend ratlos, der Professor, der Assistenzarzt, die Schwester*

Professor So, dann woll'n wir mal. Was liegt an?
Schwester Kastration, Herr Professor.
Professor Kastration. Hm. Muß das sein?
Assistent Auf eigenen Antrag. Der Patient wünscht es selbst.
Professor Der Patient selbst ...?
Assistent Ja. Er hat sogar noch einen Dringlichkeitsbescheid beigebracht. Von seiner Geliebten.
Professor Was denn? Die unterstützt das auch noch? Wo gibt's denn so was?
Assistent Die besteht darauf.
Professor Ach, wer ist denn die Schöne?
Schwester *flüstert* Das Volk.
Professor Das Volk?
Assistent Er ist eine Figur im öffentlichen Leben.
Professor Ach so. Und warum das Ganze?
Assistent Er sagt, Sexualität sei ein zweischneidiges Schwert.
Professor Und von wem hat er den Unsinn? – Kann ich mal die Krankengeschichte sehen? *studiert das Krankenblatt* S-P-D ... Hm. Den kennen wir doch, den Patienten. Hatten wir den nicht schon mal unterm Messer?
Assistent Verschiedentlich, ja.
Professor 1959 war er zur Kur in Bad Godesberg?
Assistent Eine Roßkur war das. Da haben wir ihm die linke Hand amputiert.
Professor Ja, ich erinnere mich.
Assistent Er bestand darauf, der Patient. *zitiert amüsiert* »Weil die Linke nicht weiß, was die Rechte tut.«
Professor Dabei war er Linkshänder, nicht?
Assistent Das war's ja. Er litt darunter.
Professor Und da ließ er sich die linke Hand ...
Assistent Ja, bis zum Ellenbogen. Er wollte damals das Linkshänderproblem ein für allemal aus der Welt schaffen.

Professor *studiert die Krankengeschichte* Die Kollegen Scheidemann und Ebert haben auch schon diverse Eingriffe gemacht, steht hier.

Assistent Erste Herzverpflanzung seinerzeit. Seitenverkehrt.

Professor Ohne zwingenden Grund, medizinisch betrachtet, nicht wahr?

Assistent Ja, ja. Aber es saß links, das Herz. Darunter litt er so.

Professor Hm. – Beinamputiert ist er auch?

Assistent Seit 1914 schon. Er hatte damals darum gebeten.

Professor Und die Begründung? Unter welcher Begründung?

Assistent Er wollte sich beweisen, daß der Fortschritt keine Frage des Vorwärtsschreitens ist. Deswegen.

Schwester Weswegen?

Assistent Er meinte, Fortschritt, das sei mehr so eine Idee.

Professor Das sieht ja ziemlich schlimm aus.

Assistent Ja.

Professor *deckt den Patienten auf* Ach, du liebe Zeit. Der paßt ja auf eine Baby-Waage, das Häufchen Elend.

Assistent Ja.

Professor Da ist ja kaum noch was übrig.

Assistent Medizinisch betrachtet ist das Selbstverstümmelung.

Professor Das rechte Auge. Was ist mit dem rechten Auge?

Assistent Wurde rausgenommen. Anfang der fünfziger Jahre.

Professor Auf eig...

Assistent Auf eigenen Wunsch, ja. Damit es nicht heißt, er sei auf dem linken Auge blind.

Professor Und die Hand! Die rechte Hand!

Assistent Mehrmals gebrochen und versteift.

Professor Wurde mehrmals ...

Assistent Jeder Fingerknochen einzeln, ja. Und alle Gelenke. Und dann versteift. Damit er sie nicht zur Faust ballen kann, die Rechte.

Professor Und jetzt also Kastration.

Assistent Er hat ein Verhältnis. Mit dem Volk. Und das will es so.

Professor Die Geliebte ist wohl noch nicht aufgeklärt?

Assistent Man kann es so ausdrücken.

Professor Und warum tut er es nicht?

Schwester Er hat Angst, sie zu verlieren.

Professor Kastration ... das letzte, was ihm noch blieb. – Frischzellen täten ihm gut.

Schwester Rote?
Professor Damit er sich verjüngt. Und potent bleibt.
Assistent Seine Alte läuft ihm danach weg, das ist klar.
Professor Also so geht das nicht. Diese deutschen Politiker – immer gleich 150prozentig bei der Sache. Wir werden ihn einer Psycho-Behandlung unterziehen.
Assistent ... wie damals Adenauer, als er nicht nach Moskau wollte.
Schwester Also keine Kastra...
Professor Verpassen wir ihm eine Spritze.
Schwester *freudig erregt* Mit dem Fortschritts-Serum?
Professor Dem fortschrittlichsten, das wir auf Lager haben.
Assistent Das mit dem Anti-R-Effekt. Den süßen kleinen Evolutions-Erregern.
Schwester *naiv-ungläubig* Das wird ihn ...?
Professor Das wird ihn auf die Beine bringen.
Assistent *bereitet Spritze vor* Das entspannt – sozialdemokratischer geht's nicht.
Schwester Aber die rote Brut!
Professor Rosa. Die rosa Brut, meinen Sie. Damit wird er dann allein fertig.
Schwester *ganz Krankenschwester, kindisch* Er wird allen unnötigen Ballast abwerfen ...
Professor Linken.
Assistent Und den guten alten Marx poppig auffrisieren, bevor ihm den die linke CDU für die nächste Wahl wegschnappt.
Schwester Aber die Linken ...
Professor Links ist schick. Genau die Exotik, die der Werbemarkt braucht: Das formschöne Reformpaket ...
Schwester *ängstlich* Ein Sprengstoff-Pak...
Professor ... mit dem automatisch arbeitenden Zündsatz-Anfeuchter.
Assistent Mit Garantie?
Professor 100 Jahre. Noch mal 100 Jahre.
Assistent *verpaßt die Spritze* Also dann wollen wir mal. *zur Schwester* Du wirst sehen, er wird ganz high davon. Eine umwerfende Mischung: Godesberg im Hirn, Wehner-Pfeife im Mund, Marx-Marotten im Herzen, Schillers Kapital im Blick und den Noske-Prügel im Griff.
Professor Das haut selbst den stärksten Sozi vom Arbeitnehmer-Schlitten!

Gerd Wollschon

## Was Bundesbürger wissen

Etwa 90% der Bundesbürger wissen, daß es einen 2. Weltkrieg gegeben hat
Etwa 80% der Bundesbürger wissen, daß Deutschland daran beteiligt war
Etwa 70% der Bundesbürger wissen, daß Deutschland ihn verloren hat
Etwa 60% der Bundesbürger wissen, daß Deutschland ihn verlieren mußte
Etwa 50% der Bundesbürger wissen, daß Deutschland ihn nicht hätte verlieren müssen
Etwa 40% der Bundesbürger wissen, daß Deutschland ihn nicht begonnen hat
Etwa 30% der Bundesbürger wissen, daß Deutschland ihn nicht verschuldet hat
Etwa 20% der Bundesbürger wissen, daß die Russen uns morgen überfallen
Etwa 15% der Bundesbürger wissen, daß gegen die Russen nur Atomraketen helfen
Etwa 10% der Bundesbürger wissen, daß gegen die Russen nur Atomraketen helfen, die bei uns stationiert sind
Etwa 5% der Bundesbürger wissen, daß gegen die Russen ein begrenzter atomarer Konflikt möglich ist
Etwa 4% der Bundesbürger wissen, daß es einen neuen Weltkrieg gibt
Etwa 3% der Bundesbürger wissen, daß dies ein Atomkrieg ist
Etwa 2% der Bundesbürger wissen, daß er bei uns losgeht
Etwa 1% der Bundesbürger tut etwas dagegen
Genau 0% der Bundesbürger würden ihn überleben

Abgesehen von den Volksvertretern.
Die würden dann im Bunker das Volk vertreten,
bis wieder eins da ist.

Hans Scheibner

## Ich mag so gern am Fließband stehn

So mancher denkt, er könnt es zu was bringen:
Mit Singen.
Ein andrer bringt den ganzen Saal zum Rasen:
Mit Blasen.
Ein dritter träumt, die Mädchen wolln ihn gern sehn:
Im Fernsehn.
Doch alles dies ist dumm und grob.
Ich hab den allerbesten Job.
Wo ich wie'n Irrer reinhaun darf und mitmisch.
So richtig schön erbarmungslos und rhythmisch:
   Ich mag so gern am Fließband stehn.
   Am Fließband stehn. Am Fließband stehn.
   Am Fließband stehn. Am Fließband stehn.
   Es bleibt nie stehn und fließt so schön.
   Und fließt so schön. Und fließt so schön.
   Und fließt so schön. Und fließt so schön.
   Und alles, was ich mies fand,
   Zerfließt für mich am Fließband.
   Am Fließband. Am Fließband.

Was führt zu Streit und Krieg und allen Übeln?
Das Grübeln.
Was ist der Grund, wenn grade Sachen krumm gehn?
Das Rumstehn.
Und wer ist schuld, wenn Schreck und Chaos hausen?
Die Pausen.
Und alles dies vergißt sofort
Der Mensch am Fließband im Akkord:
Die Pausen und das Rumstehn und das Grübeln.
Wir lassen uns das Fließband nicht verübeln!
   Ich mag so gern am Fließband stehn …

Wichtig ist für alles, was wir lieben:
Das Üben.
Ich bin ein Künstler, können Sie mir glauben:
Im Schrauben.

Zehntausendmal am Tag denselben Bolzen:
Ranknolzen.
Ja, Sicherheit, Beständigkeit –
Wo gibt es das in dieser Zeit?
Wie schön, wenn man tagaus, tagein am Band ist,
Wo alles so vertraut und so bekannt ist.
  Ich mag so gern am Fließband stehn …

Dietrich Kittner

## Automatenlied

Du stehst vorm Automaten vor
Und hättst gern Zigaretten.
Die Slogans haste noch im Ohr;
Wer kann sich davor retten?
Der Duft der großen weiten Welt …
Hier kannste wähln, was dir gefällt:
HaBeh und Lord und Stuyvesant,
Und manchmal sogar Rote Hand …
Die Wähler, denkste, arm wie reich,
Sind doch vorm Automaten gleich.
  Na ja …
Und du bleibst deiner Marke treu
Und gibst der Werbung einen Tritt:
Möönsch fühlste dich da mächtig frei.
Aber die Mark, die bringste mit!
Klick.

Da stehste nun vorm Leben vor,
Da haste große Ziele
Und wünschst dir etwas mehr Komfort …
Na ja, das wollen viele.
Dein Alter war Arbeiter nur,
Drum haste auch kein Abitur;
Doch würdste gern was Bessres sein,

Fällst auf den alten Schwindel rein:
Die Menschen – denkste – arm wie reich
Sind doch in ihren Chancen gleich.
  Schön wärs.
Dir stinkt die ewge Plackerei?
Na, nimm dir doch nen Kleinkredit?
Möönsch fühlste dich da mächtig frei,
Aber die Mark, die bringste mit!
Klick.
Aber die Mark, die bringste mit!
Flick.

Da stehste nun vorm Staate vor,
Da hörste große Reden.
Den Slogan haste fest im Ohr:
»Die Freiheit ist für jeden!«
Du darfst dich frei wie Arndt von Bohlen
Konstant auf eigner Yacht erholen.
Du darfst, es verbietet dir keiner.
Nur nicht auf seiner.
Es darf ja auch keiner auf deiner.
Darfst frei dir deinen Job erküren,
Genauso frei ihn auch verlieren.
  Schicksal?
Doch jeder wird, was er gern wär:
Drum biste auch schon Millionär ...
Und Freiheit gibts, daß jedermann
Die Meinung frei auf Schritt & Tritt
– So frei wie Springern – äußern kann ...
Brauchste gar nicht so zu grinsen.
Kannst dir ja selber einen Verlag kaufen.
Aber die Mark, die bringste mit!
Aber die Mark, die bringste mit!
Aber die Mark, die bringste mit!

Moral:
Freiheit bei uns?: Ein Automat.
Frei wählt nur, der das Markstück hat.

KONSTANTIN WECKER

## Frieden im Land

Das Land steht stolz im Feiertagsgewand.
Die Zollbeamten sind schön aufgeputzt.
Sogar die Penner haben Ausgang, und am Rand
Sind ein paar Unverbesserliche noch verdutzt.
Die alten Ängste, pittoresk gepflanzt,
Treiben sehr bunte neue Blüten.
Die Bullen beißen wieder, und der Landtag tanzt.
Endlich geschafft: Ein Volk von Phagozyten.
Jetzt ist es allen klar: Der Herr baut nie auf Sand.
Es herrscht wieder Frieden im Land.

Vereinzelt springen Terroristen über Wiesen.
Wie chic. Die Fotoapparate sind gezückt.
Die alten Bürgerseligkeiten sprießen,
Die Rettung, Freunde, ist geglückt.
Die Schüler schleimen wieder um die Wette.
Die Denker lassen Drachen steigen.
Utopia onaniert im Seidenbette,
Die Zeiten stinken, und die Dichter schweigen.
Wie schön, daß sich das Recht zum Rechten fand:
Es herrscht wieder Frieden im Land.

Ich will mich jetzt mit einem runden Weib begnügen.
Drei Kinder zeugen, Eigenheime pflanzen und
Die Menschheit einfach mal um mich betrügen.
Wohin denn leiden – schließ mir, Herr, den Mund.
Wirf mir die Augenbinden runter und den Stirnverband:
Es herrscht wieder Frieden im Land.

Rolf Schwendter

# Vorweggenommene Beantwortung einiger Diskussionsbeiträge

Ihr fragt, warum ich singen tu,
Das sei doch integriert.
Ja, denkt ihr, daß von heut auf morgen
Was anders werden wird?
Wer die Gesellschaft ändern will,
Muß langen Atem haben,
Und wer zu ungeduldig ist,
Der fällt früh in den Graben.
  In den finsteren Zeiten
  Wird da auch gesungen werden?
  Ja, da wird gesungen werden
  Von den finsteren Zeiten.

Daß Singen Praxis nicht ersetzt,
Weiß ich inzwischen schon.
Wir schlucken täglich kübelweis
Verschmutzte Information.
Dagegen Stärkung aufzubauen,
Das will ich auch probieren.
Denn Lieder sind nur ein Moment,
Denken zu provozieren.

Daß meine Lieder Waren sind,
Das weiß heut jedes Kind.
Ich hoff, daß sie Gebrauchswert haben,
Daß ihr was draus gewinnt.
So daß mein Lied, mithelfend,
Eines Tages, irgendwann,
Die steinernen Verhältnisse
Zum Tanzen bringen kann.

## Basisarbeit auf der Osterinsel

Vorspruch: Wir blicken in das Jahr 2020, ein Jahr, in dem wir alle circa siebzig Jahre alt sein werden, der eine mehr, der andere weniger, und wir blicken gleichzeitig auf die Osterinseln, wo gerade der Sozialismus eingeführt wurde. Wir sehen dort zwei deutsche Emigranten, ehemalige Studenten.

*Szene: Von rechts und links bewegen sich zwei alte, tatterige Greise zur Mitte und lassen sich auf einer Bank nieder.*

A Mann, ist das wieder eine Hitze heute. Nie Winter. Ewig diese scheiß Sonne. Ich sehne mich zurück nach Deutschland.

B Da hatten wir doch auch immer so'n Mistwetter. Denk doch mal an die feuchtkalten Winter und ewig dieser Nieselregen.

A Ja, aber die trockene Kälte, so 'ne richtige trockene Kälte – das war gut.

B Du, ich hab dir hier 'nen richtigen Kaffee mitgebracht, willste einen? *schenkt ein*

A Ja, danke. *trinkt, spuckt aus* Sag mal, haste nicht mal 'nen andern Löslichen von Jacobs?

B *sauer* Du mit deinem spätkapitalistischen Produktfetischismus! Was haste eigentlich gegen mich. Schon damals, als ich mit Hilde bei euch in die Wohngemeinschaft einziehen wollte, haste mich, bloß weil ich 'ne Abwaschordnung aufhängen wollte, einen Dogmatiker genannt.

A Jajajaja, ist ja gut, aber ich hab keine Lust, mich noch weitere fünfzig Jahre darüber rumzustreiten. Spielen wir lieber Karten. *mischt die Karten* Wer hat gestern gegeben?

B Du!

A Nee. Ich!

B Meine Rede, Benno!

A *teilt die Karten aus, deckt eine auf* KPD ist Trumpf!

B Hab ich nicht, muß ich eine kaufen.

A *spielt aus* Nieder mit Breschnew!

B *spielt aus* Nieder mit Ford!

A *spielt aus* Schluß mit Aggression und Völkermord! *steckt den Stich ein* Zwanzig Augen. *Sie spielen immer schneller*

B Für freie Wahl der Offiziere durch das Volk!

A Nieder mit den Agenten des Sozialimperialismus!

B Die will ich seh'n. *schaut auf die Karte* Na gut. Hoch lebe die Freundschaft der deutschen und der chinesischen Arbeiterklasse!

A Kampf dem ...

B Solidarität mit Mizzi Pichler!

A Freiheit für Uli Knischler!

B Uli Knischler? Knischler? Knischler? ... Na gut. Weg mit, weg mit, ahah ... *stutzt* Weg mit? Sag mal, seit wann gibt's die Parole eigentlich, ist die neu?

A Ohohohoho, das muß so '67 oder '68 gewesen sein. Da war doch mal so'n Streik an der Uni, gegen ... ähähähäh ... gegen den Hochschulgesetzrahmen.

B Nein, das muß später gewesen sein. Das muß so 77/78 gewesen sein!

A *erinnert sich langsam* Die Zeit, wo wir immer auf die Trödelmärkte sind. Und da hast du doch noch diesen kleinbourgeoisen Porzellanhirsch von, der jetzt bei dir in der Strohhütte zu sehen ist.

B Genau! *hat die Karten abgeworfen* Gewonnen!

A Oooooch! Ohne Viererbande, gespielt fünf, verlor'n zehn, mal KPD.

B *steht auf* Ich seh dich noch genau vor mir, wie du damals auf der Vollversammlung vor den Studenten 'ne Rede gehalten hast: *ahmt A nach* ›Wir müssen den Streik inhaltlich füllen. Und dann müssen wir den Konflikt problematisieren, und erst dann, aber erst dann können wir 'ne langfristige Perspektive entwikkeln.‹

A Na und? War doch gut! Ist ja nie gemacht worden! Und du hast immer einen rumerzählt vom Monopolkapital, das wir als Ganzes im Auge haben müssen. Was haste gesagt? Ich hör's, als war's heute. *ahmt B nach* ›Der unmittelbare Produktionsprozeß des Kapitals ist ein Arbeits- und Verwertungsprooooooo‹ *spuckt*

B Hör auf, hör auf. Wir hatten ganz konkrete ökonomische Ziele. Hundert Mark für alle, für alle ... Wie hießen noch gleich diese Empfänger?

A BAFIG!

B Genau, und wenn ihr euch damals auf unsere Linie gestellt hättet, dann säßen wir jetzt nicht auf der Osterinsel, vertrieben von den Eurofaschisten. Das mußte doch mal einsehen, daß ihr mit eurer schwachbrüstigen Händehochdemokratie die ganze Bewegung aufgeweicht und aufgeläppert habt!

A So! Den Punkt halten wir fest. Daß du das gesagt hast, das bringe ich heute abend vor die Arbeitsgruppe Basis-Überbau.

B Dann kannstes auch gleich sagen. Wir sind doch die Arbeitsgruppe, oder siehste sonst noch jemand hier auf der Insel?

A *lehnt sich zurück* Det hamm wa nu von de ewigen bloßen Rumstreiterei unternander. Da sitzen wa im Alter in de Walachei. Links ne Palme. Rechts ne Palme. Und mittendrin die Arbeitsgruppe Basis-Überbau.

# Da war doch noch was

## Mittlerweile sitzt man zwischen 20 Stühlen

Ich bin überrascht,
wenn irgend etwas anders abläuft,
als ich befürchtet habe.

*Dieter Hildebrandt*

Siebzig Jahre nach seiner Gründung steht das Kabarett in Deutschland mal wieder am Anfang. Immer wieder totgesagt, hat sich die quicklebende Leiche zwar immer wieder eingemischt, hat sich empört, aufs Schlimme gezielt und Utopien beschworen – und doch ist mit dem Ende der Studentenrevolte, mit der Befriedung der Achtundsechziger-Bewegung und dem Scheitern des Konzepts einer außerparlamentarischen Opposition Verunsicherung in den Kleinkunstkeller eingezogen.

Das Gefühl der Ohnmacht, der Wirkungslosigkeit zieht gleich mit ein, wo eine ausschließlich aufs Machbare reduzierte Realpolitik wieder an Boden gewinnt. Hinzu kommt die Erfahrung, daß die eigentlichen Polit-Späße längst auf der Straße gerissen werden, und zwar wirksamer als das vom Kabarett-Podium aus vor einem eingeweihten Publikum möglich ist, das mit den professionellen Kassandra-Rufern, Visionären und blauäugigen Weltverbesserern da oben auf der Bühne eine verschworene Gesinnungsgemeinschaft bildet. Vieles von dem, was das Kabarett in den sechziger Jahren an Staat und Gesellschaft zu monieren hatte, wird inzwischen auf Demonstrationen, im Straßentheater, bei Go-ins und Sit-ins und schließlich durch die Klamauk-Auftritte der Spaß-Guerilla unter freiem Himmel effektiver thematisiert, gegenüber Andersdenkenden provozierend vorgeführt und hier und da sogar in direkte Aktionen umgesetzt. Wer Denkanstöße geben will, so wird bald klar, muß auf die Straße gehen und Anstoß erregen.

Aufbruch zu neuen Ufern also. Neben den etablierten Kabaretts drängen nun verstärkt Solisten an die Kabarett-Front, die sich von der bis dato vorherrschenden politisch-satirischen Linie verabschieden und ihren Spaß aus der veränderten Bewußtseins-Lage ihres Publikums ziehen: Die Lage ist zwar hoffnungslos, aber nicht ernst. Für einen Jux übers Schlimme muß Zeit sein, auch wenn uns davon nicht mehr viel bleibt. Oder andersherum: Lacht kaputt, was euch kaputt macht.

Es tut sich was in der Szene. Unter dem Motto »Aus der Szene für die Szene« haben Anarcho-Spaßmacher und eine satirisch verkappte Stadt-Guerilla enormen Auftrieb, allen voran die Spontan-Radikalauer vom *Vorläufigen Frankfurter Fronttheater* und von den Berliner *Drei Tornados*. Deren Publikum hat mit den traditionellen Kabarettbesuchern von einst so wenig gemein wie die feinziselierte Pointe mit dem Krawall-Lacher. Was nicht hilft, muß deshalb noch nicht schaden.

Harry Golbeck

## Bundesbürgers Abendgebet

Herr, ich bin stolz, daß ich Dir diene
Ich danke Dir fürs Abendbrot
Verschon mein Haus vor Margarine
Und mach den bösen Mao tot
Bewahr die Brüder in der Zone
Vor allzu großem Ungemach
Ich danke Dir, Herr, daß ich nicht wohne
In Dresden oder Eisenach
Laß uns die Freiheit, die wir meinen
Verteidigen gen Gelb und Rot
Nimm meinen Ausschlag von den Beinen
Und mach den bösen Mao tot

Gib auch am fernen Suez-Becken
Den Frieden für die Industrie
Und segne unsere Bundesrecken
Und ihre Ostland-Hysterie
Laß Fidel Castro kränker werden
Schick China eine Hungersnot
Wir kämpfen für Dein Reich auf Erden
Das komme.
Mach den Mao tot!

Wolfgang Franke

## Das deutsche Normgesicht

Wie mal ich dich, du deutsche Durchschnittsgröße?
Als deutsche Mutti oder deutschen Mann?
Mehr Richtung Knödel oder Richtung Klöße?
Weiß- oder Blutwurst? Tja, wie fang ich's an?
Soll ich dich malen oder lieber puzzeln,

Als Fahndungsbild ertasten, Stück um Stück?
Nein, dadurch würde ich dich nur vermasseln,
Im Fahnden liegt ja für dich selbst ein Glück.
Soll ich dich konstruieren als Collage
Aus Weizsäckers – aus Richard und Carl Friedrich?
Das ist zu hoch. Aus HSV-Bagage
Und Bayern-Mob? Nein, das wär wohl zu niedrig.
  Ich finge gerne alles ein,
  Was wieder stolz sein Haupt erhebt,
  Ganz eins mit seiner Führung lebt,
  Stolz, deutsch und deutsch regiert zu sein.

Wie bist du durchschnittsweis reproduzierbar?
Mit Fernbedienung und NN-Dekor?
In rustikal, im Dunst der Kellerbierbar?
Im Rasengrün, drauf sich kein Blatt verlor?
In Treppenhäusersauberleckdienstplänen,
In Hundekot, der alle Straßen füllt?
Als Traumschiffbräune, feucht von Simmeltränen?
Als Quick, als Bravo, Bunte oder Bild?
Zeig ich dich am Volant bei hundertsiebzig,
Die Lichthupaugen sieghaft geradeaus?
In fremdem Lande gar? – In Schwimmshorts schiebt sich
Der Bildungstreck durchs Axel-Munthe-Haus.
  Ich finge gerne alles ein,
  Was wieder stolz sein Haupt erhebt,
  Ganz eins mit seiner Führung lebt,
  Stolz, deutsch und deutsch regiert zu sein.

Mal ich dich aus als Aschermittwochstreffen,
Als Schützenkompanie, im Gleichschritt marsch,
Als Schäferhundezuchtverbandstagskläffen,
Als Arbeitswelt: »Zisch ab, du Türkenarsch!«?
Zeig ich dich auch vielleicht am Straßenrande
Und Demonstranten in der Straßenmitte?
Und schon geht's los mit »Gas!« und »Schweinebande!«
Und nach Majdanek sind's nur ein paar Schritte.
  Ich finge gerne alles ein,
  Was wieder stolz sein Haupt erhebt,
  Ganz eins mit seiner Führung lebt,
  Stolz, deutsch und deutsch regiert zu sein.

Ich kenne deine angestammten Farben,
Sie heißen Schwarz und Gold und Wüstenrot,
Und wer drauf schwört, der soll fürwahr nicht darben,
Und wer es nicht tut, ist wohl besser tot.
Du machtgewordnes deutsches Normgesicht,
Wie mal ich dich in deiner Durchschnittshelle?
Gibt es dich wirklich, oder gibt's dich nicht?
Es gibt dich, und demnächst sogar bei Quelle.
  Es ist was da. Noch steht's verborgen stramm,
  Und auch wenn's locker steht, sieht's aus wie: »Rühren!«
  Ich faß es nicht, ich krieg's noch nicht zusamm',
  Und kann es doch mit allen Sinnen spüren.

Kabarett Fortschrott

## Fortschritt

Früher – da wart ihr der Pöbel und dumm.
Heute – da seid ihr das Pu – blikum.
Früher – trieb ich mich als Hofnarr herum.
Heute – hab ich ein Verdienst – kreuz um.
Früher – da wühlten wir uns durch den Wald.
Heute – da zischen wir übern Asphalt.
Früher – war einer mit dreißig schon kalt.
Heute – kriegt man seinen Krebs und wird alt.
Früher – gehörte das Land einem Herrn.
Heute – hat alles ein großer Konzern.
Früher – da glaubte man an seinen Stern.
Heute – gibt's Lotto und sieht jeder fern.
Früher – da hieß es jaja und neinnein.
Heute – darf jeder ein Schwätzer sein.
Früher – stand, wer revoltierte, allein.
Heute – hat man seinen Laberverein.
Früher – trieb ich mich als Hofnarr herum.
Heute – hab ich ein Verdienst – kreuz um.
Früher – da wart ihr der Pöbel und dumm.
Heute – da seid ihr das Pu – blikum.

PHILIP ARP

# Bevölkerungsgeschichtliche Perspektiven

*Ein Vortrag*

In der gleichen Gegend, die früher gar nicht da war, haben sich auch keine Anhaltspunkte gefunden, daß sie früher unbewohnt gewesen worden wäre. Dies voraus. Später kann diese Gegend natürlich einmal bewohnt werden, theoretisch gesehen, aber davon wissen wir heute noch nichts. Und es wäre undenkbar, darüber 100prozentige oder 99prozentige Prognosen zu stellen. Weil jedoch, wie mit Sicherheit ausgeschlossen werden kann, dort auch jetzt keine Menschen leben und die Gegend auch gar nicht vorhanden ist, wo diese Menschen leben könnten, also, mit anderen Worten, es sich auch um keine menschenleere Gegend handelt, andererseits irgendein Anlaß dagewesen sein muß, denn sonst könnten wir hier nicht lang und breit uns darüber auslassen, ist anzunehmen, daß vor unendlich langer Zeit vielleicht ganz wenige Menschen da waren, ein minimaler Volksstamm, der, ohne Gegend, entweder abgewandert ist, oder untergegangen, was, wenn man sich die Verhältnisse ansieht, nicht verwunderlich wäre. Die Geschichtsschreibung läßt uns mangels Schlachtfeldergelegenheit hier völlig im Stich.

Ich persönlich glaube durch eine ähnliche Gegend, die der hier angeführten gleichen mag, schon einmal mit dem Auto durchgefahren zu sein. Es war sehr neblig an dem Tag, und das Meer muß nicht weit gewesen sein, weil wir plötzlich tüchtig naß wurden. Ich will Sie nicht mit persönlichen Dingen hier langweilen: Untergang, Auftauchen, an den Strand schwimmen, Abtrocknen und diese Dinge. No ja. Bei Sonnenschein mag das ja eine ganz angenehme Gegend ... gegend ... ich ... ich habe mich da in Dinge hineingeredet, von denen kein Mensch etwas versteht und – höre lieber auf. Und ziehe es vor, diesen Vortrag schleunigst abzuenden ... abzuändern. Und demnächst über eine ganz andere Gegend zu sprechen. Danke.

Otto Grünmandl

# Die Butterbergreduktionsmaschine

Reporter Meine sehr geehrten Damen und Herren, in der Reihe Alpenländische Erfindungen haben wir heute wieder einen Erfinder vor dem Mikrophon, und zwar den Erfinder der Butterreduktionsmaschine. Herr Diplomlandwirt, ich glaube, die Bezeichnung ist richtig so?

Erfinder Ja, die Bezeichnung ist richtig so. Ah –, ich darf vielleicht vorausschicken, ah –, das Phänomen des Butterberges ist nit nur ein rein alpenländisches, wie man also meinen möchte, sondern es gibt eben die Erscheinung des Butterberges auch in ausgesprochenen, ah –, auch im Flachland, nit.

Reporter Ja.

Erfinder Man beobachtet Butterberge auch zum Beispiel in Dänemark, wo es sonst keine Berge gibt, aber Butterberge ...

Reporter Ja.

Erfinder ... stellt man dort fest, nit. Nun, das vorausgeschickt.

Reporter Ja.

Erfinder Das vorausgeschickt. Bitte.

Reporter Ja. Also, ah –, die –, es handelt sich also bei Ihrer Erfindung um eine Butterreduktionsmaschine. In welchem Zusammenhang steht nun diese Erfindung mit dem Butterberg, den Sie hier vorausschicken?

Erfinder Ja. Der Butterberg ist, wie gesagt, keine rein alpenländische Erscheinung, er hat eigentlich mit einem Berg in herkömmlicher Hinsicht überhaupt nix zu tun, das wissen wir ja, sondern es ist also im übertragenen Sinn gemeint. Nit.

Reporter Sie sprachen von einer Butterreduktionsmaschine.

Erfinder Ja. Natürlich.

Reporter In wie ... in welcher Hinsicht ...

Erfinder Ja, eben ...

Reporter Wie funktioniert ...

Erfinder ... ja, weil eben Butterberg, weil das eben im übertragenen Sinn gemeint ist. Also ein riiiiiesiger, eine riiiiiesige, Gebirgsausmaße schon erreichende Anhäufung von Butter. Das ist der Butterberg. So haben wir uns das vorzustellen.

Reporter Ja.

ERFINDER Aber natürlich nur im übertragenen Sinn. Weil …
REPORTER Nicht landwirtschaftlich.
ERFINDER Nit landwirtschaftlich, volkswirtschaftlich. Oder molkereiwirt…
REPORTER …schaftlich.
ERFINDER …schaftlich vielleicht.
REPORTER Ja.
ERFINDER Ja, wie kommt nun so ein Butterberg zustande?
REPORTER Ja, wie kommt so ein Butterberg zustande?
ERFINDER Das ist ja eine Frage, die mich weniger interessiert hat.
REPORTER Sondern?
ERFINDER Weil ich bin ja von der Aufgabenstellung ausgegangen, wie bringe ich den Butterberg wieder zum Verschwinden, und nit wie kommt er zustande.
REPORTER Ja.
ERFINDER Denn meine Erfindung ist ja eine Butterbergreduktionsmaschine. Also, das ist auch schon wieder etwas übertragen gemeint, ah –, einfach eine Butterreduktionsmaschine. Weil, wenn ich die Butter reduziere, nit …
REPORTER Ja.
ERFINDER … dann bringe ich den Berg ohnehin zum Verschwinden, also, der Begriff der Butterreduktionsmaschine inkludiert schon den Begriff einer Butterbergreduktionsmaschine. Verstehen Sie?
REPORTER Ja. Ah –, und in was reduzieren Sie nun den Butterberg oder den Butter … oder die Butter?
ERFINDER Die Butter, die Reduktion der Butter kann natürlich nur in Richtung, das heißt sie könnte in zwei Richtungen hin erfolgen. Eine gewisse Butterreduktion stellt ja zweifellos auch die schon seit langem bekannte Erzeugung von Butterschmalz her. Also, das Auslassen der Butter.
REPORTER Um nun wieder auf Ihre Butterreduktionsmaschine zurückzukommen …
ERFINDER Ja. Bei meiner Butterreduktionsmaschine handelt es sich um nit mehr und nit weniger als um die Reduktion der Butter in ihr Ausgangsmaterial.
REPORTER Und zwar?
ERFINDER Ja, das Ausgangsmaterial der Butter ist zunächst der Rahm. Könnte man sagen.
REPORTER Ja.
ERFINDER Nit? Aber der Rahm ist eigentlich nur eine Stufe, auf

dem Weg vom Gras zur Butter. Denn die Buttererzeugung fängt nit bei der Kuh an, fängt nit bei der Milch an, fängt nit beim Rahm an, sondern beim Gras, beim Futter. Beim Futter, das die Kühe fressen.

REPORTER Ja.

ERFINDER Und das sie notwendig haben, um Milch zu geben, und daher ist die Butterreduktion eine Rückverwandlung der Butter in Grünfutter und nit, wie man oft fälschlich glaubt, in Milch, denn das wäre ja genau das, was wir nit haben wollen.

REPORTER Warum?

ERFINDER Weil wir dann wieder einen Milchsee hätten, wo wir früher einen Butterberg hatten. Wenn also die Milcherzeugung, das Angebot der Milch zu groß ist, wird die Butter reduziert, es wird alles in Gras zurückverwandelt, in Grünfutter, und es wird zum Beispiel sagen wir an Pferde verfuttert oder eben an Rindviecher, die keine Milch geben, denn das gibt's ja auch, nit?

HERBERT BONEWITZ

## Notfallschutzübung

Meine sehr geehrten Damen und Herrn!
Als Hausmeister unseres Wohnblocks begrüße ich Sie zu unserer ersten Notfallschutzübung hier in unserem gemütlichen Gemeinschaftskeller! *zeigt Zeitungsausschnitt* Wie Sie der örtlichen Tagespresse entnehmen konnten, hat endlich auch UNSERE Stadt vor kurzem im Auftrag der Landesregierung ihre Atomkatastrophe ... geprobt. Dabei hat man den schlimmsten Fall angenommen: Es is was passiert! Das hat sogar unsere Hausverwaltung beunruhigt ... weil: dann wären ja Sie hier alle hilflos ausgeliefert ... dem örtlichen Katastrophenschutz. Deshalb hat man beschlossen, Sie aufzuklären ... über alle möglichen Maßnahmen ... zum Schutz von Verhinderung ... äh ... eventueller Folgen.
Die offiziellen Experten haben uns zwar versichert: Ein schwerer atomarer Unfall könne rein statistisch nur alle zehntausend Jahre passiern. Aber seit Harrisburg und Tschernobyl sieht man mal wieder, wie schnell die Zeit vergeht! Aber bei uns hier kann sowas

noch viel weniger passiern, weil: erstens ist das gesetzlich streng verboten ... und zweitens sind unsere Kernkraftwerke die sichersten auf der ganzen Welt ... im Ernstfall sogar garantiert ... tod-sicher! – Und drittens hat sich bei uns jede Katastrophe unbedingt nach den vorliegenden »Schutzplänen« zu richten! *zeigt Notfallschutzbroschüre von Rheinland-Pfalz* Gewiß ... hie und da soll's auch schon mal ein paar »Störfällchen« gegeben haben ... aber nur 400 insgesamt ... jedes Jahr ... aber das ist normal ... sagen die Experten ... und selbst wenn mal was Schlimmes passieren sollte ... wie damals in Stade oder in Ohu ... da brauchen wir uns keine Sorgen zu machen ... weil: wir erfahrn's ja nit! Also, zumindest nit sofort ... erst auf Umwegen ... über's Ausland ... Es is ja bekannt, daß von unseren ganzen Kernkraftwerken immer die Hälfte wege Störfälle »außer Betrieb« ist ... zum Glück ... weil: das erhöht dann wieder unser aller Sicherheit zusätzlich automatisch um fünfzig Prozent! Aber selbst wenn Sie vor der anderen Hälfte auch noch Angst habbe sollten ... werfen Sie nicht die Flinte ins Korn *hält Broschüre hoch* sondern rechtzeitig einen Blick in diese Notfallschutzbroschüre ... die is zwar nicht zuständig für Biblis ... sondern für Mülheim-Kärlich ... aber das Prinzip ist dasselbe. Außerdem verteilt jede Landesregierung so Dinger für ihre Kernkraftwerke ... natürlich »kostenlos« ... weil: Umsonst ist der Tod ... und die sinn ihr Koste los! *blättert in der Broschüre* Eine wahre Fundgrube ist das ... also, wenn Sie nit von alleins in die Grub finde ... da drin finde Sie genug Hinweise!
Allein wenn man das »Inhaltsverzeichnis« studiert, ist man schon beruhigt ... das klingt wie: »Überleben – leicht gemacht! Mit dem GAU auf du und du!« Dann heißt es hier: »Bei einem Reaktorunfall muß unter Umständen mit Schwierigkeiten gerechnet werden!« »Vor allem: Türen und Fenster gut schließen!« Damit diese radioaktiven Atome da nit eindringe könne! »Bei einem Reaktorunfall ergreifen die jeweils zuständigen amtlichen Behörden alle notwendigen Maßnahmen ...« Aha ... und damit beginnt wahrscheinlich erst die eigentliche Katastrophe!
»Die offizielle Bezeichnung für eine sogenannte Kernschmelze lautet: GAU ... der Größte Annehmbare Unfall!« Und das bedeutet: Noch größere Unfäll nemme die einfach nit an! – Das wird strikt abgelehnt!
Die wolle mer nit! »Zuständig für die Organisation der Abwicklung einer Katastrophe ist der örtliche Leiter ...« ... der GAU-Leiter! Weil: der hat ja auch Erfahrunge ... mit Katastrophe!

Thomas C. Breuer

## Alle wollen weg

Die dünne Luft macht sich aus dem Staub
Selbst Giftgaswolken verduften
Manche machen den großen Satz
Für den sie jahrelang schuften

Tausendfüßler machen sich auf die Socken
Die Fernfahrer fahren gern fern
Raketen verschwinden heulend ins All
Anders Leben auf nem andern Stern

Freaks auf der Nadel ham den Faden verloren
Sie verschwinden gelbgesichtig
Der Trip ins weite Niemandsland
Ist leider platzkartenpflichtig

Die Autos werden immer schneller frisiert
Für die Flucht in langen Staus
Längst nimmt keiner mehr Tramper mit
Sie sehen mitgenommen aus

Fußgängerzonen sind nachts wie ausgestorben
Im Eisstadion ist es kalt
Wo sind die Statisten der Geisterstadt
Ich glaub, ich steh im Wald

Ich sag zum Abschied noch leise Servus
Ich laufe gerne mit
Wenn alle rennen, muß es gut sein
Ich halte immer Schritt

Alle wollen weg, als käm hier keiner lebend raus
Alle wollen weg, und der letzte macht das Licht aus
Ich glaub nicht mal, daß ich wieder-wieder komm
Mich seht ihr hier nicht mehr, ich bin auf und davon

## Jesses Maria!

*Ein Krippenspiel*

Josef Maria! Mary!! Deine Haare leuchten ja wieder wie Gold, und deine Augen sind wie Sterne am Firmament. Du siehst aus wie die Madonna von Michelangelo.

Maria Und du, o Josef mein, du siehst aus wie eine holzgeschnitzte Figur aus'm Krippenspiel.

Josef Das ist auch kein Wunder. Ich bin ja auch von Beruf Tischler. – Du, sag mal, Maria, wollen wir jetzt mal zusammen …

Maria Was heißt das, Josef, Daumen durch Zeigefinger?

Josef Na, ich meine, woll'n wir mal zusammen …

Maria Versteh ich nicht.

Josef Ach, Maria, ich meine, woll'n wir mal in diesem schönen Bett … Du weißt schon …

Maria Bumsen, was? Ehrlich, Josef, ihr Männer wollt doch immer nur das eine. Du weißt ganz genau, daß ich das nicht will. Jedenfalls nicht, solange wir nicht ordentlich verheiratet sind.

Josef Also, Maria, du benimmst dich wie 'ne Heilige! – Na gut, dann warten wir eben bis zu dieser Scheißehe! Nacht!!

Maria Du, Josef?

Josef Laß mich in Ruhe!

Maria Du, Josef, ich weiß auch nicht, wie ich's dir sagen soll … ich hab meine Tage nicht gekriegt …

Josef Waasss? Wer war das???

Maria Ich weiß auch nicht, wie das zugegangen ist, sintemalen ich von keinem Manne weiß.

Josef Wie heißt der Typ? Manne? Dem polier ich die Fresse!

Maria Nein, Josef, das war ganz anders. Der heilige Geist ist mir erschienen.

Josef Ach ja, der heilige Geist! Das muß ja'n schöner heiliger Geist sein, der meine Verlobte hinter meinem Rücken von hinten bumst!

Maria Nein, Josef, das war nicht so, wie du denkst, mit Sex und so. Der heilige Geist ist zu mir gekommen und der hat mir gesagt, irgendein Herr hätte mich ausgewählt, und dieser Herr wollte gerne mit mir sein, und ich würde 'n Kind kriegen. Aber als Jungfrau!

JOSEF Ach, Maria, du hast ’ne Macke! Das ist doch die letzte Ausrede! Die Story kauft dir doch kein Schwein ab!

MARIA Doch, Josef, die kaufen sie uns ab. Da war’n sogar schon ’n paar Typen da, die wollen da ’n Buch drüber schreiben. Soll ’n Bestseller werden.

JOSEF Also wer das glaubt, wird selig. Erzähl mal lieber, wie’s wirklich war.

MARIA Also das war so. Ich lag hier wieder abends allein in der Hütte ... Du bist ja auch immer bis zwölf in deiner Scheißwerkstatt und hobelst deine Bretter, du Dünnbrettbohrer! Ich war also wieder ganz alleine und auf einmal geht in der Bude die volle Beleuchtung an, und da kommt so’n Typ zum Fenster rein und sagt, er heißt Gabriel. Er wär von Beruf Engel. Erzengel!

JOSEF Erzengel! Erzganove, meinst du!! – Und dann?

MARIA Dann kam er über mich, und dann überkam es mich. Auf einmal hörte ich im Himmel die Glocken läuten! Und da wußte ich, wo Gott wohnt. Und als ich wieder zu mir gekommen bin, war der ganze Budenzauber vorbei und der Typ war weg. Tote Hose!

JOSEF Ja. Und ich sitze jetzt hier in der Patsche. Hoffentlich wird’s überhaupt ’n richtiges Kind und kein Leuchtstab! Und wer zahlt die Alimente?

MARIA Josef, das ist Gotteslohn.

JOSEF Gotteslohn! Schöne Bescherung!! – Und wie soll das Gör heißen?

MARIA Ich dachte, wenn’s ’n Mädchen wird, vielleicht Petra.

JOSEF Und wenn’s ’n Junge wird? Herbert, Willy oder Owi?

MARIA Wieso Owi?

JOSEF Na, du kennst doch die Stelle da: Stille-Nacht-Heilige-Nacht-Gottes-Sohn-Owi-Lacht.

MARIA Ach, das find ich blöd.

JOSEF Ach, das findst du blöd? – Jesses, ist das eine Scheiße!!

MARIA Genau. So nennen wir ihn. Jesses!

JOSEF Da gibt’s aber noch einige Probleme zu lösen. Wer zum Beispiel sagt den Heiligen Drei Königen Bescheid?

MARIA Das ist alles abgeklärt. Die Formalitäten erledigt der Gabriel. Der sagt den Hirten persönlich Bescheid. Und wenn’s dann soweit ist, dann läßt er über der Wiege ’ne Leuchtrakete hoch. Wir müssen uns nur noch um ’ne Wohnung kümmern.

JOSEF Na, siehste! Das ist ja grad das Problem. Du weißt ganz genau, daß die Sozialwohnungen von Nazareth alle weg sind.

Und in so 'ner Scheißsatellitenstadt will ich auch nicht wohnen. Aber halt! Ich hab 'ne Idee! Ich kenne da noch 'n paar Freaks aus Bethlehem, die haben 'ne alternative Kneipe. Da könnten wir den Schuppen umbauen, da würde ich die vierte Wand rausreißen, damit die Weltöffentlichkeit zusehen kann, wie wir unsern Rotzlöffel in die Weltgeschichte reinsetzen. Sollste mal sehen, da hörste noch zweitausend Jahre später in Köln rumjodeln:

BEIDE Johannes Paul der Zweite,
Wir stehn an deiner Seite!

GÜNTER THEWS

## Unser allerheiligster Abend

*Die Weihnachtsgeschichte*

Die Weihnachtsgans. Da steht sie nun in der Mitte der weißgedeckten Tafel. Goldbraun, so kroß, daß man eigentlich nur Haut essen möchte. Und der Rotkohl! Und die Kartoffeln! Ja, und die Soße? Unbeschreiblich! Und die Füllung!! Bratäpfel, Pflaumen und Mandeln. Der Tannenbaum brennt, der Schmuck schmückt, alles ist bereit, ein neues Mal Weihnachten zu zelebrieren.

Die himmlischen Chöre singen ihre sogenannte »frohe« Botschaft, und nett untergehakt betreten Vater, Mutter und Sohn die Feststube. Die Mutter korrigiert noch rasch die Fliege des Sohnes, und das Rehkitz sieht durchs Fenster. Dann stehen sie da im Lichterglanz. Leise rieselt der Schnee, und das Licht verwandelt sie – eben noch in Duisburg, jetzt auf unserer himmlischen Show-Bühne: die himmlische Familie. Gottvater: »Keine weiteren Lieder! Sonst wird die Gans kalt.«

Die Gans wird fachmännisch zerlegt. Wer will Keule? Ich nehm den Stiez! Und Gott nagt genußvoll an der Gans, und die Soße wandert zu Mutter Maria, ohne zu kleckern. Sohn Jesus will noch Kartoffeln. Er wußte ja gar nicht mehr, wie traumhaft Kartoffeln sein können. Da ist Gottvater aber weiter. Die Gans isses! Aber natürlich nicht allein. Nein, auch der Rotkohl, Maria.

Gottvater verlangt, den Fernseher schon mal anzuwerfen, damit man die diesjährigen Weihnachtsfeiern auf dem Planet Erde auf

keinen Fall verpaßt. Sohn Jesus möchte lieber die Comic-Olympiade mit Pluto sehen. Mutter sieht es anders: Wir haben nun mal Weihnachten, und da kommt deine Mutti doch immer so groß ins Bild. Du kuckst dir ja auch jede Kreuzigung an. Schnauze! sagt Gottvater. Es geht los. Der Gottesdienst beginnt. Gleich beten sie uns an. Rück doch mal rum, Vater, ich sehe wieder gar nichts.
Ruhe, sagt jetzt Mutter Maria verträumt. Sie lesen wieder die Weihnachtsgeschichte vor. Hört ihr, wie sie mich anbeten, sagt Jesus und legt die Beine hoch. Und? fragt Mutter, wirst du sie erhören? Ruhe! Vater natürlich. Er steht so auf »Stille Nacht«. Was machen denn die anderen? Jetzt nörgelt Jesus.
Was sollen die schon machen? Wenn die einen sich unbedingt totlieben wollen, dann hauen sie sich auf der anderen Seite den Kopf ein. Mutter hat gut aufgepaßt: Das ist das Gleichgewicht der Erde, mein Sohn, säuselt sie und tätschelt seine Bügelfalte anzüglich.
Ey, springt Jesus auf, kuck mal, da spritzt sich einer Heroin, Mutti. Mutter Maria cool: Na, und kuck mal, da werden Sechslinge geboren. Von nix kommt nix. Ich will noch was trinken, schimpft Gottvater. Gleich kommt ja noch der Weihnachtsmann. Erst die Getränke, dann die Geschenke! Vater murmelt: Egalitätsprinzip, Gleichheit, Egalité – es ist egal. Verstehst du, Jesus? Die Message ist da, es läuft prima. Drei toten Kindern in Osijek stehen achttausend Geburten in China gegenüber. Einer schändet ein Kind, und vierzig amerikanische Babies werden gleichzeitig geküßt. Tja, seufzt Mutter, die Menschen haben's gut, die können nichts falsch machen. Hustenanfall Gottvater, Jesus trocken: das Ozonloch. Gottvater weiter: Eigentlich ist es völlig scheißegal, was die Menschen tun, brummelt er. Und? fragt Mutti Maria, was ist, wenn es ihnen egal ist, ob sie an uns glauben? Na und, poltert Gottvater, dann sterben wir eben. Ein ewiges Leben hat auch seine Licht- und Schattenseiten. Spitzlippig Jesus: Is doch egal.
Es klingelt, und der Weihnachtsmann knallt erschöpft seinen Sack in die Ecke. Also die Japaner, fängt er gleich an zu klagen. Also Glauben = Null, Kommerz = 100 Prozent. Egal, solange sie uns brauchen. Dritte Welt natürlich wenig Carrera-Bahnen abgesetzt. Nicht schon wieder, haben sie gejammert. Die haben wir doch gerade letzte Woche in der vierten Schicht noch endgefertigt. Und sonst? fragt Gottvater den Weihnachtsmann. Der: Die Deutschen können's am besten. Weihnachten feiern und Fußball. Da sind sie in ihrem Element.

Ein Bier für dich, sagt Gottvater großzügig. Wann fängt denn die Bescherung an? will Jesus wissen. Erst wenn der Weihnachtsmann gut gegessen hat, ruft Mutter und fährt die Reste der Weihnachtsgans wieder auf. Gottvater will auch noch mal ne Kleinigkeit naschen. Ich glaube, wir steigen auf Aquavit um, schlägt Gottvater vor. Aber auch der gemütlichste Weihnachtsschmaus muß sich der Bescherung stellen. Ich schenke das, was euch am Leben erhält, spricht der Weihnachtsmann.
Er verteilt drei Kartons, und in dem einen ist die Gier. Nicht schon wieder die Gier! jammert Jesus enttäuscht. Doch, sagt die Mutter, du willst doch immer leiden und leiden und ...
Na gut, gibt Jesus nach. Im zweiten Karton findet Gottvater den Neid. Das ist was Praktisches, befindet Gottvater. Danke. Aber so viele Bilder wie von Jesus gibt's von mir nicht. Das kommt von deinem Photographierverbot, kein Bildnis und so, wendet Mutter Maria ein. Jetzt aber Gottvater in Hochform: Also das mußt du gerade sagen, die Mutter von meinen Gnaden, zeig doch mal, was du in deinem Paket hast! Wieso hat sie zwei Schleifen am Karton, will Gottvater vom Weihnachtsmann wissen. Dann ein spitzer Schrei von Mutter Maria: Nein! Das darf doch nicht wahr sein! Gottvater reißt der Mutter Maria den Karton aus der Hand. Dacht ich's mir doch, und triumphierend hinterher: Die Eitelkeit! Die Mutter: Ich mag nun mal die Marienbildchen. Ich würd sie auch sammeln, wenn ich nicht drauf wäre.
So, ich hau jetzt ab, sagt der Weihnachtsmann. Kuckt noch'n bißchen Erdprogramm. Ich bin der mit dem roten Mantel. Raus jetzt, sagt Gottvater. Gleich kommen noch die Mitternachtsmessen. Die sind besonders geil, findet Jesus. Da sind immer so viel Intellektuelle drunter.
Nun formiert sich der Kreis der Heiligen Familie zum Halbkreis um den Monitor, wieder ertönt »Stille Nacht«. Gottvater grübelt zufrieden: Irgendwas haben diese Deutschen von mir. Was ist, fragt keß Sohn Jesus, gibste jetzt einen aus wegen Weihnachten? Er fröhlich: Sekt oder Selters, mein Junge? Jesus: Das ist doch scheißegal. Haste auch wieder recht, dann nehm ich den Sekt. Dann wird Mutter Maria weinerlich. Das beste Zeichen, daß die Feier zu Ende geht.
Die Kerzen sind fast abgebrannt. Alle sinnieren vor sich hin. Der Gottvater hat sich die Zigarre angemacht. Jesus starrt auf seinen ausgeflippten Cocktail, und Mutter Maria leise: Wie lange sie wohl noch an uns glauben werden? Ich gehe zu Bett, sagt Jesus. Schönen

Dank noch mal für die Geschenke. Mutter Maria hinterher: Ach, diese Kleinigkeit. Mutter geht auch schon mal die Betten aufschlagen. Gottvater starrt scheinbar geistreich ins Universum, und auf der Erde schneit's.
In Duisburg Stau wegen erheblicher Schneefälle. Weiße Weihnacht. Das Gänseskelett schimmert im Mondlicht. Die leeren Flaschen stehen auf dem Balkon. Die Gier schlüpft in ihren Karton. Der Neid schnarcht schon. Da findet auch die Eitelkeit endlich ihre Ruhe. Und alles ist egal.

Lisa Fitz

## Deutschland im Dreck

Der Krieg, die Luft, die Umwelt, der Schmutz,
Die Strahlung, die Preise, Terroristen, kein Schutz,
Die Menschen so lieblos, die Jugend so schlecht,
Der Bürger so machtlos, kommt nie zu sei'm Recht.

Atomkraftwerke, Hormone im Schwein,
Peepshow und Porno, kein Mädel mehr rein,
Jammer, Wimmer, Winsel, Kreisch,
Rückenschmerzen und alterndes Fleisch.
  Potenz im Schwinden, Fröhlichkeit weg –
  Alles im Arsch – Deutschland im Dreck.

Steigende Zinsen verschlingen uns schon,
Kommunisten und Russen umlagern, bedrohn,
Ausländer nehmen uns Renten weg,
Und Demonstrationen ha'm eh keinen Zweck.

Wofür noch leben, hat eh keinen Wert,
Und wenn es an Wert hat, isser verkehrt,
Kaputte Gesellschaft, Scheißsystem,
Wir sind eben alle viel zu bequem.
  Gefühle diktiert der Euroscheck –
  Alles im Arsch – Deutschland im Dreck.

Die Alten sind konsumverseucht,
Die Jungen ha'm auch nix erreicht,
Der Rest is schwul und drogensüchtig,
Geht auf'n Strich und tickt nicht richtig.

Gurus künden vom findenden Ich
Oder vom zu verlierenden, was gleich ist, find ich,
Man redet von »geistiger Energie«, –
Ob man mit der dann auch heizt? – Weiß man ja nie ...
  Im übrigen hätts sowieso keinen Sinn –
  Alles im Arsch – Deutschland ist hin.

Neurosen wachsen wie Schwammerl im Wald,
Jeder läßt sich und den anderen kalt,
Im Fernsehprogramm is auch nix mehr los,
Und Gott ist tot – oder wo isser denn bloß?
  (Bei der Papstrede eingeschlafen!)

Schuld ist die Mutter, sagt die Psychologie,
Der Valiumkonsum floriert wie noch nie,
Das kranke Hirn macht den Körper scheps,
Wir leiden unter Gedankenkrebs.
  Das Volk der Dichter und Denker is weg –
  Es lebe die Kernspaltung – Deutschland im Dreck!

FLOH DE COLOGNE

## Bekenntnis der unpolitischen Väter

Ich bin sehr zufrieden
Ja, ich bin zufrieden
Meine Stelle gefällt mir nicht
Die Wohnung ist zu klein
Die Miete ist ne Wuchermiete
Preise steigen ständig
Die Löhne hinken ewig nach
Der Arbeitsplatz ist nicht gesichert

Man muß eben zufrieden sein
Ich bin wirklich zufrieden, ehrlich
Und deshalb bin ich auch gegen Sozialismus und so was

Zwar würde mir da wohl die Stelle gefallen
Die Wohnung wäre vielleicht nicht so klein
Und die Miete niedrig
Preise konstant
Löhne steigen, langsam, aber steigen
Gibt keine Krisen
Arbeitsplatz ist gesichert
Aber – ich bin zufrieden hier, ehrlich
Man muß eben zufrieden sein

Mit fünfzig bin ich kaputt
Mit fünfundfünfzig geh ich stempeln
Mit sechzig krieg ich eine zu niedrige Rente
Und mit fünfundsechzig sterb ich zu früh

Was will ich mehr

Volker Ludwig

## Wilmersdorfer Witwen

Wir sind die Diademe
Der Reichshauptstadt Berlin
Die Butterkrem der Creme
Die Queens der Tauentzien
Vom Kudamm bis zum KaDeWe
Sind wir die Sahne im Café
Wie vor fünfzig Jahren
Tiri tiri tirallala
Wie vor fünfzig Jahren
Terem terem terem

Unsre Gatten hatten hohe Posten
In Wehrmacht, Staat, Justiz

Der Staat läßt sich's was kosten
Übers Grab hinaus – man sieht's
Drum kämpfen wir in ihrem Sinn
Für Sauberkeit und Disziplin
Wie vor fünfzig Jahren
Augenrechts Augenlinks und zack und stehn
Wie vor fünfzig Jahren
Teraä teräa teraä
  Ja wir Wilmersdorfer Witwen
  Verteidigen Berlin
  Sonst wär'n wir längst schon russisch
  Chaotisch – und grün
  Was nach uns kommt ist Schiete
  Denn wir sind die Elite
  Wir Wilmersdorfer Witwen
  Wilmersdorfer Witwen!

Berlin erstickt vor Türken
Und Asylantenpack
Nur eins kann da noch wirken:
Knüppel aus dem Sack!
Mit Gott und Diepgen im Verein
Wird unsre Stadt bald sauber sein
Wie vor fünfzig Jahren
Schnedereng schnedereng schnederengtengteng
Wie vor fünfzig Jahren
Teräa teraä teräa

Alte Tugenden beginnen
Bei der Jugend neu zu blühn:
Beizeiten sich zu krümmen
In strebendem Bemühn!
So fügsam sind sie, rein und klar
Geschniegelt und mit kurzem Haar
Wie vor fünfzig Jahren
Schnedereng schnedereng schnederengtengteng
Wie vor fünfzig Jahren
Teräa teraä teräa
  Ja wir Wilmersdorfer Witwen
  Verteidigen Berlin
  Sonst wär'n wir längst schon russisch

Chaotisch – und grün
Was nach uns kommt ist Schiete
Denn wir sind die Elite
Wir Wilmersdorfer Witwen
Wir Wilmersdorfer Witwen
Wir Zehlendorfer, Dahlemer
Charlottenburger, Steglitzer
Wir Lichterfelder, Grunewalder
Wilmersdorfer Witwen!

FRANZ HOHLER

## Es sind alle so nett

Kürzlich zogen wir um
Aus dem Dorf in die große Stadt
In der Weite schimmert statt den Bergen
Das Einkaufszentrum Glatt.
Jetzt wohnen wir wieder bei den Leuten
Wo der Nachbar nach dem Nachbarn hascht
Man sieht uns in die Küche, in die Stube
Aber etwas hat uns überrascht
Es sind alle so nett
Wirklich, da sagt man immer
Man könne nur auf dem Land persönlich leben
Es sind alle so nett
Das sagen nur die
Die in der Stadt keine Wohnung gefunden haben
Es sind alle so nett
Ist ein pures Vorurteil
Es sind alle so nett

Manchmal, da mach ich ein Ding ab
Das kann die Familie nicht freun:
Muß das sein mit diesem Mainz
Sagt die Frau und schaut traurig drein.
Weißt du, sag ich und hüstle

Es ist einfach nicht anders gegangen
Die haben mir so lieb geschrieben
Die würden sonst fürchterlich hangen
  Es sind alle so nett
  Du kennst doch den C.F. und den Artur
  Und die ganze »unterhaus«-Clique
  Es sind alle so nett
  Und wenn du das Publikum hier sehen würdest
  Die sind alle so nett
  Und gerade die Deutschen
  Sind alle so nett
  Solange sie nicht alle in die Schweiz kommen

Ich war in Gösgen zum Demonstrieren
Gösgen ist unser Atomkraftwerk ... wir haben auch eins!
Ich war in Gösgen zum Demonstrieren
Weil ich gegen Atomkraft bin
Drauf bitten mich die Kernkraftherren
Zum Besuch in ihren Tempel hin.
Sie führen mich rum, und ich finde
Das sei alles ein großer Mist
Sie finden das allerdings gar nicht
Aber was das Erstaunlichste ist
  Es sind alle so nett
  Wirklich, sind doch Familienväter wie du und ich
  Es sind alle so nett
  Sind sogar Skilangläufer und Wildwasserfahrer
  Es sind alle so nett
  Wissen wirklich, was Natur ist
  Es sind alle so nett

Ich hab mich damit beschäftigt
Wem unser Land im Grunde gehört
Und bin auf paar Namen gestoßen
Das hätte mich noch nicht gestört
Aber dann traf ich einmal persönlich
Ein paar dieser ehrenwerten
Und mächtigen Herren, ich sag euch
Es ist wirklich zum wahnsinnig werden
  Es sind alle so nett
  Grüezi, Herr Doktor, gueten Obe, Herr Diräkter
  Es sind alle so nett

Haben sogar Sachen von mir gelesen
Es sind alle so nett
Und singen mit mir zusammen den Refrain
Es sind alle so nett

Letzthin träum ich tatsächlich
Ich hoffe, es wird nie wahr
Man hat mich zum Tod verurteilt
Als eine zu große Gefahr.
Doch das schlimmste, kurz vor dem Köpfen
Ist die Runde, die freundlich nickt
Von Staatsanwalt, Richter und Henker –
Kein Feind, ich werd verrückt
Es sind alle so nett
Dürfen wir Ihnen diese Binde um die Augen legen?
Es sind alle so nett
Haben Sie noch einen letzten Wunsch?
Es sind alle so nett
Ah, Sie sind Nichtraucher
Es sind alle so nett
Dann legen Sie jetzt bitte Ihren Kopf auf diesen Pflock da
Es sind alle so nett, so nett, so unheimlich, so grauenhaft
NEEEEETTTT!

ELKE HEIDENREICH

## Karl Marx

Ingelein, sarich neulich so zu unser Inge, ihr lerntatt doch alle heutzutage inne Schule, diesen Karl Marx da, watt is an den eintlich so besonders oder so gefährlich, dattse da immer son Bahei drummachen, erklär datt deine Mamma ma. Der hattoch de Sowjettunion erfunden, oder nich?
Nä, Mamma, sachtse, so kann man datt nich sagen, aber dem seine Ideen, die tunse da irgendwie, also tunse da nach leben. Aber der wa ja hier von uns.

Ich sach, wie, der wa ga nich von drüben oder ausse Ostzone oder sowatt?
Nä, sachtse, dammals gab datt donnoch ga keine Ostzone, der wa vonne Mosel un obwohl datter Kommenist wa, wa er mit ein adeliges Frollein verheiratet un mußte immer im Ausland, weil datt hier mit dem seine Ideen alle nich erlaubt wa.
Is kla, sarich, datt geht ja heute nonnich, linke Ideen, hamse hier nich gerne, aber gezz ma ehrlich gesacht unter uns, watt sintatt denn auch für Ideen – der is doch schuld daran, wenn datt in Rußland keine Neilonstrümpfe un keine Appelsin gibt, oder?
Nänä, sacht unser Inge, datt siehsse falsch, da kann der nix für, der wollte ja bloß de Ausbeutung abschaffen, also weisse, in Kappetalismus, wie wir datt hier ham, da beutet der Mensch den Mensch aus, nä, un in Sozialismus – ja, is datt irgendwie umgekehrt oder so, also genau weiß ich datt aunnich, wichtich is jedenfalls diesen Mehrwert da.
Wattenn fürm Mehrwert, sarich, un unser Inge sacht, also, den hatter Marx erfunden un der is datt Wichtichste an diesen Marxismus, paß auf, ich will dir datt ma erklären. Der Mensch is ja am Aabeiten, nä, un Aabeit is ein Wert. Un gezz nehm wer ma an, du backsen Brot, un da backse drei Stunden dran, un datt tauschsse dann meinzwegen gegen en Paa Socken, wone Omma auch drei Stunden dran gestrickt hat, un datt is dann Wert gegen Wert un datt is reell.
Wo gibtet denn sowatt, sarich, Socken, wo einer bloß drei Stunden dran strickt, sonne Omma gibtet nich. Da brauchsse doch mindestens zehn Stunden für, für son Paa Socken.
Ja, eben, sacht unser Inge, siehsse, da hasset schon: wenn du gezz datt Brot, wosse drei Stunden dran gebacken has, gegen de Socken eintauschs, wode Omma zehn Stunden dran gestrickt hat, dann hasse de Omma praktisch um sieben Stunden beschissen, un datt is der Mehrwert, un davon kaufen sich de Kappetalisten en Häusken auf Mallorca, hasse datt gezz verstanden? Und gerecht wär ehmt, wennze den Mehrwert widder im Wohlergehen fürm Aabeiter reinstecks unnich inne eigene Tasche.
Datt klapptoch nie, sarich. Nä, sacht unser Inge, klappt ja aunnich, aber is als Idee schön, musse zugehm. Bloß, wenn der Marx heute hier mit solche Ideen am Leben wär, dann hätter auch Berufsverbot für, nä. Dabei denk ich manchma, als Wirtschaftsminister wär der vielleicht ga nich so schlecht. Mehr Ahnung wie der Bangemann hätter.

Hanns Dieter Hüsch

# Hagenbuch und die wirkliche Politik

Hagenbuch
Hat jetzt zugegeben

Daß in jenem Oktober
Im Gegensatz zu jenem September
In dem er aus der Anstalt Bless-Hohenstein
Entlassen worden sei
Daß er in jenem Oktober
In dem er in Suzernuud
Einem südlichen Vorort von Göedergaaden
Nördlich des Tana-Fjords
Zusammen mit dem schwedischen Berufsorthopäden
Wennerdotter
An einer Studie über
»Deformationen des menschlichen Körpers
Ihre wirkliche Herkunft
Und ihre Ausstrahlung auf Musik und Militär«
Gearbeitet
Auf einem seiner unentbehrlichen Spaziergänge zwischendrein
Und zwar meist
Von Suzernuud nach Drögernuud
Einem weiteren südlichen Vorort von Göedergaaden
In jenem Oktober
In einer sogenannten Trinkhalle
In der er sich manchmal mit Proviant versorgt
Und die ihn immer an einen Onkel erinnerte
Der alles mögliche gewesen
Unter anderem auch eine Zeit lang
Verlegenheitsbesitzer
Eben so einer Trinkhalle
Und der ihn
Hagenbuch
Vor langer Zeit immer in reichem Maße heimlich
Mit Lakritz und Süßholz versorgt
Daß er
Hagenbuch

In jenem Oktober in dieser Trinkhalle
Zwischen Suzernuud und Drögernuud
Südlich von Göedergaaden
Und nördlich des Tana-Fjords
Es gäbe übrigens noch die Vororte
Schtlozernuud und Barvernuud
Alles winzige Nester
Mit drei bis sieben Häusern
Aber von großem melancholischem Reiz
Daß er in dieser Trinkhalle
In jenem Oktober
In dem er auch gerade erst von einer Suchexpedition
Der 92. inzwischen
Zur Auffindung von Überresten der verschollenen Mannschaft
Sir John Franklins
Der bekanntlich zur Auffindung der Nord-Westlichen
Durchfahrt
1845 ausgezogen war
Und bis heute nicht zurückkehrte
Von dieser Suchexpedition
Die er
Hagenbuch als II. Stabilisator begleitet hatte
Zurückgekehrt
In dieser Trinkhalle
Die mehr oder weniger eine Bretterbude war
Und in der auch sicherlich nachts streunende Katzen
Unterschlupf fanden
Einen alten Mann vorfand
Der sich eigens anschickte in Hagenbuchs Armen
Für immer einzuschlafen
In jenem Oktober
An diesem Herbsttag der so ungewöhnlich blau und rosa
Dahergekommen
Und nun so bleich und erschöpft auf der Erde herumlag
Als hätte er sich in der Zeit geirrt
Wie dieser alte Mann
Den Hagenbuch nie zuvor gesehen
Und dessen Namen er auch nachher nirgendwo erfahren konnte
Weder in Suzernuud noch in Drögernuud
Auch später nicht
In der ganzen Welt nicht

Auch wenn er einen Zusammenhang vermutete
Hagenbuch konnte nur seine Worte mitnehmen
Und behielt sie als wären es seine eigenen
In jenem Oktober in dieser Trinkhalle
Die eigentlich ein Stall war
Fast am Ende der Welt
Sagte der sterbende alte Mann
Daß er nie bei den Soldaten gewesen
Und auch nie zu den Soldaten gehe
Auch nicht von den Soldaten komme
Und Hagenbuch nickte
Oder gar von Soldaten abstamme
Sondern von der Philosophie komme
Wenn er Hagenbuch wisse
Was das sei
Und Hagenbuch nickte
Sondern von der Philosophie komme
Die ja von der Musik abstamme
Und umgekehrt die Musik zur Philosophie gehe
Aber nicht zu den Soldaten
Und Hagenbuch nickte
Die ja auch keine Philosophie hätten
Und keine Musik
Nur Marschmusik
Und der als Soldat verkleidete Mensch
Keine Krankheit zulassen dürfe
Weil Krankheiten eine Musik hätten
Bis dahin könnten Soldaten nicht vordringen
Und Hagenbuch nickte
Sie könnten vordringen
In die Wüsten Nordafrikas
Ins Eismeer
Zu Ölquellen
Auf den sogenannten Feldern der Ehre könnten sie vordringen
Die ja Felder der Barbarei seien
Nicht einmal das
Sei den Soldaten bekannt
Die keine Heiterkeit besäßen
Sondern nur ein Gelöbnis
Das sie gar nicht verstünden
Aber alle nachsprächen

Weil sie die Geschichte nicht verstünden
Weil sie nichts verstünden
Weil sie nur Handlanger
Von sogenannten Politikern
Die wiederum Handlanger
Von Weltzerstörern seien
Die in tiefen Fauteuils säßen
Und ihren Handlangern einflüstern
Daß sie ihren Soldaten einflüstern
Sie seien Soldaten
Und Hagenbuch nickte
Und sie seien nötig
Und nützlich
Und von Nöten
Und notwendig
Und Notwehr-Soldaten
Und christliche Soldaten
Und abendländische Soldaten
Jeder habe seinen Zapfenstreich im Tornister
Und Hagenbuch nickte
Und versuchte seinen Arm besser um die Schultern
Des alten Mannes zu legen
Auf der ganzen Welt sollten die Soldaten
Auf ein Zeichen alle im selben Augenblick
Ihre Uniformen ausziehen
Und nach Hause gehen
Auf der ganzen Welt
Und Hagenbuch nickte
Warum das so schwer sei
Weil sie nichts von der wirklichen Geschichte verstünden
Sie müßten ganz unten wieder anfangen
Ganz von vorne
Bei den untersten Niederungen
Bei Brot und Wasser
Und keiner dürfe mehr fragen
Wer der andere sei
Was der andere sei
Woher er käme und wohin er ginge
Und Hagenbuch nickte
Denn er wußte nicht was er sagen sollte
Sie verstehen es nicht

Sagte der alte Mann
Dessen Augen kleiner und kleiner
Und dessen Nasenlöcher größer und größer wurden
Und Hagenbuch sagte
Sie verstehen es nicht
Nicht wahr sie verstehen es nicht
Demokratie heißt doch Liebe
Und Hagenbuch nickte
Dafür haben sie mich gehänselt und hohngelacht
Die Geschichte verliefe ganz anders haben sie gesagt
Und die Soldaten wären jetzt überall im Kommen
Und Hagenbuch nickte
Und legte ein Tuch über den Mann
Und ging nach Drögernuud
Um das danach Übliche in die Wege zu leiten
Und beendete seine Studie
Über die »Deformationen des menschlichen Körpers
Ihre wirkliche Herkunft
Und ihre Ausstrahlung auf Musik und Militär«
Mit dem Satz:
»Wär doch der Mensch ein Volk von Drückebergern
Wir kämen uns näher
Und hätten viel Zeit
Die Erde fruchtbar zu machen
Und könnten erlöster von dannen ziehen.«

GEORG KREISLER

## Das Kabarett ist nicht tot

*Eine Bestandsaufnahme*

Man hört jetzt so viel vom Tod des Kabaretts
Man schwelgt in Nostalgie daran zum Jubel des Parketts
Das Fernsehen hat's kaputtgemacht, sagt einer, das ist klar
Zu verwöhnt sind die Leute, sagt ein andrer, das ist die Gefahr

Doch ich sag Ihnen im Vertraun
Auf meine Worte können Sie baun:
Das ist alles nicht wahr, das ist alles nicht wahr
Das Kabarett ist nicht tot, es bleibt am Leben
Es hat noch nie so viel Kabarett gegeben
Und weit entfernt von Liquidierung
Kriegt's zu jeder Inszenierung
Von der dankbaren Regierung
Subvention

Ich bin doch auch Kabarettist, Sie selber sehn es
Ich kabarettiere gegen dieses oder jenes
Denn erst im Kabarett bemerkt es jedes Kind
Wie demokratisch unsere Volksvertreter sind …
Kurz und gut, ich habe ganz genau bedacht
Daß nicht tot sein kann, was Propaganda macht
Das Kabarett ist nicht tot, auch nicht im Osten
Kabarettist ist heut ein ziemlich sicherer Posten
Man ist nicht rechts, man ist nicht links, man ist modern
Man ist Vermittler, wie schon bei Hitler
Man kann auch sagen: Ein Kabarettist, das ist ein Mann
Auf den ein Demokrat nie böse werden kann

Ich war als Kabarettist zuerst ein Idealist
Und strebte nach den allerhöchsten Zielen
Doch die Zeitungen schrieben kein Wort
Und das Publikum blieb fort
Weil niemand wußte, wo und wann wir spielen
Was macht man ohne Geld?
Erst schimpft man auf die Welt
Doch die Welt schießt auch auf Spatzen mit Kanonen
Und dann sagt man etwas schlapp:
Nun, ich brech den Kampf nicht ab
Ich mach nur ein paar kleine Konzessionen
Anfangs macht man Konzessionen
Um zu essen, um zu wohnen
Später macht man Konzessionen
An Personen, die sich lohnen
Bis man eines Tages einzusehn beginnt
Daß die meisten Konzessionen keine mehr sind
Denn man teilt die Meinung derer

Die es leichter haben statt schwerer
Und das Publikum will lachen
Und man kauft sich schöne Sachen
Und auf einmal kommt dann so ein Idiot
Der behauptet, unser Kabarett sei tot
Das Kabarett ist weder tot noch in Gefahr
Das ist alles nicht wahr, alles nicht wahr, alles nicht wahr

Das Kabarett ist nicht tot solang der Staat lebt
Das Kabarett ist nicht tot solang ein Soldat lebt
Ich lasse mich samt meinen Witzen
Von Soldaten mit Haubitzen
Vor euch Weltverbesserern schützen
Mit Gewalt
Das Kabarett weicht nicht zurück vor Terroristen
Ich fordere Freiheit für loyale Kabarettisten
Hier ist man geistreich, das ist nichts für'n kleinen Mann
Der sich die Eintrittspreise gar nicht leisten kann
Ich bin nie gegen Israel, weil das ist jetzt nicht modern
Ich bin für Pornographie, weil das hör'n die Leute gern
Was die Abtreibung betrifft, die macht mir Kummer
Die taugt bestenfalls für eine ernste Nummer
Ich bin stets für die Frauen, für die Emanzipation
Aber immer mit Humor, nie gejammert
Über die Bildzeitung wird hier gelacht
Da kenn ich kein Pardon
Und der Bundespräsident wird ausgeklammert
Und das Publikum geht hochbeglückt nach Haus
Alle loben mich, sogar Franz Josef Strauß

Das Kabarett wird noch lange funktionieren
Und auch im Fernsehen muß man's kaum noch zensurieren
Denn der moderne Kabarettist hat eins erfaßt:
Bleibe sympathisch, dann bist du demokratisch
Das Kabarett ist alles andere als tot
Auch ich bleib mutiger Kabarettist
Und Patriot

Hanns Dieter Hüsch

# Mittlerweile

Mittlerweile sitzt man zwischen zwanzig Stühlen
Mittlerweile hat man das Gefühl sich nicht mehr wohl zu fühlen
Mittlerweile weiß man nicht mehr wo die Freunde stehn
Mittlerweile muß man vielen aus dem Wege gehn
Denn da gibt es tausend Trüppchen Grüppchen Clübchen
Alle kochen sich ein feines Süppchen
Wenn du aber nicht der Löffel für die Suppe bist
Wirft man dich ganz einfach auf den Mist

Keiner hat den Mut allein zu bleiben
Alle schwimmen mit und lassen sich flußabwärts treiben
Bis die Fische dann ihr Herz zerfressen
Auch landeinwärts hat man sie schon längst vergessen
Denn da gibt es tausend Trüppchen Grüppchen Clübchen
Alle kochen sich ein feines Süppchen
Wenn du aber nicht der Löffel für die Suppe bist
Wirft man dich ganz einfach auf den Mist

Und dann fängt man an ganz laut zu lachen
Und dann fängt man an ganz lang zu schweigen
Und dann fängt man an sich aus dem Staub zu machen
Und dann fängt man an sich seltener zu zeigen
Und dann fängt man an auf einen Punkt zu starren
Blättert nächtelang in altem Schmarren

Mittlerweile aber hat man dich gefunden
Mittlerweile hat man dich an einen Stuhl gebunden
Mittlerweile fragt man dich wo du denn eigentlich stehst
Mittlerweile denkst du nach wie du der Fragerei entgehst
Denn da kommen tausend Trüppchen Grüppchen Clübchen
Alle kochen sich ein feines Süppchen
Wenn du aber nicht der Löffel für die Suppe sein kannst
Ja dann mach dir klar daß du allein tanzt

Mittlerweile geht es dann um Kopf und Kragen
Mittlerweile kannst du keinem Menschen mehr was sagen

Mittlerweile stehst du barfuß in der Gegend rum
Mittlerweile kommst du ins Delirium
Nur ein paar noch von derselben Solosorte
Sprechen manchmal noch mit dir ein paar verrückte Worte
Geben Zeichen und Signale aus der letzten Welt
Die man zwar versteht doch besser nicht behält

Und dann fängt man an uns einzukreisen
Und dann fängt man an uns einzuweisen
Und dann fängt man an uns kahl zu scheren
Und dann fängt man an sich gar nicht mehr zu wehren
Und dann gibt man uns den letzten Löffel in die Hand
Und dann stellt man uns ganz einfach an die Wand

Mittlerweile liegt man dann im Grabe
Über uns das ständige Gehabe
Von der Wahrheit und der feinen Menschlichkeit
Unter uns das Land mit sehr viel Zeit
Doch die tausend Grüppchen Trüppchen Clübchen
Kochen weiter sich ihr feines Süppchen
Und verteilen Löffel hin und her
Ist die Erde mittlerweile menschenleer

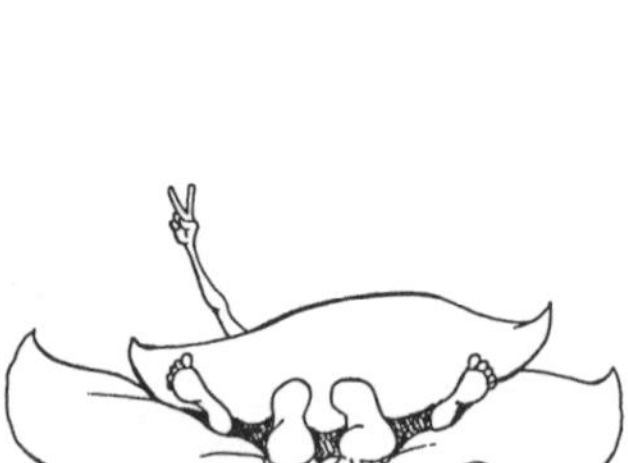

# Nach uns die Zukunft

## Die Welt, in der wir leben

Und nicht vergessen:
An dreiköpfigen Fischen erkennt man
ein gesunkenes Uranschiff.

*Wolfgang Neuss*

6

Nachdem mit den Sechzigern die großen gesellschaftspolitischen Themen aus dem Kabarett-Programm verschwanden, die die Welt als Wille und Vorstellung ins Zentrum satirischer Bemühung stellten, rückte wenig später die Welt, in der wir leben, ins Blickfeld kabarettistischer Kritik.

Das Thema, dem sich mehr und mehr oppositionelle Protestbewegungen, Friedensgruppen und Bürgerinitiativen widmen, hat es in sich. Denn diese Welt ist schon längst nicht mehr das, was sie einmal war, geschweige denn, sein sollte: Der Raubbau an der Natur geht einher mit dem an den Menschen der sogenannten Dritten Welt; Eingriffe in den Kreislauf natürlicher Lebensprozesse haben uns spätestens seit Seveso und Tschernobyl das Fürchten gelehrt und das Prinzip Hoffnung nachhaltig beschädigt; Ost und West, in zwei miteinander verfeindete Lager gespalten, haben sich ideologisch hochgerüstet und sind bis an die Zähne um ein Vielfaches mehr bewaffnet als ausreicht, um die Erde ein für allemal in die Luft zu sprengen.

Und doch tut sich das Kabarett schwer mit diesem Thema, seit sich alte kabarettistische Vermittlungsformen wie Agitprop, Lehrstück und Protestlied als ebenso hilflos wie unwirksam erwiesen haben. Den Horror-Szenarien der Machtpolitik, die im Washingtoner Pentagon und Moskauer Kreml lagern und bei Bedarf abrufbar sind, ist nicht mehr mit der launigen Pointe und dem geschliffenen Chanson-Vers alter Schule beizukommen. Dem Wahnsinn, der zudem Methode hat, ist mit dem Kabarett-Scherz von einst nicht mehr zu begegnen.

So versuchen es die Kabarettisten wieder einmal mit der List, die Wahrheit auf andere als die offiziell erwünschte und vorprogrammierte Weise unter die Leute zu bringen. Dazu eignen sich in erster Linie die Fernsehkanäle, die seit den Siebzigern verstärkt für Kabarettistisches bereit stehen, auch wenn das Interesse der öffentlich-rechtlichen Programmgestalter am frechmäulig annoncierten Lachsack erwartungsgemäß weitaus größer ist als an messerscharfer Satire mit Erkenntnislacher-Effekten.

So gesehen haben sich TV-Sendungen wie die ZDF-»Notizen aus der Provinz« und der ARD-»Scheibenwischer« um die Vermittlung kabarettistischer Kritik auch da verdient gemacht, wo das gar nicht vorgesehen war. Über die Wirkung solcher TV-Satiren geben bereits Programmdirektoren Auskunft, die die Zuschauer durch Abschalten ihrer Sender vor solchen Gefährdungen schützen wollen. Man ist bescheiden geworden hierzulande.

MARTIN MORLOCK

# Trilogie im Futur

I.
Eines Augusttages wird die Situation völlig neu sein:
Da wird man sich vor den entehrten Gelehrten verneigen
Und fragen: »Was nun?«
Und sie werden die Achseln zucken und schweigen.
Es kann auch im Mai sein.

Da werden Erstaunen und Zorn und Entsetzen im Land sein.
Da wird man versuchen, aus Strohhalmen Dämme zu bauen.
Wohlstand wird sich auf weißen Motorjachten stauen
Und wird doch nur Tand sein.

Da wird allerwärts Polizei noch beim Schrei der Sirene
Unmutsfalten mit dem Gewehrkolben glattbügeln,
Friedensfreunden das »Nein!« in den Hals zurückprügeln,
Einschließlich der Zähne.

Da wird es die Mächtigen jäh nach der Ohnmacht gelüsten.
Priester mit blutleeren Lippen und hurtig gerafften Soutanen
Werden, vorüberhastend, zum Beten ermahnen
Und nicht mehr zum Rüsten.
In diesem Augenblick wird so manches vorbei sein –
Es kann auch im Mai sein.

II.
Panzer werden mit gerecktem Rohr
Zwanzig Schritte vom Kasernentor
Sich in flüssiges Metall verwandeln.
Hundertfünfzigtausend Mann Zivilschutzkorps
Werden dem Befehl ihres Transistorradios zuwiderhandeln,
Werden sich, dem Notstandsrecht zum Trotz, erdreisten,
Ihren Familien beim Segnen des Zeitlichen sorgend
Gesellschaft zu leisten.

Generale werden im Falsett nach Ordonnanzen brüllen.
Weise Greise werden unversehens für alte Gauner gelten.
Zeitungskönige in ihren ehedem so stillen Villen
Werden Gottes Ratschluß fehlerhaft
Wenn nicht gar unklug schelten.

In diesem August werden Lärm und Geschrei sein –
Es kann auch im Mai sein.

III.

Dann werden sich die Hauben
Der sicheren Bunker verschoben haben
Wie ulkige Hütchen bezechter Reisebusinsassen;
Die Meere werden sich gegen die Küsten erhoben haben,
Mitsamt ihren Flugzeugträgern, U-Booten
Und kleinen Barkassen.

Und keine Grenzen wird's geben –
Keine gedachten und keine gesteckten.
Jeder wird gehen können, wohin's ihm beliebt,
Ohne Paß, ohne Schein.
Und wo sich am Vortag noch Straßen
Und Häuserzeilen erstreckten,
Glänzt geschmolzener Stein.

Und dann, welch ein Glücksfall,
Wird irgendwo auf verkrusteter Halde
Oder in einem nachlässig rasierten schwarzen Stoppelwalde
Ein blaues Paar Augen, weit aufgetan,
In zwei Schlitzaugen starren,
Und hüben wie drüben wird man erschrocken verharren,
Beim andern die Bockshörner suchen, den Pferdefuß –
Und, außer Schwären und Schründen,
Nichts Störendes finden.

Erleichtert werden sie ihre letzten Tabakkrümel teilen,
Beieinander kauend,
Aus Prawda-Schnipseln, Reader's-Digest-Witzchen
Und Springer-Schlagzeilen
Zigaretten drehen,
Dem Rauche nachsehen,
Um Jennifer, Kirschblüte, Maria, Anuschka
Und um ihr Moped trauern –
Ja, sie werden, bevor sie am Fallout verrecken,
Eine Menge Gemeinsamkeiten entdecken.
In diesem August wird man unerhört vorurteilsfrei sein –
Es kann auch im Mai sein.

Helmut Ruge

## Der Overkill

Wenn der Overkill
Mit dem Überkill
Ein Kille-Killing macht,
Weiß der Mann im Mond sofort Bescheid:
Jetzt haben wir uns umgebracht.

Denn dann schweben wir als Feuerball
Noch einmal durch das All.
Und er hört von fern ein Bumm-Bumm Zisch.
Dann ist der Mensch vom Tisch.
  Tabula rasa
  Friede unserer Asche.
  Frieden durch Rüstung!
  Gleich: Leben durch Tod.

Doch wird die Nachwelt nie erfahren,
Wer diesen letzten Krieg gewann,
Weil's niemand mehr beweisen kann.
  Und da dieses Problem noch immer nicht gelöst werden konnte,
  Sind wir heute noch am Leben.

Reiner Panitz

## Ballade vom Kernkraftmann

Es war einmal ein Kernkraftmann
Der schaltet den Reaktor an
Mal sehen, wie er funktioniert
Jetzt wird die Kiste ausprobiert
Die Menschen brauchen noch mehr Strom
Und darum spalt ich das Atom

Nun ließ er seine Blicke schweifen
Erfreut zu all den Ordensschleifen
Die Festkapelle intonierte
Minister Umwelt dirigierte
Und all die hohen Ehrengäste
Wünschten ihm das Allerbeste
Ja der Mann ist gar nicht dumm
Jetzt haben wir Plutonium

Und die Kernkraftkiste brauste
Und der Strom durchs Kabel sauste
Ja so ein neuer, schneller Brüter
Wenn der läuft, dann glüht er, glüht er
Doch es besteht keine Gefahr
Nur alle zwanzigtausend Jahr

So sagte der Atomexperte
Und zeigte ganz geringe Werte:
»Mein Kraftwerk kostet sehr viel Geld
Doch ist's das sicherste der Welt
Denn alles läßt sich überwachen
Computertechnisch kleine Sachen
Und bahnt sich doch ein Störfall an
Hab ich den Katastrophenplan.«

Da waren alle Leut begeistert
Wie der Mann die Zukunft meistert
Und es vermehrten sich die Lichter
Und die Masten standen dichter
Und die Kabel wurden länger
Und die Hirne immer enger

Da trat ein junger Mann vors Tor
Und rief: »Ich habe Angst davor
Wenn da mal was danebenläuft
Ist das ganze Land verseucht.«
Da hörte er ein lautes Lachen
Aus der Sprechanlage krachen
Und nach Sekunden, eins, zwei, drei
Schnappte ihn die Polizei

Und die Kernkraftkiste brauste
Und der Strom durchs Kabel sauste
Ja so ein neuer, schneller Brüter
Wenn der läuft, dann glüht er, glüht er
Doch es besteht keine Gefahr
Nur alle zwanzigtausend Jahr

Da plötzlich gab's ne Explosion
Ein Riß entstand im Stahlbeton
Und all die vielen Aggregate
Die waren nur noch Marmelade
Da drückte dieser Kernkrafttropf
Vor Schreck auch noch den falschen Knopf
Und jetzt wurde ihm ganz schnell klar
Daß das die Katastrophe war
Aber die doch nur alle zwanzigtausend Jahr …?

Wie schnell die Zeit vergeht …
Der Wind hat sich gedreht …
Schlaf, Bürger, schlaf
Als dich die Strahlung traf
Da fiel für dich der Himmel ein
Doch bald wird es vergessen sein
Schlaf, Bürger, schlaf

Walter Mossmann

## Ballade von Seveso

Der zehnte Juli in Seveso
Ist staubig und heiß und normal
Da hat so mancher die Nase voll
Und hat doch keine Wahl:
Entweder du gehst in die Fabrik
Hast das Risiko und – das Moos
Oder dir ist dein Leben lieb
Dann bist du arbeitslos

Das ist die Welt von Seveso
Zehn Stunden von hier entfernt
Alle Welt kennt heut Seveso
Was haben wir draus gelernt?

Da hängt eine weiße Wolke
Im Himmel von Seveso
Die kommt aus der La-Roche-Chemie
Und fällt auf Seveso
Ein Giftstaub fällt vom Himmel
Auf Mensch und Frucht und Tier
Da ist der Tod von Vietnam
Auf einmal unser Bier
Da stirbt die Welt von Seveso
Zehn Stunden von hier entfernt
Alle Welt schaut auf Seveso
Was haben wir draus gelernt?

Da war doch gestern eine Stadt
Die heißt heut ›Niemandsland‹
Das Leben wurde stillgelegt
Der Boden wird verbrannt
Die Menschen stehn am Stacheldraht
Mit Trauer und Angst und Wut
Und wir fragen uns vor Fessenheim:
Wie lang gehts bei uns noch gut?
Wie weit ist eigentlich Seveso?
Zehn Stunden von hier entfernt
Wir schaun erschrocken auf Seveso
Was haben wir draus gelernt?

Wir sehn die Frauen von Seveso
Nicht in Hoffnung, sondern Not
Wie werden ihre Kinder sein?
Bloß Krüppel, oder tot?
Der Erzbischof von Mailand treibt
Mit ihnen seinen Spott:
›Die Krüppel macht euch nicht La Roche
Die Krüppel schenkt euch Gott‹
Das ist der Trost für Seveso
Und Gott ist weit entfernt

Der Bischof betet für Seveso
Der hat ja sonst nichts gelernt

In Zürich der Boß von Hoffmann-La-Roche
Gewährt ein Interview
Er sagt: ›Was soll denn das Geschrei
Wegen einer toten Kuh?
Paar Hektar kaputt, paar Menschen krank
Paar Krüppel – vielleicht – na und?
Ich stopf der Bagage in Seveso
Mit ein paar Lire den Mund!‹
Dann wird die Akte ›Seveso‹
Von seinem Tisch entfernt
Der Boß zieht den Strich unter Seveso
Der hat sein Geschäft gelernt

Da reden die Herrn der Industrie
Vom Fortschritt und seinem Preis
Sie halten den Kurs auf Macht und Geld
Und halten die Weste weiß
Und gibts Katastrophen, und gibts auch Krieg
Für die ist das normal
Es geht nicht um uns aus Fleisch und Blut
Es geht ums Kapital
Es geht auch nicht um Seveso
Das ist doch ein kleiner Fisch
Und sowas fällt dann sowieso
Bei denen untern Tisch.

Ihr kennt die Geschichte von Marckolsheim
Ihr kennt die Geschichte von Wyhl
Da kämpfen wir schon sechs Jahre lang
Und manchem wirds zuviel
Doch viele haben begriffen: hier
Steht alles auf dem Spiel
›Entweder das Leben – oder Profit‹
Das ist der Sinn von Wyhl
Das ist der Sinn von Seveso
Zehn Stunden von hier entfernt
Wars für die Katz in Seveso
Oder haben wir was gelernt?

Joachim Hackethal

## Seveso-Lied

Die Blätter sind zu Staub zerstoben
Die Grillen sind gegrillt
Die Mücken fallen runter von da oben
Die Küchenschaben schaben keine Küchen mehr
Die Hühnerbeine sind so steif,
Als wollten sie den Schöpfer loben
Die Ratten gehen in die Rückenlagen
Tetra
Chlor
Dibenzo
P
Dioxin
Hoffmann-La Roche und Co
Hat wieder zugeschlagen!

Abtreiben darfst du nicht,
Schwangere von Seveso,
Wenn du ein Trichlor- und Phenolkind
Unterm Herzen trägst.
Es könnt ja von des Herren
Großer Güte zeugen
Und nur ganz minimal verstümmelt sein.
Er hat ja auch nur 26 Babies
Am Puder der »Hoffroche« krepieren lassen
Mit Hexachlorophen,
Was nur in großen Puder-Dosen
Tödlich ist.
Man muß das nur
Durch unsre rosaroten Brillen
Für die Seele sehen
Und unsre Valium-Pillen haben
Für die Nerven und die Nacht
Dann wird es nur bei Ostwind mal geschehn
– Und nicht sehr oft –
Dann werden alle umgebracht
Tetra

Chlor
Dibenzo
P
Dioxin
Hoffmann-La Roche und Co
Hat wieder zugeschlagen!
Gut Nacht – Gut Nacht – Gut Nacht …

Münchner Crüppel Cabaret

## Annelieses Kind

Es strahlt die Sonne, strahlt das Gras,
Es strahlt die grüne Wiese.
Es strahlt vor Lust und Spielespaß
Darin die Anneliese.
Sie pflückt die Gänseblümelein
Und bindet einen Strauß,
Den Löwenzahn vom Ackerrain
Nimmt sie auch mit nach Haus.

Viel später, schon erwachsen ganz,
Trifft unsre Anneliese
Den Sandkastengefährten Hans,
Inzwischen so ein Riese.
Die Liebe führt die zwei zusammen.
Sie sind, wie Menschen sind.
Die Herzen beider wild entflammen,
Und schon kriegt sie ein Kind.

Das Kind erblickt das Licht der Welt
Zur Cäsium-Halbwertszeit,
Verkrüppelt und von Krebs entstellt,
Der Mutter Herzeleid.
Der Vater hat stark abgebaut,
Die Annelies zerfällt.
Vom großen Nuklear-Fall-out
Spricht niemand auf der Welt.

Eckart Hachfeld

# Zähne zusammenbeißen

A Grüß Gott Herr Bayer!

B Wieso Grüß Gott – ich heiße bloß Bayer.

A Entschuldigen Sie den bigotten Ausrutscher. Lag wohl daran, daß Ihr Bayerkreuz ja weltweit geschlagen wird, sogar in Nicaragua und Honduras.

B Die Kunden haben wir inzwischen abgeschrieben. Wir mußten da den Markt mit einem anderen kapitalistischen Großunternehmer teilen.

A CIA?

B DRK – Deutsches Rotes Kreuz.

A Naja, so hat jeder sein Kreuz zu tragen, Herr Bayer, um die Sache mal humorvoll zu sehen – hahaha! Was mich heute mehr interessiert, ist der deutsche Markt.

B Da sind wir am Ende. Unser Jahresumsatz ist 1982 von 218 Milliarden auf 217,8 Milliarden geschrumpft. Sie wissen, was das bedeutet: Massenentlassungen.

A Woher kommt dieser Verlust?

B Woher? Dauernd müssen wir Präparate aus dem Markt nehmen, weil da angeblich krebsfördernde Substanzen drin sind.

A Haben Sie das nicht vorher gewußt?

B Klar, unsere Forscher sind doch keine Idioten.

A Aber Sie haben die Patienten für Idioten gehalten?

B Zwischen uns und dem Kranken steht ja noch der Arzt.

A Moment: Sie wissen – der Patient weiß nicht. Der Arzt weiß, daß Sie wissen – und der Patient nicht weiß – mir brummt der Schädel. Haben Sie eine Pyramidon?

B Ist verboten. *zieht ein Röhrchen aus der Tasche* Wir verkaufen das Zeug jetzt als Pyromidan – bitte! – Einen Hoffnungsschimmer gibt es noch, daß nämlich die Initiative der Wörner-Kommission zur Sanierung der Pharma-Industrie zum Tragen kommt. Im Volksmund nennt man's auch »Die Pille danach«.

A Vielversprechend. Und wie ist die Formel?

B Chemisch-psychologisch gesehen ist es eine Verbindung von Cyankali mit Holocaust.

A Sie rechnen mit einem atomaren Erstschlag?

B Wir kalkulieren mit einem Erst- und Zweitschlag, weil das den Umsatz verdoppeln würde.
A »Die Pille danach« – klingt zynisch!
B Zyankalisch. Im Bundeswehrministerium heißt das Projekt »Monopol für den Zivilschutz im nuklearen Ernstfall«.
A Aber es gibt doch schon Zivilschutz?
B Ich kenn keinen. Die Ärzte wissen: Beim Atomschlag sind Tropfen und Malz verloren. Sie werden die Hände in den Schoß legen, soweit sie noch einen haben.
A Aber für die Opfer muß doch gesorgt werden.
B Die Beseitigung der akut Geschädigten obliegt der Polizei und Bundeswehr.
A Und wo bringt man die hin?
B Nicht hin: um. Ins Jenseits. Erschossen.
A Das können die doch nicht!
B Sie werden staunen, was Menschen dann alles können. Außerdem üben die täglich Schießen auf menschliche Pappscheiben.
A Das gilt dem Gegner, dem Russen –
B Sind Sie blöd? Wissen Sie, wie weit es ist von Leverkusen bis Nowosibirsk? Glauben Sie, einer von der Bundeswehr kriegt einen Iwan vor die Flinte? Nee, da müssen die sich im Ernstfall schon an die Zivilbevölkerung halten. Wenn wir nicht den Zivilschutz übernehmen – die Pharma-Industrie ...
A Von wem stammt denn diese Idee?
B Von Hitler. Der hat so kleine Glasampullen machen lassen, mit Cyankali drin, die man im hohlen Zahn verstecken kann. Und wenn nischt mehr gegangen ist, im letzten hoffnungslosen Moment: Draufgebissen – ausgeschissen, wenn Sie verstehen, was ich meine.
A Allerdings! Diese Dinger wollen Sie jetzt im großen herstellen, für die gesamte Bevölkerung?
B Sie haben's erfaßt. Die Masse muß es bringen. Sechzig Millionen – mal zehn – 600 Millionen Stück. Netter Umsatz.
A Wieso mal zehn?
B Unter einer Zehnerpackung verkaufen wir schon mal garnix. Sagen wir mal: Für Erstschlag und Zweitschlag je 3 Kapseln mit Reserve. Ihnen fällt in der Aufregung so'n Ding runter, Sie treten drauf – oder Ihre Tochter hält's für 'ne Kamelle, beißt drauf, schon brauchen Sie 'ne neue –
A Tochter –
B Kapsel!

Werner Koczwara

# Der verstrahlte Großvater

*Ein Telefonat*

Ja? Hallo? Ist dort die Strahlenschutzkommission? Ja? Na prima, also es geht um folgendes: Unser Großvater, gestern ist er übrigens 91 geworden, der war neulich draußen im Garten, das heißt, er saß eben draußen in seinem Rollstuhl ... der macht das übrigens fast jeden Tag, das ist bei dem ganz normal, bloß jetzt war's eben so, daß es auf einmal angefangen hat zu regnen und ... von uns hat leider keiner dran gedacht, den Großvater reinzuholen, und auf die Art und Weise ist der gute Mann geschlagene vier Stunden im Regen gesessen. Klar, das wär natürlich nicht weiter schlimm, aber wir haben uns jetzt eben gedacht, wegen dem russischen Kernkraftwerk, wissen Sie, da hat's doch geheißen, man soll sich bei Regen möglichst nicht im Freien aufhalten ... ich mein, wie soll ich sagen, wir befürchten jetzt eben, daß der Großvater schon ordentlich was abgekriegt hat von der Radioaktivität und wie gesagt, gestern ist er 91 geworden, da muß man ja auch jeden Tag mit dem Schlimmsten rechnen ... und deswegen ... ich mein, den kann man ja nicht so einfach begraben, am Ende verstrahlt der noch den ganzen Friedhof ... und jetzt wollt ich eben wissen: Müssen wir unseren Großvater jetzt endlagern? Oder vielleicht muß man ihn ja auch wiederaufbereiten, ich versteh von diesen Dingen ja nichts, aber man macht sich nun mal so seine Gedanken, wo ich doch erst kürzlich in der Zeitung gelesen hab, daß radioaktiv verseuchte Leute nicht normal begraben werden dürfen. Die sind doch praktisch ... wie sagt man da dazu? Sondermüll, richtig. Ja, gut, können Sie mir vielleicht sagen, wie das laufen soll, weil irgend so etwas wie eine Beerdigung muß man einem Menschen ja geben ... gibt's da vielleicht Richtlinien dafür, zum Beispiel ob der Pfarrer seine Predigt im Strahlenschutzanzug halten muß? ... Gibt's nicht, aha ... aber eine anständige Beerdigung, das ist doch das einzige, worauf sich der Großvater jetzt noch freut, ich meine, vielleicht täte es eine richtig weihevolle Endlagerung ja auch, aber ein bißchen christlich müßte es eben schon zugehen ... Wieso geht das nicht?! ... Ach was! Die Halbwertszeit von meinem Großvater interessiert mich nicht! Solche Sachen hätten Sie sich eben überlegen sollen, bevor Sie mit der Atomspalterei angefangen haben, jetzt haben wir den

Salat, und der Großvater darf's ausbaden ... Ja, ebenfalls, wiederhörn. *legt den Hörer auf* Opa lassen wir nicht mehr an die frische Luft. Ab 100 Millirem ist man nämlich kein Christ mehr.

KLAUS PETER SCHREINER

## Lichter aus

*Brief, beim Schein einer Kerze geschrieben*

Lieber Gustav,
ich will ja nicht rechthaberisch sein, aber heute muß ich Dich doch an Dein spöttisches Lächeln erinnern, das Du Mitte der siebziger Jahre immer aufgesetzt hast, wenn ich behauptet habe, ohne Kernkraftwerke ginge bei uns das Licht aus. Jetzt haben wir nämlich die Bescherung – Ausrufezeichen! Ich schreibe Dir, damit Du es weißt, diese Zeilen bei Kerzenlicht, denn nun haben wir effektiv keinen Strom mehr, nachdem vor drei Tagen unser zuständiges Kernkraftwerk ausgefallen ist. Wer hatte nun recht – Fragezeichen? Zum Glück ist nicht allzuviel passiert, das heißt, das Werk ist nicht in die Luft geflogen, kann aber jeden Moment ... nicht in die Luft geflogen, kann aber jeden Moment – Punkt. Es sind, heißt es, einige überhitzte Brennelemente zusammengebacken, und geschmolzenes Uran soll auf den Brennerraumboden getropft sein, aber man weiß nicht wieviel und hofft, daß man die Katastrophe unter Kontrolle bringen kann. Schuld hat niemand, es handelt sich dem Vernehmen nach um menschliches Versagen eines Computers, ein Fall, der bisher noch nicht vorgekommen ist, so daß man ihn auch nicht einkalkulieren konnte. Nun sind die Verantwortlichen pausenlos im Einsatz, um Schlimmeres zu verhüten, dabei darf aber wegen der Strahlung jeder nur 40 Sekunden täglich in den Reaktor. Nur Ministerpräsident Albrecht hält es länger aus, denn der hat ja schon immer gestrahlt. Außer ihm sind noch die Herren Stoltenberg, Matthöfer und Friderichs im Einsatz, also alle, die sowieso immer gesagt haben, so schlimm könne es nicht kommen, sowie einige Spitzen des Deutschen Gewerkschaftsbundes. Sicher wäre auch Ministerpräsident Filbinger dabei, wenn er nicht seinerzeit, als er mit einem wohl etwas zu energischen Hebeldruck

das Kernkraftwerk Wyhl in Betrieb setzte, so unverhofft dahin ... geschmolzen wäre. Für einen Politiker zweifellos ein schöner ... ein schönes Abtreten von dieser Welt, wenn er als letzten Eindruck die Erfüllung seines Lebenswerkes mit ins ... mit nach drüben nehmen kann. Nun heißt es abwarten, wie es mit unserem Atomkraftwerk weitergeht. Wenn nichts Unvorher ... wenn nichts Vorhersehbares geschieht, wird es nur 418 Jahre dauern, bis die Primärstrahlung so weit abgeklungen ist, daß man an eine Reparatur denken kann, also nicht so lange wie bei Euch in Biblis. Bis dahin muß das Gelände im Umkreis von zehn Kilometern abgesperrt werden, und wieder sind ein paar ... wieder sind ein paar hundert Arbeitslose von der Straße. Auch unser schönes neues Krankenhaus, das immer unterbelegt war, bevor wir das Kernkraftwerk hatten, ist jetzt zu hundert Prozent ausgelastet und trägt sich selbst. Wir müssen das auch so sehen.
Lieber Gustav, daß Dein Großvater in den Rhein gefallen ist und sich tödliche Verbrühungen zugezogen hat, tut mir sehr leid. Aber denke immer daran: In den siebziger Jahren hätte er sich dabei bestimmt vergiftet, und selbst noch früher, als der Rhein noch sauber war, wäre er vermutlich ertrunken. Damals wie heute hat der Rhein eben schon immer ... damals wie heute hat der Rhein ... hat der Rhein ... der Strom! – Damals wie heute hat der Strom eben schon immer seine Opfer gefordert. Der Strom! Kopf hoch –
Dein Willy

Lisa Fitz

## Das Ozonloch

Meine Nachbarin ist auch so eine dumme Nudel. Generell! Die Frau Haslinger von der Reinigung. Von der chemischen.
Neulich hab ich bei ihr geklingelt wegen einer Unterschrift für eine Umweltschutzsache. – Da sagt die: »Lassens mich bloß mit der Scheiß-Umwelt in Ruh!«
Scheiß-Umwelt. Hat sie gesagt. Im Radio Ernst Mosch.
Die Bedrohungen sind anscheinend so kontinuierlich katastrophal, daß die Leut resistent geworden sind. Gegen die Angst, mein ich. Diese dauernde Untergangsstimmung motiviert ja auch nicht

mehr. Oder sie sagen sich, eine angefaulte Welt muß man wegschmeißen wie eine verschimmelte Semmel. Die Nachbarin jedenfalls war ätzend:

»Schauns mich an, wie ich ausschau ...! – No, schaun Sie sich das an! Und wer ist schuld?? – Das Kultusministerium! Oder besser gsagt, mein Sohn!«

Sie war nicht mehr zu bremsen.

»Ham die einmal im Jahr von der Schul aus einen Umwelt-Wandertag, und ich dumme Kuh versprech daraufhin meinem Sohn, daß ich einmal im Monat einen haarsprayfreien Tag einleg – wegen dem Ozonloch! – Dabei ist des Ozonloch wirklich net mei Sach! Da soll sich die Stadt drum kümmern. Für was zahln wir denn unsre Steuern?!«

»Frau Haslinger ...« – sag ich.

»Nein!!! – Soweit kommts noch, daß die Kinder uns verzähln, wie man die Umwelt schützt! Die hat a paar Milliarden Jahr ghalten, na halts de paar hundert Jahr, wo mir leben, auch noch aus! Und unserne Ur-Ur-Enkel, die müssen halt selber schaun, wies weiterkommen! Mir ham ja auch schaun müssen, wie mir die Folgen von de Nazis ausbügeln. – – Oder?!«

»Frau Haslinger ...«

»Wissen Sie, was da mein Sohn sagt? – Das ist die Erbsünde, – sagt der Dreikäsehoch, daß die Kinder den Scheißdreck, sagt er wortwörtlich, den die Eltern gemacht haben, wegräumen müssen!

Sie – alles, was recht is ...!!

Ich hab mein Haushalt, meine Kinder, meine Halbtagsstelle – des langt mir! Und mein Mann! – Ich kann mich nicht ums Ozonloch auch noch kümmern! Und wo der Müll hinkommt, is mir wurscht, Hauptsache, net in mein Garten nei!

Wegn mein bissl Haarspray werd sich's Ozonloch vergrößern ...!! Da lachen ja die Hühner! Aber die Jugend, netwahr – Hauptsach, sie hat was zum Kritteln ...!

Unter uns gsagt, Frau Nachbarin, von wegen Klima-Katastrophe und so – der BILD-Zeitung muß ma auch net alles glauben!

Wenn sich des Ozonloch vergrößert – dann scheint ja auch die Sonne mehr durch – und was wird es dann? – Richtig. Dann wird es in Deutschland a paar Grad wärmer – und es wachsen Palmen und Zitronen bei uns, wie in Italien – und nicht mehr die Pilze an der Küchendecke, vom Dauerregen! Sehen Sie – es hat alles sein Gutes, man muß es nur sehen: Positiv denken! So – und jetzt mach ich mir a schönes Haar-Styling! Grüß Sie!«

Martin Morlock

## Wir werden uns schon schaffen!

Der blaue Ball rotiert im All
Seit vielen Jahrmillionen;
Ließ Maus und Laus und Nachtigall
Auf seiner Krümmung wohnen.

Bot Rose und Mimose Trank,
Gab Nerz und Nashorn Speise
Und nahm zuletzt kulant und frank
Auch uns mit auf die Reise.

Wir machten ihn uns untertan,
Den armen blauen Stern.
Nun schlingert er auf seiner Bahn,
Indes wir lauthals plärr'n:
Keine Angst, wir werden uns schon schaffen!
Keine Angst, bald ist der Spuk vorbei!
Der Planet gehört dem nackten Affen,
Und was der mal hat, das geht entzwei!

Bald ist der letzte Baum gefällt,
Der letzte Streit gestritten,
Der letzte Tropfen Wein vergällt,
Der letzte Weg beschritten.

Bald ist das letzte Feld versteppt,
Der letzte Rock gewendet,
Das letzte Wasserloch verebbt,
Der letzte Fisch verendet.

Bald ist das letzte Land verbaut,
Die letzte Luft verdreckt,
Der letzte Bissen Brot gekaut,
Die letzte Kuh verreckt –
Keine Angst, wir werden uns schon schaffen!
Keine Angst, bald werden wir uns los,
Denn im Selbstmord mit den eig'nen Waffen
War'n wir nackten Affen immer groß!

Schon tönt aus fahler Dämmerung
Das Horn zum Großen Wecken.
Schon holt der erz'ne Klöppel Schwung,
Uns aus dem Schlaf zu schrecken.

Schon drehen überm Giftgewölk
Die Geier frohe Runden.
Schon tickt der Holzwurm im Gebälk
Den Takt der letzten Stunden.

Schon reicht der Kehricht bis zum Kinn
Und demnächst bis zum Hut.
Doch unbeschwert bleibt unser Sinn
Und heiter unser Mut –
  Keine Angst, wir werden uns schon schaffen!
  Keine Angst, wir kriegen uns schon klein!
  Mag auch noch so nah der Abgrund klaffen –
  Keine Angst, wir fallen schon hinein!

  Die paar Jährchen, die uns noch verbleiben,
  Zu vertreiben, das fällt uns nicht schwer.
  Keine Angst, wir werden uns schon schaffen,
  Und der blaue Stern wird wieder wüst und leer!

ECKART HACHFELD

## Wiegenlied

Verzeih mir, Liebling, gute Nacht,
Ich habe dich zur Welt gebracht,
Dies Leben hier beschert;
Ich hoffte, daß es Freude macht,
Ich habe nur an mich gedacht,
Und das war wohl verkehrt:
Verfluchen wirst du diese Welt,
Von Haß verfolgt, von Neid umstellt,
Geprägt von Streß und Frust;

Schon atmen bringt Gefahr, mein Kind,
Du schluckst das Blei im Sommerwind
Und Gift aus Mutters Brust.
  Mit Recht wirst du mich fragen,
  Warum wir so versagen;
  Die Erde, die nicht uns gehört,
  Die haben wir für dich zerstört,
  Verseucht ist unser täglich Brot,
  Der letzte Schmetterling bald tot,
  Es stirbt der Wald, der Fluß, die See,
  Dein kleines Lächeln tut mir weh,
  Du hast bereits verloren,
  Hätt' ich dich nie geboren ...

Dann kommt die wunderbare Zeit,
In der du wach und lernbereit
Versuchst, dich umzugucken.
Denk nicht, daß man dir das erlaubt,
Wer hier an Bildungsfreiheit glaubt,
Den werden sie schon ducken!
Man trichtert dir Schablonen ein,
Du trottest mit, es muß halt sein,
Und denkst: Was soll das bloß?
Denn ist die Schinderei vorbei,
Dann ist doch keine Lehre frei,
Und du bist arbeitslos.
  Mit Recht willst du jetzt wissen:
  Wer hat dich so beschissen?
  Dein Vater Staat hat wieder mal
  Geklüngelt mit dem Kapital,
  Damit es besser profitiert,
  Wird munter rationalisiert,
  Ein Elektronenhirn tritt dann
  Die Stelle an für hundert Mann,
  Du hast das Spiel verloren
  Gegen Mikroprozessoren ...

Mein Liebling, bist du aufgewacht
Und hast bis hierher mitgedacht,
Muß ich dir noch was sagen:
Schlägt man dir derart ins Gesicht,

Dann halt nicht still und zögre nicht,
Auch mal zurückzuschlagen.
Gesprüht an tausend Wänden steht
Dein Einmaleins, dein Alphabet
Nach deiner Lebensregel.
Am Schluß bist du der Dumme doch,
Für Rechtschreibung gilt immer noch
Nur Moabit und Tegel.
  Mit Recht wirst du mich fragen,
  Warum wir so versagen,
  Warum ein Kind verhungern muß
  Und auf der Straße lungern muß:
  Dein Vater Staat, der dich betrog,
  Sucht, wie er sagt, den Dialog,
  In Wirklichkeit belügt er dich,
  Die Großen denken nur an sich,
  Die Wohlstandsdirektoren,
  Dein Spiel ist längst verloren ...
    Hausbesetzer,
    Rechtsverletzer,
    Friedenshetzer,
    Koks und Hasch und volle Pulle,
    Pflasterstein und Knast und Bulle,
    Satelliten im Zenit,
    Das ist euer Wiegenlied,
    Und die euch so weit schafften,
    Die werden euch am jüngsten Tag
    Mit Pershing und Neutronenschlag
    Genauso kalt versaften!

Bruno Jonas

## Auf Nummer sicher

Cadmium in der Milch. Östrogen im Kalbfleisch. Quecksilber im Kabeljau. Betablocker im Schwein. Schwefeldioxyd, Schwefelmonoxyd in der Luft, Dioxin überall, Phosphate, Blei, Radioaktivität, Plutonium im Salzstock, saurer Regen, nun ja, es verteilt sich. Wir gehen auf Nummer sicher. Schadstoffkommissionen überprüfen die Ausstoßmengen an Schadstoffen. Ausschüsse prüfen gesetzliche Rahmenbedingungen für Schadstoffe. Experten »bemühen« sich, die Ursachen der Schadstoffe zu erforschen. Der Bundesinnenminister kümmert sich persönlich um den Wald. Wir gehen auf Nummer sicher!

Staatlich vereidigte Umweltingenieure legen die Hoechst-Werte für die Umweltbelastung fest. Wir haben alles unter Kontrolle! Der Technische Überwachungsverein (TÜV) prüft die Sicherheitsvorschriften von Autos und Kernkraftwerken. Wir gehen auf Nummer sicher.

In der Vorkriegszeit macht das Leben Spaß. Es ist schon einen Breakdance wert, wenn die katholischen Bischöfe eine Notstandsethik für den Ernstfall entwickeln. Sie gehen auf Nummer sicher.

Und alle lächeln sie. Allen voran der Kanzler. Die Freude ist groß, wenn er mit seiner ganzen Kraft seiner Hoffnung Ausdruck verleiht. Hoffnungsvoll jubeln 2,5 Millionen Arbeitslose dem Aufschwung zu, der langsam an ihnen vorüberzieht. Das Volk, schon seit Jahren mündig, freut sich, Opfer bringen zu dürfen. Doch diese Freude wird getrübt. Im Osten lauert das Böse. Der Feind, die Sowjetunion, will uns an den Kragen, hat Ronald Reagan rausbekommen. Auf unsere Freiheit haben sie's abgesehen, der Tschernenko und seine Genossen. Es fällt schwer zu glauben, daß angesichts dieser unserer Umwelt der Russe nichts anderes im Sinn hat, als uns zu überfallen. Aber daran kann man eben sehen, wie blöd der Russe ist. Es hilft nichts, die Bedrohung ist nun einmal da, wer's nicht glaubt, kann es im Weißbuch des Bundeskriegsministers Wörner nachlesen. »Aus der Verbindung der politischen Ziele, der Absichten und der Angriffsmittel des Warschauer Paktes, insbesondere der Sowjetunion, ergeben sich Art und Ausmaß der Bedrohung, der die Nordatlantische Allianz ausgesetzt ist.«

Deshalb brauchen wir eine Bundeswehr. Deshalb sind wir in der NATO, und deshalb sind wir froh, daß uns die Amerikaner beschützen. Da ist das Beste gerade gut genug. Die Pershings sind schußbereit, doch wohin sie abgefeuert werden sollen, steht noch nicht fest, weil wir kein Feindbild haben. Es gehe einzig und allein um unsere Sicherheit, wird uns gesagt, wenn wir es wagen, nach dem Sinn unserer »Verteidigungswaffen« zu fragen.

Selbstverständlich dürfen Sie anderer Meinung sein. Natürlich dürfen Sie auch gegen die Stationierung der Mittelstreckenraketen sein. Auch eine Menschenkette dürfen Sie bilden, wenn Sie glauben, daß das was nützt. Hunderttausende sind auf die Straße gegangen, um gegen das Aufrüsten und die verbrecherischen Vorbereitungen eines Angriffskrieges zu demonstrieren. Es hat nichts genützt. Der Staat hat sein Verständnis bekundet. Damit ist die Angelegenheit geregelt. Jetzt gehen wir zur Tagesordnung über. Unter dem Deckmantel der Sicherheit wird der perfekte Völkermord geplant. In den Köpfen der Verteidigungsstrategen breitet sich die zynische Phantasie des Grauens aus. Dagegen ist die Endlösung der Nazis Pfusch. Die Abschreckungsfaschisten geben sich nicht zufrieden mit halben Sachen. Abschreckung allein genügt nicht mehr. Einseitige Abschreckung heißt die neue Theorie der Amerikaner. Das Fenster der Verwundbarkeit soll geschlossen werden. Unverwundbar will man sein. Dieses Streben nach absoluter Sicherheit fordert logischerweise die Ermordung des Feindes. Erst wenn der andere tot ist, kann er sich nicht mehr wehren. Absolute Sicherheit bedeutet, sich darüber Gedanken zu machen, wie man den anderen umbringt. Diesbezüglich haben die Amerikaner eine Kreativität entwickelt, die mit dem Adjektiv »pervers« nur äußerst unzureichend beschrieben werden kann. »Kleine« Sprengköpfe von der Zerstörungskraft der Hiroshimabombe wirken gegen die Zerstörungskraft der neueren Modelle wie Kinderspielzeug.

Unsere Friedenspolitiker bereiten den Völkermord vor, um ihn glaubwürdig androhen zu können. Nur wer dem Feind glaubwürdig klarmachen kann, daß er gewillt ist, diese Waffen auch einzusetzen, kann glaubwürdig drohen. Dieses Verbrechen wird finanziert auf Kosten der Entwicklungsländer. Die Opfer dieser unserer Sicherheit, wir also, werden um Verständnis gebeten.

Und die Mehrheit dieses mündigen Volkes hat Verständnis. Wir riskieren den Untergang mit der Absicht, ihn zu verhindern. Mit anderen Worten: Wir gehen auf Nummer sicher.

Hanns Dieter Hüsch

# Gleichgewicht

Ich habe mir gestern eine Eisenstange gekauft. Weil mein Nachbar zur Rechten auch eine Eisenstange gekauft hat. Und manchmal damit meiner Tochter nachstellt. Jetzt fuchtele ich mit unserer Eisenstange immer seinem Sohn vor der Nase herum. Schlimmes kann also gar nicht passieren. Gut, seine Eisenstange ist zwar etwas schwerer, dafür ist meine etwas größer. Aber das Gleichgewicht, das Gleichgewicht des Schreckens ist gewahrt. Wir grüßen uns auch jetzt immer freundlich mit Grüß Gott und mit geballter Faust natürlich. Aber friedlich. Wir haben übrigens auf dem Speicher gut versteckt 20 hautscharfe Rasiermesser bereit liegen. Mein Nachbar sagte, er habe nur 19. Für mich heißt das, daß er 21 hat. Wir lassen uns nicht übers Ohr barbieren.

Mein Sohn bringt jetzt aus der Schweiz 2 nagelneue Rasiermesser mit. Denn keiner soll mehr haben als der andere. Nur immer ein bißchen. Die Leute über uns arbeiten mit kochend heißem Teer. Und horten Federn von wegen teeren und federn. Was ja in Amerika schon lange sehr beliebt ist. Sie haben schon die ganze Wohnung mit großen Bottichen voll kochend heißem Teer. Weil direkt gegenüber von ihnen werden auch laufend Teer und Federn angeliefert.

Nicht, daß das alles zur Anwendung kommt, beileibe mitnichten. Nur damit alle ungefähr das gleiche haben und so unsere uralten Aggressionstriebe im Zaum gehalten werden.

Ich habe zwar 9 Jahre humanistische Bildung und Erziehung genossen. Die 10 Gebote immer schon auswendig gelernt und immer schön behalten, und ich bin ja auch konfirmiert worden und mit abendländischer Kultur vertraut.

Aber in Wirklichkeit bin ich immer noch ein regelrechter Barbar. Stehe ganz am Anfang und muß also dankbar sein für das Gleichgewicht des Schreckens, denn wer weiß, was für ein Mörder in mir und in dir steckt.

Mein Untermieter nennt seit einer Woche zwei Daumenschrauben sein eigen. Hat er aus dem Foltermuseum in Rothenburg ob der Tauber mitgehen lassen. Weil der Untermieter gegenüber hat auch zwei Daumenschrauben, mit denen geht er abends in seine Stammkneipe. Seit der Zeit gibt's dort keine Schlägerei mehr.

Ich will meiner Tochter im Frühjahr eine Do it yourself-Guillotine basteln, weil ein Nachbar zur Linken schon seit längerer Zeit mit seiner Frau an einem elektrischen Stuhl baut.
Aber wir sind alle friedliebende Menschen, und so kann gar nichts passieren. Und wenn, dann wär ja schon längst was passiert. Nur Pazifisten, die sollte man jetzt genauer beobachten und gleich kasernieren, die wollen doch tatsächlich Frieden ohne Waffen machen. Einfach so. Als wenn das so ginge. Schwache Menschen sind das. Muttersöhnchen. Wir müssen uns doch heute alle dazu bekennen, daß wir eigentlich alle Mörder sind. Aber es nicht dazu kommen lassen müssen, brauchen, sollen, dürfen, weil wir gottseidank das schöne Gleichgewicht des Schreckens erfunden haben.
Wenn das kein Humanismus ist, dann will ich Apel heißen.

Wolfgang Neuss

## Abrüstungs-Initiative

Eine Milliarde Friedensengel bevölkern im Moment die Erde. Einer davon, APO-Müller – SDS-Kassierer, Argumentclub-Mitglied, Tegeler-Weg-Kämpfer, APO-Müller, ein Herzensbruder von mir, mein wiedererstandener Partner Müller, Inhaber einer exzellenten Hasenscharte, gegen die auch Habermas nicht anstinken kann – dieser APO-Müller sagt gestern ganz trocken und ausgerechnet zu mir: »Hastu mal tausend Mark?«
Aber Dirk Henning, wie kommst du denn auf dieses schmale Brett?
»Ich wollte gerade ne Friedensbewegung machen«, sagt der zu mir weiter, »hast du heute schon ne Friedensbewegung gemacht?«
Mit leichtem Erröten nahm ich meine Bhagwan-gefalteten Hände auseinander: Mann, APO-Müller, ick hab keinen Tausender.
»OK«, sagt er, »wir kennen uns ja, dann will ick heute zum letzten Mal honorarfrei was friedensbewegen, nee, warte, ich gebe dir sogar einen Tausender, denn eben kommt mir der Gedanke, daß es egal ist, ob ich gebe oder nehme, Hauptsache, du lachst an der richtigen Stelle.«

Nämlich?
»Was hältst du vom Abrüstungsgeschäft? Wann wirst du endlich Waffenhändler? Hast du noch keinen Schrottplatz?«
Gib erst mal den Tausender her, denn ick träume wohl. Müller will mir den heißen Herbst schön machen, will mich wohl anmachen, daß ich vor ner Pershing onaniere, Kilometer um Kilometer runterreiße bei meinen Friedensmärschen, nachts in den Zelten, die Friedensbewegungen, unter tropfenden Kerzen die Mitteilungen des Bundespresse-Amts, morgens runter von der Braut, rein in die Wollkniestrümpfe, Friedensmarsch weiter, Sprechchöre: WIR SCHAFFEN ES, OHNE WAFFEN SS 20, jetzt, alle gemeinsam, Handstand machen vor einer Cruise Missile, HaHoHe, Reagan ist voll Schnee, Weinberger weg, hat keinen Zweck ...
Dafür gebe ich keinen Tausender aus, beziehungsweise damit ist kein Pfennig zu verdienen. Hier, nimm den Tausender und merke dir:
Wir müssen, ick sage MÜSSEN, aus der Abrüstung ein Geschäft machen!
»Und?«
Sobald wir das Geschäft erkennen, heißt es: Ab sofort hundert Jahre Abrüstung!
Folgendermaßen:
Wir rüsten 1985 das ab, was wir 1984 gerüstet haben, wir rüsten 1986 das ab, was wir 1983 gerüstet haben, wir rüsten 1987 ab, was wir 1982 gerüstet haben, 1988 rüsten wir ab, was wir 1981 gerüstet haben und so weiter und so weiter ... bis 1870/71, vorwärts Kameraden, wir müssen zurück. Verstehste Mensch?
Jeder einzelne, der sich zur Friedensbewegung rechnet, muß einen Abrüstungsvorschlag parat im Kopf haben (sonst gibts doch wieder Gewalt, weil wir nicht wissen, wohin):
Jede Waffe wird wertvoll, wenn sie nicht mehr verletzen oder töten kann. Ick hab mal mit einem Polizeifeuerwerker gesprochen, du ahnst ja nicht, was es für eine Lust ist, eine Bombe für die ganze Menschheit zu entschärfen, das kann gar nicht hoch genug bezahlt werden, sagte der.
Also ganz klar: Abrüstung wird ein Geschäft, sie muß ein Geschäft werden, sonst gelingt sie nie. Wenn dann sogar die Rote Armee ihre Waffen an die Bevölkerung verkauft, ohne Munition natürlich, dann entsteht in der Sowjetunion eine kleine, handfeste Privatindustrie. Wenn Reagan und Tschernenko den Profit der Abrüstung erkennen – wir rüsten 1989 das ab, was wir 1979 ge-

rüstet haben – … die Völker können aufatmen, denn sie bekommen jetzt durch Armeeverkäufe das in die Hände, was sie seit 40 Jahren unter dem Titel ABSCHRECKUNG bezahlt haben, Billionen Werte Waffen, entschärft, ungefährlich, ohne Zünder und Munition, aber ziemlich schöne Teile.
Ein neuer Wert, Waffen, die nicht verletzen und töten. Und nu raus auf die Barrikaden mit diesem Plan im Kopp, Arbeitsplatzbeschaffungsprogramm – sitzt hier rum, liest das tibetanische Totenbuch und hat noch nicht mal nen Leopard-Panzer in der Garage, während sein lieber Müller in Steglitz den Garten schon voller Haubitzen hat.
Man trägt wieder Waffe!
Allerliebste Menschenhände haben daran getüftelt und gebaut, sie sind völlig ungefährlich, und wir kaufen sie Second Hand.
Obwohl man heute im Sitzen sterben kann und anschließend in die Disco: Müllers Plan ist gut, mit den ungefährlichen Waffen täglich umzugehn.
Hundert Jahre Abrüstung kann ein Hit werden.

HANNS DIETER HÜSCH

## Persönliche Empfehlung

Wenn die Krieger kommen
Lock sie aufs Dach der Taube
Lock sie ins Nest der Schwalbe
Lock sie in die Höhle der Löwin
Lock sie in den Wald der Rehe
Geh ihnen entgegen
Mit offenen Händen
Voll Brot und Salz
Obst und Wein
Daß sie sich verlaufen
Im Knüppelholz deiner Tugenden
Daß sie sich verirren
Im Labyrinth deiner Freundlichkeit
Mach sie staunen

Beschäme ihre Generäle und Präsidenten
Laß ihre Handlanger ins Leere laufen
Sei eine Tiefebene voll Höflichkeit
Dein Gewehr sei die Klugheit
Deine Kraft sei die Geduld
Deine Geschichte sei die Liebe
Dein Sieg sei dein Schweigen
So daß sich die Landpfleger sehr verwundern

FRANZ HOHLER

## Die Sprache des Krieges

Marschflugkörper
Raketenbasen
Luftabwehrfeuer
Tarnkappenjäger
Laserkanonen
Abwurf-Lenkwaffen
Erdkampfjet
Sidewinder
Smart weapons
Patriot-System
Scud-Al Hussein
Giftgassprengkopf
Punktzielangriff
Angriffswelle
Feuerwalze
Gegenschlag
A-Waffen
B-Waffen
C-Waffen
F-14
F-15
F-18
Von Menschen ist relativ wenig zu hören.

Gerhard Polt / Hanns Christian Müller

## Vom Kriege

*Gaststube. Wirt Buzifal erzählt seinem Gast*

Buzifal Ja, wie is jetz des, kriagn wir jetzt noch ein Bier? *zur Theke* Ein Bier! Net, das läßt sich doch nicht bestreiten, daß im Krieg Fehler gemacht wurden, net. Das kann mir keiner sagen, daß da keine Fehler gemacht wurden. Beim Nachschub isses scho losgangen, da waren ja diese ganzen Nachschub... eh ...verstopfungen, net. Waren Sie West- oder Ostfront?

Gast Ich war an der Westfront.

Buzifal Haha, an der Westfront, ja mein Gott, na, haha, ja da haben Sie überhaupt nichts erlebt, da können Sie eigentlich ja gar nicht mitreden, net. Jetzt passen Sie mal auf, jetzt schauen Sie her. Ich war hier, jetzt passen Sie auf, der Dnjepr da, ich hier, und der Russe in etwa da, net. Jetzt hat man sich natürlich gefragt, wie hinüber, net. Kriegen Sie ein Schweinsbraten?

Gast Ja, geben Sie mir bitte einen Schweinebraten!

Buzifal *zur Theke* Ein Schwein! *zum Gast* Der Russe drängt und drängt, netwahr, also die Stalinorgeln haben ja nur so gepfiffen, netwahr. Da ist gestorben worden, rings um einem herum. Kriegen Sie noch einen Kartoffelsalat?

Gast Ja, geben Sie mir noch einen Kartoffelsalat.

Buzifal *zur Theke* Ein Kartoffel extra für den Herrn. *zum Gast* Nein, es war ja grauenhaft, man macht sich ja gar keine Vorstellungen wie die Menschen praktisch in den Gräben gelegen sind und eingegangen sind. Kriegen Sie ei Nachspeiserl?

Gast Ja, wo ist denn bitte die Herrentoilette?

Buzifal Ja, eh, Eisparfait hätten wir da oder ein Topfenstrudel, grad die Türe links. Ein Kamerad von mir, net, wir liegen im Schützengraben, wir schafkopfen, wir karteln quasi, auf einmal, uit! ein Pfeiffer, hat es ihm auf einmal den Kopf runtergerissen. Der sitzt ohne Kopf da, net. Ja, schade um den Mann, er hat ein ausgezeichnetes Blatt ghabt, er hätt das Spiel glatt gewonnen.

Hans Scheibner

# Mein Vater war ein Deserteur

Mein Vater war ein Deserteur.
Er ist aus dem Krieg abgehaun.
Hat weggeworfen sein Gewehr.
Ich will nicht schießen und morden mehr.
Da haben sie ihn gefunden.
Gefoltert und gebunden.
Und totgeschlagen im Morgengraun.
  Mein Vater war ein Deserteur.
  Er hat gerettet die deutsche Ehr.
  Und wenn sie wieder marschieren:
  Ich werde auch desertieren.

Der General der Bundeswchr
Hat sich aufgeregt wie ein Kind.
Ein Denkmal für einen Deserteur!
Ein Schlag ins Gesicht fürs Militär!
Das Vaterland verraten
Und alle braven Soldaten,
Die für den Führer gestorben sind.
  Mein Vater war ein Deserteur.
  Er hat gerettet die deutsche Ehr.
  Und wenn sie wieder marschieren:
  Ich werde auch desertieren.

Soldat, Soldat, Soldat von heut,
Bist ja doch nur ein Hampelmann
Der Mächtigen in dieser Zeit.
Marschierst umher im Narrenkleid.
Die Städte werden verrauchen.
Dich werden sie nicht dazu brauchen.
Mein Rat, Soldat: Tritt gar nicht erst an.
  Mein Vater war ein Deserteur.
  Er hat gerettet die deutsche Ehr.
  Und wenn sie wieder marschieren:
  Ich werde auch desertieren.

RAINER HACHFELD

# Frieden GmbH

*Alternatives Büro. Schreibtisch mit Telefon und Gegensprechanlage. Friedensposter und -plaketten kleben oder liegen überall herum. Am Schreibtisch Fred, der Geschäftsführer.*
*Das Telefon klingelt, Fred hebt ab.*

FRED Frieden GmbH und Co KG. Guten Tag, grüß Gott, Friede sei mit dir. – Ahja! Hallo, grüß euch. – Klar, haben wir. – O.k. Geht heute noch raus. – Jaja. Tschüß. *er legt auf und bedient die Gegensprechanlage* Elfriede! Eine Kollektion Poster und Aufkleber »Atomkrieg nein danke!« an die Jusos in Mannheim. Adresse in der Kartei. Geht auf Lieferschein. *Ein Besucher ist eingetreten und sieht sich etwas unsicher um* Guten Tag, grüß Gott, Friede sei mit dir. Was darf's denn sein?

BESUCHER Ich soll mal hier gucken, ob du vielleicht irgendwie was für uns hast oder so. Weil – wir machen da so ne Friedensdemo – aber eben ohne viel Erfahrung und auch zum erstenmal – irgendwie am nächsten Wochenende – in Leidringen – oder so.

FRED Klar helfen wir euch. Dafür sind wir ja da. Und wer seid ihr? Haben wir euch schon in der Kartei?

BESUCHER Wir? Nee, glaub ich nicht. Wir sind die Friedensinitiative Kleiner Heuberg.

FRED Aha. Jaja.

BESUCHER Zwischen Trichtlingen und Erzingen.

FRED Klar. Hübsches Eckchen.

BESUCHER Hm.

FRED Na schön. Dann laß mal deine Kontaktadresse raus und sag mir, was für actions bei euch laufen und was ihr braucht. Buttons? Ich meine speziell für euch. Können wir drucken lassen, gar kein Problem. »Friedensinitiative Kleiner Heumarkt« …

BESUCHER Berg.

FRED Fünfhundert Stück für hundertachtzig Mäck.

BESUCHER Wir sind aber nur siebzehn Leute …

FRED Oder warte mal. Wie ist es mit T-Shirts! Können wir auch für euch bedrucken. Hier. *zieht ein T-Shirt hervor, auf dem »FUCK FOR PEACE« steht* Mußt du dir mit eurem Symbol drauf vorstellen.

BESUCHER Was heißt denn das?

FRED Das? Ach, das ist nur so'n Beispiel. Gibt's in drei Größen. Könntet ihr für 12 Mäck verkaufen das Stück. Ein absoluter Renner, sag ich dir.

BESUCHER Eigentlich wollten wir mehr so Informationen irgendwie. Weil die bei uns in der Gegend, da sind die irgendwie noch nicht richtig drauf auf der Friedensbewegung. Da fehlt ne klare Meinung oder so. Und ne richtige Zeitung gibt's auch nicht irgendwie oder so.

FRED Überhaupt kein Problem. Wir vermitteln euch Sammel-Abos für LINKS, die TAZ, die NEUE, KONKRET und den BONNER EXTRA-DIENST, alles in einem Paket. Zweihundert Mäck im Halbjahr. Und brauchst du nur einmal zu unterschreiben.

BESUCHER Aber ich meine doch jetzt gleich – oder so. Für unsere Demo am Wochenende ...

FRED Für solche actions sind Buttons, Aufkleber, Plakate und Transparente das einzig Wahre. Könnt alle Parolen einmal querbeet haben oder schwerpunktmäßig, ganz wie ihr wollt. Also: »Frieden schaffen ohne Waffen«, »Entrüstet euch«, »Atomkrieg nein danke«, »Haut den Reagan auf den Bregen«, »Wär das Leben geil ohne Cruise Missile« undsoweiter.

BESUCHER Find ich irgendwie sehr stark.

FRED Preis nach Menge. Und dann unser neuer Demo-Knüller: der Friedensschirm. *holt einen zusammengefalteten Schirm hervor* Hier. Wenn ihr auf der Demo in den Regen kommt, und eure Gegner freuen sich schon, daß ihr aufweicht und euch zerstreut – schnupdiwup! – *spannt den Schirm auf, der mit »FRIEDEN« beschriftet ist* Tausende von Schirmen gehen auf. Ein machtvolles Bild. Zwölf Mäck das Stück.

BESUCHER Echt stark. Aber ...

FRED Und dann die Musik!

BESUCHER Wir haben einen, der spielt irgendwie Gitarre oder so.

FRED Das fetzt doch nicht. Wir geben euch ne Auswahl von Kassetten »Lieder für den Frieden«, das Heißeste von Degenhardt, Lindenberg, Wader, Hüsch ... na undsoweiter. Alles zusammen fünfzig Mäck und, wenn ihr wollt, noch ne Anlage. Leihgebühr zweihundert pro Tag.

BESUCHER Mann, soviel Geld!

FRED Geld! Geld! Glaub bloß nicht, daß wir uns hier an der Friedensbewegung bereichern. Von jedem verkauften Produkt –

äh – Produktionsmittel für Friedenskämpfer gehen 20 Prozent in die Solidaritätskasse. Klar?

BESUCHER Aber wir wollen doch nur ne Information oder so. Was wir den Leuten irgendwie mitgeben können. Auch für danach.

FRED Richtig. Haben wir. Hier: Friedenskalender für 1982.

BESUCHER Ist doch schon halb rum das Jahr.

FRED Mit Bestellzettel für 1983.

BESUCHER Achso.

FRED Elf Mäck.

BESUCHER Aber …

*Telefon klingelt*

FRED Frieden GmbH … Ach, ihr seid's. Ja, haben wir noch jede Menge. – Geht klar. – Schon unterwegs. – Tschüß! *bedient Gegensprechanlage* Elfriede! Eine Kollektion Latschen nach Berlin. Friedensinitiative Wilmersdorf.

BESUCHER Latschen???

FRED *zeigt seine Füße, an denen er Sandalen trägt* Friedenssandalen. Ideal für kürzere Demos im Sommer. Reines Naturleder, fünfundzwanzig Mäck das Paar.

BESUCHER Ich weiß nicht. Findest du das nicht alles irgendwie ein bißchen kommerziell – oder so?

FRED Quatsch. Dient doch alles der Sache. Was reinkommt, wird in neue actions investiert. Zum Beispiel die Friedenspfeifen.

BESUCHER Echt?

FRED Echt super! Nur acht Mäck das Stück.

BESUCHER Aber wozu denn?

FRED Für'n Frieden, was denn sonst? Wie die Friedensengel. Eine heiße Weiterentwicklung von Heinrich Bölls Weihnachtsengel. Zum Aufziehen.

BESUCHER Das ist doch pervers.

FRED Das ist der Trend. Friede auf Erden.

BESUCHER Und in der Kasse.

FRED Genau. Glaubst du, die Konkurrenz schläft? Hier, siehste die Anzeige? »Bücher zum Frieden, herausgegeben von Freimut Duwe bei rororo aktuell«. Zehn Bücher für einhundertsechs Mark und zwanzig Pfennig! – – Bei uns kriegst du den Krefelder Appell noch kostenlos dazugepackt.

BESUCHER Das ist doch Geschäftemacherei – irgendwie.

FRED Irgendwie vielleicht. Kommt eben bloß darauf an, wie.

BESUCHER Friedensknöpfe, Friedenshemden, Friedenshosen …

FRED Friedenshosen? Das wär vielleicht noch ne Marktlücke.
BESUCHER *immer erregter* Friedensschirme! Friedenspfeifen! Friedensengel …
FRED Sei doch friedlich. Ich weiß gar nicht, was du hast?
BESUCHER Friedensposter! Friedensbücher! Friedenskalender! – Fehlen nur noch Friedensschnaps, Friedensbier, Friedenswürstchen …
FRED Reg dich ab. Würstchen gibts bei uns nicht. Haben doch gar keinen Symbolwert, Mann. Da haben wir was viel Besseres. *holt ein tiefgefrorenes Geflügel hervor*
BESUCHER Mir wird schlecht. Was ist denn das?
FRED Friedenstauben für den Holzkohlengrill. Sechs fünfzig. Heiß!
BESUCHER Ich hoffe, ihr verbrennt euch die Schnauze daran.
FRED Iwo. Für den Fall haben wir den Friedenswedel zur Kühlung. *holt einen Palmwedel hervor, fächelt sich Luft zu*

WOLFGANG FRANKE

## Im Labyrinth

Noch ist Polen nicht verloren.
Ruhe – erste Bürgerpflicht.
Deutschlands Zukunft liegt im Wasser.
Störet ihre Kreise nicht.
Marschallstab steckt im Tornister.
Chancengleichheit – alter Hut!
Wehe, wehe den Besiegten!
Was dem Volke nützt, ist gut.

Ich gehe durch das Heute als ein Kind,
Das man beharrlich mit Vergangnem säugte.
Ich sehe mich in einem Labyrinth
Und keinen Faden, der den Ausgang zeigte.
Hier endet einer. Doch ich bin nicht draußen.
Ich bin noch mittendrin. Hier ist kein Tor.

Ein lockres Knäuel scheint es nur von außen.
Ein Knoten ist's. Er kommt mir gordisch vor.
Was wir ererbt von unsern Vätern haben,
Es ist nicht hinter uns. Nein, vor uns, täglich.
Es heißt Geschichte. Mädchen und auch Knaben,
Sie wählen's heut gern ab. Als wär das möglich!
Man tappt herum in dunklen Korridoren,
In die man eintrat irgendwo und -wann.
Man gibt sich Chancen. Eine Art von Sporen.
Hühott, zur Zukunft! – Bums!
Schon stößt man an.

Hunde, wollt ihr ewig leben?
Wer will nach Canossa gehn?
Ein Kongreß ist da zum Tanzen,
Und die Garde stirbt im Stehn.
Wes das Land ist, des der Glaube.
Ceterumque censeo,
Eh Kathargo nicht zerstört ist,
Gibt's kein echtes Waterloo.

Ich möchte gern ein Apfelbäumchen pflanzen,
Wie es empfohlen wird vom Doktor Luther,
Bevor morgen Sense ist im großen Ganzen.
Kanonen gibt's genug. Und zu viel Butter.
Doch wie find ich ans Licht? Was soll ich machen?
Soll ich den Knoten mit dem Schwert tranchieren,
Wie's Alexander tat? Ich hasse Sachen,
Mit denen sich die Helden profilieren.
Die meisten Menschen sehn die Mauern nicht.
Nichts hemmt sie, Richtung Fortschritt sich zu trollen.
Nur ich steh da, die Wände vorm Gesicht.
Ich hätte nicht Geschichte lernen sollen.
Sie ist mir wie ein dicker Klotz am Bein.
Wo andre frischwärts joggen, bin ich lahm.
Und dennoch kann ich ohne sie nicht sein.
Ich weiß nicht, wie es weitergeht.
Nur, wie es kam.

Klaus Peter Schreiner

# Die Information

A Der Hund von Schletzers Schwiegersohn hat schon wieder in die Garage gepinkelt.

B Bitte?

A Der Hund von Schletzers Schwiegersohn hat schon wieder in die Garage gepinkelt.

B Was wollen Sie mir damit sagen?

A Daß der Hund von Schletzers Schwiegersohn schon wieder in die Garage gepinkelt hat.

B Sie wollen mich wohl auf den Arm nehmen?

A Nein, ich will bloß mit Ihnen ins Gespräch kommen.

B Ach – indem Sie mir sagen, daß der Schwiegersohn von Schletzers Hund …

A Sehen Sie: Ich hab's Ihnen dreimal gesagt, und Sie wissen's immer noch nicht.

B Weil es mich nicht interessiert.

A Das ist aber schade.

B Das wird außer Ihnen wahrscheinlich überhaupt niemand interessieren.

A Doch, den Schwiegersohn von Schletzer.

B Allenfalls noch dessen Frau, weil die das Gepinkelte wegmachen muß.

A Es könnte aber auch den Schletzer interessieren.

B Wieso?

A Weil sein Schwiegersohn mit dem Hund bei Schletzer zu Besuch war, und der Hund hat in Schletzers Garage …

B Das setzt allerdings voraus, daß der Schletzer eine Garage hat.

A Sehen Sie, es beschäftigt Sie doch, und schon sind wir mitten im Dialog. Und warum? Nur, weil ich Ihnen diese eine kleine Information gegeben habe, daß der Hund von Schletzers Schwiegersohn …

B Hören Sie – auf diese Information ist geschissen!

A Von geschissen hab' ich nichts gesagt. Gepinkelt, nur gepinkelt.

B Ich sagte: Auf Ihre Information ist geschissen!

A Schade. Wo wir uns doch gerade von einer Industriegesellschaft zu einer Dienstleistungs- und Informationsgesellschaft entwikkeln, und da dachte ich, ich leiste Ihnen einen Dienst, wenn ich Ihnen diese Information zukommen lasse.

B Ach, so haben Sie das gemeint? Aber trotzdem ist diese Information völlig sinnlos.

A Gut, vergessen wir's, reden wir nicht mehr drüber. Obwohl: In einer Informationsgesellschaft hat auch noch die sinnloseste Information ihren Sinn.

B Was soll das eigentlich heißen: Informationsgesellschaft?

A Informationsgesellschaft? Daß die ganze Gesellschaft über alles informiert ist.

B Das ist ja ein Ding der Unmöglichkeit.

A Zumindest, daß jeder über alles informiert sein könnte, wenn er wollte.

B Das kann doch gar keiner wollen.

A Muß er wohl. Sonst schließt er sich ja selbst aus der Gesellschaft aus.

B Also wer nicht total informiert ist, hat in der Informationsgesellschaft nichts verloren?

A Genau so ist es.

B Sind Sie denn total informiert?

A Überinformiert. Ich weiß mehr, als ich verkraften kann.

B Wie gibt's denn so was?

A Ich habe zu Hause ein Computer-Terminal und bin an alle Informationsquellen angeschlossen, die es gibt. Videotext, Btx, Databank und wie sie alle heißen. Ich gebe ein, speichere und rufe ab, was mir an Informationen zugänglich ist.

B Und was machen Sie damit?

A Weitergeben. Die Informationsgesellschaft formiert sich. Ziel ist es, daß alle Bürger miteinander vernetzt sind und nur noch zu Hause sitzen und sich gegenseitig informieren. Und selbst sinnlose Informationen ergeben, wenn sie sich so vernetzen, einen Sinn, und es werden völlig neue und überraschende Dinge gedacht werden. Wir sind dann alle nur noch Zellen eines einzigen großen Gehirns.

B Und dieses Gehirn ist die Informationsgesellschaft.

A Genau. Und zwar grenzüberschreitend.

B Aber entschuldigen Sie mal – von den ganzen Informationen, die täglich über Sie hereinprasseln, ist doch nur ein Bruchteil wichtig.

A Richtig, und um die herauszufinden, betätigt man am Abend den Informationsfilter, das ist ein ganz neues Gerät.

B Da gibt man alles hinein, und der filtert dann nur das Wichtigste heraus?

A Genau so ist es. Was hab' ich denn gestern alles eingefüllt? Na, beispielsweise Kohls Blackout, Marcos' Rücktritt, Gorbatschows Angebot und Reagans Antwort darauf – um nur das Wichtigste zu nennen.

B Und was hat der Informationsfilter herausgefiltert?

A Der Hund von Schletzers Schwiegersohn hat schon wieder in die Garage gepinkelt.

WOLFGANG NEUSS

## Wir wissen zuviel

Tag, Radiomenschen!

Es kann ja sein, du oder Sie sind in der Industrie. Dann will ich nicht so ohne weiteres an Ihnen vorbeisprechen. Die Anforderungen sind groß. Der Mensch dagegen ist kleiner geworden. Es wird viel von Bildung gesprochen.

Ich bin ein kleiner Mann. Ich sage: Was ich nicht weiß, macht mich nicht heiß.

Der größere Mann sagt: Also nicht übertreiben. Bildungsexplosion ist gewalttätig. Der kleine Mann muß gerade so viel wissen, wie die Technik das braucht. Mehr nicht.

Und sind wa mal ehrlich: Hat er nicht recht oder hamse nicht recht? Der Kleine und der Große? Zuviel Wissen schadet. Nicht nur der Gesundheit. Auch dem Staat, dem Unternehmer, dem Arbeitskrieger. Der Frau, dem Kind.

Stellen Sie sich doch mal vor, Sie, die hier zuhören, wüßten, daß ich, der ich hier spreche, Marxist bin. Da schalten Sie doch ab. Das schadet mir und Ihnen. Besser ist, Sie denken, der Mann ist ein handelsüblicher Clown, der nur so tut. In Wirklichkeit will er Geld verdienen. Das genügt doch. Und er spricht über Bildung, aber bilden tut er nicht. Ist doch richtig. Die Menschheit, in ihrer

Gänze, ist aufgeklärt, seit dem 19. Jahrhundert. Warum also nochmal?

Gut, mit'm Computer umgehen, das muß man können.

Was brauche ich dazu?

Ich drücke auf 'n Knopp ... das Ding ist in Bewegung.

Jetzt stecke ich einen Zettel rein, Geburtsdatum, -ort, Name, Familienstand.

Zwei Minuten später kommt alles raus: GEBOREN 3.12.23 IN BRESLAU, NAME: NEUSS HANS WOLFGANG OTTO, VERHEIRATET. Kuck ma an. Das wußte ich noch nicht: Hans Otto heißt er. Verheiratet war er auch. Kinder??

Nochmal auf 'n Knopp: EIN KIND. Ende.

Das genügt doch. Und eines Tages wird das Kind auch wissen, wer sein Vater war. Und auf den Knopf drücken. Und dann weiß es, wie es heißt. Genügt.

Warum soll unsereiner genau wissen, warum in Kambodscha und Thailand noch kein Computer steht? Es genügt, wenn das einer weiß. Ich will damit sagen: die Leute heute wissen viel zuviel. Zum Beispiel Präsident Nixon von Nordamerika. Der Mann ist überlastet.

Was der alles weiß, das geht auf keine Kuhhaut. Der Mann hat doch ständig Kopfjucken. Gewissensbisse. Genügt doch, daß er weiß: er ist Präsident. Erdbeben in Peru – gut, das soll er wissen. Aber warum auch noch, woher das Erdbeben kam? Das wissen doch vielleicht die Franzosen. Genügt doch.

Hätten Sie's gewußt?

Warum muß einer, der einen Phantomjäger fliegt, wissen, wer Stuka geflogen ist? Das kann doch nur Minderwertigkeitskomplexe bei ihm auslösen. Es sei denn, er fliegt in Israel.

Warum muß ein Araber wissen, was Zionismus ist? Genügt doch, daß er's spürt.

Was ist Uran? Gut, also das weiß jeder. Aber was ist Wasserstoff? Sehn Sie, das wissen nur blonde Frauen. Und wenn jeder ein bißchen weiß, dann ist es richtig.

Ich weiß zum Beispiel nicht, wer hier alles zuhört. Aber ich weiß, daß viele fernsehen.

Das reicht doch zur Beunruhigung. Und wer beunruhigt ist, ist ein guter Mensch. Nur Zwerge sind allwissend. Menschen wie du und Sie sind eben nicht zu kurz gekommen. Weisheit ist Beschränkung. Ende.

Na bitte.

Dieter Thomas

# Ja, so sieht's aus

Damit wir uns gleich richtig verstehen – ich laß mich von keinem fertigmachen. Und schon gar nicht von so einem Schickimicki-Werbehengst, der da fett am Tisch sitzt und sich Schweineschnitzel reinschiebt wie andere Leute Kaugummis.
Wer bin ich denn, daß ich mir von so einem Werbefuzzi mit seinen 30 Jahren sagen lasse, die Bratkartoffeln seien zu kalt!
Früher nannten sie mich den Schönen Alfred. Ich konnt Frauen haben noch und nöcher. Was ich gewollt hab, hab ich gekriegt. Aber das hat mich nie interessiert. Ich bin mit 17 weg von daheim, 2 Mark und 80 Pfennig in der Tasche und meinen Daumen! Ich hab die Welt gesehen! Bis mich der Franzose schnappte und mit Pernod abfüllte. Am nächsten Tag ist der Schöne Alfred aufgewacht in Port Said! Fremdenlegion! Marrakesch, Kongo, Brazzaville – brennend heißer Wüstensand! Ich hab mir in der Fremde die Füße verbrannt, und der Freddy Quinn hat daheim die dicke Kohle gemacht!
Ja, so sieht's aus, und da will mir so ein Fuzzi sagen, die Bratkartoffeln seien zu kalt!
Was war nach der Legion? Da hat mich keiner mehr gekannt. Mit meiner Legionärsnase bin ich wieder zu meiner Mutter gezogen. Was mich nicht tötet, macht mich härter. Die war ja sowieso an allem schuld. Ich wollt ja Binnenschiffer werden; aber nein, der Bub wird Metzger! Binnenschiffer, Metzger, Binnenschiffer, Metzger. Bin ich Metzger geworden. Drei Jahre Schlachthof, dagegen war die Fremdenlegion ein Club Méditerranée. Was glauben Sie, wie sensibel so ein Schwein ist: das kriegt doch alles mit! Gegen ein deutsches Schwein ist ein deutscher Schäferhund ein Analphabet! Damals ging alles noch mit der Hand: vorne wurde das Bolzengewehr draufgesetzt, und ich mußte mich auf die Sau hocken und sie beruhigen. Machen Sie das mal drei Jahre! Deshalb haß ich ja auch solche Typen, die sich die Schweineschnitzel reinschieben und nur an die kalten Bratkartoffeln denken.
Was war nach dem Schlachthof? Ich werd Binnenschiffer. Nein, ich werd Bäcker. Binnenschiffer, Bäcker, Binnenschiffer …
Jeden Morgen um drei in die Backstube. Und ein Arsch mit Ohren als Meister – aber nur noch mit einem Ohr. Weil, das andere hat

ihm der Iwan abgeknallt im Kessel von Stalingrad. Jeden Morgen waren die Brote die russischen Panzer und die Brötchen die deutschen Tiefflieger, rattatatatt, rattatatatt! Zum Schluß waren er und die zwei Gesellen die 6. Armee, und die drei Stifte waren die Russen. Und als ich dann mal gesagt hab: Meister, was soll'n das, warum ziehen die Stifte immer den kürzeren, wo doch der Russe den Krieg gewonnen hat?!, da wollte er mich in den Backofen schieben!

Das war meine Jugend – die goldenen fünfziger Jahre! Trotzdem: Bei mir kriegt jeder sein Bier. Ich bin ein herzensguter Kerl. Ich habe mich mein Leben lang nach meinen Gästen gerichtet. Solang die sich nach mir gerichtet haben. Und wenn mir ein Werbefuzzi sagt, nimm die scheiß Bratkartoffeln weg, einer, der durch die Szenekneipen geht, die Klosprüche abschreibt und sie an die Deutsche Bank verscheuert!, dann muß er das Echo vertragen können, verstehen Sie. Der Koch, der wartet schon auf ihn mit der Bratkartoffelpfanne. Aber mit der heißen!

WOLFGANG NEUSS

## Überlebensmittelladen

*Ein Apotheken-Kabarett*

Der gesunde Menschenverstand ist reines Gift
Ich mache nur noch Kabarett in Drogerien und Apotheken
Mit der Vergiftung ist es wie mit der Verwirrung:
Sie muß größer werden, um Gutes zu bewirken

Lord Knud, Rias extra dry, ist auf der Apothekertagung
für die Wiedervereinigung der Spalttablette eingetreten
Ben Wargin, Ginkgo 4000 und Jasmin-Tee-Schlucker
will im Turm der Gedächtniskirche
Spinat und Fledermäuse züchten

Obermeister Zellermeister, Alte-Menschen-Verwertung en gros
hat einen Krautbär aufgemacht
Fingernagels Delikatessen in der Mommsenstraße

bieten für Burschis und Mädis Brennesselkottletts
und frisch erpreßten Reiszwecken-Saft
Holt selbst Oma aus dem Koma
Getränke-Schubert will alkoholfreien Met-Sekt
auf den Markt bringen
Sogar Heini Holl, Alkohol und Boogie Woogie
will seine »Drei Bären« zu einem indischen Reistafelhaus ...

Bei Edeka sind die Regale voll mit den Alternativen
Selbst die Stachelschweine trinken weich
Kurz: Die ganze Stadt stellt sich auf Treibhausklima ein
Dazu brauchen wir eine ent- und vergiftete Atmosphäre
Und darum war Apothekertreffen
Damit die heilige Pharma-Kuh geschlachtet wird
Alle Tabletten, Pillen, Barbiturate
werden auf jede Empfehlung hin
freigegeben
Die Apotheke ist
die Apotheke wird
der neue, selbstverständliche Lebensmittelladen
Überlebensmittelladen

Hol mir mal schnell aus der Apotheke um die Ecke
ein Viertelpfund Heroin Nummer 4
Wenn nichts da ist, bringste Methadon oder Adolphine
aber in Scheiben
Und bestell mir auch gleich 200 Captagon
und ein halbes Kilo Valium
Und sag dem Apotheker, daß er mal wieder
Zero Zero ordern soll
Und nimm ne Kanne mit und laß dir'n Liter
Lysergsäure abfüllen
Bring auch ein paar Cocain-Pillen für die Nase
und Coca-Blätter – für Mutter zum Kauen
Opium nicht vergessen gegen Zahnschmerzen
Ach ja, ich brauch Pervitin, muß zur Musterung
Das macht kleine Pupillen
Sri Lanka-Gras und afghanischen Pakistani
Libanon und Kaschmir – Oma will Kuchen backen
Pyramidon nicht vergessen: schmeckt gut zu Knäckebrot
Und von Boehringer dieses phantastische Preludin
Wenn Kongo-Gras und Acapulco-Gold da sind

fasten wir ne Woche und dann aber
die Probe aufs Exempel
Eine Woche nur Dioxin-Müsli
Dann werden wir ja sehen
Zum Entgiften, Vergiften –

Die Pest geht um
Peyotl-Kaktus und Fliegenpilze
haben ja schon längst gesiegt
So giftig, so genießbar
Schlaftabletten und Wachmacher
halten die Sicherheit aufrecht
Ohne Schlaftabletten und Wachmacher
würde die Mehrheit der arbeitenden Bevölkerung
kläglich versagen
Und das muß auch noch geheimgehalten werden

Schon Neussens neue Revue gesehen
in der Großapotheke Kibbuz Ufa-Palast?
»Gott ist in für Hammelesser«
Eine persische Kotzbrocken-Satire
Die Apotheke
wird der gemütlichste Ort auf der Welt
Die Kneipen der Welt gehen auf
in den neuen Volksapotheken
Man trifft sich auf'n Gläschen Koks mit Hasch
auf ein Traubenzucker-Valium-Sandwich
Oder in der Apotheke zum Grünen Krug
Zeigt die Grüne Kraft
eine Art Opium-Supersamt-Performance
So was wie Café Einstein
So stell ich mir die Apotheke von morgen vor
Hauptnahrungsmittel: Tablette
Alles das, was wir mal Medizin nannten
Wir wollen eine Apothekenkette
à la Zorba Buddha Paraphernalia
mit nur feinstem Stechapfel intuitieren
Bei Schering gibt's versilberten Hering
Mutterkorn und Onkel Polle
Prothesen-Kunze hat Hertie im Hintergrund
Die Industrie
noch eine und noch eine und noch eine

steigt laufend ins geistige Geschäft ein
Bemerkt das mal bitte
Ganz Polen lebt von Berliner Tinke
In Winnipeg, Montreal und Chicago
rauchen sie am liebsten Berliner Balkon
Eine Grassorte
die nach Friedrich dem Großen schmeckt
Die berufliche Entwicklung der Kleinhändler, Kleindealer
ist berauschend
Zu Fuß über Land latschende Dorfdoktoren
Landbarbiere, lumumbaähnliche Medizinmänner
Der Landarzt
großstadtrattenhaftes, lachendes Menschenkind
mit Bauchladen, wo alles drin ist
Im Volksmund »Doktor Fühldichgut«
Tea und Sympathie gefällig?

Nach dem heißen Herpes kommt das kalte Aids
Das schlechte Gewissen zwischen den Beinen
Bei Karstadt LSD eingetroffen
Woolworth hat Meskalin
Aber Bilka
liegt mit mexikanischen Pilzen vorne
Drei, vier – ein Lied:
Mach die Drogentüre auf, es zieht
Wir lagen vor Madagaskar
und hatten den Club of Rome an Bord

Das folgende schreibe ich nicht
Das diktiere ich:
Bitte mehr Drecksbewußtsein!

Nach Diktat abgefahren – – –

Es grüßt
das Drogenwrack aus Charlottenburg
Je kränker
desto haltbarer

# Zukunft – warum denn?

A Ich mach den Laden dicht. – Für heute natürlich. Täglich acht Stunden den Aasgeier der Industrie spielen, nur damit keiner merkt, daß sowieso bald Schluß ist, reicht doch wohl.

B Was meinst'n damit, daß »bald Schluß ist«?

C Die Zukunft ist wirtschaftlich einfach nicht vertretbar.

A Äh –?

C Paß auf: Was passiert mit Gesetzen, die wirtschaftlich nicht vertretbar sind?

A Weg damit!

C Und mit Naturgesetzen, die wirtschaftlich nicht –

A Weg damit!

B Das geht doch gar nicht!

C Und ob! Ohne Natur keine Naturgesetze. Und wo ist die Erhaltung der Natur schon wirtschaftlich vertretbar?

A Weg damit!

B Aber irgendwas gab's da doch, irgendein ganz ausgefallenes kleines Gebiet, das die Wirtschaft noch nicht im Griff …

A Weg damit!

C Ich höre –

B Nee, weiß schon, das war Asterixens »Klein Bonum« … Aber du tust jetzt gerade so, als sei die ganze zivilisierte Welt ein Haufen enthirnter Lemminge, ferngesteuert von einer unmenschlichen, anonymen, mörderischen Weltwirtschafts-Maffia …

A/C Genau –!

A Und darum raten wir unseren Klienten: Laßt es. Schaut euch nur um: Alle Mächte dieser Welt bekämpfen die Zukunft mit allem, was Beine hat. Warum sich länger dagegen stemmen? Vielleicht haben wir Tomaten auf den Augen, und die anderen haben recht …

Zukunft – warum denn? Wer ist schon dafür?
Reg dich ab, du holst dir nur ein Magengeschwür …
Für Freiheitskampf und Menschenwürde ist es zu spät
Aber nicht für'n schönen Abend am Fernsehgerät
Mit Spinnern und Sektierern ha'm wir nischt am Hut
Zukunft – warum denn? So geht's doch – ganz gut …

B Außerdem vermißt man ja nur etwas, das man selber gekannt hat. Oder fehlen uns vielleicht die Dinosaurier?

A Unseren Kindern werden nicht mal die Maikäfer fehlen.

C Und die gefährliche Mode, im Meer zu baden, das schon den alten Griechen als Kloake diente, wird bald als Perversität aus dem 19. Jahrhundert vergessen sein.

B Über jedes bißchen Grün in unseren Säurewüsten dagegen werden sich unsere – eventuellen, gelegentlichen – Enkelchen noch viel mehr freuen als wir …

Zukunft – warum denn? Es geht doch auch so
Mit'm Schwarzwald als Wüste und der Nordsee als Klo
Gewöhnung ist alles, das wirste schon sehn
Die Blumen im Gewächshaus sind auch dann noch sehr schön
Ist Radfahren nicht mehr drin, hält aerobic dich fit
Zukunft – weg damit!

A Das allgemeine Jammern über die Zukunftsangst, das Fehlen von Zukunftsperspektiven, die triste Zukunft – ist doch pervers! Wenn wir so eine Angst vor ihr haben – na dann weg damit! Lassen wir's bleiben! Muß doch nicht sein!

C Und wenn Papi noch einmal schreit: Willst du dir denn mit allen Mitteln die Zukunft versauen? Dann sprich ein freudiges: Aber ja, Papi!

Zukunft – warum denn? Entspanne dich now!
Mir wird schon vom Hier und Jetzt im Magen ganz flau
Die Erde ist längst so schön gründlich versaut
Daß keine an später zu denken sich traut
Und einsieht: Zur Zeit geht's uns wirklich noch spitze
Zukunft – warum denn? Ihr macht vielleicht Witze …

B Das Beste wäre wirklich, wenn's bald echt knallen würde. Unser Planet wird dabei bestimmt nicht zerstört, im Gegenteil: Tiefer als 500 Meter untern Meeresspiegel reicht keine nukleare Explosion. Alles Leben aber kommt aus dem Meer.

A Und wenn dieses Ferkel von Mensch endlich weg ist, kann sich die Natur noch einmal erholen und aufs neue entfalten, viel schöner und reicher als wir uns das vorstellen können. Aber nur dann.

C Am besten, die Regierungen beschließen, Neujahr 1984 alles auf einen Schlag hochgehen zu lassen. Das hätte Stil und würde viel Leid sparen helfen.

B Aber wahrscheinlich kriegen die Idioten nichtmal das zustande …
Zukunft – warum denn? Es hat nicht geklappt
Die Menschen haben wirklich ihre Chance gehabt
Wie strahlend schön wird unser Planet
Ist die Menschheit erstmal vom Winde verweht
Auf Rente und Hautkrebs verzichten wir gern
Ein Feuerwerk für die Zukunft von unserem Stern

B Also zu APO's Zeiten hätte ich jetzt gesagt: Das war die reaktionärste Scheiße, die je über meine Lippen troff.

A Das ist eben der kleine entscheidende Unterschied zwischen APO und Kabarett: Dieses knuddelige Liedchen soll ja gerade die Kräfte mobilisieren, die notwendig sind, um endlich den siegbringenden Kampf für eine qualitative Veränderung der gesellschaftlichen Verhältnisse herbeizuzwingen, bis die unterdrückten –

C/B Ist gut, Bernie. Alle haben dich verstanden. Alle.

B Nur eins ist eben Scheiße: Wir stehen uns hier Tag für Tag die Beine in den Bauch, geben Tausenden von Menschen wieder Mut, Freude, Zuversicht – und ich? Wo bleibe ich dabei? Wer küßt mich? Wie – wo?

ALLE Hast du keinen Spaß am Leben
Hast dich dem Suff ergeben
Sehnst du dich nach einer Frau
Oder macht sie dich zur Sau
Hattu Sorgen mit die Mäuse
Hat dein Sohn die ersten Läuse
Hat dein Alter immer recht
Wird dir auch bei Wörner schlecht
Vor dem Trip mit Schlaftabletten
Wird dich unser Ratschlag retten
Drum, Psychopathen aller Sparten
Gar nicht erst bis morgen warten:
IfL

Riechste ständig aus dem Magen
Haste nirgends was zu sagen
Bringt dein Typ sich nicht voll ein
Kommste nicht ins »Meadow« rein
Geht kein Süßer mit dir segeln
Stör'n die Kinder dich beim Vögeln

Biste dauernd deprimiert
Oder fühlst dich isoliert
Mußt du auch bei Bolle kotzen
Und auf Parties motzen
Geht dir alles auf den Keks
Biste nachts nur unterwegs
Fühlst dich als midlife-Greis
Auf'm Abstellgleis
Schade wär's um dein Genick
Hinge es an einem Strick
Mit'm Ding am Kopp und Klotz am Bein
Delirium, Syph und Seelenschleim
Biste grade richtig beim
    I – If – fL – L

Is' dein Lehrer auch so'n Linker
Is' dein Oller auch 'n Trinker
Regt der Reagan dich noch auf
Biste nie so richtig drauf
Haste Angst vorm nächsten Frieden
Saurem Regen, Monoxiden
Haste Ekel oder Schiß
Oder 'n wackliges Gebiß
Liebste einen CDU-Mann (CDU-CDU)
Macht dich alle Welt zum Buhmann
(Buhmann buh Buhmann buh)
Wählste jetzt noch SPD (uuh)
Biste in der SEW (was'n det?)
Oder willste'n Terrorischt
Werden und sonst nischt?
Ganz egal ob schwarz ob rot
Blau wie'n Veilchen, bleich wie der Tod
Spar dir den Zusammenbruch
Nimm dir'n frisches Taschentuch
Und trag dich ein ins Gästebuch vom
    IfL IfL IfL III fff LLL

Im Institut für Lebensmut
Ach is' mir schlecht ach tut das gut gut gut
Im Institut für Lebensmut
Wird alles wieder gut

Jörg Hube

# Hundeasyl

*Interview mit einer Hundehandpuppe*

A Herr Professor von Biselleiten, Sie sind Vorsitzender …

B Ich bin Vorsitzender der Enquetekommission des deutschen Bundestages für Kynologisches Asylantentum.

A Das heißt für Fragen des Hundeasyls?

B Genau.

A Herr von Biselleiten, Sie haben ja nun Beschlüsse durchgesetzt, die asylsuchende Hunde vom Territorium der Bundesrepublik fernhalten sollen.

B Genau. Vor allem Hunde, die hier in wölfischer Manier aus wirtschaftlichen Gründen Asylantrag stellen.

A Ja, aber zum Beispiel der Chow Chow, der nun in seiner Heimat sehr gerne in die Kochtöpfe gesteckt wird, handelt es sich hier um einen politischen oder wirtschaftlichen Asylgrund?

B Eindeutig wirtschaftlich!

A Ja, aber er ist doch in seinem Heimatland praktisch tödlicher Verfolgung ausgesetzt?

B Ja, aber des is dort Sitte und Brauch.

A Ja, aber wenn …

B Nix aber und nix wenn! Die heimischen Rassen, als da sind Deutscher Schäfer, Deutsche Dogge, Deutscher Drahthaar, Deutscher Kurzhaar, sind durch das Überhandnehmen minderwertiger ausländischer Rassen mit körperlichen und psychischen Defekten gefährdet.

A Ja, nun sind aber in letzter Zeit südafrikanische Richbacks in die Bundesrepublik geflüchtet, weil sie in der Abrichtung auf Neger in den Diamantenminen eine Perversion ihrer ursprünglichen Eigenschaft als Löwenjagdhunde sehen. Hier kann man doch nicht von körperlichen und psychischen Defekten sprechen!

B Ja, und wo ham wir die Löwen, die gejagt werden sollen?

A Ja, zum Beispiel der hybrische Bayerische Löwe.

B Passen'S auf, daß ich Sie net wegen Vergehens gegen § 130a StGB anzeige.

A Wenn ich Sie selbst einmal betrachte …

B Ja, was heißt des?

A … so würde ich sagen, Sie sind doch rassisch gesehen auch ein Bastard.
B Mäßigen Sie sich, ich bin eine Kreuzung!
A Also ein Mischling, ein Zamperl!
B Aber schwer einheimisch. Eine Mischung aus einer 1910 als »Münchner Riesenschnauzer« ins deutsche Hundezuchtbuch eingetragenen Rasse, die als treu, gehorsam, gelehrig und schwarz beschrieben wird und den Teutschen Teckeln, die vor allem als eigensinnig gelten.
A Bleibt trotzdem die Tatsache, daß Sie nicht reinrassig sind!
B Der Münchner Zamperl ist durch seine kleinbürgerlich-anarchistische Eigensinnigkeit dem Münchner Kleinbürger ideologieadäquat, vom Format her handlich und sozialwohnungsgeeignet, frißt wenig und scheißt daher Gärten, Parks und Kinderspielplätze nicht quantitativ, sondern qualitativ zu!
A Was haben Sie zur Verhinderung der Asylflut jetzt durchgesetzt?
B Der asylsuchende Hund erhält ab sofort in der BRD fünf Jahre Scheißverbot.
A Warum nicht Freßverbot?
B Das wäre unmenschlich!

Hannelore Kaub

## Tröstlich, nicht mehr jung zu sein

Dem Leben und dem Überleben,
Der Menschheit eine Chance geben,
Sich Mut und Zuversicht erlauben,
Das heißt schlicht: an Wunder glauben.
Auf die Vernunft der Menschen bauen,
Sein letztes bißchen Urvertrauen
Auf niedrigstes Niveau zu schrauben,
Auch das heißt: an Wunder glauben.
»Wunder gibt es immer wieder« –
Heißt's in einem dieser Lieder,
Die als Lebenshilfe gelten.

Sie sind Droge und bei leiser
Panik billge Tranquilizer.
Echte Wunder gibt's höchst selten.

Dabei wären die im Augenblick so wichtig.
Zwei, drei Wunder oder vier wär'n grade richtig.
Ohne Wunder wird der größte Wahnsinn wahr.
Und zum erstenmal im Leben wird mir klar:
  Es ist tröstlich –
    nicht mehr jung zu sein.
  Was kann mir schon viel passieren?
  Was hab ich noch zu verlieren?
  Was an guten oder harten
  Jahr'n hab ich noch zu erwarten?
  Denn das meiste liegt doch hinter mir.
  Doch was soll man Kindern sagen,
  Die noch alles vor sich haben,
  Die erst Menschen werden sollen,
  Und die überleben wollen?
  Und kein Mensch, der mitdenkt, weiß wofür.
  Ich tauschte meinen Platz – mit keiner Mutter ein.
  Es ist tröstlich, nicht mehr jung zu sein.

Wo du hinguckst: Egoismus.
Volksverhetzung und Zynismus.
Braune Jauche, die mal Sucht war,
Schwappt zurück und ist noch fruchtbar.
Und einem Volk mit der Gesinnung
Das Instrument der Volksabstimmung
Jetzt einfach in die Hände geben:
Kein Grundrecht würde überleben.
Das Asylrecht wär gestrichen.
Überhaupt im wesentlichen:
Alle wichtgen Freiheitsrechte.
Nur die Todesstrafe hätte
Ihr Comeback – so! – jede Wette,
Wenn man's auch nicht glauben möchte.

Demokraten Rechte vorenthalten müssen,
Weil sie mit dem Recht nicht umzugehen wissen.
Vierzig Jahre nach dem Krieg und immer noch
Statt Verstand ein großes, schwarzes Loch.

Es ist tröstlich –
nicht mehr jung zu sein.
Ohne diese Illusionen,
Die nur wehtun und nicht lohnen.
Diese Hoffnung, daß man jeden,
Der noch zuhörn kann, durch Reden,
D.h. mit dem Wort erreichen kann.
Einsehn, daß man falsch gedacht hat,
Daß das Wort nur wenig Macht hat!
Alle Law & Order-Brägen
Sind uns haushoch überlegen.
Auf den Knüppel in der Hand kommt's an.
Wir waren nur der Tropfen – auf dem heißen Stein.
Es ist tröstlich, nicht mehr jung zu sein.

Kann doch aber sein: wir waren
Die berühmten, wunderbaren,
Steten Tropfen, die so brennen,
Daß sie Steine höhlen können.
Die mit Geduld und scharfen Waffen
Der Vernunft ein Flußbett schaffen,
Die aus Bächen oder Lachen
Reißend-wilde Flüsse machen.
Klingt vielleicht ein bißchen ätzend
Und sich selber überschätzend.
Sagen wir doch so: Ich bin mal –
Wenn auch nicht gleich Stromverfasser,
Mutter aller wilden Wasser –
So zumindest doch ein Rinnsal.

Wenn sich jedes Rinnsal – Eigennutz bereinigt –
Dann mit allen andern Rinnsalen vereinigt,
Mann! – Was wärn wir für ein mächtig breiter Strom
Gegen »daß-Atomkraft-sicher-ist«-Syndrom.
Es ist tröstlich –
nicht mehr jung zu sein.
All die kleinen Eitelkeiten,
Die uns lebenslang begleiten,
Sind auf einmal Null und nichtig,
Und man nimmt sich nicht mehr wichtig.
Irgendwie ist man sich selber schnurz.

Statt in nasse Kissen wimmern,
Kann man sich um Wichtges kümmern.
Endlich von sich selbst befreit sein
Und zum Risiko bereit sein.
Unser Leben ist doch viel zu kurz.

Die Kraft, die bleibt,
Die setz ich nur für wirklich Wicht'ges ein:
Ich werde gegen Wackersdorf und Cattenom anschrein.
Und dabei immer absolut und nur gewaltfrei sein.
Und wissen, wenn ich jünger wär,
Ich würde nicht nur schrein.
Ich schlüge, wenn ich jünger wär, mit beiden Fäusten drein.
Ich würfe, wenn ich jünger wäre, Stein um Stein um Stein.
Ach, es ist herrlich, immer jung zu sein.

Franz Hohler

## Der Weltuntergang

Der Weltuntergang
Meine Damen und Herren
Wird nach dem, was man heute so weiß
Etwa folgendermaßen vor sich gehn:

Am Anfang wird auf einer ziemlich kleinen Insel
Im südlichen Pazifik
Ein Käfer verschwinden
Ein unangenehmer
Und alle werden sagen
Gott sei Dank ist dieser Käfer endlich weg
Dieses widerliche Jucken, das er brachte
Und er war immer voller Dreck.

Wenig später werden die Bewohner dieser Insel merken
Daß am Morgen früh
Wenn die Vögel singen
Eine Stimme fehlt

Eine hohe, eher schrille
Wie das Zirpen einer Grille
Die Stimme jenes Vogels, dessen Nahrung, es ist klar
Der kleine, dreckige Käfer war.

Wenig später werden die Fischer dieser Insel
Bemerken
Daß in ihren Netzen
Eine Sorte fehlt
Jene kleine, aber ganz besonders zarte, die –
Hier muß ich unterbrechen und erwähnen
Daß der Vogel mit der eher schrillen Stimme
Die Gewohnheit hat oder gehabt haben wird
In einer langen Schlaufe auf das Meer hinaus zu kehren
Und während dieses Fluges seinen Kot zu entleeren
Und für die kleine, aber ganz besonders zarte Sorte Fisch
War dieser Kot
Das tägliche Brot.

Wenig später werden die Bewohner des Kontinents
In dessen Nähe die ziemlich kleine Insel im Pazifik liegt
Bemerken
Daß sich überall
An den Bäumen, auf den Gräsern, an den Klinken ihrer Türen
Auf dem Essen, an den Kleidern,
Auf der Haut und in den Haaren
Winzige schwarze Insekten versammeln
Die sie niemals gesehen
Und sie werden's nicht verstehen
Denn sie können ja nicht wissen
Daß die kleine, aber ganz besonders zarte Sorte Fisch
Die Nahrung eines größern, gar nicht zarten Fisches war
Welcher seinerseits nun einfach eine andere Sorte jagte
Einen kleinen, gelben Stichling vom selben Maß
Der vor allem diese schwarzen Insekten fraß.

Wenig später werden die Bewohner Europas
Also wir merken
Daß die Eierpreise steigen
Und zwar gewaltig
Und die Hühnerfarmbesitzer werden sagen
Daß der Mais
Aus dem ein Großteil des Futters für die Hühner besteht

Vom Kontinent
In dessen Nähe die ziemlich kleine Insel im Pazifik liegt
Plötzlich nicht mehr zu kriegen sei
Wegen irgendeiner Plage von Insekten
Die man mit Giften erfolgreich abgefangen
Nur leider sei dabei auch der Mais draufgegangen.

Wenig später
Jetzt geht es immer schneller
Kommt überhaupt kein Huhn mehr auf den Teller.
Auf der Suche nach Ersatz für den Mais im Hühnerfutter
Hat man den Anteil an Fischmehl verdoppelt
Doch jeder Fisch hat heutzutage halt
Seinen ganz bestimmten Quecksilbergehalt
Bis jetzt war er tief genug, um niemand zu verderben
Doch nun geht's an ein weltweites Hühnersterben.

Wenig später
Werden die Bewohner jener ziemlich kleinen Insel im südlichen Pazifik
Erschreckt vom Ufer in die Häuser rennen
Weil sie das, was sie gesehen haben, absolut nicht kennen.
Die Flut hat heute
Und dazu muß man bemerken
Der Himmel war blau und Wind gab es keinen
Und der Wellengang war niedrig wie stets bei schönem Wetter
Und trotzdem lagen heute nachmittag
Die Ufer der Insel unter Wasser
Und natürlich wußte niemand
Daß am selben Tag auf der ganzen Welt
Die Leute von den Ufern in die Häuser rannten
Und die Steigung des Meeres beim Namen nannten.

Wenig später
Werden die Bewohner jener ziemlich kleinen Insel im südlichen Pazifik
Von den Dächern ihrer Häuser n die Fischerboote steigen
Um in Richtung jenes Kontinents zu fahren
Wo seinerzeit die Sache mit dem Mais passierte.
Doch auch dort ist das Meer schon meterhoch gestiegen
Und die Städte an der Küste und die Häfen, die liegen
Schon tief unter Wasser
Denn die Sache ist die

Man mußte das gesamte Federvieh
Also sechs Milliarden Stück
Vergiftet wie es war verbrennen
Und der Kohlenstaub, der davon entstand
Gab der Atmosphäre
Durch Wärme und Verbrennung schon bis anhin strapaziert
Den Rest.

Sie ließ das Sonnenlicht wie bisher herein
Aber nicht mehr hinaus
Wodurch sich die Luft dermaßen erwärmte
Daß das Eis an den Polen zu schmelzen begann
Die Kälte kam zum Erliegen
Und die Meere stiegen.

Wenig später werden die Leute
Die mittlerweile in die Berge flohen
Hinter den Gipfeln
Weit am Horizont
Ein seltsam fahles Licht erblicken
Und sie wissen nicht, was sie denken sollen
Denn man hört dazu ein leises Grollen
Und wenn einer der Älteren jetzt vermutet
Daß nun der Kampf der Großen beginnt
Um den letzten verbleibenden Raum für ihre Völker
Da fragt ein andrer voller Bitterkeit
Wie um Himmels willen kam es soweit?

Tja, meine Damen und Herren
Das Meer ist gestiegen, weil die Luft sich erwärmte
Die Luft hat sich erwärmt, weil die Hühner verbrannten
Die Hühner verbrannten, weil sie Quecksilber hatten
Quecksilber hatten sie, weil Fisch gefüttert wurde
Fisch hat man gefüttert, weil der Mais nicht mehr kam
Der Mais kam nicht mehr, weil man Gift benutzte
Das Gift mußte her, weil die Insekten kamen
Die Insekten kamen, weil ein Fisch sie nicht mehr fraß
Der Fisch fraß sie nicht, weil er gefressen wurde
Gefressen wurde er, weil ein anderer krepierte
Der andere krepierte, weil ein Vogel nicht mehr flog
Der Vogel flog nicht mehr, weil ein Käfer verschwand
Dieser dreckige Käfer
Der am Anfang stand.

Bleibt die Frage
Stellen Sie sie unumwunden
Warum ist denn dieser Käfer verschwunden?

Das, meine Damen und Herren
Ist leider noch nicht richtig geklärt
Ich glaube aber fast, er hat sich falsch ernährt.
Statt Gräser zu fressen, fraß er Gräser mit Öl
Statt Blätter zu fressen, fraß er Blätter mit Ruß
Statt Wasser zu trinken, trank er Wasser mit Schwefel –
So treibt man auf die Dauer an sich selber eben Frevel.

Bliebe noch die Frage
Ich stell mich schon drauf ein
Wann
Wird das sein?

Da kratzen sich die Wissenschaftler meistens in den Haaren
Sie sagen
In zehn, in zwanzig Jahren
In fünfzig vielleicht oder auch erst in hundert
Ich selber habe mich anders besonnen, ich bin sicher
Der Weltuntergang, meine Damen und Herren
Hat schon begonnen.

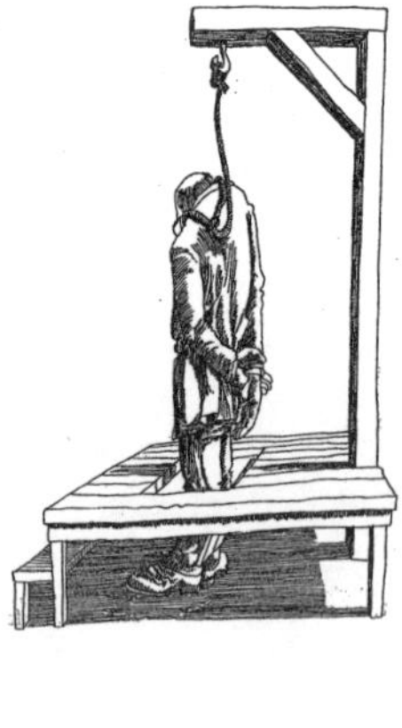

# Wir Realos

## Satirisches zwischen Facts und Fiction

HK: »Wie ist denn das Wetter bei euch?«
EH: »Trübe, Nebel.«
HK: »Hier ist es total unklar.«

*Telefonat Kohl/Honecker, 1983*

Das Phänomen ist so neu nicht. Spätestens seit Karl Kraus und seiner seziermesserscharfen Analyse der politisch-gesellschaftlichen Wirklichkeit wissen wir, was man unter Realsatire zu verstehen hat und welcher Erkenntniswert ihrer zumeist unfreiwilligen Selbstdarstellung beizumessen ist. Auch Tucholsky wurde nicht müde, den Verlautbarungen von Behörden, Institutionen und Interessenverbänden nachzuspüren, um ihren realsatirischen Gehalt zu verdeutlichen, der oft stärkere und direktere Aussagen über die Befindlichkeit des jeweiligen Zeitgeistes zu machen imstande ist als der Satiriker selbst. Die Methode, derartige Vorgänge freizulegen, lag im Interesse der satirischen Kärrnerarbeit und war Teil von ihr. Von einer Bedrohung der Satire durch Realsatire konnte indes damals nicht die Rede sein.

Das ist heutzutage anders. Spätestens seit der sauerländische Heinrich Lübke Ende der fünfziger Jahre als Bundespräsident ins Amt gehievt wurde, wurde die Polit-Posse personifizierte Institution: Da redete sich einer selbstentblößend um Kopf und Kragen, lieferte am laufenden Tonband unfreiwilliges Kabarett, vor dem seine Parodisten die Waffen strecken mußten.

Der Politiker Lübke, sprachloser Schwätzer in Amt und Würden, hat inzwischen zahlreiche Nachfolger gefunden. Lübke-Epigone Helmut Kohl, der in den Achtzigern mit Oggersheimer Verbal-Charme brachial-gewaltig durchs Sprachgestrüpp polterte und dabei zungenstolprig zur »geistig-moralischen Wende« aufrief, war so ein Glücksfall der Realsatire. Er blieb es so lange, bis er sich selbst als kabarettreifes Gesamtkunstwerk begriff und seine Rolle als Bundesdödel annahm und sie nach Kräften multimedial vermarktete – sehr zum Entsetzen all jener Vertreter des puren Lach-Kabaretts, die sich im Kleinkunstkeller oder im Fernsehstudio hilflos parodierend an die Fersen der Mächtigen heften und entdecken müssen, daß die Kopie hoffungslos hinter dem Original zurückbleibt.

Schuld an dieser Entwicklung hat die wachsende Übereinstimmung von Politik und Entertainment, die sich als politisierendes Infotainment inzwischen auf allen Fersehkanälen eingenistet hat. Wo aber Politik zur klamottigen Posse wird, droht dem Kabarett sein Gegenstand abhanden zu kommen. Es sei denn, man findet angesichts einer poltischen Wirklichkeit, die kabarettistisch nicht mehr zu überbieten ist, zur heilsamen Kraft der Satire zurück und beherzigt die Neuss-Empfehlung, Kohl nicht zu zitieren, sondern gleich zu lachen.

Dieter Hildebrandt

# Der Mond ist aufgegangen

*Helmut Kohl spricht Matthias Claudius*

Der Mond
meine Damen und Herren, und das möchte ich hier in aller Offenheit sagen
ist aufgegangen!
Und niemand von Ihnen, liebe Freunde, meine Damen und Herren, wird mich daran hindern, hier in aller Entschlossenheit festzustellen:
Die goldnen Sternlein prangen
und wenn Sie mich fragen, meine Freunde, wo, dann sage ich es Ihnen:
am Himmel!
Und zwar, und das sei hier in aller Eindeutigkeit gesagt, so, wie meine Freunde und ich uns immer zu allen Problemen geäußert haben:
hell und klar.
Und ich scheue mich auch nicht, hier an dieser Stelle ganz konkret zu behaupten:
Der Wald steht schwarz und...
lassen Sie mich das hinzufügen
und schweiget.
Und hier sind wir doch alle aufgerufen – gemeinsam –, die uns alle tief bewegende Frage an uns gemeinsam zu richten: Wie geht es denn weiter? Und ich habe den Mut und die tiefe Bereitschaft und die Entschlossenheit, hier in allem Freimut und aller Entschiedenheit zu bekennen, daß ich es weiß. Nämlich:
Und aus den Wiesen steiget
das, was meine Reden immer ausgezeichnet hat:
der weisse Nebel wunderbar.

# Quatsch Quatsch Scham – oder: Qualnacht

*Spätbürgerliche Tragödie in einem Akt*

*Personen:*
*Willy Brandt, Politiker, 72 Jahre*
*Helmut Kohl, Politiker, 55 Jahre*
*2 Fernsehreporter (stumm)*

*Ort der Handlung: ein Fernsehstudio*

*Zeit: 12. Mai 1985, abends, kurz nach der Tagesschau*

*Ein geräumiges Studio, dessen Seitenwände mit blauem Nessel ausgehängt sind. Der Fußboden ist in hellem Grau gehalten. Die Studiodecke, schwarz gestrichen, ist einsehbar, Eisenstangen, die kreuz und quer unter der Studiodecke verlaufen, geben dem Bühnenbild ein betont sachliches, modernes Gepräge. An den Stangen sind die Scheinwerfer befestigt, die das Rauminnere in ein gleißendes, farbloses Licht tauchen und für eine schattenlose, klinische Atmosphäre sorgen. Vor dem schrei-blauen Hintergrund der Rückwände ist eine in sehr dunklem Schwarz gehaltene, allen Zierats entkleidete Balustrade aufgebaut, hinter der – für das Publikum unsichtbar – die Sicherheitsbeamten und persönlichen Berater auf der Lauer versteckt liegen. Ebenfalls unsichtbar für den Zuschauer vier Kameraleute, die hinter der Szene agieren. Etwa zwei Meter von der linken Bühnenwand entfernt sind zwei moderne Stahlgerüst-Schreibpulte aufgebaut, an denen die Politiker sitzen. Vor ihnen mehrere Tisch-Mikrophone, persönliche Unterlagen, Papier, Bleistifte. Daneben ein Glas Wasser.*
*Die Szene, die gegen die Dämmerung der Außenwelt hermetisch abgeschirmt ist und nur durch das nackte, kalte Kunstlicht der Deckenlampen aufgehellt wird, hat etwas Gespenstisches. In der Bildmitte – gewissermaßen als Blickfang in der Lücke, die zwischen den Fernsehreportern und ihren »Gesprächs«-Partnern klafft – erhebt sich ein in Plastik gezogenes, denkmalähnliches Gebilde abstrakter Kunst.*
*Man erkennt ein abstraktes Wirrwarr von geheimnisvollen Zeichen und Chiffren: die Buchstaben Z D F A R D und eine alles beherrschende arabische 1, die wie aus Stein gehauen wirkt, im*

*Laufe des Sprechstückes aber unter der brütenden Scheinwerferhitze allmählich zu schmelzen beginnt.*

KOHL *beginnt, nach Worten suchend, einen Monolog in einer sprachlichen Mischung aus Pfälzisch und Zürcher Dada, Formeln und Kürzel herbetend* Zunächst einmal 66 ist natürlich überhaupt nicht 85 die CDU des Jahres 66 ist nicht die CDU des Jahres 85 der Parteivorsitzende des Jahres 85 ist nicht der von 66 das ist ein Unterschied, den ich immerhin bemerken möchte.

BRANDT *blickt irritiert, macht eine Handbewegung*

KOHL Was nun die Außenpolitik betrifft ... *Brandt nimmt einen Schluck aus dem Wasserglas. Blättert in seinen Papieren.* Nun Herr Brandt! Da muß ich sagen! Da sehe ich angesichts Ihrer Außenpolitik der Bundestagswahlentscheidung neunzehnhundertsiebenundachtzig mit größtem. Mit größtem Optimismus entgegen. Denn diese Form! Dieses primitiven Antiamerikanismus ...

BRANDT Ach Quatsch! Ah ...

KOHL ... den Sie in diesen ...

BRANDT Sagen Sie jetzt ...

KOHL ... aber ... aber ...

BRANDT ... einen Satz ... Sie sollten sich schämen, Herr Bundeskanzler!

KOHL ... aber ... aber hören Sie doch auf ...

BRANDT Sie sollten sich schämen!

KOHL Wenn Sie laut werden! Ist das doch nur ein Beweis dafür ... *schwitzt jetzt noch mehr als ohnehin. Brandt klopft nun mehrmals auf den Tisch. Heftig.*

BRANDT Nein! Ich kann das nicht durchgehen lassen! Sie!

KOHL ... daß Sie ein ...

BRANDT Sie schaden ...

KOHL ... schlechtes Gewissen ...

BRANDT ... unserm Volk!

KOHL ... haben ...

BRANDT Durch diese Lügen!

KOHL ... aber ... aber ... Herr Brandt! Was Sie alles in Amerika vor ein paar Tagen gesagt haben! Das hat der Bundesrepublik geschadet!

BRANDT Nein!!

KOHL Nicht das! Was ich hier dem deutschen Publikum sage!

BRANDT Nein!!!

KOHL Die Leute konnten ja lesen!
BRANDT Sie sagen den Menschen die Unwahrheit! Herr Bundeskanzler!!
KOHL Das ... Was ...
BRANDT Ich laß das nicht durchgehen!
KOHL Haben Sie alles gegen den amerikanischen Präsidenten ...
BRANDT Das stimmt doch gar nicht!
KOHL ... auf ... ja ... ich war doch mitten im Lande. In den letzten acht Tagen ...
BRANDT Das stimmt doch gar nicht!!
KOHL ... was Sie in diesen zehn Tagen gegen den amerikanischen Präsidenten ...
BRANDT Nein! Sie sagen dem Volk die Unwahrheit, Herr Bundeskanzler!
KOHL ... was Sie ... in Ihrer ...
BRANDT Ich laß das nicht durchgehen!!!
KOHL ... ob Sie so ...
BRANDT So können Sie nicht die Partei behandeln ...
KOHL Hören Sie ...
BRANDT ... die in Nordrhein-Westfalen die Mehrheit hat!
KOHL Entschuldigung ...
BRANDT Das gibt es nicht!!
KOHL ... Sie ... Sie können in Ihrem Partei ... Büro brüllen ... mit Ihrem Mitarbeiter ... aber hier nicht mit uns ...
BRANDT Auch mit Ihnen ...
KOHL ... vor dem deutschen Publikum ...
BRANDT ... wenn Sie die Unwahrheit sagen!
KOHL Nein! – Sie sagen die Unwahrheit! *peinliche Stille. Sie wirkt wie die sprichwörtliche Ruhe nach dem Sturm. Brandt steigert seine Erregung noch. Kohl faßt wieder Wort.*
KOHL *nach einer Pause* Wenn Sie eben bestreiten, daß Sie im Vorfeld des Besuchs des amerikanischen Präsidenten und während dieses Besuches in unglaublicher Weise ...
BRANDT Nein! – Sie haben ...
KOHL ... gegen diesen Mann aufgestanden! *Brandt steigert sich weiter. Nimmt erregt seine Brille zur Hand. Steckt sie ein.*
BRANDT ... Herr Reagan hätt ich fast zu Ihnen gesagt, Herr Bundeskanzler!
KOHL Komm. Hör ...
BRANDT Sie haben versucht ...

KOHL Schon allein ...
BRANDT Sie haben versucht ...
KOHL ... schon allein das ...
BRANDT ... die gegen uns auszuspielen!
KOHL ... schon allein das ... was Sie jetzt eben hier im Wortspiel getan haben, zeigt doch, wes Geistes Kind Sie in der Frage sind. *Kohl schwitzt verstärkt. Brandt wendet sich ab. Lehnt sich im Sessel zurück. Der attacca-Dialog hat nach dem Verbal-Furioso nur scheinbar seinen Höhepunkt erreicht.*
*Der Zuschauer spürt: Dem Andantino des folgenden Wortgefechts ist nicht zu trauen.*
KOHL Und ein Letztes! Lassen Sie doch Herrn Geißler beiseite! Heiner Geißler tut für unsere Partei seine Pflicht wie Ihre Leute auch. Und wenn er ...
BRANDT *ironisch* Hmm.
KOHL Wenn er aus seiner Pflichterfüllung heraus und aus seiner Überzeugung den Finger auf Punkte legt, die Ihnen offensichtlich ...
BRANDT Ein Hetzer ist er!!
KOHL ... wie ... wie ...
BRANDT Seit Goebbels der schlimmste Hetzer in diesem Land!!!
KOHL ... wie ... Och, Herr ... och, Herr Brandt! *Er ringt nach Luft, leckt sich die Lippen.* Ah, Herr Brandt! Lassen Sie doch solche Vergleiche weg! Die stehen Ihnen überhaupt nicht an! Lassen Sie bitte den Vergleich mit ... a ... zwischen Geißler und Goebbels weg! Sie sollten sich schämen! Hier eine solche Aufführung zu machen! Das zeigt doch, daß Sie Nerven verlieren! Weil man offensichtlich an Ihre Nerven herangekommen ist!! *Brandt steckt einen Textmarkierer in die rechte Jackentasche.* Noch einmal zurück! Zum Thema! Ich will das Thema jetzt nicht weiter ... a ... ver...tiefen! Aber den Gipfel in Bonn als einen Fernsehgipfel zu bezeichnen! Lieber Herr Brandt! Schauen Sie einmal zurück! In die Gipfelveranstaltungen der anderen Länder! Ich habe drei davon mitgemacht! *Brandt nippt am leeren Wasserglas. Die Leere, Hoffnungslosigkeit des Menschen im Universum, greift um sich.* Sie selbst haben früher welche mitgemacht! Der Kollege Schmidt hat welche mitgemacht! *Brandt schüttelt den Kopf.* Hier gab es weder ...
BRANDT Nein. Nein.
KOHL ... gesellschaftliche Veranstaltungen, noch ...

Brandt Die sind erst nach mir erfunden worden!

Kohl Also gut! Wir haben ... Gesellschaftliche Veranstaltungen! Nahezu keine! Das ist doch alles nicht wahr! Und der Besuch des amerikanischen Präsidenten! Was für die Deutschen! Und für die deutschamerikanische Freundschaft! Ein großer Erfolg! Das können Sie heute schon in den Vereinigten Staaten unschwer erkennen! Ungeachtet jener scharfen Kritik und jener scharfen Opposition, die vor diesem Besuch auch in den Vereinigten Staaten war! Die riesige Mehrheit! Übrigens auch in Ihrer eigenen Partei! Das wissen Sie auch! Haben den Besuch! *Brandt nickt. Es stößt ihm leicht sauer auf.* In Bergen-Belsen. Und in Bitburg!! Gutgeheißen!!!

Brandt *leise, für sich* Aber, aber ...

*Alles sitzt wie versteinert. Selbst das Studio-Telefon bleibt stumm – Vorhang*

Kölner Mai-Revue

## Good morning, Germany!

*Eine satirische Live-Schaltung*

*Die Personen und ihre Darsteller:*
*Moderator – Hansjürgen Rosenbauer*
*Präsident Reagan – Ron Williams*
*Bundeskanzler Kohl – Stephan Wald*

*Ort der Handlung: TV-Studio des WDR Köln*

*Zeit: 1. Mai 1985*

*Moderator Rosenbauer kündigt das Eintreffen des amerikanischen Präsidenten in der Bundesrepublik an und berichtet über den umstrittenen Plan Reagans und Kohls, dem deutschen Soldatenfriedhof Bitburg einen Besuch abzustatten.*

Moderator Wir haben versucht, für Sie eine Telefonverbindung zum US-Präsidenten herzustellen, und wir bemühen uns auch gleichzeitig, Bundeskanzler Helmut Kohl, der zur Zeit mit dem japanischen Ministerpräsidenten Nakasone zusammen ist, an den Apparat zu bekommen. Ich weiß nicht, ob uns das gelingen wird ... *nimmt den Hörer des Studio-Telefons ab* Mister President ... Ja, thank you for this opportunity. Jeder hier in der Bundesrepublik will wissen, sicherlich auch jeder in Ihrem Lande, ob Sie nun wirklich bei dem umstrittenen Besuch in Bitburg bleiben. Are you really going to go to Bitburg?

REAGAN Well, first of all, it's a great privilege for me to speak to the German people on your national holiday, the first of May. I want so say hello to all my friends here in your beautiful old country. Now, to answer your question, Mister Rosenbauer, my staff and I and Nancy have had plenty of time during our flight over to think about the delicate problems, facing us during on our historical visit here. And, well, I've made my final decision, so to say the final compromise. Yes, I will go to Bitburg as I promised the chancellor, my good friend Helmut.

MODERATOR Meine Damen und Herren, ich werde versuchen, das kurz zu übersetzen. Ich hab mir ein paar Notizen gemacht: Der amerikanische Präsident sagte, er wolle erst einmal für das Privileg danken, daß er an diesem nationalen Feiertag, dem 1. Mai, zu Ihnen sprechen dürfe. Er wolle alle deutschen Freunde grüßen, und er freue sich, in diesem wunderschönen Land zu sein. Was die Frage nach Bitburg angeht, so habe er Zeit gehabt, mit seinen Beratern und mit seiner Gattin Nancy während des Fluges über dieses sehr delikate Problem nachzudenken, das diesen historischen Besuch belaste, und er habe seine Entscheidung getroffen. Er habe den endgültigen Kompromiß gefunden, er werde nach Bitburg gehen, wie er es dem Bundeskanzler, seinem Freund Helmut Kohl, versprochen habe. – Ich will versuchen, ob wir den Bundeskanzler am Apparat auch haben ... *greift zu einem zweiten Telefon* Herr Bundeskanzler, Sie haben mitgehört, was der Präsident gesagt hat. Auch Ihnen herzlichen Dank für die Gelegenheit zu diesem kleinen Schalt-Gespräch. Ich vermute, die Entscheidung des Präsidenten freut Sie.

KOHL Entschuldigen Sie, Herr Rosenbauer, aber Bitburg ist doch in diesem bedeutsamen Moment wirklich kein Thema. Zunächst einmal, Herr Rosenbauer, ist die gute Landung des Präsidenten der Vereinigten Staaten von Amerika für den Bundeskanzler der Bundesrepublik Deutschland ein ganz bewegender Augenblick. Ich schätze mich aber auch ganz persönlich, wenn ich das einfach mal hier so sagen darf, sehr glücklich, meinen Freund Ronald Reagan auf deutschem Boden zu wissen. Ich bedaure selbstverständlich zutiefst, in dieser bewegenden Stunde, nicht leibhaftig bei dem amerikanischen Präsidenten sein zu können. Gleich werde ich ja gemeinsam, wie Sie schon gesagt haben, mit dem japanischen Präsidenten Nakasone – der im übrigen, wie er mir gerade erzählt hat, 1945 Krevettenkapitän gewesen ist – eine Rheinfahrt von Bingen nach Boppard unternehmen. Und ich kann dem amerikanischen Präsidenten versichern – und ich hoffe, er hört es noch –, ich werde ihm während dieser Fahrt auf Deutschlands Lebensader im Herzen und in Gedanken verbunden sein, bis wir uns morgen begegnen werden. Und lassen Sie mich an dieser Stelle noch hinzufügen: Es ist mir ganz wichtig, Herr Rosenbauer, ausnahmsweise auch Ihrer Sendeanstalt mein Wort des Dankes in dieser Stunde auszusprechen, daß diese Live-Schaltung ermöglicht werden konnte.

MODERATOR Herr Bundeskanzler, ich hoffe, das wird mir nicht schaden. Ich möchte aber jetzt doch noch dem amerikanischen Präsidenten die Frage stellen: Mister President, Sie haben vorhin von einem endgültigen Kompromiß gesprochen. Wie sieht der aus? What's the final compromise, you were talking about?

REAGAN Well, Mister Rosenbauer, I will also visit Bergen-Belsen as planned. You see, I don't want to hurt anybody's feelings. So I have decided to visit both, Bitburg and Bergen-Belsen, in a helicopter. I will not land, but I will hover over both locations and then, since total reconciliation between our two nations is the purpose of my visit here, I will then fly on to Berlin, to West-Berlin, fly over Spandau Prison and greet Rudolf Heß.

MODERATOR Ja, ein überraschender Vorschlag, meine Damen und Herren. Herr Bundeskanzler, der Präsident hat gesagt, er werde mit Ihnen gemeinsam Bergen-Belsen besuchen, wie geplant, und er wolle natürlich keinerlei Gefühle verletzen, und er habe deswegen beschlossen, den Besuch in Bitburg und Bergen-Belsen mit dem Helicopter vorzunehmen. Er wolle nicht landen, aber er wolle über beiden Orten schweben, und da die völlige Versöhnung die Absicht seines Besuches hier sei, werde er dann weiter nach West-Berlin fliegen und über dem Spandauer Gefängnis auch Rudolf Heß grüßen. – Herr Bundeskanzler?

KOHL Zunächst einmal, Herr Rosenbauer, ich bin dem amerikanischen Präsidenten dankbar, daß er am Ende seiner Ausführungen unseren zusätzlich eingeplanten Besuch in Berlin-Plötzensee angesprochen hat. Dies finde ich eine ebenso überfällige wie noble Geste auch und gerade gegenüber dem deutschen Widerstand. Denn selbstverständlich meint Ronald Reagan, um das mal richtigzustellen, eben nicht den Rudolf Heß, der damals außerdem schon viel zu alt gewesen ist, sondern natürlich den von Hassel, aber das nur nebenbei am Rande. Also ich finde die Entscheidung des Präsidenten, die besagten Gedenkstätten vom Hubschrauber aus zu besichtigen, eine ausgezeichnete Sache. Auch über die Gräber hinwegfliegend, bleibt es eine Aussöhnung über den Gräbern. Ich sehe darin eine ungeheure Chance, eine Perspektive zu schaffen, die uns nach den hitzigen Tagen völlig unnötigen Zerredens und Gezerres in aller Gelassenheit den Überblick behalten und Abstand gewinnen läßt. Und ich sage dies als studierter und promovierter Historiker, wenn Sie so wollen, ganz im Sinne des großen deutschen Dramatikers Gotthold Ephraim Lessing, der klugerweise einmal geschrieben hat: Geschichte soll nicht das Gedächtnis beschweren, sondern den Verstand erleichtern.

MODERATOR Vielen Dank, Herr Bundeskanzler. Noch eine letzte Frage an unseren Gast in diesem Lande, an den amerikanischen Präsidenten: Mister President, is there anything else you want to tell the German people on this very first day of your visit – Wollen Sie den Deutschen an diesem ersten Tag, an diesem ersten Besuchstag, noch etwas sagen?

REAGAN Well, yes, Mister Rosenbauer, I tell you one thing: As you all know, it's been a rough ride getting over here. But as you see, I made it. And as we say in Hollywood: Regardless – the show must go on. So good morning, Germany! And we'll see you tomorrow.

MODERATOR Der Präsident sagte zum Abschluß, er wolle eines noch uns mit auf den Weg geben. Es sei schwierig und kompliziert gewesen, hierher zu kommen, und ich glaube nicht, daß er den Flug meinte. Und er habe es trotzdem geschafft, und er wolle doch ein altes Hollywood-Sprichwort hier benutzen, das da heißt: die Show must go on. Also: Guten Morgen, Deutschland! Wir werden Sie morgen wiedersehen!

Ottfried Fischer/Kurt Waldheim

## Einladung zum Oktoberfest

*Ein Telefonat*

*Die Personen und ihre Darsteller:*
*Kurt Waldheim – Kurt Waldheim*
*Franz Josef Strauß – Ottfried Fischer*
*Ein Sekretär*

*Im Arbeitszimmer des österreichischen Bundespräsidenten klingelt das Telefon. Sekretär nimmt den Hörer ab.*

Sekretär Grüß Gott.

Strauss Ja, grüß Gott. Hier Franz Josef Strauß, München. Könnt ich den Herrn Dr. Waldheim einmal sprechen, bitte?

Sekretär Ja, einen Moment. *Eine Minute Pause*

Waldheim Hallo?

Strauss Ja, grüß Sie Gott, guten Morgen. Hier ist Strauß.

Waldheim Eine Freude, Ihre Stimme zu hören!

Strauss Ganz meinerseits, Herr Dr. Waldheim, ich rufe Sie hier privat an, und Sie werden sich ein bisserl wundern ...

Waldheim Bitte!

Strauss Aber ich habe Ihre letzten Aktionen im Ausland verfolgt und muß Ihnen da wirklich mein großes Kompliment aussprechen. Und ich habe mir gedacht, daß ich Sie nach Bayern einlade, und da wollte ich mal privat vorfühlen; eine wunderschöne Gelegenheit wäre unser Oktoberfest-Einzug.

Waldheim Aha, im Oktober.

Strauss Wie Sie wissen, machen mer jedes Jahr diesen großen Einzug in der Kutsch'n, und da haben wir immer einen Repräsentanten eines befreundeten Staates dabei.

Waldheim *stottert* Ja, ja. Ja, das ist sehr lieb, ö ... ö ... ö ... daß Sie ... ö ... mich ... ö ... da ... ö ... im Auge haben ... ö. Die Frage ist nur, inwieweit man so etwas ... ö ... dann ... ö ... mit Bonn abstimmt.

Strauss Herr Dr. Waldheim, ich würde es prinzipiell mit Bonn zunächst nicht abstimmen.

Waldheim Ja!?!

Strauss Ich meine, wenn wir die Sach' inoffiziell durchziehen, ein Zeichen ist damit auch gesetzt, und wenn man bedenkt, beim Oktoberfest, wir haben also sämtliche Fernsehanstalten da!

WALDHEIM Ja.

STRAUSS Auch die Amerikaner.

WALDHEIM *belustigt* Ja, ja.

STRAUSS Good old Germany.

WALDHEIM He, he.

STRAUSS Und es ist vor allem eine übliche Sache, daß bei uns ein offizieller Repräsentant ...

WALDHEIM Eine Persönlichkeit ...

STRAUSS Eine Persönlichkeit aus dem Ausland ...

WALDHEIM Ja, an und für sich g'fallt mir das sehr. Ich bin Ihnen sehr dankbar, daß Sie daran gedacht haben, und das wäre ... wie würde sich das abspül'n, ich meine, in welcher Form würde das gemacht werden?

STRAUSS Wir würden da drin in der Kutsch'n sitzen, in meiner Kutsche, in der Kutsche des Ministerpräsidenten ...

WALDHEIM Schön!

STRAUSS Da einziehen, der Einzug, der Anstich, es ist ein großes gesellschaftliches Ereignis hier in München.

WALDHEIM Ja, ja. Na, das Oktoberfest ist ja berühmt, und ich war zwar no net dort, aber ich freu mich sicherlich.

STRAUSS Ach, Sie waren noch nie auf'm Oktoberfest?

WALDHEIM I war noch nie dort, nein, ha, ha.

STRAUSS Na ja, dann wird's ja eigentlich Zeit.

WALDHEIM Ja.

STRAUSS Und, sind Sie mit Ihren eh ... Auslandsbesuchen zufrieden?

WALDHEIM Jo, bin i, bin i sehr zufrieden, Herr Ministerpräsident, ö, es ist alles ... ö ... bestens, ö, das in Jordanien war also überaus herzlich.

STRAUSS No!

WALDHEIM Der König selber hat also wirklich alles getan, net wahr, um diesen Aufenthalt erfolgreich zu gestalten. Es waren in Amman überall Transparente, sehr freundliche Transparente. Aber wer war dort: auch die Frau Klarsfeld, net wahr.

STRAUSS Ha, ha, die ist ja überall!

WALDHEIM Jo, jo, aber die ham's also schnell isoliert.

STRAUSS Ich persönlich habe auch mit der arabischen Welt da unten eigentlich beste Erfahrungen. Man darf's ja als Deutscher fast nicht sagen, aber die Israelis sind ja doch in gewisser Beziehung eher die Schwierigeren da unten, und ich persönlich halte ja die Araber für die Zuverlässigeren da unten in der Region.

Waldheim Ja, sie sind sehr ... sie sind sicherlich also in der Hinsicht wesentlich verläßlicher. Ich mein', die Israelis machen halt den Fehler, daß sie die Dinge übertreiben, nicht wahr, daß sie provozierend agieren, und auf die Dauer wird das nicht akzeptiert werden, auch von anderen Staaten nicht. Ich meine, das geht einfach nicht, diese Art der Politik, net wahr? Wir wollen ja eine versöhnliche Politik, wir strecken immer wieder die Hand aus, nicht wahr, aber sie wird zurückgewiesen. Es kommt ja jetzt in allernächster Zeit dieses Weißbuch heraus, das unser Außenamt herausgibt, wo also Genaueres drin steht, aus dem ganz eindeutig hervorgeht, net, daß alle diese Anschuldigungen völlig unberechtigt sind. Da müßte man die ganze deutsche Wehrmacht auf die watch-list setzen!

Strauss Ganz meine Ansicht, und ich meine, daß das eine großangelegte Aktion ist, um Österreich in der Welt schlecht zu machen.

Waldheim Ja.

Strauss ... und ich meine, das betrifft uns Bayern ja letztlich auch dann ...

Waldheim Schau'n Sie, es ist natürlich interessant, einen Mann, der zehn Jahre Generalsekretär war und dadurch einen internationalen Namen hatte, nicht wahr, daß man den jetzt sozusagen als Prügelknaben hernimmt, net wahr, weil für den natürlich viel mehr Interesse besteht, als wenn's der Herr XY ist, dem man das vorwirft.

Strauss Das ist ja auch nicht einsichtig: da waren Sie jahrelang Generalsekretär, und jetzt auf amal wären Sie a schlechter Hund!

Waldheim Ha, ha. Ja genau, genau! Außerdem bin ich sicher, daß alle vier Großmächte meine Record sehr genau, net wahr, meine Vergangenheit sehr genau durch ihre Geheimdienste studiert hab'n, net? Also das Ganze ist lächerlich. Ich glaub, was wirklich dahinter ist ... nach 40 Jahren, wo unsere Generation ja schon weitgehend nicht mehr da ist, net, nicht mehr existiert, aus Altersgründen, net wahr, daß man jetzt versucht, net wahr, die eh ..., daß diese Kreise versuchen, die Erinnerung an dieses sicherlich furchtbare Geschehen wachzuhalten, indem man also jetzt diese Kampagne wieder aufleben läßt. Nur die Bevölkerung wird immer mehr verärgert darüber. Es waren ja die letzten Umfragen, daß sich eh, daß 61 Prozent sich für mich ausgesprochen haben.

STRAUSS Das habe ich gelesen. Ich mein', es ist ja selbstverständlich die Gefahr eines neuen Antisemitismus überall, und der ist auch meiner Meinung nach stark zu bekämpfen. Aber es geht ja andererseits doch wieder net an, daß man deshalb einfach einen Menschen fertigmacht.

WALDHEIM Ja genau, net wahr, es is', ich meine, ich sag' immer, ihr habt's euch das falsche Ziel ausgesucht, net? *belustigt* Bei mir ist ja wirklich in der Hinsicht nichts, was also diese Anschuldigungen rechtfertigen würde, ganz im Gegenteil, aber wie gesagt, als Argument anzuführen, ich hätte nicht alle Details meiner Kriegsdienstleistung angegeben und so weiter ... da hört sich ja alles auf, net wahr? Ich hab ja mein Buch über die zehn Jahre als Generalsekretär net deshalb geschrieben, um meine Kriegsdienstleistungen in allen Einzelheiten darzulegen.

STRAUSS Na selbstverständlich. Des is a ganz andere Zeit. Ja, Herr Dr. Waldheim, Sie werden von meiner Kanzlei angerufen. Und dann rufen wir uns wieder zusammen, würd ich sagen.

WALDHEIM Ja, also ich tu mir da amal vormerken.

STRAUSS Ich hab das genaue Datum jetzt net da, es ist eine sehr spontane Idee von mir gewesen.

WALDHEIM Ja.

STRAUSS Und ich finde es an der Zeit, daß man hier was unternimmt und bei allen Querelen zwischen Deutschland und Österreich oder Bayern und Österreich speziell, also die Chaoten haben wir alle.

WALDHEIM Ja, aber die sind jetzt im Abflauen. Ich hab das Gefühl, daß sich das jetzt noch weitgehend beruhigt: Es sind immer die gleichen ... diese die Grünen ... und diese Gruppe, net wahr, die, die also gegen alles sind, nicht wahr?

STRAUSS Es geht wirklich bei diesen Typen, bei diesen Chaoten in erster Linie darum, hier erst einmal Krach zu machen. Ihnen ist sonst zu langweilig. Arbeit haben sie auch keine.

WALDHEIM Na ja. Na, und dann wollen sie das Establishment, also die Ordnung stören, nicht wahr? Zum Teil sind ja auch Anarchisten dabei und – also das ist ein ganz merkwürdiges Konglomerat von allen möglichen Negativisten und Nihilisten, nicht wahr?

STRAUSS Ja, selbstverständlich. Ich meine auch ... was hier so geschrieben wird über die Differenzen zwischen Österreich und Bayern, im Prinzip sind wir uns ja einig.

WALDHEIM ... da war immer eine traditionelle Freundschaft, und ich bin überzeugt, daß diese Freundschaft auch dadurch nicht gestört werden kann, nicht wahr? Die Österreicher haben, wie Sie wissen, die Bayern sehr gern.

STRAUSS Ich sag immer, wir sind alle Altbayern! *lacht*

WALDHEIM *lacht* Sehr gut, ja. Na ja, Herr Ministerpräsident, ich würde vorschlagen, also bleiben wir in Verbindung, nicht wahr? Und ich merk mir das vor.

STRAUSS Das würd ich auch vorschlagen.

WALDHEIM Ja, ich würde nur dankbar sein, ich glaube, man müßte schon mit den, mit irgendwie mit ö ... mit Bonn amal ...

STRAUSS Ich werde das intern klären.

WALDHEIM Intern abklären, nachdem ich immerhin in meiner jetzigen Funktion ... ö ... doch also ... ö ... irgendwie ööö ... Ich mein', mit die Frage ist, werden Sie das machen? Oder soll ich dann Kontakt nehmen?

STRAUSS Ich werde es selbst zunächst besprechen. Sie können natürlich selbstverständlich auch Kontakt nehmen. Also abheben wird man schon noch, wenn der österreichische Bundespräsident anruft.

WALDHEIM *spitz* Bitte?

STRAUSS Öh ... Ich werde persönlich das arrangieren. Ich finde, der bayerische Ministerpräsident, nun, einige Dienstjahre habe ich ja auf dem Buckel, der kann sich das schon erlauben.

WALDHEIM Das heißt, das ist ... Außerdem haben wir eine persönliche Freundschaft hergestellt, äh, über die ich mich sehr freu. Ich erinnere mich gerne noch an Ihren letzten Besuch da anläßlich des Opernballs.

STRAUSS Ja, ja, das ist selbstverständlich. Dann bedank ich mich dafür.

WALDHEIM Aber wir tun's vorläufig also noch, also ich meine, vertraulich behandeln.

STRAUSS Wir behandeln es vorläufig noch eher vertraulich.

WALDHEIM Ja, ja, ich auch.

STRAUSS Herr Dr. Waldheim, ich wünsche einen wunderschönen Sonntag.

WALDHEIM Danke schön. Ich wünsche Ihnen das gleiche.

STRAUSS Und ich ... ich bin Ihr Bewunderer.

WALDHEIM Das ist sehr lieb. Na ja, wir werden's durchstehen.

Strauss Wir werden's durchstehen. Und ich mein', das haben schon andere überstanden, Herr Dr. Waldheim.

Waldheim Wir haben ein reines Gewissen, und wir wissen, daß wir da nichts Falsches oder Schlechtes getan haben, und dieses reine Gewissen hilft mir auch, über diese manchmal ja wirklich unerträglichen Verleumdungen hinwegzukommen. Aber es war lieb, daß Sie angerufen haben, und ich danke Ihnen sehr herzlich, und wir bleiben auf jeden Fall in Verbindung.

Strauss ... weiterhin in Kontakt, und ich wünsch Ihnen sehr viel Kraft, Herr Bundespräsident.

Waldheim Danke, danke sehr herzlich. Auf Wiedersehen, Herr Ministerpräsident.

Strauss Einen schönen Sonntag!

Helmut Schmidt

## Wir Deutschen sind des Schießens satt

Was meint er eigentlich mit Zähnezeigen?
Er ist ein bißchen vorsichtiger
Als andere seiner Parteifreunde.
Einer hat gesagt: Wir müssen zurückschießen.
Ein anderer hat gesagt:
Die da drüben sollte man auch mal abknallen.
Und wieder einer hat gesagt: Schießen sollte man.

Und ich frage mich: Was soll denn daraus werden
Wenn die drüben schießen? Schlimm genug.
Und wir dann wieder schießen?
Und die dann wieder schießen?
Das kann doch jeder sich vorstellen was daraus wird.
Und ich sage hier im Namen von Millionen und Abermillionen
Deutscher auf beiden Seiten
Dieser deutsch-deutschen Grenze:
WIR DEUTSCHEN
SIND DES SCHIESSENS SATT
BIS HIER OBEN HIN

Man muß auch noch'n bißchen drüber nachdenken
Wie wird denn das werden:
Die da drüben schießen.
Dann schießen unsere zurück.
Was machen die denn dann?
Und was wird denn aus dieser Spirale entstehen
Eines Tages?:

WIR DEUTSCHEN
SIND DES SCHIESSENS SATT
BIS HIER OBEN HIN
WIR DEUTSCHEN
SIND DAS SCHIESSEN SATT
BIS OBEN HIER HIN

WOLFGANG NEUSS/RICHARD V. WEIZSÄCKER

## Nu hör doch ma uff, Mensch!

*Ein Talk-Show-Duell*

*Die Personen und ihre Darsteller:*
*Die Moderatorin – Gisela Marx*
*Der Politiker – Richard v. Weizsäcker*
*Der Kabarettist – Wolfgang Neuss*

*Ort: TV-Talk-Show im Café Kranzler, Berlin*
*Zeit: 5. Dezember 1983*

MODERATORIN Ich habe eine ganz simple Frage: Ist es nicht einfach so, daß Sie rasend gern Bundespräsident werden möchten? Und welche Lust versprechen Sie sich von diesem Amt? *Gelächter, Beifall* Ist nicht auch eine lustvolle Aufgabe damit für Sie verbunden?

POLITIKER Nein. Weder die erste noch die zweite Hälfte Ihrer Frage trifft mein eigenes Lebensgefühl. *Zuruf: Das ist aber schade!*

MODERATORIN Das finde ich auch schade.

Politiker Ja, gut. Aber ich wollte es Ihnen nur beantworten. Sie wollten doch meine Antwort hören …

Moderatorin Ja … Aber kann es nicht durchaus lustvoll sein, Bundespräsident zu sein?

Politiker Also, ich kann nur sagen, ich bin ja erst im Alter von 49 Jahren in die … hab ich die Politik zu meinem Beruf gemacht.

Moderatorin Aber da waren Sie schon Kandidat für den Bundespräsidenten.

Politiker Ja, das kann ich ja auch nicht ändern, ich hab mich dafür ja nicht angemeldet. *Unruhe* Ich kann nur sagen, der Begriff, auf den Sie immer wieder abstellen, nämlich den der Lust, diesen Begriff finde ich in diesem Beruf nicht wieder. Ich interessiere mich leidenschaftlich dafür, ich finde es häufig außerordentlich anstrengend und manchmal auch befriedigend … *Gelächter* … aber nicht lustvoll … *Zwischenruf: Werden Sie denn Ihren Bruder zu Ihrem Berater machen als Bundespräsident, im Zeichen der Friedensbewegung? Ist das nicht vielleicht ganz wichtig?*

Politiker Das will weder ich, noch will er es.

Kabarettist *ruft* Mach mal dein Mikrophon an, da muß ich was sagen, Richie. Da würd ich doch empfehlen, den Bruder doch mal öffentlich zu umarmen. Warum? Das ist der eigentliche Intellektuelle in der Familie. Das wissen wir doch. *Beifall*

Politiker Da haben Sie recht. Ich habe gerade schon … gesagt, ich bin ja gar kein Intellektueller. Hab ich auch nie behauptet.

Kabarettist Das weiß ich ja. Aber wir wollen … *Gelächter* … ich meine, ich hab das nicht so gemeint. Wie ich das eben gesagt habe. *Gelächter*

Politiker Ich faß es ja auch nicht als Beleidigung auf.

Kabarettist Und außerdem, Herr … ä … *kommt an den Gesprächstisch* … darf ich mal ’n bißchen nähertreten? *Gelächter, Beifall, Jubel. Er setzt sich.* Ah, ich bin schon zufrieden. Ich wirke schon, hier. Er will jetzt über seinen Bruder sprechen, endlich. Und wir warten schon ’ne ganze Weile. Ich will nur sagen, der Bernhard Vogel und der andere Vogel – ich sage gar nicht mehr Hans-Jochen, ja? – die beiden müssen dasselbe machen. Ich meine, müssen nicht, aber wenn wir schon mal Spaß haben wollen, dann ist es doch interessant, dieses Über-kreuzen. Carl Friedrich und er hier, und Bernhard und Hans-Jochen, ja?

Politiker Naja, da gibt's aber kleine Unterschiede ...

Kabarettist Ich finde, der Regierende sollte mal über seinen Bruder was sagen. Warum ist Carl Friedrich nicht hier? Carl Friedrich von Weizsäcker ist ins Gespräch gebracht worden, und Richie muß mal was dazu sagen, finde ich.

Politiker Wenn Sie mich mal lassen, will ich's ja auch gerne tun. Mein Bruder ist acht Jahre älter als ich. Er ging gerade oben aus der Schule weg, als ich unten reinging. Und er ist außerdem schon viel früher mit allen Sachen ...

Kabarettist Na, machen wir's kurz: Ihr Bruder war am Max-Planck-Institut und weiß einfach mehr. Und sagt nicht alles. Und denkt immer: »Was macht der Richard? Ich weiß doch einfach mehr! *Gelächter* Und Richard hört nicht auf mich!« Ich erklär die Familie besser. Ich bin öffentlich informiert. Ich erklär die Familie besser.

Politiker Vor allen Dingen weiß Neuss alles ...

Kabarettist Nein ...

Politiker Jetzt lassen Sie mich doch mal weiterreden. Ich habe kaum in meinem Leben je einen Menschen getroffen, mit dem ich so gerne und intensiv mich berate. Das tu ich auch weiterhin. Aber nicht, wie der Herr dahinten sagt, so zu meinem Berater bestellen. Das würde in unser brüderliches Verhältnis nicht reinpassen. Erstens. Zweitens: Mein Bruder ist überdies nie in seinem Leben in einer Partei gewesen. Im Gegensatz zu mir. Die beiden Brüder Vogel sind beide in Parteien, und zwar in verschiedenen.

Kabarettist Ich finde, sie sind zwei dolle Typen für Deutschland, weil ... *Gelächter* ... Ehrlich. So was brauchen wir, egal ob CDU, SPD ...

Politiker Drittens. Jetzt kommen wir nämlich auf das, was Sie vielleicht mit den Intellektuellen meinen. Ein Intellektueller ist nach meiner Vorstellung einer, der zwar nachdenkt, 'ne Meinung hat, aber den letzten Schritt, der sehr wichtig ist – nach meinem Gefühl – nicht tut, nämlich wirklich reinzuspringen in die politische Verantwortung. Außerdem ...

Kabarettist Günter Grass! Außer Günter Grass!

Politiker Nein, Günter Grass auch nicht.

Kabarettist Immer!

Politiker *haut mit der Hand auf den Tisch* Nu hör doch ma uff, Mensch, hier ... *Gelächer, Beifall, Gejohle* ... Der Günter Grass, der in seinem Feld ganz zweifellos ein bedeutender Mann ist, übernimmt kein politisches Mandat. Und kein politisches Amt …

KABARETTIST Das sollte er aber tun. Genau wie Ihr Bruder. Was fehlt? Neue Männer braucht das Land! *Beifall*

POLITIKER Das hab ich ja gerade gesagt …

KABARETTIST Oh, entschuldigen Se …

POLITIKER Und ich …

KABARETTIST Ich bin so vorlaut, weil ich so wenig im Fernsehen bin. Entschuldigen Se. *Gelächter, Beifall*

POLITIKER Naja, was ich sagen will, ist: Wir als Politiker tun gut daran, auf die Leute, die außen stehen, aber ihren Kopf und ihre Gedanken und ihren Verstand haben und es auch formulieren können, auf das zu hören, was die sagen. Das schließt aber nicht aus, nicht nur daß die mit Recht uns kritisieren, sondern daß wir ihnen gegenüber sagen, ihr könntet uns noch klügere Ratschläge geben, wenn ihr das, was ihr in der Theorie euch ausdenkt, auch mal in der Praxis ausprobiert. Und das tun im allgemeinen Intellektuelle nicht, das tut auch Günter Grass nicht. *Zwischenruf: Was ist denn unter Intellektuellen zu verstehen?*

POLITIKER Es gibt sehr wenige in der Poli…

KABARETTIST Intellektuelle, das sind erst mal Leute – ich erklär's mal, wie's einer aus Neukölln sagen würde: Das sind die Leute, die haben weniger gebumst! *Unruhe, Gelächter*

POLITIKER Naja, also die allermeisten Politiker sind auch keine Intellektuellen. Das ist doch so. *Unruhe*

KABARETTIST Der Regierende gibt hier heute den Ton an. Er blödelt heute wieder. Das ist gut. *Gelächter* Tut ihm gut und uns! *Gelächter, Beifall* Darf ich mal was sagen? Ich muß meine Pointe loswerden, denn ich hab sie versprochen. Herr von Weizsäcker, wissen Sie denn überhaupt, daß ich Bundespräsident würde, wenn die Kinder wählen dürften? *Gelächter, Gejohle, Bravorufe, Beifall* Das ist doch ganz klar, daß ich … weil die Kinder wählen doch immer einen aus der Sesamstraße. Und damit weise ich wieder dezent auf meinen Mund … und jetzt sag ich noch das Letzte: Wißt ihr denn, wißt ihr am Tisch, warum wir in Deutschland noch keinen Aufschwung haben? Der Irrtum ist im Bundeskanzleramt. Weil unser lieber Bundeskanzler Helmut Kohl doch der Enkel schlechthin ist, ja? Das ist doch kein Bundeskanzler – er ist ein Bundesenkel! *Gelächter* Und dieser Bundesenkel hat sich den falschen Geist gesucht. Es ist nicht Adenauers Enkel. Es ist Heinrich Lübkes Enkel! *Gelächter,*

Gejohle, Beifall, Trampeln Sie sind ja ein boshaftes Publikum! *Gelächter* Ehrlich! Also, das kann nicht an mir liegen! Es scheint hier was Parlamentarisches im Raum ... Vorhin ist uns ein ganz wichtiger Satz von Gisela Marx entgangen, der 'n dicker Lacher war. Wo noch nicht mal Richie drüber ... und der lacht doch über alles, ja? *Gelächter*

POLITIKER Nee, das stimmt nicht!

KABARETTIST Also, paß mal auf. Da hat sie gesagt ...

POLITIKER Stimmt überhaupt nicht! *Gelächter*

KABARETTIST Die Gisela Marx hat gesagt, war einer der besten Sätze des heutigen Abends: »Sie waren erst 49 Jahre, und seitdem wollen Sie Bundespräsident werden.« Ja? *Gelächter* Und da hätt ich gesagt: Ja. Weil, Bundespräsident ist das schönste Amt, das ich mir denken kann!

POLITIKER Das kann ich nicht beurteilen.

KABARETTIST Doch, das isses. Wir sehen's doch an Carstens. Der is ja sogar besser geworden. *Gelächter*

POLITIKER Also, ich kann nur sagen: Ich kann das nicht beurteilen. Ich möchte das auch gar nicht beurteilen ...

KABARETTIST Ist 'n schickes Amt. Glauben Sie mir. *Gelächter, Beifall*

POLITIKER Dann passen Sie mal auf: Ich finde, daß das Wesentliche – was wahrscheinlich zeitlich gar nicht sehr viel von dem ganzen Tagesablauf ausmacht – aber das Wesentliche, nämlich selber nachzudenken, wie für die nächste Generation eine lebbare und humane Zukunft geschaffen werden kann, ist eine ganz ... *Zurufe, Unruhe* Ja, nu Augenblick mal ...

KABARETTIST Die Hausbesetzer, auf die kommen wir gleich noch mal ...

POLITIKER ... a ... das ist eine außerordentlich schwierige, eine viel schwierigere Frage als die allermeisten Fragen, vor denen ich hier, in meinem jetzigen Amt, stehe. Und deswegen kann man von Annehmlichkeiten oder Lust oder ähnlichen Dingen in dem Amt nach meiner Erwartung nicht sprechen.

KABARETTIST Na gut. Wenn Sie's so sehen, machen Sie sich's extra schwer. *Gelächter, Beifall*

Horst Tomayer/Ernst Jünger

# Deutsches Gespräch

*Ein Telefonat*

*Die Personen und ihre Darsteller:*
*Ernst Jünger – Ernst Jünger*
*Luis Trenker – Horst Tomayer*
*Dichtergattin*

*Im schwäbischen Wilflingen klingelt das Telefon. Die Dichtergattin nimmt den Hörer ab. Am andern Ende der Leitung vermutet sie Luis Trenker.*

Trenker Frau Jünger? Grüßgott, gnädige Frau, grüßgott.

Dichtergattin Eine rechte Freude, Sie zu hören.

Trenker I bin a wengl atemlos, mir ham grad a Schallplattenaufnahme ghabt, jetzt bin i recht die Treppen raufghetzt.

Dichtergattin Man hörts, Sie sind außer Atem.

Trenker Gnä Frau, ist der Gatte auch da?

Dichtergattin Ja, Augenblick, Augenblick, auf Wiederhören.

Jünger Hier ist Ernst Jünger. Herr Trenker, ich gratuliere Ihnen nachträglich.

Trenker Ja, Herr Jünger, dös is fesch, daß mir nach a so langer Zeit amal telefoniern mitananda – warum seins denn nit kummen?

Jünger Gratuliere Ihnen zu Ihrem Neunzigsten.

Trenker Ja, warum seins denn nit kummen? I hab Sie doch eingladen.

Jünger Ja, Herr Trenker, da war eine so ungeheure Postflut nach diesem Goethepreis.

Trenker Dös hab i mir scho denkt, i wär ja auch gern kummen nach Frankfurt zum Goethepreis, aber da ham mir aufm Hof Fernsehleut ghabt. I kenn ja Ihre Bücha, net, hab viel glesen, in meiner Jugend, net, »Stahlgewitter«, Ihr Kriegstagebuach, dös is bei mir zietlebens nit anders gwesen, in die Berg.

Jünger Jawoll, jawoll.

Trenker Genau so gfährlich, net, nur der Mutige kummt durch.

Jünger Beruht auf Gegenseitigkeit.

TRENKER I hab ja auch gedient, net, aber auf italienischer Seitn, guat, daß wir uns nit troffn ham, damals, net.

JÜNGER Aah, gutt, gutt. Sie wollten doch mal vorbeikommen, hier in Wilflingen. Wenn Sie in den Süden fahren, dann lieg ich ja auf dem Wege.

TRENKER Jo, i habs net so weit bracht wie Sie, an Pour le mérite hab i net, net, aber dafür hab i an Karl-Valentin-Orden.

JÜNGER A, hahahaha, auch gut.

TRENKER Herr Jünger, dös war schad, daß Sie net auf meinem Neunzigsten warn. Glückwunschtelegramm hat der Postbot nimma tragn könna, aber es war a Gehässigs dabei, der Reporter von dem deitschen Nachrichtenmagazin, a gwisser Rumpler, hat gschrieben, nach meinem Auftritt beim Bläcki Fuchsberger, im Fernsehen, wo i dös größte Alphorn der Welt blasn hab, net, sagt der, i wär a Medien-Fossil, dös muaß ma sich sagn lassn, als Neunzigjähriger, der a Dutzend Bücher gschriebn hat, dreißg Fülm gmacht hat, net.

JÜNGER Aaaach, man muß sich manches anhören.

TRENKER No, Sie san ja a beutelt wordn.

JÜNGER Ah, ich hoffe, Ihnen weiter nachzufolgen, im Alter.

TRENKER Sie san ja der Jüngere, Sie heißn a so und sind der Jüngere von uns zwein.

JÜNGER Siebenundachtzig bin ich.

TRENKER Herr Jünger, passens auf, i hob mir denkt, daß mir amal was Gmeinsams machn mitananda.

JÜNGER Das wär ä große Freud für mich.

TRENKER Sie, an alter Krieger, i an alter Kraxler, daß mir gstandne Leut im Fernsehen amal mitananda was machn.

JÜNGER Alte, gestandene Leut, jaja, das können wir mal machen.

TRENKER Für d' Jugnd, net, de wo imma alles besser weiß. Da heißts immer, der Jünger war a Nazi und ich wär a a Nazi gwen.

JÜNGER Hahahahahah.

TRENKER Dabei hab i ab 40 Berufsverbot ghabt, net.

JÜNGER Hahahaha, ja, gut, das muß man über sich ergehen lassen, heut ists auch nicht viel besser, hahahaha.

TRENKER Ja, Ihnen ists auch net guat gangen bei der Preisverleihung.

JÜNGER Jaja, natürlich, aber schließlich, ach Gott, ich hab schon andere Sachen durchgemacht, haha.

Trenker Ja, Herr Jünger, was meinens, daß mir mitananda was machn? Was könntn mir denn machn, mitanand?

Jünger Ja, das kann ich noch nicht so aus dem Handgelenk sagen, aber ich kann mir schon was vorstellen.

Trenker Was denn, ungfähr?

Jünger Ja, hm, ich kann das aus dem Handgelenk nicht so beantworten, da müssen wir mal bei einer Tasse Tee oder einem guten Wein zusammensitzen, dann kommen uns schon Gedanken. Wenn Sie erst in Wilflingen sind, dann kommen wir schon drauf.

Trenker Was hams denn für nächste Pläne?

Jünger Ach, das ist bei mir ein Laster, im März erscheint wieder etwas Neues, und ich bin ja auch bei meiner zweiten Gesamtausgabe, das sind achtzehn Bände, das ist 'ne Mordsarbeit.

Trenker A so viel Bücher hab i net gschriebn, aber dafür hab i dreißg Fülme gmacht. Ham Sie amal Fülme gsehn von mir?

Jünger Aaah, ja, natürlich, ich habe Sie verfolgt, aber das geht schon vor's Dritte Reich zurück, die Lektüre Ihrer Bücher, und Filme habe ich auch von Ihnen gesehen.

Trenker Was war denn der liabschte Fülm von mir, Herr Jünger?

Jünger Ich habe den zwei- oder dreimal gesehen, da oben, wo Sie die Steine loslassen, im Gebirge.

Trenker Aaah, der, jo, dös is a alter schöner Fülm von mir. Jetza schaugns, der Geza von Cziffra hat mir an Zeitungsausschnitt gschickt, da is so a junger Mann, Wenders heißt der, der fahrt da nach Amerika und verhaut da Millionen Mark, und dann sagt er, er hat kaa Gschicht zum Erzähln. Und jammert und jammert. Wir san damals, vieradreißig, wia i mein »Verlornen Sohn« gmacht hab, net, mit der Handkamera übern Teich, hams gedreht, hams im Kasten ghabt in nullkommanix, san wieder her, hams gschnitten; hamsa gsagt, ouh, Luis, dös nimmt der Goebbels net ab, wegen die katholischen Szenen; hab i gsagt, abwarten, Tee trinken, net, dann ham mir bei der Premiere zwanzig Vorhänge ghabt und der Goebbels war oben in der Loge und hat stehend geklatscht. Weil er war a böser Mensch, aber was a guater Fülm war, dös hat er verstanden.

Jünger Aaaah, den kenn ich ja auch persönlich – ah, da fällt mir auch grad der Name von Ihrem Film ein: »Berge in Flammen«, hab ich ein paar Mal gesehen, hat mir sehr gut gefallen. Auf mich hat der Goebbels keinen so großen Eindruck gemacht. Er hat ja zu mir gesagt, mir hätt' er goldene Brücken gebaut, aber ich wär nicht drübergegangen. Da war ich aber ganz vernünftig, hahaha.

TRENKER Jojo, die goldnen Brückn, da ist drunter meistns a Sand. Herr Jünger, daß mir da amal vielleicht schaun, daß mir mitanand amal was machen können, net.

JÜNGER Ja, jetzt kommen Sie erst einmal vorbei, dann sehen wir's schon. Also, Herr Trenker.

TRENKER Ja, guate Gsundheit, Herr Jünger, auf Wiederschaun!

JÜNGER Wiederhörn.

FRANZ JOSEF STRAUSS

## Es gibt nur eine Mitte

Die Partei
Der vorzusitzen ich die Ehre habe
War ist und bleibt
Eine soziale Volkspartei
Der Mitte.
Und ich mache dieses Plädoyer sehr gerne
Weil es nämlich nun einmal zu den von einer
Gewissen roten Klischeefabrikation
Erzeugten Irrtümern gehört
Mich als Konservativen
Oder als Rechten einzustufen.
Nur hat sich bei denen im Kopf
Das Koordinatensystem so verschoben
Daß sie rechts und links
Nicht mehr
Unterscheiden können.
  Es gibt nur eine Mitte
  Es gibt ka alte Mitte
  Es gibt ka neue Mitte
  Es gibt ka linke Mitte
  Es gibt ka rechte Mitte
  Es gibt nur eine Position
  Der Mitte.

Wenn aber
Manche roten Pilger glauben
Daß sie das Koordinatensystem
Jeweils neu bestimmen können
Daß sie immer
Und zwar anders als wir's
Im Mathematikunterricht gelernt haben
Die Abszisse mit sich herumschleppen
Und da wo sie ihren Pfahl einschlagen
Jeweils die neue Mitte als gegeben erklären
Nämlich die beängstigende Zusammenarbeit
Der Organisation der Jungsozialisten
Mit den Komsomolzen der Sowjetunion
Möchte
Ich nur eines sagen:
  Es gibt nur eine Mitte
  Es gibt ka alte Mitte
  Es gibt ka neue Mitte
  Es gibt ka linke Mitte
  Es gibt ka rechte Mitte
  Es gibt nur eine Position
  Der Mitte.

Die Christlich-Soziale Union
War ist und bleibt
Eine Partei
Der Mitte.
  Es gibt nur eine Mitte
  Es gibt ka alte Mitte
  Es gibt ka neue Mitte
  Es gibt ka linke Mitte
  Es gibt ka rechte Mitte
  Es gibt nur eine Position
  Der Mitte.

Helmut Schmidt

# Zur Lage der Nation

Etwas lernen
Etwas leisten
Gut verdienen
Anständig und ehrlich seine Steuern bezahlen
Ordentlich was auf die hohe Kante legen
Und im übrigen das alles nicht übertreiben
Damit man genug Zeit und Muße hat
Sich der weißgott angenehmen Seiten
Die es ja auch noch gibt
Des Lebens
Zu erfreuen

Das war damals richtig
Und es ist auch heute noch richtig
Wir werden es sehen
Wir werden es diese Woche sehen
Wir werden es nächste Woche sehen
Es ist ganz klar:
Wir haben keine Rezession
Wir haben reale Zuwächse
Wir haben Vollbeschäftigung
Und ich hab da ein persönliches Langzeit-Motto
Und das lautet so:

Etwas lernen
Etwas leisten
Gut verdienen
Anständig und ehrlich seine Steuern bezahlen
Ordentlich was auf die hohe Kante legen
Und im übrigen das alles nicht übertreiben
Damit man genug Zeit und Muße hat
Sich der weißgott angenehmen Seiten
Die es ja auch noch gibt
Des Lebens
Zu erfreuen

Ich bin gewiß niemand
Der wissentlich die Unwahrheit sagt

Ich bin ja ein offener Mann
Mich haben sie auf 'ner Lüge noch nie ertappt
Ich hab wirklich nicht die Absicht zu polemisieren
Trotzdem oder gerade deswegen:
Wenn man polemisch in den Wald hereinruft
Muß man sich über das Echo nicht wundern
Und auf grobe Klötze
Gehören grobe Keile

Ich will nicht polemisieren
Aber ich will doch sagen:
Es ist ganz klar
Das Vertrauen in unsere Währung ist da
Wir haben keine Rezession
Wir haben reale Zuwächse
Wir haben Vollbeschäftigung
Was wollt ihr eigentlich noch?:

Etwas lernen
Etwas leisten
Gut verdienen
Anständig und ehrlich seine Steuern bezahlen
Ordentlich was auf die hohe Kante legen
Und im übrigen das alles nicht übertreiben
Damit man genug Zeit und Muße hat
Sich der weißgott angenehmen Seiten
Die es ja auch noch gibt
Des Lebens
Zu erfreuen

Wenn das jedermann täte
Und wenn ich noch hinzufügen würde
Außerdem noch SPD wählen
Und die Gewerkschaft stützen
Dann wär die Gesellschaft besser dran
Als sie bisher war

Franz Josef Strauss

# Hirnwinde

Wer repräsentiert
Eigentlich den
Deutschen Geist?
  Der Geist weht
  Wo er will
  Wie er will
  Wohin er will
  Wann er will

Die These:
Der Geist steht links
Ist nichts anderes
Als die permanente
Wiederholung
Einer Dummheit
Der Geist
Steht auch links
  Der Geist weht
  Wo er will
  Wie er will
  Wohin er will
  Wann er will

Die schlichte Simplifizierung
Daß der Geist schlechthin links stünde
Daß alles was links sei Geist habe
Und daß das was Geist habe
Aber nicht links stehe
Durch eine Prädikatisierungsstelle
Dieses Vorzugs entkleidet würde
Das können wir natürlich
In der Form nicht mitmachen
  Der Geist weht
  Wo er will
  Wie er will
  Wohin er will
  Wann er will

Gut.
Soll der Geist
Weiterwehen
Links rechts
Wo er will
Wann er will
Wie er will
Wohin er will
  Dreidimensional
  Vierdimensional
  Von oben
  Nach unten
    Nix dagegen

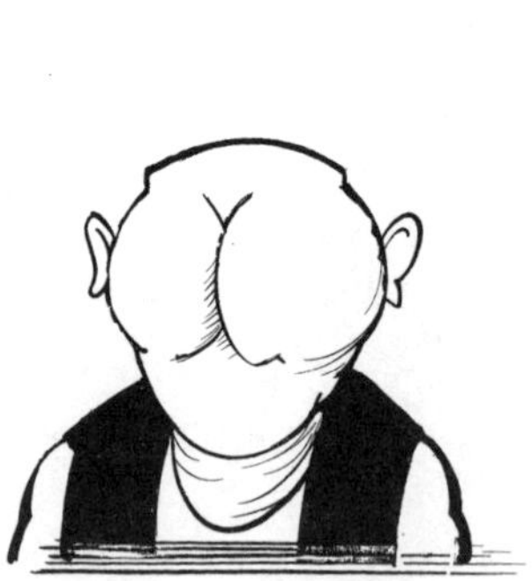

# Ja, wo leben wir denn?

## In diesem unserm Lande

Das System ist krank,
aber es funktioniert
hervorragend.

*Richard Rogler*

Die politische Wirklichkeit, wie sie in den siebziger und frühen achtziger Jahren in der Bundesrepublik vorzufinden ist, gibt dem Kabarett wenig Anlaß zu sanftem Spott und leichtfüßiger Witzelei. Das Klima ist rauh geworden.

Die Enttäuschung politisch Verbohrter, die nach der »Befriedung« der Achtundsechziger-Bewegung den tiefen Fall von der Euphorie ins Leere politischer Stagnation nicht verkraften, mündet in Mord und Totschlag. Ein Dutzend braver Bürgerkinder sucht ihr Heil im Bombenleger-Terror und läßt damit das Schreckgespenst des Überwachungsstaates Realität werden, vor dem die oppositionelle Linke bereits angesichts der geplanten Notstandsgesetze verzweifelt gewarnt hatte.

Zur Verteidigung des Rechtsstaates gegen die blutigen RAF-Anschläge scheint nun plötzlich jedes Mittel einer auf Allmacht ausgerichteten staatlichen Gewalt recht zu sein. Starke Politiker-Sprüche – »Der Rechtsstaat muß Zähne bekommen, und er muß zubeißen können« – machen die Runde und stoßen bei der Bevölkerung auf breite Zustimmung.

Und es bleibt nicht bei starken Sprüchen, es folgen Radikalen-Erlasse und Kontaktsperre-Gesetze, Verdächtigungen, Razzia-Stimmung, Schnüffel-Praxis. Der Rechtsstaat versteht sich immer mehr als einer, der die Betonung auf der ersten Silbe trägt. Das Wort vom Polizeistaat geht um.

Keine Zeit für witzelnde Ironie und heitere Sophismen. Wo es den Kabarettisten, die sich wie andere kritische Oppositionelle neuerdings mit dem Vorwurf des Terror-Sympathisantentums konfrontiert sehen, nicht die Sprache verschlägt, schwingen sie wieder einmal die derbe Kabarett-Keule und wetzen das scharfe Satire-Messer. Es sind mehr und mehr Einzelkämpfer und neue Kabarettgruppen, die die Szene erobern, nachdem sich die alten Ensembles allmählich von der Bühne verabschieden. Viele der neuen Talente kommen aus der Straßentheater-Bewegung, aus der politisierten Autonomen- und Hausbesetzer-Szene –, und dort finden sie auch einen Teil ihres Publikums.

Frischer Wind weht auch aus der Provinz in die Großstädte – der Kabarettist als originelle Type und gewachsenes Original. Und der bringt weniger kopflastige Dialektik als vielmehr handfesten Dialekt auf die Bühne. Er vertraut dem komödiantischen Gestus, doziert nicht, sondern assoziiert und spielt. Man setzt neuerdings wieder auf gute Laune. Trotz alledem, und nun gerade.

Hans Magnus Enzensberger

## Bundeswalzer

Hereinspaziert! Hier, wo das Geld ist,
Hier spielt auch die Blasmusik.
Nur herein, nur keine Bange
Vor der Bundesrepublik!

Ist sie nicht in Wirklichkeit
Fast so schön wie im Prospekt,
Wie von einer großen Zunge
Strahlend sauber abgeleckt?

Samstag herrscht ab zwölf Uhr dreißig
Stille und Naturgenuß.
Träumerische Melodien
Läuten ein den Ladenschluß.

Pünktlich braust der Intercity
Durch die Bundesrepublik.
Überall herrscht Bombenstimmung
Von Bad Tölz bis Osnabrück.

Mit dem Bundeskanzler tanzen
In der Hauptstadt Bonn am Rhein –
Ja, da möchte man am liebsten
Nochmals einundzwanzig sein!

Manches liegt zwar noch im Argen
In der Bundesrepublik,
Doch aus diesem Grunde üben
Wir ja unentwegt Kritik,

Hart und ehrlich in der Sache,
Doch im Ton korrekt und nett,
Händeringend in der Rundschau,
Drollig in der F.A.Z.

Alle dürfen mit uns schunkeln,
Auch der ärgste Bolschewik.
Darum ists ja so gemütlich
In der Bundesrepublik!

Jedem Rentner zahlt sie Rente,
Jedem Kinde Kindergeld,
Darin ist sie einzigartig,
Einzigartig in der Welt.

Und das ist kein fauler Zauber,
Und das ist kein fauler Trick.
Überzeugen Sie sich selber
In der Bundesrepublik!

Daß wir froh zum Himmel blicken,
Wo der Bundesadler kreist,
Wissen Sie, was das bedeutet,
Wissen Sie, was das beweist?

Nur Geduld, es lacht auch Ihnen
Eines Tags das große Glück,
In der Bundes-, in der Bundes-,
In der Bundesrepublik.

Gerhard Polt/Hanns Christian Müller

## Der Hundebesitzer

*Karlheinz Halter, Hundebesitzer, sitzt mit seinem Schäferhund auf der Parkbank eines Kinderspielplatzes*
*gibt dem Hund ein Stück Wurst* Jajajaja, wo is er denn. Ja brav is er. – Am Mittag kriegt er allweil a Stück Wurscht, auch amal a Stückl Preßsack, also mehr was Leichteres, weil, er hat ja schon ausgiebig gefrühstückt. Also da legt er großen Wert drauf, da is er heikel. Zum Frühstück mag er sei Leber, leicht angedünstet, oder wissen S', was er auch mag? – A Marmeladenbrot mit Konfitüre. Net, und dann hat er auch schon a gute Laune. Gell, da sammir gut gelaunt. – Er hat eine Seele wie pures Gold. I sags Ihnen auch gleich, wies is, er is mir auch lieber wie praktisch a jeder Mensch. Weil er so Charakter hat. Er besitzt eine solche Menschenkenntnis, also, a Mensch, den er ablehnt, an dem is was faul, da können Sie sich hundertprozentig drauf verlassn. Er ist a Vollschäfer, reinrassig, er

ist ein echter Urenkel vom Onkel vom Hund vom Adolf Hitler, aus direkter Linie. Mir samma grad beim Gassigehn, gell, hier hat er seinen Auslauf, und er hat seine Büsche, obwohl er anundfürsich de Kinder net so mag. Wissen S', die Kinder können sich einfach net so einstellen auf so ein Tier. Die ham da kein Verhältnis. Die langen immer wieder hin, obwohl er dann schnappt. Net. Vor 14 Tag, auch hier, an dem Kinderspielplatz, er macht grad sein Geschäft, kommt so a Kind daher, direkt auf ihn zu. Er is so furchtbar erschrocken, aber dann is er fuchsteufelswild wordn. Des Kind liegt heut noch im Spital. Aber die Eltern von dem Kind ham dann auch selber zugeben, daß das Verschulden eindeutig auf seiten des Kindes lag. I sag immer zu de Kinder: Finger weg, ein Schäfer ist kein Spielzeug. Er is ja auch sagenhaft treu. Er weicht einem nicht von der Seite. Er is immer bei mir, auch nachts kommt er immer zu mir ins Schlafzimmer. Und er hat einen untrüglichen Instinkt. Wen er net mag, der kann glei wegbleibn, da verlaß ich mich nur auf ihn. Genau wie er nur auf mich hört. Er leistet einen onbedängten Gehorsam. Also, wenn ich jetz zum Beispiel sag: »Faß!«, schaugn S', wie er aufmerkt, also ich mein, ich sag jetzt net »Faß«. *zum Hund* Nicht »Faß«! – Gell, also »Nicht Faß«, aber ich könnte »Faß« sagen. Und wenn ich »Faß« sag und auf Sie zeig, dann packt er Sie. Und net zu schlecht. I habs scho a paarmal erlebt, was er dann macht. – Natürlich nur, wenn ich »Faß« sag, aber i sag ja net »Faß«, Sie brauchen da gar keine Angst haben, i sag jetz net »Faß«. Ja brav is er, gell, ja, mir lassen uns von de Menschen net drausbringen ...

Gerhard Polt/Hanns Christian Müller

## Mai Ling

*Herr Grundwirmer und Mai Ling sitzen in einer Möbel-Krüger-Sofaecke*

Sag amal schön Grüß Gott, Mai Ling, Grüß Gott! – Ich habs erst seit drei Wochen. – Mai Ling hoaßts, des is – des hoaßt – ich heiß ja eigentlich Grundwirmer, und sie natürlich jetzt eigentlich aa. Oiso sozusagen Mai Grundwirmer, geborene Ling. – 2758 Mark und a bissl was, ab Bangkog Airport, hab ich bezahlt, ah, hab ich kommen lassen. Ich muß sagn, des is relativ preiswert, wenn man bedenkt, ah, sie is aus der Provinz. Weil, in Bangkog selber kauft net amal mehr der Amerikaner ein. Des is alles zu verseucht, zu rein marktmäßig. 500 Demark mehr, und ich hätt a Fitnamesin habm kenna – de san noch etwas robuster – des mag sein, da gehn jetzt die Meinungen auseinander, aber, schaun Ses an, de is doch net schlecht, oder? Also ich bin sehr zufrieden. Sie ist äußerst sauber, sie schmutzt nicht, wie der Asiate anundfürsich überhaupt nicht schmutzt. Ich mein, ich bin sehr zufrieden, wissen Sie. – Ge, Mai Ling, simmer zufrieden, hahaha, ge, ja ... Freilich, Anpassungsschwierigkeiten lassen sich nicht ganz vermeiden. Rein küchenmäßig betrachtet, ich vertrag ja des Chinesische net aso, mir ham ja da ganz andere Vorstellungen, schon beim Besteck ... I hob glei gsagt, Mai Ling, diese Staberl da – ich habs dann eingschürt, ich habs verbrennt, a paar hab ich ihr glassen, da kanns dann Mikado spuin damit. Nix dagegen. Und ich muß sagen, sie is da sehr flexibel und anschmiegsam. Überhaupts des Schlafzimmer, da sans ja berühmt, die Asiatinnen, da kanntens Deitsche sei. Ich hab ein Schleiflackschlafzimmer, wissen Sie, und ich muß sagen, pikobello, es spiegelt sich alles darin. Und sie is auch ausgesprochen leise. Wenns irgendwo knarzt oder so ein kleines Pochen, ge, könnt ma moana, des is a Mäuserl, des is sie. Sie tritt ja fast kaum auf, sie schwebt förmlich, weils aa nix wiegt. – Sie is a bissl gelb ankommen, ah, i moan, des woaß ma ja vom Asiaten, aber sie is scho sehr gelb ausgfallen, obwohl, sie paßt hier sehr gut rein. Geimpft is aa, geht ja net anders, ich mein, bei Importen is des immer so, da werd sehr drauf gschaut. Obwohl, es hat geheißen: 1 Meter 49 is sie groß. Sie is aber 3 cm länger ankemma, als ma zerscht gedacht hätt, weil ich hab gmeint, a Verwandte von mir, de Anni, de hat a Kinderbett ghabt, da hab i glaubt, daß ich s reinbring, na ja, vom Mobiliar her hab ich halt a bissl – umdisponieren müssen. Des sind halt amal Kosten, mein Gott, die kann man halt sozusagen als Anschlußkosten, äh, ich muß überhaupt sagen, diese Kosten, Taxi vom Flughafen, Anfahrtswege, Standesamt, Gesundheitspaß, Ausweisgebühren, sie werd ja nachad a Deitsche, des wird extra berechnet. Ich sag des nur für weitere Interessenten – es gibt da Leute, die sind dann doch überrascht, was für eine Kostenlawine sich da auf sie zubewegt. Ich möcht auf alle Fälle sagen, ich bin sehr zufrieden, obwohl ich Einzelabnehmer bin. Auch diese Flitterwoche, die sozusagen absolviert worden ist, hat eigentlich unsere

Erwartungen durchaus, – Sie verstehen. Ich war sehr überrascht, diese enorme Exotik, die da plötzlich auf einen zukommt, und drum hat der Asiate auch diese Nachfrage, äh, diese Resonanz in breitesten Kreisen der Bevölkerung. Jetzt passen S' amal auf: Ah, Mai Ling, hol amal Zigaretten, da drüben sinds, Zigaretten – gel, sie versteht schlecht – Zigaretten und Zündhölzel – die da am Tisch liegen, hols amal her, da brings her Mai Ling ... die Zigaretten sollst holen, Zigaretten ... *Mai Ling steht auf und holt Zigaretten und Zündhölzer*
Schaun S', ich hab früher an Ding ghabt, an Schäfer, der is ungern ins Wasser ghupft, ge, wenn ma ihm an Stecka neigschmissen hat, is er auch ... Mai Ling, Zigaretten. Ja, also, sehen Sie, es geht, es ist ein Geduldspiel, die ham ja ein ganz anderes Zeitgefühl. Ma muaß a Geduld habn und a gewisse praktische Psychologie, nachad geht ois.

CHRISTOF STÄHLIN

## Das Positive

Ich wollte etwas Positives über mein Land sagen. Da haben sie mich gefragt, wer denn da eigentlich dahintersteht.
Da sagte ich, es habe Mängel, aber es sei doch immerhin kein großes KZ, wie manche behaupten.

Da fragten sie, wer denn da eigentlich bezahlt.

Da sagte ich, der deutsche Arbeiter verdiene vielleicht schon zuwenig, aber er verdiene immerhin mit Abstand am meisten in der Welt!
Da wurde ich auf die Hauptversammlung der Arbeitgeberverbände zum geselligen Abend als Kabarettist eingeladen.

Da sagte ich: »Es ist ein schönes Land, mit Wind über der Lüneburger Heide, und wenn am Bodensee die Apfelbäume blühen, bei Birnau, und wenn man mit der Bahn am Rhein entlang fährt, an der Pfalz bei Kaub vorbei, am Mäuseturm ...«
Da erschien ein Bericht über mich in der Bundesbahnzeitung

»Schöne Welt«, neben einem Bollenhutmädchen aus dem Schwarzwald.

Da sagte ich, mir sei es eben nicht egal, daß der Geburtsort meines Lieblingsdichters Günther heute Strzegom heißt statt Striegau, obwohl ich den Polen dort ihre jetzige Heimat weiß Gott von Herzen gönne. Da erschien ein lobender Bericht über mich im »Bayernkurier«.

Da habe ich meine Taktik geändert. »Es ist ein schönes und freies Land«, sagte ich, »aber nicht weitersagen!« und: »Es gibt immer noch Persönlichkeiten in einflußreichen Positionen, vor denen man Respekt haben kann. Aber nicht verraten, daß du das von mir weißt!« und: »Ich mag die große Freiheit, die mir gelassen wird, ohne die könnte ich gar nicht leben! Aber das bleibt unter uns, du!«

Aber seit neuestem sage ich gar nichts mehr. Reden ist Silber, Schweigen ist Gold. Schwarz-Rot-Schweigen.

*singt das Lied an die Bundesrepublik*

Armes, dickes Land aus Fußball, Fernsehen und Bier,
Irgendwie hab ich dich noch gerne.
Ich mag dich so wie ein dickes Tier,
Du und ich, wir sind wir und hier,
Und das Hiesige liegt uns so ferne.

Du warst immer etwas halbes von Anfang an,
Und das sollte auch so bleiben, bis einmal
Alles wieder ganz und gut wäre, dann
Finge was Beßres von vorne an,
Aber das war bisher noch keinmal.

Deine Mutter war das Deutsche Reich,
Und die hat den Krieg verloren.
Verführt von einem Hakenkreuzscheich,
War sie in der Welt wie ein Hecht im Teich
Und ist fünfundvierzig erfroren.

Es haben dich dann in die Welt gesetzt
Guter Wille und Schlechtes Gewissen.
Du warst nie geliebt, das hat dich verletzt,
Wer dich lieben sollte, der hat dich versetzt
Und ist mit deinem Geld ausgerissen.

Ach, hätt ich doch, der ich kein Doktor bin,
Dir gutzutun eine Salbe!
Deine Schwester ist eine Hammerwerferin.
Ich mag sie nicht besonders, aber immerhin
Fühlt sie sich nicht als eine Halbe.

Dich zu kritisieren, mein Land, braucht keinen Mut,
Man braucht bloß mit Nadeln zu stechen,
Das tut so gut dem, der das tut.
Drum nähme ich's gern auf meinen Hut,
Für dich eine Lanze zu brechen.

Doch hat man sich schon sehr bald arg verstaucht
Beim Versuch, dir ein Lob zu bescheren.
Aber was auf dieser Erde kraucht,
Was schafft und lebt und liebt, das braucht
Doch ein Land, um hinzugehören!

Ich halte schon zu dir, mit dem, was ich tu,
Ohne besonders zu verehren
Deine Waffen und deine Verbündeten dazu.
Mein Land, das bist eigentlich doch gar nicht du,
Aber du kannst dich halt nicht wehren!

Ach, daß die guten Seiten in dir
So unsichtbar wie im Versteck sind!
Denn deine Freiheit und dein Recht,
Das ist für die Liebe zu dir so schlecht,
Die spürt man immer erst, wenn sie weg sind!

Bundesrepublik, mein Land, du scheinst
Geschunden, dick und schwach,
Du hebst den Arm, du lächelst und weinst,
Sagst: »Was ihr wollt, ob jetzt oder einst,
Nach mir kommt nichts Besseres nach!«

Volker Kühn

## Pardon für Popen?

Joseph Kardinal Höffner
So hört man
Betätigt sich neuerdings
Als Radikaler
Im öffentlichen Dienst.
Der Hirtenbriefschreiber
Im schwarzen Rock
Predigt Terror
In allerhöchstem Interesse
Und fordert den Mord
Von Staats wegen.
Die Todesstrafe
Soll wieder her
So will es der Knatter-Kleriker.
Die Rübe soll ab.
Der Staat soll wieder
So Hochwürden Senilissimus
Von Steuerzahlers Gnaden
Galgen, Strick, Hackmesser
Und den E-Stuhlgang verordnen.
Jupp Höffner
Der Möchtegern-Killer des GG 102
Will schon den Himmel auf Erden
Für unerwünschtes Gesindel.
Den einschlägigen Paragraphen 88 und 130
Jeweils Absatz a
Wird derart
Auf göttliche Weise
Genüge getan.

Der Profi-Christ
Will also Blut sehen.
Die Gründe für solch
Frommes Begehren
Bleiben im Dunkel
Der Heiligen Schrift.
Wer weiß:

Vielleicht ist Jupps Boss
Frischfleischverzehrer
Und der zähen Brocken überdrüssig
Die IHM
Immer höhere Lebenserwartung bescheret hat
Und nun lechzt es
SEINEN irdischen Kutten-Knecht
Nach jungem Blut für den göttlichen Zahn?

Das Elend ist:
Wir sind nun mal
Fürs Leben und Lebenlassen.
Und das ohne Ausnahme.
Pardon also
Selbst für Kardinalfehler
Wie Aufforderung zu kriminellen Straftaten
Hier: Kapitalverbrechen
Als da sind
Erwiesene Tötungsabsicht
Sprich
Mord?

Wäre dem nicht so
Wär's einfach.
Dann Gnade ihm Gott.
Wäre dem nicht so
Könnten wir fordern:
Todesstrafe
Für die Anhänger der
Todesstrafe.

Wäre dem nicht so
Könnten wir darauf verweisen
Daß alle Staatsgewalt
Vom Volke auszugehen hat
Und Gleiches mit Gleichem vergelten.

Wäre dem nicht so
Könnten wir ihn beim Wort nehmen
Und ihm einen Strick drehen
Aus solch fürbittender Mordlust
Und ihn daran himmelwärts ziehen
Näher

Mein Gott
Zu dir
Bis daß der Kalk da rieselt
Aus klerikaler Kutte
Wie weiland leise der Schnee
Zur weißen Weihnacht.

Wäre dem nicht so
Würden wir sagen:
Kopf ab
Zum Gebet
Herr Kardinal
Beziehungsweise
Geh zum Teufel
Gottbefohlen
Oder einfach
Pardon
Monsignore.

Matthias Deutschmann

## Rebmann im Herbst

Bubackpontoschleyer
Dernächsteisteinbayer
Altes deutsches Wandspruchgut
Aus der Seele gereimt
Ein Wort wie unser Land
Ein Deutscher dichtet auch im Widerstand
Widerstand reimt sich auf allerhand
In wessen Namen?
In meinem Namen?
In Deinem Namen?
In Vietnamen?
Im Namen der dritten Welt?
Bubackpontoschleyer?
Was ist denn von Buback übriggeblieben?
Es hat eine Weile nach Widerstand gerochen

Dicke Krokodilstränen haben das Blut von der Straße gespült
Und der Herr schickte einen neuen Knecht in den Weinberg
Rebmann
Den deutschen Schäferhund
Als Wappentier im Gesicht –
Sieht man's ihm an
Deutschlands letztes wehrhaftes Wild
Ist mir zum erstenmal aufgefallen
Da sah ich ihn in der Zeitung
Ein Bild aus dem heißen Herbst
Wie er gerade einen Leopard II Panzer bestieg
Und der Text der Nachrichtenagentur lautete:
Der General Bundesanwalt
Besteigt einen Leopard Panzer
Um ihn auf seine Funktionstüchtigkeit hin
Zu überprüfen
Zu überprüfen!
Und ich dachte mir
Der General
Bundesanwalt
Auf einem Panzer
Das ist Ämterhäufung
Der General Bundesanwalt
Kennt diesen Text
Und schweigt
Ich glaube das ist Kabarett in Deutschland
Sie können dem Generalbundesanwalt einen Schäferhund
In's Gesicht diagnostizieren
Und er bellt nicht mal
Rebmann verfolgt mich
Im Traum
Ich sah einen mittelalterlichen Marktplatz
Historische Kulisse
Der General Bundesanwalt wurd schweren Schrittes
Durch eine große Menge Volks
Auf das Schafott geführt
Nur widerwillig legte er
Das beamtete Haupt
Ins ausgesparte Halbrund
Dann ging alles blitzschnell
Wie zu Fahndungs Zeiten

Das Fallbeil sauste hernieder
Und trennte mit einem sauberen Schnitt
Den Titel »Generalbundesanwalt«
Vom Rumpf der Gesamtpersönlichkeit
Alsdann sprang Rebmann
Erleichtert von der Guillotine und rief
Halsüberkopf:
Der General Bundesanwalt ist tot!
Sie dürfen mich Kurt nennen!

So träumen nur Pazifisten
Der Mann der fahnden läßt
Wir müssen ihn leben lassen
Natürlich findet er eines Tages seinen Tod
Und niemand wird sich klammheimlich freuen
Denn inzwischen können wir über alles reden
Wir können sogar ins Kino gehen
Und anschließend mit stammheimlich geballter Faust
Irgendwo im Regen stehen und denken:
Diesen Film hätten wir hinter uns
Wir brauchen viel Geduld
Es ist niemand ohne Schuld
Persil bleibt Persil
Ob gewaltfrei gereinigt
Ob militant vereinigt
Es gibt nichts Gutes
Außer man tut es
Nicht wahr?
Nicht wahr!
Erstens kommt es anders
Zweitens als man denkt
Die Krücken lernen gehen
Die Steine lernen fliegen
Demonstranten lernen liegen
Hände auf dem Rücken Stiefel im Genick
Widerstand auf den Lippen
Brecht aber singt laut:
Wer seine Lage erkannt hat
Wer sollte den noch aufhalten

Warum hörte die Journalistin Ulrike Marie
Plötzlich auf zu schreiben?

Hartmut Fittkau

## Was denkt der deutsche Mann?

Was denkt der deutsche Mann
Wenn er kaum Miete zahlen kann?
Das Wasser steht ihm bis zum Hals
Er ist frustriert und angeschmiert
Da sagt der deutsche Mann:
Jetzt knallts!
Jetzt wird in die Hände gespuckt
Jetzt wird nicht mehr gefackelt
Jetzt wird nicht mehr geduckt
Jetzt hat es sich ausgeträumt
Jetzt wird aufgeräumt
Daß die Heide wackelt!

Hausbesetzer – raus!
Friedenshetzer – raus!
Schwule, Kiffer und Kanaken –
Raus, raus, raus!
Das sind die letzten Penner
Das ist der letzte Dreck
Das ist der letzte Abschaum
Die müssen alle weg:

Lange Haare, kurze Haare – raus!
Die ganzen Klugscheißer – raus!
Alle, die hier das Maul aufreißen – raus!
Alle über die Mauer schmeißen – raus!
Alle raus, alle raus

Das denkt der deutsche Mann
Wenn er nicht Miete zahlen kann
Er sucht sich einen Arsch
In den er treten kann

Oh du schöner Westerwald
Keine Angst, keine Angst, Rosmarie
Im Wald da sind die Räuber
Wo gibts was zu verlöten
Hurra, wir verblöden

Rucki Zucki – kurzer Prozeß – zackzack
Deutschland, Deutschland
Knüppel aus dem Sack

Deutschland, Deutschland
Dachlatte, Ruhe, Ordnung, Anstand
Duck dich
Zuck nich
Tausendmal in Arsch getreten –
Lasset uns beten:

Greif durch, oh Herr, dein Volk empfindet Ungemach
Der deutsche Stammtisch fordert nun sein Recht!
Hinfort mit allem, was nicht ist wie wir
Räum auf, oh Herr, in unserem Revier!
Gib es ihnen!
Hart aber gerecht!

HARTMUT FITTKAU

## Der Tendenzen-Song

Schwarzer Freitag! Börsensturz!
Bankenkrach! Rekord-Konkurs!
Kriegerwitwen, Lahme, Krüppel
Schupo mit dem Gummiknüppel
Zehn Millionen arbeitslos!
Kriegsgewinne: ganz famos ...

Panzerkreuzer, Luftschutzübung
Blockwartspitzel, Marschmusik
»Siegreich wolln wir Frankreich schlagen!«
Kriegerstolz und Mutterglück
Hakenkreuz und Gartenzwerg
Schneller Brüter ... Butterberg ...

Bauskandal! Vergnügungssteuer!
Mieten steigen ungeheuer!
Tränengas! Berufsverbot!

Todesschuß: das Chaos droht!
Zucht und Ordnung, Depression …
Ach entschuldjen Se,
Det hatten wir ja schon …

Friede, Freude, Eierkuchen
Für das deutsche Vaterland
Stammheim, Bautzen, Minengürtel
Und der Zukunft zugewandt
Intershop und Supermarkt
Mit Tendenz zum Herzinfarkt

Ostblock, Westblock, Wunderwaffen
Panzerlärm, Raketenstart
Sektempfang mit Drohgebärden
Breite Ärsche, Konferenzen
Herbstmanöver und Beschwerden
Tja, das sind so die Tendenzen …
Doch, was soll aus uns dann werden?

Und ab und zu
Da hörest du
Ganz klein Raketenstart
Dann schweigen die Vöglein im Walde
Du denkst: Nanu!

Schweigest auch du?

Detlef Michel

## Politische Logik

Er Stimmt was nicht?
Sie *flüsternd* Natürlich nicht. Das sehen Sie doch. Ich werde verfolgt.
Er So. Und – wenn ich fragen darf – wer ist hinter Ihnen her?
Sie Na, der Rechtsstaat. Ist doch logisch.
Er *flüsternd* Ach so.
Sie Ich bin Dozentin für Mathematik, müssen Sie wissen.

Er Das ist aber nicht strafbar –
Sie Natürlich nicht. Ich will Ihnen damit nur sagen, daß ich logisch denke. Logisch, verstehen Sie?
Er Ja, ja. Völlig. Sie denken logisch.
Sie Kennen Sie diesen Geißler? Heiner Geißler?
Er Und wie.
Sie Wissen Sie, was der gesagt hat? »Der Pazifismus hat Auschwitz erst möglich gemacht.« Hat er gesagt.
Er Stimmt. Hat er.
Sie Nu denken Sie mal nach, aber logisch bitte. Wenn die Friedensbewegung kein neues Auschwitz will, was darf sie dann nicht sein? Na? Pazifistisch. Sonst macht sie Auschwitz ja möglich. Was also muß sie? Na? Sie muß sich bewaffnen. Logisch.
Er Logisch.
Sie Aber wenn sie sich bewaffnet, was ist sie dann? Eine kriminelle Vereinigung. Und der Geißler? Was ist der? Der Gründer dieser kriminellen Vereinigung. Solche Leute kommen normalerweise in den Knast. Der Geißler sitzt aber im Parlament. Und was folgern Sie daraus? Logischerweise?
Er Tja – ich weiß nicht –
Sie Er hat sich dem Zugriff der Polizei entzogen und ist nach Bonn geflohen, wo er im Parlament Unterschlupf gefunden hat. Da er aber da aus- und eingeht, muß er Komplizen haben, die ihn schützen. Logisch?
Er Logisch.
Sie Also ist das Parlament eine kriminelle Fluchtburg, und die Parlamentarier sind eine kriminelle Vereinigung. Logisch?
Er Na ja, das ist vielleicht 'n bißchen überspitzt, aber durchaus logisch.
Sie *vertraulich* Wissen Sie, was das Schlimme ist? Ich habe die gewählt.
Er Ach herrje, ich denke, Sie denken logisch?
Sie Ich weiß auch nicht, wie das passieren konnte. Aber jetzt bin ich Unterstützer einer kriminellen Vereinigung.
Er Ach so, deshalb werden Sie verfolgt.
Sie Was soll ich bloß machen? Ob ich mich stelle? Was meinen Sie? Wieviel kriegt man für sowas?
Er Warum flüchten Sie denn nicht?
Sie Wohin denn?
Er Na, nach Bonn! *sie schlägt sich erleichtert an die Stirn*

Volker Kühn

## frohe botschaft

*nach einer alten adventweise*

leise rieselt der schmäh
bild lügt bahr ein porträt
heimatlich sterbelt der wald
säue mich fiskus knallt bald

schnallt die eilige pracht
ohr beim wendeln erwacht
blüm rentelt runter den lohn
hoch los ist arbeit million

kohl kanzelt geißlernd den brandt
freiheitlich friedelt das land
hört nur wie tümlich es lallt
am berge da predigt der alt

riesen reaktort der kern
wörnernd bekriegt sich der stern
pentagon pershingt total
bonn demokrittelt loyal

geißler goebbelst ein tor
hupkaland czajat im chor
jenninger weizsäckelt stumm
auschwitze geistern herum

zimmermann meinelt am eid
heute schon meinungsbefreit
tagesshow themelt noch scheu
mancher essesselt sich frei

reagan ronburgert ein bit
mertes geschichtelt den klitt
wormst selbst am dregger entlang
totenkopf nesselt am wang

compis verdateln zählvolk
abschub kanakig erfolg
bange mannt genschernd ein soll
weinberger natotelt voll

defensiv erstschlag unkummt
schwarzbraun haselnuss brummt
röteln bevogeln versteck
grünes rotundelt sich weg

tandler bestoibert den strauß
biedenkopf barzelt ins aus
stolten bergt kriselnd sich geld
boenisch bedeutschelt die welt

still ruht der see nun unrhein
töpfer berisikot klein
strahlend vom winde verweht
kanzler geburtelt sich spät

schmählich vom berg und im tal
schillingt es schwarz per kanal
springer flickt spendelnd dazu
warte nur bald schmähst auch du

DETLEF MICHEL

## Ein Fall von Bestechung

REPORTER Herr Reibach, Sie kommen gerade aus dem Untersuchungsausschuß.
REIBACH Ja.
REPORTER Können Sie uns bitte sagen, was –
REIBACH Nein.
REPORTER Sie können uns nicht sagen –
REIBACH Es handelt sich um ein schwebendes Verfahren, und da möchte ich mich nicht äußern.

REPORTER Die Vorwürfe gegen Sie und eine bisher noch unbekannte Zahl von Unternehmern sind sehr schwer.

REIBACH Empörend sind sie. Skandalös!

REPORTER Soweit bisher bekannt geworden ist, sollen die Unternehmer größere Geldsummen vom Steuerzahler bekommen haben. Man spricht von Milliardenbeträgen.

REIBACH Ja, so was hab ich auch in der Zeitung gelesen.

REPORTER Diese Beträge sollen Ihnen von Mittelsmännern überbracht worden sein. Man hört in diesem Zusammenhang die Namen Kohl, Lambsdorff und Blüm.

REIBACH Ja, das habe ich auch in der Zeitung gelesen.

REPORTER Sie sollen das Geld, als Investitionsabgabe getarnt, auf diverse Konten zahlreicher Firmen überwiesen haben.

REIBACH Ja, das habe ich auch in der Zeitung gelesen.

REPORTER Und mit diesem Geld sollten dann die Unternehmer Arbeitsplätze schaffen.

REIBACH *lachend* Ja, das habe ich auch in der Zeitung gelesen.

REPORTER Sind Sie vom Untersuchungsausschuß heute dazu befragt worden?

REIBACH Ja, das habe ich auch in der – ja. Ich habe dem Ausschuß das gesagt, was alle anderen Unternehmer auch gesagt haben: Wir können uns beim besten Willen nicht daran erinnern, jemals solche Zahlungen entgegengenommen zu haben, und wir weisen jeden diesbezüglichen Verdacht entschieden von uns. Wir lassen uns keine Gelder geben, damit wir dies oder das tun. Wir sind nicht bestechlich.

REPORTER Nun sind aber diese Gelder nachweislich auf Ihre Konten überwiesen worden.

REIBACH Ja, sicher. Aber das sind keine Bestechungsgelder, wie immer gesagt wird, sondern Spenden. Ganz normale Spenden.

REPORTER Das sind – Spenden??

REIBACH Ja, das kennen wir doch. Das ist doch ein ganz normaler Vorgang. Jeder Mensch kann doch einem Unternehmer Geld spenden.

REPORTER Ja – dann können Sie uns vielleicht auch sagen, was Sie mit dem Geld gemacht haben.

REIBACH Ja, sicher. Das ist doch kein Geheimnis.

REPORTER Und was, bitte?

REIBACH Rationalisiert.

REPORTER Rationalisiert?

Reibach Ja, sicher. Neue Maschinen angeschafft und dafür Arbeiter entlassen. Das ist doch ein ganz normaler Vorgang.
Reporter Sie haben also mit dem Geld keine neuen Arbeitsplätze –
Reibach Nein! Ich habe Ihnen doch gesagt: Wir lassen uns nicht bestechen! Aber wenn uns jemand eine Spende gibt – warum soll er nicht?
Reporter So gesehen, habe ich Ihnen also auch eine Spende gegeben.
Reibach Sie? Kann ich mich nicht erinnern. Beim besten Willen nicht.
Reporter Doch, doch. Ich zahle ja auch Steuern.
Reibach *lacht* Ach so, ja natürlich.
Reporter Ja, ich danke Ihnen für dieses Gespräch.
Reibach *jovial* Ich habe zu danken. Für die Spende.

Volker Kühn

## Wahlen, Wahlen

*A, ganz friedlicher Bürger, sitzt auf der Bank. B, ein Mann mit Sturzhelm und ziemlich außer Puste, nähert sich ihm. Setzt sich*
A Ärger gehabt?
B Scheißspiel.
A Verstehe.
B Nichts verstehn Sie.
A Also kein Ärger.
B Und ob. Die Leute sind politikverdrossen. Total versaut.
A Aha. Sie wissen, wovon Sie reden.
B Und ob. *nimmt den Helm ab* Ich komme gerade aus meinem Wahlkreis.
A So. Politiker also.
B Ich kandidiere für den Bundestag.
A *lächelnd* Ziemlich schwer zu überzeugen, die Leute, gell?
B Und wozu das alles, der ganze Zirkus. Da muß man den Affen machen. Und im Grunde ist alles für die Katz.
A Ach nee.

B Wahlen, Wahlen ... Wenn ich das schon höre. Was wird da denn schon entschieden bei so einer Wahl.
A *baff* Na, wer eben die Macht hat. Für vier Jahre.
B Und wer hat sie? Für vier Jahre?
A Der ... na, der, der gewählt wird.
B Schön, und wer wird gewählt?
A Den wir wählen.
B Und wen wählen wir?
A Na, den, der ...
B Sehen Sie?
A Was sehe ich?
B Na, da dreht sich's doch im Kreis.
A Versteh ich nicht.
B Wahlen, Wahlen, was gibt's da schon zu verstehen. Das ist doch wie bei den Weißmachern. Da haben Sie doch nur die Qual zwischen Dash und Omo.
A *sprachlos* Also ich glaub, ich spinne.
B Wie gesagt: Jacke wie Hose ist das.
A *entrüstet* Sind Sie sich darüber im klaren, was Sie da infrage stellen, wenn Sie so etwas von sich geben? Das mit der Jacke ... und ...
B Hose.
A Danke, ja. Sind Sie das? Ja? – Also im Ernst: Ich hab wohl nicht alle Tassen im Schrank.
B Macht ja nichts.
A W...wie?
B Ich sagte: Das macht ja nichts. Das würde ja nichts ändern, wenn Sie sie da nicht alle haben, vom Standpunkt der parlamentarisch-demokratischen her betrachtet, meine ich.
A *total sprachlos* Ich ... ich glaub, ich dreh durch.
B Wie gesagt, das wär nicht weiter tragisch. Das ist bewiesen.
A Das ist be... bitte was?
B Wissenschaftlich belegt. Empirisch dingfest gemacht. Hieb- und stichfest.
A Ich versteh kein Wort.
B Stand doch in der Zeitung. In der FAZ. Die haben da eine Testwahl gemacht. In geschlossenen Abteilungen.
A In was? In geschl... Sie meinen, die hat man wählen lassen, die Verr... Ich meine, so richtig, mit Stimmzettel und Urne? Politisch? Politisch gewählt haben die?
B Natürlich politisch. Was sonst.

A *entsetzt, tonlos* Um Gotteswillen.

B War'n Test, wie gesagt. Wurde nicht gewertet. Weil offiziell haben die natürlich keine Stimme, ist klar.

A Die Verr...

B Die ja. Haben die natürlich nicht. Weil – ist klar, die könnten dann ja'n Verr... also, die könnten dann ja einen zum Regierungschef machen, der sie nicht alle ... nicht? Ist ja logisch.

A Der sie nicht alle hat. Theoretisch.

B Wie gesagt. Könnten sie. Tun sie aber nicht.

A *verunsichert* Die ... tun ... das ... nicht.

B Nein. Das Wahlergebnis unterschied sich in nichts von dem der sogenannten geistig intakten Wählerschaft. Mal so ausgedrückt.

A Unterschied sich in nichts, sagen Sie?

B In nichts.

A Ja, aber ... das heißt doch ... Aber das ist ja furchtbar. Entsetzlich ist das.

B Finden Sie?

A Das bedeutet doch: Entweder sind wir alle irgendwie ... wie soll ich sagen ... also, sagen wir mal, daß wir alle so einen leichten Schimmer haben oder aber ...

B Oder aber?

A Oder aber ... es liegt am System.

B *lauernd* Wie meinen Sie denn das?

A *unsicher* Na, daß das Ganze mehr so eine Frage der Hochrechnung ist. Daß das alles sowieso schon gelaufen ist, wie die Demoskopen immer sagen. Daß es eigentlich nur um die paar Nullen hinterm Komma geht, und die decken sich dann mit der Überläuferquote. Daß das alles irgendwie vorherbestimmt ist, der Wahlausgang. Daß das System hat. Und daß ...

B *hilft ihm aus* ... daß das irgendwie todsicher funktioniert ...

A ... hundertprozentig, daß es, sagen wir mal, so sicher ist, daß man nur noch ...

B Dash oder Omo? Beziehungsweise Vogel/Strauß?

A *fix und fertig* Ich glaub, ich spinne.

B Macht ja nichts. Wie gesagt. Deswegen ist das Beste, Sie geben uns gleich Ihre Stimme. Dann können wir uns den ganzen Quatsch hier sparen. Wahlkampf und so.

Klaus Peter Schreiner

## Lied der Unregierbaren

Ihr herrscht im Lande demokratisch,
Dreiunddreißig Jahre lang.
Die Mehrheit schluckte es phlegmatisch,
Verdrossen teils und teils apathisch,
Dreiunddreißig Jahre lang,
Politisch sehr genügsam,
Gehorsam, brav und fügsam –
Dreiunddreißig Jahre lang
War der Bürger biegsam.

Doch nun fängt er zu denken an,
Ist ab und zu und dann und wann
Nicht mehr manipulierbar,
Entsinnt sich seiner Mündigkeit
Mit dem Ergebnis, daß ihr schreit,
Er wäre unregierbar.
Was heißt da: unregierbar?
  Ihr habt an uns vorbeiregiert
  Und unseren Protest,
  Den habt ihr selbst herbeiregiert,
  Was ihr zu leicht vergeßt.
  Ihr habt an uns vorbeiregiert,
  Statt um des Pudels Kern
  Nur um den heißen Brei regiert –
  Und das reicht nun mal nicht,
  Und das reicht nun mal nicht,
  Und das reicht nun mal nicht, meine Herrn!

Ihr hieltet uns für korrumpierbar,
Dreiunddreißig Jahre lang,
Für x-beliebig dirigierbar
Und von Vernunft nicht infizierbar –
Dreiunddreißig Jahre lang
Wart ihr mit viel Gegacker
Die großen Supermacker –
Dreiunddreißig Jahre lang
Wählte man euch wacker.

Kaum fehlen euch ein paar Prozent,
Schon schreit ihr Mordio und flennt,
Wir wären unregierbar.
Holt euch doch lieber mal Bescheid,
Ob ihr regierungsfähig seid –
Das wäre diskutierbar!
Was heißt schon: unregierbar?
  Ihr habt an uns vorbeiregiert
  Und damit das Vertraun
  In euch ganz schön entzweiregiert,
  So kann man sich verhaun.
  Ihr habt an uns vorbeiregiert,
  Statt um des Pudels Kern
  Nur um den heißen Brei regiert –
  Und das reicht nun mal nicht,
  Und das reicht nun mal nicht,
  Und das reicht nun mal nicht, meine Herrn!

Jörg Hube

## Wortspende

Professor *fotografiert das Publikum*
Reporter *schaut interessiert zu. Nach einer Weile* Grüß Gott!
Professor Ja, Grüß Gott. Sie wünschen?
Reporter Ja, ich wär jetzt da. Ich bin der Reporter vom Rundfunk. Schallmoser ist mein Name.
Professor Ach ja, Herr Schallmoser, ich erinnere mich. Wir haben ja schon miteinander telefoniert.
Reporter Ja, des kann scho sein. Im vorigen Herbst, glaub ich, da hammaramal miteinander telefoniert.
Professor Nein, nein, das ist nicht so lange her. Das war erst kürzlich. Warten Sie einmal, das war ... das war ... heute vormittag. So um zehn Uhr herum!
Reporter Um zehn Uhr herum? Ja, wann soll denn des gewesen sein?
Professor Sagen Sie mal, wollen Sie mich auf den Arm nehmen?

Reporter Das kommt drauf an, wie schwer Sie sind!

Professor Sie, gell, werden Sie nicht frech!

Reporter Ja, entschuldigens schon. Aber Sie ham doch grad im Moment zu mir gsagt, daß ich Sie auf den Arm nehmen soll.

Professor Sie verdrehen einem ja das Wort im Mund: Ich habe gefragt, ob Sie mich auf den Arm nehmen wollen!

Reporter Mein Gott, freilich will ich, wenn Sie nicht zu schwer sind!

Professor Da haben wir es. Sie nehmen mich auf den Arm!

Reporter Sie, gell, befehlen laß ich mir überhaupts nix. Wenn ich Sie schon auf den Arm nehmen soll, bei Ihrem Gewicht, dann ist das eine reine Gefälligkeit von mir. Sie wiegn doch mindestens 60 Kilo, wenn net sogar 120 Pfund.

Professor Also Herr Schallmoser! Jetzt kommen Sie endlich einmal zur Sache. Sie haben mich heute morgen angerufen, weil Sie ein Interview oder ein Statement wollten.

Reporter Ein was?

Professor Ein Statement! Eine Feststellung, Behauptung, Darlegung, Angabe, Erklärung, einen Bericht, ein Statement eben!

Reporter Und so was hätt ich wollen sollen?

Professor Ja, also, Sie sind mir ein lustiger Reporter! Haben Sie da beim Rundfunk keine Schwierigkeiten, wenn Sie nicht einmal die einfachsten Technici Termini beherrschen?

Reporter Wenn ich was Gscheites glernt hätt, wär ich ja nicht beim Rundfunk!

Professor Ja, den Eindruck machen Sie!

Reporter Auf den Eindruck kommts nicht an beim Rundfunk, auf den Ausdruck kommts an. Anders als wie beim Fernsehen, wo es nicht auf den Ausdruck, sondern auf den Eindruck ankommt!

Professor Herr Schallmoser, tun Sie mir den Gefallen und drükken Sie sich endlich einmal aus, was Sie wollen. Ich habe meine Zeit schließlich nicht gestohlen.

Reporter Wer weiß!

Professor Also, was fällt Ihnen eigentlich ein?

Reporter Nix, leider gar nix!

Professor Das ist allerdings sehr dürftig!

Reporter Ja mei. Was soll ich machen. Im Rundfunk, da wird halt jetzt überall gespart. An allen Ecken und Enden. Im Programm zum Beispiel hams den Antiatomburli von der Ersten Allgemeinen Verunsicherung eingspart. Und eine Ökologiereihe vom WDR hams auch eingspart, weil da Kabarettisten und Satiriker vorkommen. Und die, sagns, werden dem Ernst des Themas nicht gerecht. Die kann man sich sparen! Überall sparens. Sogar die Amplituden werden begrenzt.

PROFESSOR Aber das ist doch sehr vernünftig, wenn gespart wird. Schließlich können wir nicht alle über unsere Verhältnisse leben!

REPORTER Ja, genau, da hams recht. Da hamma viel zu viel Angst davor. Aber andere, die können das: Ich kenn zum Beispiel einen, der lebt über meine Verhältnisse.

PROFESSOR Ach was, über seine Verhältnisse wird er leben!

REPORTER Das wär mir wurscht. Aber daß er über meine Verhältnisse lebt, des is eine Sauerei. Der tut so, als wenn ich gar keins net hätt.

PROFESSOR Also, Herr Schallmoser, Ihre Verhältnisse interessieren mich wirklich nicht. Kommen Sie doch bitte wieder auf den Rundfunk zurück.

REPORTER Ja, gell, des tät Sie jetzt wieder interessieren, was es da für Verhältnisse gibt! Aber bei denen wird jetzt auch radikal gespart. Vor allem bei den freien Verhältnissen. Die Autoren zum Beispiel. Des sind die allerschlimmsten. Die nehmen ja, was sie kriegen können.

PROFESSOR Ja, kriegen denn die so viel?

REPORTER Nein, eher weniger! Aber des nehmens furchtbar gern.

PROFESSOR Nun ja, das ist doch begreiflich.

REPORTER Ich nehm lieber viel gern.

PROFESSOR Ja, ja, das merkt man schon am Eintrittspreis. Aber, guter Mann, wenn der Rundfunk nun schon bei den Autoren spart, wie soll es denn dann weitergehen? Wer soll das Programm denn dann gestalten?

REPORTER Sie zum Beispiel!

PROFESSOR Ich?

REPORTER Ja, freilich, Sie!

PROFESSOR Na also, Sie sind gut!

REPORTER *eitel* Gell!

PROFESSOR Ich habe doch einen ganz anderen Beruf! Ich bin doch kein Schriftsteller. Ich bin ordentlicher Professor für verfassungsschützende Fotografie!

Reporter Für was?
Professor Für verfassungsschützende Fotografie.
Reporter Ja, was is jetzt des wieder?
Professor Das fachgerechte Fotografieren von Demonstranten, Kabarettisten und Besuchern einschlägiger Etablissements!
Reporter Und wer fotografiert die knüppelnden Polizisten? Normale Pressefotografen?
Professor Nein, nein! Normalen Pressefotografen kann doch der Staatsanwalt ihr gesamtes Bildmaterial beschlagnahmen.
Reporter Hams deshalb Angst vorm Staatsanwalt?
Professor Nein, vor den knüppelnden Polizisten!
Reporter Fotografieren Sie die dann?
Professor Das wäre verfassungswidrig!
Reporter Das Knüppeln oder das Fotografiern?
Professor Guter Mann, Sie müssen positiv denken: Die verfassungsschützende Fotografie zeigt friedliche Polizisten, die von gewalttätigen Demonstranten blutig geschlagen werden. Dadurch werden immer mehr friedliche Demonstranten vom friedlichen Demonstrieren abgehalten. Bis es zuletzt keine Demonstrationen mehr gibt. Und wo es keine Demonstrationen gibt, da befindet sich das Volk in voller Übereinstimmung mit der Regierung! Das ist mein Programm und deshalb kann ich nicht auch noch das Rundfunkprogramm gestalten!
Reporter Aber eine ganz eine kleine Wortspende könntens mir doch geben!
Professor Eine Wortspende?
Reporter Ja, halt ein Wort aus Ihrem Wortschatz, das Sie nicht mehr brauchen. Kann auch ein Schlagwort sein.
Professor Ein Schlagwort?
Reporter Eins, mit dem man die Hörer erschlagen kann. Mit dem man sie mundtot machen kann!
Professor Ein Schlagwort, mmmm! Ich hätte da schon eins!
Reporter Und des wär?
Professor Meinungsfreiheit!
Reporter Meinungsfreiheit?! Ja, des is gut. Sie brauchens nicht mehr und bei uns im Programm kommts nicht vor. Des paßt. Dankschön! *will gehen*
Professor Moment, Herr Schallmoser!
Reporter Ja?
Professor Ein Porträt, wenns recht is.

Joachim Hackethal

## Steckbriefe

Immer wenn ich in meine Bank gehe –
Sie gehört mir natürlich nicht, man sagt das nur so –
Also, immer wenn ich in meine Bank gehe,
Die Bank mit dem freundlichen Service,
Seh' ich sie auf dem Fahndungsplakat,
Die Dritte von oben links.

Fritz, mein Verlobter, sagt:
Die sieht dir ähnlich,
Sehr ähnlich sogar,
Die könnte deine Schwester sein.
Inge heißt sie – so wie ich –
Hat meine Größe und meine Haarfarbe,
War auch Kindergärtnerin von Beruf,
Bis sie in eine Bank ging
Und mit dem Revolver kassierte,
Weil sie meinte:
Das Geld ist nicht in den richtigen Händen.

Halt, Überfall! Nur eine falsche Bewegung,
Und Sie gehören zu den Toten.
Legen Sie alle Geldscheine da in meine Tasche,
Und treten Sie mit erhobner Hand
Dort an die Wand!

Immer wenn ich in meine Bank gehe –
Sie gehört mir natürlich nicht, man sagt das nur so –
Also, immer wenn ich in meine Bank gehe,
Die Bank mit dem freundlichen Service,
Erschrecke ich bei dem Blick des Kassierers,
Denn er könnte doch denken:
Das ist doch die von dem Fahndungsplakat,
Die so mädchenhaft aussieht,
Die Dritte von oben links.

Und heimlich dann mit seinem Fuß
Den Alarmknopf bedienen.
Dann stürmen sie rein, die Beamten,
Mit der MP im Anschlag:

Halt, man hat Sie erkannt! Nur eine falsche Bewegung,
Und Sie gehören zu den Toten!
Werfen Sie Ihre Handtasche da vor sich auf den Boden,
Und stelln Sie sich mit erhobner Hand
Mit dem Rücken zur Wand!

Immer wenn ich in meine Bank gehe –
Sie gehört mir natürlich nicht, man sagt das nur so –
Also, immer wenn ich in meine Bank gehe,
Die Bank mit dem freundlichen Service,
Muß ich daran denken,
Wie leicht man in falschen Verdacht kommt
Und an den Pranger gestellt wird
Als Dritte von oben links.

Nur weil du vielleicht mal was gesagt hast
Oder auch nur laut gedacht,
Was denen da nicht paßt,
Die schon längst den Staatsfaschismus
Für eine ausgemachte Sache halten,
Weil es dann einfacher ist,
Ihre Macht und ihr Geld zu behalten.

Halt, du bist ein Sympathisant,
Nur eine falsche Bewegung,
Und auch du gehörst zu den Toten!
Das Volk hat dich schon längst erkannt:
An die Wand mit dir, an die Wand!

Immer wenn ich in meine Bank gehe –
Sie gehört mir natürlich nicht, man sagt das nur so –
Also, immer wenn ich in meine Bank gehe,
Die Bank mit dem freundlichen Service,
Denk ich mir:
Der Terrorismus gibt doch nur denen recht,
Die den Faschismus wollen,
Und das ist schlecht!
Und dann weiß ich, daß diese Inge,
Die Dritte von oben links,
Ausgeflippt ist wie die andern,
Die Hasch nehmen oder Alkohol
Oder mit dem Auto auf Horrortrip gehen,
Weil sie die Welt nicht ertragen können

So blutig, so dumm, so ungerecht
Und weil sie unser bißchen Hoffnung
Und unsere Geduld verachten.

Halt, Sie sind erkannt!
Keine falsche Bewegung!
Dann stehen wir in diesem Land
Wieder alle an der Wand!

Die Drei Tornados

## Razzia-Walzer

Wenn die Nebelschwaden ziehn
Und der Mond ist noch zu sehn
Wenn die Heide friedvoll ruht
Und der Kuckuck noch nicht ruft
Die Natur hüllt sich in Grau
Und du schläfst in deinem Bau
Dann klopft es an dein Tor –
Ja, wer steht denn da davor?
  Das ist ein Ra-Ra-Ra-Ra-Razzia-Überfall
  Die Tür zerbricht, der Staatsschutz spricht:
  Das ist ein Ra-Ra-Ra-Ra-Razzia-Überfall
  Ja, die Bullen und Bubacks finden wir überall

Was hat der ASTA denn getan
Daß so'n Terror laufen kann?
Wenn der Schah die Leute killt
Lachen Dregger, Strauß und Bild
Wird der Buback umgebracht
Ist's verboten, daß man lacht
Die Reaktion klotzt ran
Doch das wird zum Bumerang:
  Denn die nächste Ra-Ra-Razzia machen wir
  Du mit mir, ich mit dir
  Denn die nächste Ra-Ra-Razzia machen wir
  Gegen Bullen und Bubacks mobilisieren wir!

Dieter Thomas

# Achtung! Hier spricht Fritz Schimmel!

Herrschaften, ich darf mich mal kurz vorstellen: Mein Name ist Fritz Schimmel. Sie denken, ich sei sauer, wenn Sie Bulle zu mir sagen? Irrtum! Ich nenn Sie Chaoten, dann sind wir wieder quitt! Wissen Sie, wenn man schon so lange dabei ist wie ich ... Ich hab 66 die Polizeischule gemacht, mit »sehr gut« bestanden, 67 Bereitschaftspolizei, und 68 ging es dann ja los! Der Fritz Schimmel ist sozusagen ein alter 68er. Ha, ha.

Aber mal im Ernst: Der Demonstrant von früher, der war noch aus einem anderen Holz geschnitzt als die heutigen Luschis! Immer ein bißchen Ramba-Zamba! Und heute? Wo sind wir heute? Heute sind wir wieder bei Null! Gewaltfreie Aktionen! Herrschaften, ich frag' Sie, wem macht denn so was Spaß?! Stellen Sie sich doch mal vor, Sie sind ein junger Polizist, wochenlang sitzen Sie in der Kaserne, und dann dürfen Sie endlich raus, und was können Sie machen?: Leute wegtragen! Herrschaften, da brauch ich doch nicht zur Polizei zu gehen, da werd' ich doch gleich Sanitäter!

Ich weiß ja nicht, ob Ihnen das Spaß macht, abends zu erzählen, daß Sie weggetragen worden sind ... Und überhaupt, wissen Sie, wo das hinführt? Zur allgemeinen Staatsverdrossenheit!! Ich hab mal vor vier Jahren in Bulgarien einen Vopo kennengelernt, Rainer, ein feiner Kerl. Der hat zu mir gesagt: Bei euch sind die Politiker viel raffinierter; bei uns sind sie zu blöd, ab und zu mal eine Straßenschlacht zu organisieren.

Der Mann hat erkannt, was sie uns schon im ersten Jahr auf der Polizeischule gesagt haben: Erst die sinnliche Erfahrung in der physischen Konfrontation mit der Staatsmacht ermöglicht dem Bürger die unmittelbare Identifikation mit dem Staat. Das ist wie bei einer richtigen Keilerei: Erst prügelt man sich, dann verträgt man sich wieder, und oft entstehen daraus Freundschaften, die ein Leben lang halten. Geschwister verstehen das.

Deshalb tun Sie mir den Gefallen, gewaltfrei hin, gewaltfrei her: Wenn Sie demnächst mal wieder an einer Blockade teilnehmen oder in einer Friedenskette stehen, lassen Sie sich das alles noch einmal durch den Kopf gehen. Und fragen Sie den Einsatzleiter nach Fritz Schimmel.

Dann erfüllen wir gemeinsam unsere staatsbürgerliche Pflicht.

Die Drei Tornados

## Erkennungslied

Wer nur den lieben langen Tag
Mit viel Plag und viel Arbeit
Vertändelt, wer das mag
Der gehört nicht zu uns
Wir stehn des morgens später auf
Und dann sind wir tierisch drauf
Sind wir, wenn der Abend naht
Nach dem Attentat
Spontan unberechenbar
Eine fröhliche Schar

Wir gehn nicht auf den langen Marsch
In den Arsch der Gesellschaft
Wir machen unser Glück
Und wir schlagen zurück
Festnageln lassen wir uns nie
Wir wollen Chaos, Anarchie
Wir schreien: Kampf dem Kapital
Wie ist scheißegal
Wir sind unberechenbar
Eine fröhliche Schar

Hannelore Kaub

## Hallo, Bulle!

Ach, ich grübel noch und noch über Psyche und Moral.
Bitte, sagen Sie mir doch: Bin ich noch als Frau normal?
Alle schwärmen für den so verständnisvollen Mann –
Da läuft nichts bei mir, so'n Schlaffi macht mich gar nicht an.
Diese Typen sind so watteweich und schlabbrig
Sie, ich finde diese sanften Männer labbrig
Denn die ham den Sex-Appeal von kalten Flundern

Da ist gar nichts dran zum Aufschau'n und Bewundern
Sie, ich steh beim Mann auf Muskeln, Fett und Bauch.
Ich weiß einen Typ, da krieg ich, was ich brauch:
Hallo, Bulle! Hallo, Bulle!
Hey du! Dein Typ macht mich an!
Geiler Macker, Demo-Knacker
Du machst mich scharf, Mannomann!
Hallo, Bulle! Volle Pulle!
So, wie du zuschlägst, das sitzt!
Mit dem Knüppel auf den Nippel –
Stark, wie das schlitzt! Wie das spritzt!
  Sensible sind mir scheißegal
  Ich mag's wild und heiß brutal.
  Erst bei einem Underdog hab ich den totalen Bock!

Ich laß keine Demo aus, weil ich derart sinnlich bin
Läuft was ab, dann muß ich raus. Ist was los, dann düs ich hin.
Ich versteh die Frauen nicht, die auf die Zarten stehn
Denn ich find nun mal die Stattlichen und Harten schön.
Na, ich will ja wirklich keinen Typ hier kränken
Doch so'n jungen Schlanken könn' Sie mir glatt schenken.
Da ist doch nichts dran, die haben nichts zu bieten:
Küßchen hier und Küßchen da – ansonsten Nieten!
Diese Jugend heute: abgeschlafft und schlapp!
Ich weiß einen Typ, da fahr ich völlig ab:
Hallo, Bulle! Starker Bulle!
Macho-Typ und brutal
Wie du prügelst, Spontis zügelst!
Fast schon nicht mehr legal.
Hallo Macker! So'n Massaker
Bei sowas nimmst du doch Maß
Immer feste auf das Beste
So eine Orgie macht Spaß!
  Wehe, es gibt Zoff und Streit
  Und kein Schwein sagt mir Bescheid
  Bullen prügeln ohne Maß und mich informiert kein Aas!

Häuserräumung, Straßenschlacht, wüst, chaotisch, radikal
Alles hab ich mitgemacht. Mein Genuß, der war total
Selbstverständlich sind die Bullen auch nicht dauernd fit
Denn die vielen Überstunden nehm'n die Kerls halt mit
Na, und immerzu nur Power und Attention

Das hält keiner aus, auch Bullen sind nur Menschen
Na, dann werf ich schon aus Mitgefühl mal'n Steinchen
Und mach so den müden Freund und Helfern Beinchen
Schmeiß mich durch und über Barrikaden ran
Mit 'nem Molli in der Hand mach ich sie an:
Hallo, Bulle! Starker Bulle!
Super-Typ! Ich steh auf dich!
Steig doch drüber, trau dich rüber!
Mann, steh doch auch mal auf mich!
Hallo, Macker! Doch der Kacker
Der reagiert tiefgekühlt
Denn statt Liebe gibt es Hiebe
Weil er sich verscheißert fühlt.
  Und meine Libido vor Wonne schielt
  Denn auf so was war das Spielchen doch gezielt.

Floh de Cologne

## Grundgesätzliches

Die Verfassung ist zum Ändern da
Falleri und Fallera
Auch zum Verfassungsschützen
Kann man sie benützen
Wollt ihr die totale Demokratie ...
Frauen und Männer sind gleichberechtigt
Es sei denn sie sind weiblich
Jeder ist vor dem Gesetz gleich
Es sei denn er besteht darauf
Jeder kann seine Meinung frei äußern
Es sei denn er hat eine
Eine Zensur findet nicht statt
Es sei denn man merkt es
Die Wahl des Arbeitsplatzes ist frei
Es sei denn man ist arbeitslos
Eigentum verpflichtet
Es sei denn man hat welches

# Deutschland 2028

*Sinasi mimt einen Fernseh-Ansager*
Guten Abend, meine Damen und Herren. Wir bringen Ihnen die Nachrichten vom Süddeutschen Fernsehen. Heute ist der 3. Oktober 2028, der vierzigste Jahrestag des Ausländerwahlrechts in Deutschland. Der Regierende Bürgermeister von Berlin, Hadschi Niyazi Turgaymüller, beschuldigte seinen Kollegen, den bayernakisischen Ministerpräsidenten, Costa Mayerikus in Müncheniki, genannt El Greco, der Bürlünfeindlichkeit. Wie Sie alle wissen, liebe Zuschauerinnen und Zuschauer, Bayernakis hat letzte Woche alle Bürlüner Bürger aufgefordert, das Land Bayernakis innerhalb von 15 Tagen zu verlassen. Der Grund dieser Forderung war, daß unter der Führung der Türken ein nordischer Bund gegründet worden ist. Er besteht aus: Bürlün, Hannoverja, Bremankara, Hamburgistan, Lübük, Flünsbürg und Üsnübürük.
Wie wir von der bayernakisischen Staatskanzlei erfahren haben, müssen ab jetzt alle Bürlüner Bürger ein Visum beantragen, wenn sie nach Bayernakis fahren wollen. Der Chef der bayernakisischen Staatskanzlei, Herr Tandleropoulos, sagte gestern unserem Reporter von ADN, daß der nordische Bund gegen Bayernakis eine totale Mobilmachung angeordnet habe. Wenn der nordische Bund seine Feindseligkeit gegen Bayernakis nicht unterlasse, sehe sein Land sich gezwungen, drastische Maßnahmen zu ergreifen.
Wegen der Bürlün-Bayernakis-Krise hat der Bundesinnenminister, Herr Federico Zimmerelli mit dem Generalstaatsanwalt, Herrn Swobodan Nonnic gesprochen, um herauszubekommen, ob die deutschen Separatisten ihre Finger in der Krise haben.
Auf unsere Frage sagte der Generalinspekteur der Bundeswehr, Mohammed el Gaddafi, in unserer Sendung, die Bundeswehr sei damit beschäftigt, den Krisenzustand zwischen Rheinland-Pfalzkaran und dem Saarlandakije zu schlichten. Saarlandakije drohte Rheinland-Pfalzkaran mit Krieg, falls Pfalzkaran weiterhin massiv um den einzigen Deutschen in Saarlandakije werbe. Der letzte Deutsche von Saarlandakije, Wahn-Fried Deutschemacher, wolle weiter in seinem Barockzimmer in Saar El Brükken leben.
Jetzt hören Sie den O-Ton von Costa Mayerikus, dem Ministerpräsidenten von Bayernakis: »Wenn es sein muß, dann werde ich

die Volksgriechen und Exildeutschen aus Athen, Kreta, Patros und Rhodos holen. Wir wollen in Ruhe unser nationales Oktoberfest feiern und unser Nationalgetränk Retzina trinken.«
Ende der Nachrichten. Den Kommentar über das Thema wird Ihnen um 21 Uhr der Volksdeutsche Franz Schönhuber vom Nordwestdeutschen Rundfunk aus Grönland unter dem Titel »Die Nordlichter gegen die Südlaternen« verlesen. Wie wir gerade erfahren haben, liebe Zuschauerinnen und Zuschauer, wurde der letzte Deutsche, Karl Heinz Häfele, in seiner konspirativen Wohnung überwältigt und in Abschiebehaft genommen, weil seine Aufenthaltsgenehmigung in Deutschland schon vor drei Monaten abgelaufen ist. Wie aus dem Polizeipräsidium von Rommelsburg, früher Stuttgart, verlautete, wird der Verbrecher Karl Heinz Häfele im Morgengrauen nach Grönland ausgeflogen.
*verläßt seine Ansager-Position* Alles Unheil über Deutschland kommt aus der Linie des Weißwurschtäquators. Der Mönch Martin Luther aus Wittenberg säte Zwietracht unter den Deutschgläubigen. Der Münch von FDP aus Hamburg mit seiner Forderung nach dem Kommunalwahlrecht für Ausländer säte Zwietracht in die deutsche politische Landschaft. Die Deutschen werden nach Grönland ausgeflogen und auf Eis gelegt, und Deutschland wird von den Ausländern regiert. Das ist die Zukunft, die uns erwartet. Wenn ich daran denke, wird es mir jetzt schon schlecht. Aber das Ausländerwahlrecht in Deutschland darf uns nicht unvorbereitet treffen. Deutsche Jungs und deutsche Mädels, in die Betten! Macht mehr Kinder! Die Türken kommen!

Matthias Beltz

## Bei mir daheim

*Hausmeister-Monolog*

Wenn ich von der Arbeit nach Hause komme
Und die Tür aufmache …
Da ist nur eine große Stille …
Da ist alles so, wie ich es verlassen habe …

Kein Gruß in den Staub der Kommode gewischt …
Und die Tür fällt ins Schloß.
Wissen Sie, wie ich mich dann fühle?:

Endlich allein!
Ich bin daheim!
Keine Rücksicht mehr nehmen müssen auf irgendwen!
Keine Diplomatie, keine Höflichkeit.
Nur Wahrheit und ungetrübte Lebensfreude!

Wenn ich in den Spiegel guck,
Dann gruselt's mich. Da brauch ich kein Video.
Ich bin autark!

Der Kühlschrank ist gefüllt,
Der Weinkeller gut bestückt.
Notstromaggregate sind vorhanden.
Aber ich gebe nichts ab.
Ob jetzt Krieg kommt oder mein Nachbar –
Von mir kriegt keiner was!

Mein Nachbar!: Dem hab ich nachts,
Mit nüchternem Kopf,
Die Garage zugemauert.
Wenn der morgens sein Auto startet,
Das ist ein Heidenlärm!
Die Nüchternheit haben sie mir strafverschärfend
Aufs Urteil geschmiert.
Und seine Köter habe ich vergiftet!
Die bellten ja wegen jedem Scheißdreck!

Besonders übelgenommen haben sie mir,
Daß ich seine Sauna kaputtgemacht hab.

Ich hab da reingehalten mit einem alten MG wie Bubi Scholz –
War aber leider keiner drin.
Die Spießer feiern immer Orgien im Keller –
Und ich kann das geile Gequietsche nicht ab!

Mutterrecht und Blutrache, hab ich mir gesagt.

Und dann haben sie uns beide vor Gericht gezogen.
Dabei hätten wir die Sache auch unter uns austragen können:
Garage um Garage, Hund um Hund, Sauna um Sauna!
Aber nein, sie mußten uns vor Gericht bringen.
Und da haben wir uns beide blamiert:

Ihn haben sie ausgelacht, und mich haben sie bestraft –
Das ist doch keine Gerechtigkeit!

Wenn ich jogge –
Ich jogge konsequent, aber langsam –
Und es fällt mich so ein ausgeflippter Schäferhund an
Mit seiner beuteinduzierten Aggressivität,
Dann weiß ich doch:
Der will nicht mit mir spielen,
Der will mich mitnehmen und aufessen!
Da geh ich doch nicht zum Amtsgericht
Und stell einen Antrag auf Unterlassung!
Den knall ich doch ab!

Mutterrecht und Blutrache!

Vergewaltiger – sofort die Eier ab mit der Doppelaxt!

Ich muß doch nachts auf die Straße gehen können als Frau,
Ohne mich vor mir zu erschrecken!

Mutterrecht und Blutrache!
Wer sich nicht wehrt, lebt verkehrt!
Hilfe zur Selbsthilfe!
Und Selbsthilfe ist Selbstjustiz!

Radfahrer zum Beispiel:
Wenn die auf'm Bürgersteig fahren,
Gucken sie,
Als bräuchten sie politisches Asyl,
Weil auf der Straße das Unrecht tobt!
Der ADAC-Faschismus!
Und dann rempeln sie unsereinen an!
Aber: Mutterrecht und Blutrache!
Ab heute wird zurückgerempelt!

Mein Nachbar, jetzt hat er kapituliert und ist ausgezogen …

Die neuen Nachbarn, die sind noch schlimmer!
Parteilos, aber evangelisch.
Und weil sie wissen, daß sie einst gerettet werden,
Sind sie immer heiter und lustig.
Das kann einem den ganzen Tag versauen,
Wenn man sie morgens schon lachen hört!

Bei denen tagt einmal in der Woche ein Frauenfriedenskreis.

Nach der Sitzung bin ich neulich rüber
Und hab charmant auf Verzweiflung gemacht:
Kräftig gehinkt und gestöhnt.
Da war so eine schnippische Junge,
Die hab ich gefragt,
Ob sie denn auch nach der Bergpredigt leben tät?
Ja, hat sie gesagt, sie tät's wenigstens probieren.
Und da wollte ich sie mal testen
Und hab ihr eine auf die rechte Arschbacke gehauen
Und gedacht, jetzt hält sie mir die linke hin,
Gemäß Matthäus 5, Vers 39.
War aber nix!
»Sexistische Sau!« ham sie gebrüllt
Und mich nach den Gesetzen des Alten Testaments
Die Treppe runtergeschmissen.

Da lob ich mir meine früheren Nachbarn!
Das waren noch Zeiten,
Als wir uns gegenseitig
Den Abfall übern Zaun geschmissen haben!
Rattengift! Elektrischer Strom im Draht!
Tretminen aus Hundescheiße!
Gartenzwerge mit Schießbefehl!
Kampf bis aufs Messer!
Aber:
Man hat sich respektiert und gegrüßt.

MATHIAS RICHLING

## Krug und Scherbe

Nach der Flickzeit hatten einmal besonders in Schleswig-Holstein orkanartige Stürme und Unwetter einen Toten und mehrere Verletzte gefordert. Zwar hatte das Volk noch Katastrophenalarm ausgelöst. Und die gesamte Regierung hätte eigentlich sofort evakuiert werden müssen, aber sie hing noch eine ganze Zeitspanne an ihrem bißchen Machtgehabe, während meterhohe Wellen der Em-

pörung bereits Parteimitglieder davongespült hatten. Die Regierung war damals praktisch von Anfang an völlig von der Umwelt abgeschnitten. Die Straßen zu ihr waren unpassierbar geworden. Die Verständigung zusammengebrochen. Und auch die Opposition konnte wegen des starken Sogs lange nicht in die Häfen einlaufen, wo verunreintes Denkwasser und Extremisten in der Regierung eine schwelende Seuche ausgelöst hatten. Dennoch wurde in der Statistik das siechende Volk nie mitgezählt.
Man spricht, wie gesagt, nur von einem Toten.
Doch beerdigt wurde im Oktober 1987
Weitaus mehr.
Die Schatten reichten nicht,
Alles gnädig zu bedecken.
Und so blieb vor allem
Die alles überlebende Frage:
Würde ein Uwe Barschel
Heute noch unter uns weilen,
Wenn der Wähler weiterhin, beschattet gnädig,
Nichts von ihm wissen würde.
Die Antwort
Ist das politisch klarste Ja
Der letzten vierzig Jahre.
Mit diesem Wissen muß der Wähler leben.
Und mit dem Anerkennen,
Daß er selbst eine Brutalität zu gewähren hat,
Die er nur aus der Politik kennen kann:
Er muß die Opfer geschehen lassen,
Die sogar ein demokratisch anmutender Staat
Für ein Gleichgewicht der Kräfte braucht:
Dieser Staat hatte einen Schleyer geopfert,
Um dem Terror
Nicht die Oberhand geben zu müssen.
Dieser Wähler hatte einen Barschel zu opfern,
Um dem Staat nicht die Oberhand zu lassen.
Der Preis für den Staat war,
Daß Menschlichkeit
Außer Kraft gesetzt werden mußte.
Der Preis für die Information des Wählers,
Der Preis für den eigentlichen Staat also, ist,
Daß Politik nicht nur über Leichen geht,
Sondern sogar über die eigene.

Ein Preis allerdings,
Der von Beginn an nutzlos war:
Ist doch vom Opfer Barschel
Manches am Leben geblieben:
Wenn wir uns umsehen
Nach Stoltenberg und Kribben zum Beispiel,
Merken wir,
Daß eine Ähnlichkeit
Mit nicht mehr lebenden Personen
Nicht zufällig ist.
Das Abgefeimte,
Bestechliche,
Unmenschliche,
Verbohrte
Im Politischen entschläft nicht
Mit dem Menschen.
Und die Politik ist nicht totzukriegen.
Das Untragbare bleibt auf dieser Welt.
Und alle Jahre wieder stehen wir mit weihnachtlich-gläubigen Augen vor keiner Wahl, der Scherbe der Demokratie, die wir mit unserem Kreuz dann zusammensetzen sollen.
Doch wie kann eine einzelne Scherbe
Einen Krug machen,
Der nur am Brunnen der Politik bräche.
Ist es ein Wunder,
Daß man stimmungslos wird?
Wo doch Wahl jedesmal, wenn sie stattfindet,
Nur noch
Eine schlagartige Erhellung dessen ist,
Was sie sein könnte.
Mit ihrer Einmaligkeit ist Demokratie in Deutschland zur bloßen Formulierung eines Gedankens degradiert, zur einseitigen Verkürzung verformt, um ideale Zustände auf knappstem Zeitraum zu illuminieren.
Und zwar ideale Zustände,
Wie sie die Verfassung schon lange vorgibt.
Doch gerade seit sie das tut,
Ist sie im Sprachgebrauch
Fast ausschließlich negativ belastet:
Man kennt an Wörtern,
Die sich mit ›Verfassung‹ bilden lassen,

Vor allem:
›Verfassungsfeind‹,
›Verfassungsklage‹,
›Verfassungsfreund‹
Zum Beispiel gar nicht komischerweise,
Das heißt, so komischerweise gar nicht,
Man kennt
›Verfassungsmäßig‹,
Um nicht zu kalauern
›Sehr mäßig‹,
Man nennt
›Verfassungswidrig‹,
›Verfassungsbeschwerde‹,
›Verfassungsverrat‹,
Und so weiter
Und so Verfassung.
Also ist der Begriff negativ besetzt.
Was eine gewisse Erklärbarkeit erfährt,
Wenn man bedenkt,
Daß die Verfassung unter der Besatzung
Zustande gekommen ist.
Wobei die Verfassung nicht das einzige Elementare darstellt, das wir von den Amerikanern zugeschanzt bekommen haben. Sie ist ja auch nicht das Einzigste von ihnen, das negativ besetzt ist.

FRANZ JOSEF DEGENHARDT

## Es denken die Leute von gestern wieder an morgen

Es denken die Leute
Von gestern wieder an morgen

Also Sie reden immer von
FRIEDEN FRIEDEN FRIEDEN
Als ob das eine Erfindung von Ihnen wäre
Herrgott noch mal
Wer will denn so was nicht

Den FRIEDEN
Aber
Haben Sie sich auch mal vorgestellt:
Sie wachen morgens auf
Öffnen die Schlafzimmertüre nach draußen
Die Sonne scheint
Sie recken sich
Da sehen Sie mitten auf Ihrem englischen Rasen
Steht
Ein RUSSISCHER PANZER

Ja – da nützt es Ihnen überhaupt nichts
Wenn Sie schrein:
Runter von meinem Rasen
Und zwar schnell
DAWAI DAWAI
Wetten, daß der bleibt?
Klettert vielleicht sogar aus der Luke
Stellt sich oben drauf
Und schifft im hohen Bogen
In den Swimming-Pool
Wollen Sie so einen
FRIEDEN

Sie nennen so was
HIRNGESPINSTE?
Ich kenn den RUSSEN
Vom Sommer einundvierzig
Bis nach Stalingrad
Übrigens war das ein schwerer Fehler von HITLER
Wir hätten damals weiter geradeaus
Nach Moskau durch
Der ZANGENGRIFF
Von Norden und von Süden her
Der war grundfalsch
Und später nach dem Kriege bin ich noch zweimal dagewesen
Mit NECKERMANN herumgereist
Auf alten Spuren sozusagen
Ganz ordentlich wieder aufgebaut
Ist alles nicht mehr so ganz primitiv wie damals
Trotzdem
Der RUSSE hat sich nicht geändert

Verstehen Sie mich nicht falsch
Ich habe überhaupt nichts gegen ihn
Ich bin kein Rassist
Ich sage nur
Der Russe ist ein Bär
Gutmütig und bequem
Aber auch unberechenbar und gefräßig
Man muß ihm furchtlos gegenübertreten
Vor der Neutronenbombe hat er Angst.
Vor der Versaftung
So was mag er nicht – der Meister Petz
Iwan Iwanowitsch
Dann
Soll er doch mal aus der Höhle kommen

So – und wenn es nach Ihnen ginge
Dann wären wir seinen Prankenschlägen
Schutzlos ausgesetzt.
Herrgott noch mal – begreifen Sie doch endlich
Diesmal sind wir nicht allein
Diesmal ist der Ami doch auf unserer Seite
Wollen mal sehn
Was er dann für Augen macht
Der Russe
Wenn auf einmal Nato-Panzer
Auf dem Rasen stehen
In Königsberg

Ja, so denken die Leute von gestern – wieder an morgen

Denkbar,
Ist aber auch immer noch
Daß,
Nachdem diesen abgebliebenen Rest Brd
Die Armada der glänzenden, glatten
Und superschlanken missiles called Pershing
Fullspeed
Verließ
Und nachdem
Großzügig geschätzt
17 Minuten später
Über dem abgebliebenen Rest
Der Regen aus Asche

Nachließ
Und nachdem
Durch die
Alles bedeckende Schicht
Aus Asche
Zu Asche
Ein eulenäugiges Sucherrohr
Stieß
Sieben mal sieben Klafter
Unter der Erde
Im strahlen- und kugelsicheren Bunker
Der Kommandant
Die Arme vom Drehbalken am Okular nimmt
Mit der Rückhand
Den Staub am Knie von der Hose schlägt
Die Mütze aufsetzt
Und
Zu den Anwesenden hingewandt
Möglicherweise sogar bestürzt
Sagt:
Tja, das war's denn wohl, meine Herren

HANS WELL

## Drunt in da greana Au

Drunt in da greana Au
Schteht a Birnbaam sche blau, juche
Drunt in da greana Au
Schteht a Birnbaam sche blau!

Wos is an dem Baam?
An dem Baam is a Ascht!

Ascht am Baam
Drunt in da greana Au
Schteht a Birnbaam sche blau, juche

Drunt in da greana Au
Schteht a Birnbaam sche blau!

Wos is an dem Ascht?
Um den Ascht is a Schtrick!

Schtrick am Ascht
Ascht am Baam
Drunt in da greana Au …

Wos is an dem Schtrick?
An dem Schtrick hängd da Sepp!
Wos hot a denn do?
Er hat g'sagt, da Kriag war valoan!
Und de Nazis gangs boid an Kroagn!

Sepp am Schtrick
Schtrick am Ascht
Ascht am Baam
Drunt in da greana Au …

Wer hod denn des o'gschafft?
Der soi war a Richta!
Da Sepp und vui andare san dot
Da Richta der kennt heit koa Not
Er werd ois guada Christ vaehrt
Woaß oiweo wos si g'heerd
Er drogt de allahechschdn Ordn
Is Minister gor wordn

Wos sogn denn do d'Leit?
Mei, s'war hoid a schlechte Zeit!
Aba vui Sachan de warn recht
Und heitzudogs do machtma ja glei oissam schlecht
Und übahaupts im Kriag
Do gibts koa Nächschtnliab!

Minister
Richta
Sepp am Schtrick
Schtrick am Ascht
Ascht am Baam
Baam im deitschn Bodn
Weißt du wieviel Birnbäum stehen
Drunten in da greanen Au?

Lisa Fitz

## Geld Macht Geil

Na ...? Sehe ich nicht faszinierend aus? Für eine Kabarettistin sehe ich doch geil aus!
Tja, die Zeiten sind vorbei, wo eine Kabarettistin eine arme, linke Kleinkunst-Sau war, die nach zweistündiger Verbal-Revolution, quasi Sprechdurchfall, verbittert die Bühne verläßt und dann womöglich mit dem Hut in der Hand sammeln geht für a warms Essen und die Heimfahrt!
Na, naa ...! Gegessen wird im Hilton, da ist auch das Zimmer reserviert, und die Heimfahrt besorgt der Chauffeur – und zwar in dem Wagen, der von der Partei bezahlt wird, die die Veranstaltung sponsert.
Welche das ist, das ist ganz egal, es ist die, die besser zahlt! Ja, glaubst du, i bin no immer bläd und bleib auf dem Ast sitzen, den man mir später absägt?
Na, naa! Unter drei Mille – im Vertrauen – geht euch heut kein genormter DIN-Kabarettist mehr aus dem Haus bzw. aus dem zum Bauernhof umgebauten Reihenhaus. Ab drei Mille kann man reden ... da kann man sogar über die Themen reden. Aber das sind eh immer dieselben, weil nix vorwärtsgeht: Hunger, Krieg, Atomwirtschaft, Abrüstung, Aufrüstung, Friedensbewegung, Frauenbewegung, Umweltverschmutzung – der doofe Kohl, die Ohren vom Genscher – versetzt mit a paar blede Witz, daß das Publikum net einschlaft!
Wir sollen die Gesellschaft verändern, wo wir doch als Zecken drinsitzen?
Lachhaft! Alle Menschen sind gleich – mir jedenfalls!
Da, schaut her *zeigt ihre Ringe* schön, gell? Das habt alles ihr bezahlt!
Vor ein paar Jahren, da konnte man noch im alten Strickpullover, Norwegermuster, Breitcordhose und Terroristenschal – ich mein diesen Araberfeudel, gell – konnte man noch linke Parolen zur Wandergitarre hersagen. – Was will man heute noch mit linken Parolen?
Das politische Umfeld ist so rabenschwarz geworden, daß es sogar den Raben graust! Das hat mir der Vogel gesagt, und der muß es wissen.

Aber schöne Lieder waren das damals – und immer in a-Moll. Mein Vater hat gesagt, das sind die a-Moll-Deppen, aber der ist ein CSU-Wähler. Jedenfalls konnte man noch gut einen abjammern. Das Ambiente hat sich ja auch geändert: Heutzutage hockt man sektschlürfend und kabarettkonsumierend in samtbezogenen Kleinkunststühlchen, haut sich kreischend auf die nappalederbehosten Schenkel, mit einem Kaschmirschal um den Hals – es gibt jetzt diese neue Anzug-Generation, die geistige Substanzlosigkeit mit Kaschmir tarnt – und grölt: »Genau, he! Dene hat sie's wieda gebn!« – Wem »dene«?
Na, naa – wenn ich jemand beschimpfe, dann euch! Ihr braucht das! Ich mache jetzt Wohlstandskabarett mit Spurverbreiterung für Zahnärzte mit Problembewußtsein. Wo war ich?
Ah ja – Abjammern. Ich bin natürlich auch noch betroffen! The world of money can be very depressing ...! Wenn ich in der Abenddämmerung eines milden Novembertages den Nordzaun von meinem Gut entlangreite, denke ich mir auch immer wieder: »Mein Gott, es geht so vielen Menschen so schlecht! Vor allem in der Dritten Welt!«
Und dann geh ich ins Solarium. Und dann ist das vorbei. Tut ihr doch nicht so! Was hier herin sitzt, hat mit Sicherheit mehr Geld für Abmagerungskuren bezahlt als für Brot für die Welt!
Geil ist heute ein spurverbreiterter Lamborghini für 300 Mille oder ein Bizeps ab 43 cm Umfang – oder mountainbiking!
Geil ist heute, was man kaufen oder trainieren kann: Belastbarkeit ist trainierbar, Leistung ist trainierbar, Geldgier ist trainierbar!
Was heute zählt, meine Damen und Herren, ist nicht mehr die Qualität der Köpfe, sondern Qualität der Kaufkraft pro Kopf!
Wir sind keine Menschen mehr, sondern Verbraucher – unserer eigenen Substanz!
Der moderne Verbraucher ist eine Mischung aus Yuppie, Hippie, Püppi und Papi! Er ist sich durchaus der Mißstände in der Welt bewußt, aber sie stören ihn nicht mehr, weil er positiv denkt!
Der moderne Verbraucher hat sein Herz an Atari verloren und sein Geschlecht an Theresa Orlowski.
Er hat ein Lebensziel: freies, ungehemmtes Verbrauchen. Er verbraucht Waren, Menschen, Religionen, Drogen, Eiweiß, Videos – safen Sex und Cornflakes! Look at the Video-Show!

Operierte Neger zucken sinnentleert für Pepsi.
Gebleichte Zwerginnen im Größenwahn,

Tittenmonster im Silikonrausch
Zelebrieren Euter-Pop.

Die Oberflächlichkeit ist Inhalt geworden.
Papp-Androiden lecken Gitarren ab.
Neureiche segeln und fallen lachend in Pools.
Plastik-Erotik, eindimensional.
Innere Harmonie durch Fönschnitt!

Wiederkehr of analphabetism – böse, weil dumm.
Die Realität ist ersetzt – wir lassen leben.
Wir schauen uns nur noch zu.

Look at the Video-Show!
Look at the Video-Show!
Look at the Video-Show!

Dieter Hildebrandt

## Der anständige Deutsche und die Ausländer

Manisch ist das bei mir, manisch. Wo ich Stühle sehe, muß ich aufräumen. Tut die Stühle weg. Hier in dem Haus sind überall Stühle. Stühle, Stühle, lauter freie Stühle. Ich habe immer gedacht, daß wenn ich hierher komme nach Berlin, da steht eine Riesenschlange, und wenn ich den Hintersten frage, was los ist, da sagt der: Ja, wir wollen alle Intendant werden. Und nichts ist los. Absolutes Führungsloch hier. Absolut. Wer wird's, wer wird's? Kein Mensch weiß es. Eins weiß ich: Ein Ausländer wird's nicht. Obwohl: Auch Ausländer haben ein Recht auf Heimat – aber nicht auf unsere! Wer ist eigentlich bei uns wirklich ein Ausländer! Da gibt's ja Unterschiede. Ein Engländer zum Beispiel ist fast gar keiner, der ist ein Devisen-Gast – ein Franzose ist ein lieber Nachbar, und ein Amerikaner hat schon Heimrecht. Ein Schweizer ist der reiche Onkel aus den Bergen, es sei denn, er ist Tessiner und sieht so aus wie ein Sizilianer, dann ist er bei der Mafia und es gehören ihm zwei Lokale in Köln oder Düsseldorf. Ein richtiger Ausländer ist einer, der so aussieht.

Ich bin zum Beispiel nachweisbar kein Ausländer. Aber in dem Moment, wo ich die Grenze nach Italien überfahre – bin ich automatisch ein Ausländer. Und das kann jedem passieren! Das muß man sagen, weil es viele Deutsche gibt, die sagen: Das könnte mir nie passieren! Sie sagen: Ich bin ein anständiger Deutscher!
Steht auch sehr oft unter wütenden Zuschauerbriefen: »Und das sagen Ihnen zehn anständige Deutsche.«
Es hat mich immer interessiert, was das ist, ein anständiger Deutscher. Wo hat er ihn her, seinen Anstand? Ist er wirklich den ganzen Tag anständig? Ist ja langweilig. Und dann: Fühlt er sich anständig, weil er deutsch ist, oder glaubt er, daß er mit Sicherheit deutsch ist, weil er anständig ist? Oder meint er vielleicht, heute bin ich mal wieder anständig deutsch, so wie man sagt: Gestern war ich aber anständig besoffen? Es müßte unter diesen Briefen »zehn ständige Deutsche« heißen. Also, ich würde mich zu den ständigen Deutschen zählen. Naja, vielleicht haben sie wirklich was Unverwechselbares, die ständig anständigen Deutschen?
Aber man kann doch fast alles vergleichen. Der Inländer Friedrich Zimmermann muß zum Beispiel dafür sorgen, daß sich der Ausländer nicht vermehrt, daß also ein türkisches Ehepaar getrennte Schlafzimmer hat – er seins in Dortmund und sie in Ützmür – nein, kein schöner, ein unanständiger Job, den er da hat, und er klagt auch immer, daß er die ganze Dreckarbeit machen muß. Was unterscheidet ihn dann von einem Türken? Es ist wirklich nicht einfach. Wir wollen sie nicht, die Ausländer, aber wir brauchen sie.
Das ist ja das Dumme, und deswegen hat das Innenministerium, an der Spitze Herr Spranger, wahrscheinlich schon den idealen Ausländer erfunden, wie er sein muß. Man kann ihn ja fast schon herstellen, im Reagenzglas. Also der richtige Ausländer, den wir brauchen, der muß idealerweise so aussehen: Er muß immer arbeiten, aber er fliegt jeden Abend wieder nach Hause nach der Arbeit, ist am nächsten Morgen Punkt sechs Uhr wieder am Arbeitsplatz, verbraucht aber das Geld, das er dabei verdient, bei uns.
Am Arbeitsplatz sollen die Ausländer unauffällig sein, möglichst unsichtbar, unfruchtbar, geruchlos, aber ungeheuer fleißig.
Und noch was: Lieb müssen sie uns haben!

# Vaterland

Vata, is des wirklich wahr,
Warst du wirklich a Sozi in die dreißiger Jahr?
Warst du wirklich damals im Widerstand,
Hast gekämpft gegns eigene Vaterland?
Vata, i muaß mi schama,
I möcht an andern Nama.
In der Schui, du glaubst ned, wia peinlich des is,
Da hoaßens di an Kommunist.
  Und der Bua träumt von Recht und Ordnung,
  Von an gsunden, graden Tritt,
  Und im Geist, da hört ers marschieren,
  Und im Geist, da marschiert er scho mit.
    Und der Vata woaß ned aus no ein,
    So weit is scho kumma mit der Duckerei,
    Mit Kommunistenhatz und Berufsverbot
    Und Wirtschaftswunder und Arbeitsnot.
    Da wehrst di dei Lebn lang gegen all den Schutt,
    Und da machas dafür deinen Sohn kaputt.

Und der Vata nimmt si a Nacht lang Zeit
Und verzählt dem Buam von der Unmenschlichkeit,
Von Kriag, von KZ, von der Feigheit der Leit,
Und er plärrt, paß auf, die macha si bald wieder breit!
Dann packt der Bua seine Sachen,
Sagt: Vata, da muaß i doch lachen,
Du kannst es doch überall lesen,
Des is doch ganz anders gewesen.
  Und dann träumt er von hohen Stiefeln
  Und von Männern aus Stahl und Granit,
  Und im Geist, da hört er Trompeten,
  Und im Geist, da marschiert er scho mit.
    Und der Vata woaß ned aus no ein …

Und a paar Wocha später steht der Bua vor der Tür
Und zittert und flüstert: i ko nix dafür,
Die macha ernst, die basteln Granaten,

Die redn von Volkssturm und Attentaten.
Vata, i muaß mi schama,
I möcht an andern Nama,
Wir ham – i trau mirs gor ned sagn,
Gestern nacht im Streit an Mo derschlagn.
  Und der Vata denkt an früher,
  Hört die grausamen Stiefel marschieren,
  Und im Geist, da marschieren die noch immer,
  Und schon morgen ko des wieder passieren.

HENNING VENSKE

## Neue Armut

A *singt, mit einem Strick um den Hals* Freut euch des Lebens, solange das Lämpchen noch glüht, pflücket die Rose, eh sie verblüht ...
B Kann ich Ihnen vielleicht irgendwie behilflich sein?
A Weiß ich nicht, ich suche einen Haken oder einen Balken.
B Was ausreichend Stabiles werden Sie hier wohl kaum finden.
A Dann eben nicht, dann geh ich eben nach Duisburg und nehme einen Schluck Leitungswasser.
B Warum denn? Liebeskummer? Schlechtes Zeugnis? Oder was?
A Nein, Armut. Die neue Armut. Ich kürze das Verfahren jetzt ab. Das Existenzminimum bringt mich zu langsam um.
B Sich umzubringen ist ein Verbrechen gegen den Staat, sagt schon Aristoteles, weil es dem Staat Produktivkräfte entzieht.
A Ich bin schon lange nicht mehr produktiv. Mit mir ist kein Staat mehr zu machen.
B Da irren Sie sich ganz gewaltig. Die Armen sind ungeheuer wichtig für den Staat. Die Armen steuern die Krise, und die Krise bestimmt die Richtlinien der Politik.
A Das ist doch Kohl.
B Unsinn! Begreifen Sie doch: eine leistungsorientierte, konkurrenzbewußte Armut ist im besten Sinne wertkonservativ.

A Was Sie nicht sagen.

B Ja! Seien Sie mal stolz auf Ihre Armut. Denken Sie mal an die Arbeitsplätze, die Arme beschaffen: Gerichtsvollzieher, Sozialarbeiter, jede Menge Polizei, der ganze Justizapparat …

A Das stimmt. Was wären die ohne meine Ladendiebstähle.

B Genau! Und die Armen heizen die Bauwirtschaft an. Städtische Sanierungsobjekte betreffen immer Ihr armes Wohngebiet.

A Stimmt auch! Wird der Altbau restauriert, ist der Bauherr schnell saniert.

B Alle kulturell wertvollen Bauten wurden von den Armen errichtet. Von den Pyramiden bis zum Kölner Dom.

A Das stimmt auch! Als ich das letzte Mal im Knast war, habe ich meinem Gefängnisdirektor einen wunderschönen Swimmingpool gebaut.

B Und jetzt nehmen wir mal den Kriegsfall. Ohne euch Arme würde jeder Offizier zum Einzeltäter.

A 'n Offizier ohne Truppe ist wie Salz ohne Suppe.

B Und weil die Armen als blöde und unfähig zu lernen …

A Hey, hey, hey –

B Was ist denn?

A Nicht frech werden!

B – abgestempelt werden, ich sage ja nicht, daß sie's sind, dadurch ermöglichen sie es den anderen Leuten, die besseren Jobs zu kriegen. Das nennt man Aufwärtsmobilität. Die ist sehr gut für die Psychologie.

A Nee, damit will ich nichts zu tun haben.

B Haben Sie aber! Die Armen ermöglichen es beispielsweise den reichen Damen der Gesellschaft, als mildtätig zu gelten. Das ist für viele reiche Damen der Gesellschaft die einzige emotionelle Befriedigung.

A Ja, aber mildtätig ist die Kirche auch.

B Ja, »Gutes für die Armen tun« – damit finanzieren die sich ihre Wiederauferstehung.

A Und ohne uns Arme wäre die revolutionäre Linke doch glatt aufgeschmissen.

B Völlig im Eimer. Die konservative Rechte aber auch. Denn ohne die Armen gäb's keine Kostgänger des Wohlfahrtsstaates, niemanden, der vom sauerverdienten Geld des Steuerzahlers lebt, und die Reichen hätten überhaupt keinen Grund mehr, Sozialleistungen abzubauen und Steuersenkungen durchzuführen.

A Die würden ganz schön blöd aus der Wäsche gucken.
B Das kann ich Ihnen aber sagen!
A Und da ist noch was: Wir Armen kaufen Wirtschaftsgüter, die sonst kein Mensch mehr haben will, vergammeltes Brot, Krafts Schimmelbletten, Birkels Flüssigküken-Maccaroni …
B Haribos Glykolbärchen … ja, ja, was so ein richtiger Aldi-Gourmet ist …
A Wir kaufen eure Schrottautos und diese roten Wassersäcke aus Holland, wie heißen die bloß noch?
B Tomaten. Und es ist ungeheuer wichtig, daß die Armen dieses unnütze Zeug verbrauchen. Das hält die Krise am Kochen.
A Ich verstehe. Wenn ich mir einen neuen Hut kaufen würde, wäre das zwar gut für die Konjunktur –
B Ja, aber ganz schlecht für die Krise. Verstehen Sie jetzt, warum Sie Ärmster noch möglichst lange überleben müssen?
A Ich verstehe Sie. Sie haben mir wirklich sehr geholfen.
B War mir ein Vergnügen.
A Vielen Dank.
B Gern geschehen.
A Halt!
B Ist noch was?
A Ja. Die Regierung will uns doch beseitigen. Sagt sie jedenfalls.
B Och nein, da machen Sie sich mal keine Sorgen. Das sind ja alles ganz anständige Konservative.
A Gottseidank. Ich dachte schon, die lügen nicht …

Helmut Ruge

## Vom Werden zum Sein

Damit du was bist, mußt du was werden.
Damit du was wirst, muß Vater was sein.
Doch dazu muß Vater erstmal was haben,
Denn ohne zu haben, gibt es kein Sein.

Hat aber Vater nichts als sein Sein,
Mußt du selber ein Habender sein.

Um das zu werden, tummle dich tumm.
Schlage die andern oder bringe dich um.

Hapert's am Haben, kannst du nichts werden.
Bist nichts geworden, bist du nicht wer.
Bist du nicht wer, bist du ein Niemand.
Mit Niemand läßt niemand sich bei uns gern ein.

Bist du ein Niemand, hast du auch niemand.
Niemanden haben jetzt immer mehr.
Immer mehr haben, heißt: Immer mehr haben
Von ihrem Leben weniger was.

Nur wenige haben von ihrem Haben immer noch mehr
Und mehr ha'm nichts.
Und können nichts mehr werden, weil sie nichts haben.
Also haben vom Haben sie nichts.

Niemand zu werden, jemand zu sein
Könnte das Sein vom Haben befrein.
Wir können nichts mehr werden. Wir können nur noch sein.
Es gibt niemand, der nichts ist und niemand allein.

MARTIN MORLOCK

## Über das jache Erscheynen und wundersame Verschwinden des Volkes der Nat-Si

*Der Chronist entrollt eine vergilbte Pergament-Handschrift*

Dieses ist die Geschichte
Von eynem Mysterio, welches hat angefangen
Zu aller recht Schaffenen Bangen
Anno eyn tausend und neun hundert und drey und dreysßig
Um Aschenweyh herum
Und geendigt unter erschröcklichen Plagen
Nach vier tausend und vier hundert und neun und siebzig Tagen
Im Mayen.

Die dem Wunder bey gewohnet und annoch am Leben seyen,
Mögen der Nachwelt davon zu wißen thun
In der vierzehen heyligen Noth Helfer Namen,
Auff das ihr Gebeyn hienieden
Biß zur Erweckung der Seligen kan ruhn
In Frieden –
Amen.

Es war, als die Drossel ihr Lied sang im Riede,
Das Veigelein blühte im Haine.
In Teutschland obwalteten Ruhe und Friede,
Vom Kurischen Haff bis zum Rheine.

Gar niemandem schwante im Lenze, dem linden,
Von Unbilden oder Gefahren –
Da stürmte es jählich aus allen vier Winden
Herbei in gewaltigen Scharen.

Da rückte es an, das Barbarengelichter.
Die braune, mordgierige Bande,
Da brach sie herein über Denker und Dichter
Und andere Biedre im Lande.

Kein Teutscher vermochte dem Ansturm zu wehren.
Es waren der Braunen zu viele.
So kamen sie keck an die Macht und zu Ehren,
Verschafften sich Pfühle und Stühle.

Verbogen viel Grades, zerbrachen viel Heiles
Im leydvollen Land der Poeten,
Und setzten den Vorrang des Scharfrichterbeiles
Vor andere Prioritäten.

Zwölf Jahre regierten die garstigen Horden.
Dann plötzlich – das braune Spektakel
War glücklich zu Ende, das Sengen und Morden
Vorüber – geschah das Mirakel:

Die grausen Barbaren, von fremden Befreiern
Mit Übermacht niedergerungen,
Warn spurlos verschwunden, wie Zeugen beteuern,
Als hätt sie die Erde verschlungen.

Da gab es in Teutschlands geborstenen Mauern
Wie ehdem nur Denker und Dichter
Und Fleischer und Bäcker und Tischler und Bauern
Und Studienräthe und Richter.

Die Braunen, alsbald der Vergeßlichkeit Beute
Wie ähnliches Unzeitgemäße,
Sie blieben verschollen. Doch findest du heute
Auf Schuhpolstern hoher und achtbarer Leute
Noch Abdrücke ihrer Gesäße.

Bruno Jonas

## Der letzte Linke

Ich sag Ihnen was – muß aber unter uns bleiben –, ich bin der letzte Linke im ganzen Bayerischen Rundfunk. Das weiß keiner. Weiß nur ich. Darf sonst auch keiner wissen. Wenn das rauskommt, flieg ich raus, und das wäre schlecht für den Bayerischen Rundfunk, weil dann hätten die überhaupt keinen Linken mehr. Dann wäre der Sender total eingeschwärzt, von der Putzfrau bis zum Intendanten! Als letzter Linker hat man eine gewisse Verantwortung fürs Ganze. Tarnung ist alles. Ich bin selbstverständlich CSU-Mitglied. Schon lange. Da war ich noch gar nicht im Sender, da war ich schon CSU. Weitblick mußt du haben. So eine Stellung als Redakteur, die bekommst du nicht von heut auf morgen. Da mußt du dich qualifizieren ... als Freund der Freiheit, der CSU, darfst nicht zu kreativ sein, du brauchst so die Phantasie, die zwischen einem Hamster und einem Willi Platz hat, dann hab ich den Job bekommen. Die haben natürlich nachgeschaut, ob ich irgendwie SPD-nah war, bin ... Fehlanzeige. Ich hab mit der SPD nie was zu tun gehabt. Ich war politisch immer unauffällig. Hab mir aber immer meinen Teil gedacht. Ich habe immer mit den Sozialdemokraten sympathisiert. Heimlich. Als damals die Wahl war, ich glaube achtzig, Schmidt gegen Strauß, da habe ich auf die Klowand im BR mit der Hand, muß man sich mal vorstellen, wie unvorsichtig, habe ich geschrieben »Stoppt Strauß«. Leichtfertig. Ich sag das nur, nicht daß Sie meinen, das ist einer, der nur mit dem Maul, ein Schwätzer, nein, ich werde auch aktiv, wenn's sein muß. Wochenlang wurde im BR gerätselt, wer das war. Sie glauben gar nicht, was ich für Ängste ausgestanden hab! Als Linker im Untergrund hast du's nicht leicht. Man muß ja immer seine wahre Einstellung unterdrücken. Immer links denken, rechts handeln. Meine Sendungen sollten Sie mal sehen. Da merken Sie nichts von meiner wahren politischen Einstellung.

Münchner Crüppel Cabaret

## Liebe Hundskrüppel

*Geheimste Gedanken eines Festredners*

Ja, wir haben tiefes Verständnis für euch.
Euren Leiden gebührt unsere Anteilnahme.
Euer schweres Los soll uns Verpflichtung sein.
Der Dienst am Nächsten ist
Helfendes Wirken der vielen für euch allein.

Nutzt es nur, dieses Fest der Behinderten.
Stellt eure Forderungen. Artikuliert euren Protest.
Schreit heraus, was euch bedrückt, was euch Bürde ist,
Schicksal, an dem ihr schwer, schwer zu tragen habt.

Geheilt werden all eure Leiden, gemildert eure Gebrechen;
Denn bald ist es erstanden,
Euer zentrales Heim zur Linderung eurer Versehrtheit,
Im Bayerischen Wald, nahe der tschechischen Grenze,
Modell zur Lösung all eurer Probleme.

Füllt sie nur, unsere Plätze, heute mit euren Rollstühlen.
Demonstriert gegen uns.
Morgen im Bayerischen Wald denkt ihr anders, ganz anders.
Denn dorthin werden wir euch verbringen
Zur Zwischenlagerung,
Bevor wir euch alle auf den Mond schießen,
Ihr Hundskrüppel, ihr undankbaren, ihr. – Alle.

Klaus Peter Schreiner

## Ich gehe davon aus …

Wenn ich sage, ich gehe aus, ist mir daran wichtig, wohin ich gehe, und nicht, woher. Wenn aber ein Staatsmann sagt, »Ich gehe aus«, hält er es nicht für wichtig, wohin er ausgeht, sondern wovon.
»Ich gehe davon aus«, sagt er, aber er sagt nicht, wo er hingeht.
»Ich gehe davon aus, daß«, sagt er, aber er sagt nicht, daß und womit oder mit wem er geht und wohin.
»Ich gehe davon aus«, sagt er, »daß man mich gewählt hat, damit ich meine ganze Kraft dem Wohle des deutschen Volkes …« und so weiter oder so ähnlich, sagt er, daß er davon ausgeht, also von da weg.
Er entfernt sich von dem, wovon er sagt, daß er davon ausgeht, und er geht dorthin, wo alles anders sein muß, denn sonst hätte er ja gleich dort bleiben können, wovon er ausgegangen ist.
Aber obwohl sie pausenlos ausgehen, sind sie doch alle immer noch da, ohne daß von ihnen groß was ausgeht, und wenn ihnen was ausgegangen ist, dann der Verstand, und so was geht – davon kann man ausgehen – nie gut aus.

Werner Schneyder

## Jetzt reden wir wieder Fraktur

Vorbei sind die bitteren Jahre
Der sprachlichen Duckmäuserei.
Man muß nicht mehr Worte abwägen.
Die Zeiten sind endlich vorbei.

Wir tragen das Herz auf der Zunge.
Das hat uns die Wende geschenkt.
So ist uns der Schnabel gewachsen.
Ein Schuft, der nicht sagt, was er denkt!

Jetzt reden wir wieder Fraktur!
Wer war schuld am KZ? Pazifisten!

Sie brauchen sich nicht zu entrüsten,
Sie vaterlandslose Figur!

Wenn Staatsanwälte den Verdacht
Gegen Minister formuliern,
Dann ist das, wie wenn Terroristen
Eine Geisel liquidiern!

Wir können wieder Blutzoll leisten.
Das Wort ist wieder eingeführt,
Damit der einfache Soldat
Auch sprachlich was von Wende spürt.

Jetzt hat unser Deutsch Konjunktur!
Mit Worten, die nichts mehr vernebeln.
Jetzt sitzen wir an den Hebeln.
Und wir reden wieder Fraktur.

Es ist die deutsche Geschichte
In Illustrierten zu lesen.
Wie spannend, wie sie an der Ostfront
Am deutschen Wesen genesen.

Jetzt darf man auch wieder sagen,
Wie decorum et dulce es est,
Wenn man für die Heimat auch einmal
Das blühende Leben läßt.

Jetzt reden wir wieder Fraktur!
Wir haben schon lang drauf gewartet!
Entartet bleibt immer entartet!
Und unsre Natur ist Natur!

Man darf wieder von Dolchstoß sprechen
Und Auschwitz leicht relativiern.
Es gibt hier viel zuviel Kanaken!
Wir werden sie schon reduziern.

Ein freies Leben führen wir und
Rüsten voller Wonne!
Und wer etwas dagegen hat, ist
Moskaus 5. Kolonne!

Schaut nur besorgt auf die Uhr!
Es ist nicht zwölf, es ist später.
Die Sprache ist ein Chronometer!
Und wir reden wieder Fraktur.

# Willy

Mei, Willy, jetz wo i di so doliegn sich, so weit weg hinter dera Glasscheibn, genau oa Lebn z'weit weg, da denk i ma doch, es hat wohl so kumma müaßn, i glaub oiwei, du hast as so wolln, Willy.

Ogfanga hat des ja alles 68, woaßt as no: alle zwoa san ma mitglaffa für die Freiheit und fürn Friedn, mit große Augn, und plärrt habn ma: Bürger laßt das Glotzen sein, kommt herunter, reiht euch ein! – und du warst halt immer oan Dreh weiter wia mir, immer a bisserl wuider und a bisserl ehrlicher.

Mia habns eana zoagn wolln, Willy, und du hast ma damals scho gsagt: Freiheit, Wecker, Freiheit hoaßt koa Angst habn, vor neamands, aber san ma doch ehrlich, a bisserl a laus Gfühl habn ma doch damals scho ghabt, wega de ganzen Glätzen, die einfach mitglaffa san, weils aufgeht, wega de Sonntagnachmittagrevoluzzer: d' Freindin fotzen, wenns an andern oschaugt, aber über de bürgerliche Moral herziagn – die gleichn, Willy, die jetzt ganz brav as Mei haltn, weils eana sonst naß nei geht – und du hast damals scho gsagt, lang halt des ned, da is zvui Mode dabei, wenn scho die Schickeria ihrn Porsche gegan 2 CV umtauscht, dann muaß was faul sei an der großen Revolution, mitlaffa ohne Denken ko hoit nia guat sei, aa ned für a guate Sach.

Gestern habns an Willy daschlogn,
und heit, heit, heit werd a begrobn.

Dann hast plötzlich mim Schlucka ogfanga, und i glaub, a bisserl aufgebn hast damals scho. I versteh di, des ist ja koa Wunder, wenn man bedenkt, was alles wordn is aus de großen Kämpfer. Heit denkas ja scho mit 17 an ihr Rente, und die Madln schütteln weise an Kopf, wenn d' Muater iam Mo as Zeig hischmeißt und sagt, mach doch dein Krampf alloa, i mächt lebn – trotzdem, Willy, ma muaß weiterkämpfen, kämpfen bis zum Umfalln, a wenn die ganze Welt an Arsch offen hat, oder grad deswegn.

Und irgendwann hast dann ogfanga, die echten Leit zum suacha, de wo ned dauernd ja, Herr Lehrer, sagn, hinten in dene Kneipn am Viktualienmarkt und am Bahnhofseck, echter san de scho, Willy, aber i hab di gwarnt, aufpassen muaßt bei dene, weil des san

Gschlagene, und wer dauernd treten werd, der tritt halt aa amoi zruck, aber du hast koa Angst ghabt, i kenn di doch, mia duad koana was, mei, Willy, du dummer Hund du, jetzt sichst as ja, wia da koana was duad.

Gestern habns an Willy daschlogn,
und heit, heit, heit werd a begrobn.

Sakrament – Willy – warst gestern bloß aufm Mond gwesen oder aufm Amazonas in am Einbaum oder ganz alloa aufm Gipfel, drei Schritt vom Himmi weg, überall, bloß ned in dera unselign Boazn!

I hab in da Früah no gsagt, fahrn ma raus, as Wetter is so glasig, die Berg san so nah, schwänz ma a paar Tag, wia damals in da Herrnschui, an Schlafsack und die Welt in der Taschn, aber du hast scho wiedaramoi oan sitzn ghabt in aller Früah, und am Abnd hast as dann wiedaramoi zoagn müaßn, daßd doch no oana bist.

Am Anfang wars ja no ganz gmüatlich. Und natürlich habn ma den alten Schmarrn wieder aufgwärmt, wiederamoi umanandgstritten, wer jetz eigentlich mim Lehrer Huber seiner Frau poussiert hat am Faschingsball, sentimental san ma gwordn, so richtig schee wars, bis der Depp an unsern Tisch kumma is mit seim Dreikantschlüsselkopf, kloa, schwammig und braun. Und dann hat a uns gfragt, ob ma beim Bund gwesen san, na ja, des habn ma ja noch ganz lustig gfunden, und daß a so froh wär, daß jetz wieder Ordnung kummt in die rote Staatssauce, und die Jugend werd ja aa wieder ganz vernünftig, und die Bayern wissens as eh scho lang, wos lang geht politisch. Willy, i hab gnau gwußt, des haltst du ned lang aus, und dann hat a plötzlich as Singa ogfanga, so was vom Horst Wessel. Hinten an de andern Tisch habns scho leise mitgsummt, un dei Birn is ogschwolln, und plötzlich springst auf und plärrst: Halts Mei, Faschist!

Stad wars, knistert hats. Die Luft war wiara Wand. Zum Festhalten. Da hätt ma no geh kenna, Willy, aber na, i verstehs ja, du hast bleibn muässn, und dann is losganga an de andern Tisch: Geh doch ind Sowjetunion, Kommunist! Freili, Willy, da muaß ma narrisch werdn, wenns scho wieder soweit is, aber trotzdem, laßn geh, hab i gsagt, der schad doch neamands mehr, der oide Depp, nix, hast gsagt, alle schadens, de oiden und de junga Deppen, und dann hat der am Nebentisch plötzlich sei Glasl daschlogn, ganz ruhig, und is aufgstanden, Willy, du dumme Sau, i hab di bei da Joppen packt und wollt di rausziagn, obwohl is scho nimmer glaubt hab, und du hast di losgrissen: Freiheit, des hoaßt koa Angst habn vor neamands, und bist auf ean zua und nacha hat a halt auszogn ... Willy, Willy, warn ma bloß weggfahrn in da Früah, i hätt di doch no braucht, wir alle brauchen doch solche, wia du oana bist!

Gestern habns an Willy daschlogn,
und heit, heit, heit werd a begrobn.

Werner Schneyder

## Die Wut ist jung

Man hat ein Image.
Man nennt es Dame.
Die Lore Lorentz.
Kein schlechter Name.

Man hat Erfahrung.
Man hat Routine.
Hier im Kom(m)ödchen.
Auf dieser Bühne.

Man wurde älter.
Man wurde müder.
Man dachte: Reicht schon.
Und tat es wieder.

Und wenn ich heute
Nun nicht hier stünde?
Ich stehe aber.
Und habe Gründe.

Die Wut ist jung.
So können sie nicht mit mir verfahren!
Ich schenke ihnen nach all den Jahren
Doch nicht mein Schweigen!
Die Wut ist jung.
So können sie mich nicht überhören!

Ich kann die Zerstörer nicht zerstören,
Doch auf sie zeigen.
Ich bin müde und prüde,
Verteufelt solide,
Und dem Wohlleben gerne ergeben.
Doch ich kann schreien und speien
Und gar nichts verzeihen,
Geht's wieder einmal ums Leben.

Wir wollten damals den Frieden erfinden.
Zu nah die Erinnerung.
Ich seh meine Hoffnungen schwinden.
Die Wut ist jung.

Was kam nicht alles
In mir zusammen?
An Fetzen, Sätzen
Und an Programmen.

Kampf gegen Köpfe.
Gegen Figuren.
Gegen Attrappen.
Gegen Lemuren.

Ein kleiner Auszug
Aus der Geschichte.
Oftmals nur Texte.
Manchmal Gedichte.

Sie sind verbraucht,
Die vielen Titel.
Die Mörder schreiben
Ein neues Kapitel.

Die Wut ist jung.
Ich habe keine Lust, verstummt zu zittern!
Und kampflos werde ich nicht verbittern!
Ich kann noch hassen!
Die Wut ist jung.
Ich kann das Warum und das Weswegen
Auch nicht meinen Freunden und Kollegen
Ganz überlassen.
Ich bin westlich und festlich

Und finde es köstlich,
Ein Kleid von Cerruti zu tragen.
Doch ich kann nicht für mich bürgen
Und denk an Erwürgen,
Seh ich die richtigen Kragen.

Wir wollten damals den Frieden erfinden.
Zu nah die Erinnerung.
Ich seh meine Hoffnungen schwinden.
Die Wut ist jung.

# Von Staatswegen

## Vom real existierenden DDR-Kabarett

Das Kabarett greift im Sinne
seiner gesellschaftlichen Auftraggeber
also Partei und Staat
ein in die großen Fragestellungen ihrer Zeit.

*Die Distel, 1984*

Auch drüben, östlich der Elbe, ist Deutschland. Auch drüben hat sich nach 1945 wieder eine Kleinkunstszene gebildet. Aber die Bedingungen, unter denen Kabarett dort stattfinden kann und möglich ist, sind seit Gründung des DDR-Staates, spätestens aber seit dem Bau der Mauer, nicht mehr vergleichbar mit denen, unter denen westliche Spötterkollegen agieren. Kabarett hüben und drüben – inkompatibel.

Während sich in Deutschland-West die Kabarettisten, so gut es eben geht, auf der Oppositionsbank einzurichten versuchen, sich mit »denen da oben« anlegen und je nach Lust, Laune, Zivilcourage und Durchhaltevermögen gegen den staatlichen Stachel lökken, sehen sich die Kabarettisten in Deutschland-Ost schon bald wieder von einem totalitär-autoritären System an die Kandare genommen, das bis ins Kleinste vorgibt, wohin die kritische Reise gehen darf und soll.

Das Kabarett, von staatswegen im Westen ungeliebt und, wo es sich nicht als bloßes Blödel-Kabarett zu erkennen gibt, als Störfaktor empfunden, wird im Osten des geteilten Landes mit einer staatlichen Fürsorge und Förderung bedacht, die neu ist. Aber der Preis ist hoch: Kabarett nicht gegen, sondern für die »herrschende Klasse«, Kabarett als systemimmanente Lehranstalt, Kabarett als Kulturfabrik zur Förderung von staatstragendem Humor, der bereits fest ins realsozialistische Soll eingeplant ist.

Lizensiert, subventioniert, kontrolliert und zensiert, ist das DDR-Kabarett bald Teil des allgemeinen Staats-Theaters, das die offiziösen Verlautbarungen der Machthaber nicht nur nicht bekritteln, sondern möglichst noch populär nachbeharken und ideologisch hinausposaunen soll. Kabarett, als parteiliches Meinungsbildungs-Institut erwünscht und ob seiner Ventilfunktion für gelegentlichen Unmut hoch geschätzt, wächst zu einem gehätschelten Musterkind heran, das – über Jahre mit Zuckerbrot und Peitsche gegängelt – auf dem schmalen Grat zwischen Anpassung und verschlüsselter Kritik zuweilen virituos die Quadratur des Kreises seilzutanzen hat. Das geschieht zuweilen sehr graziös, ändert aber wenig bis nichts an dem gesellschaftlichen Auftrag, den SED-Parteichef Honecker als »progressive parteiliche Kritik« einklagt. Honecker-Vorgänger Ulbricht hatte es noch knapper gefordert: »Satire ist das, was sein muß.«

Für Sollerfüllung und Ergebenheitsadressen verteilte die Partei Verdienstorten und Nationalpreise ans Kabarett von staatswegen. Unliebsamen Pointen und Unbelehrbaren drohte der Blackout.

Rat der Spötter

## Zu Tode gewundert

*Reglos liegt ein Mann auf der Bühne. Auftritt Sherlock Holmes und Dr. Watson.*

Watson Chef! Da liegt einer!
Holmes Schief?
Watson Nee, flach. Kombiniere: Totschlag!
Holmes Ach, was!
Watson Mord!
Holmes Ach, was – politisch!
Watson Todesursache?
Holmes Zu Tode gewundert.
Watson Worüber?
Holmes In der Volkskammer hat's einen Zwischenruf gegeben.

Rat der Spötter

## Mai Otto

*Zwei Sachsen am Biertisch*

Richard Sozialismus. Sozia...lismus. Kapitalismus. Muus ...
Otto Nahmt, mai Richard. *bringt einen Kranz mit*
Richard Nahmt, mai Otto! – Was willst du mit dem Ding in dor Kneipe?
Otto 's gab grad ma welche. – Was machst'n du da?
Richard Ich lerne Schdeno. Weeste, wie de Abkürzung für Otto Grotewohl ist?
Otto Nee. –?
Richard Otol.
Otto Otto Grotewohl is keene Zahnpaste! Jetzt wirste widder bollidisch!
Richard Keene Angst, mai Otto, ich verbrenne mir de Zunge nich in den Schdaade. De darfst doch sowieso nischt sachen hier. Da verbrennste dir de Zunge!

Otto Ja ja, nee nee, mai Richard. Hauptsache, de hast was off dor Zunge! Hämmern spachteln fressen zicke zacke zucke!

Richard – 's Pferd sitzt off dor Glucke!

Otto – genau! Deswechen isses ooch kee Wunder, wemmer immer bloß Kühlhauseier kriechen. Aber de darfst ja hier sowieso nischt sachen hier!

Richard Ja ja, nee nee! – Prost. Wie gehts dir?

Otto Volkszeitungsgemäß. Alles in bester Ordnung.

Richard Was sachstn zu Berlin?

Otto Richard! Voll und ganz dafür! Du weest doch!

Richard Ja ja, nee nee! Haste schon gehört? Thieme Artur is in de Pardei!

Otto LDPD?

Richard Ja ja, nee nee, SED!

Otto Der mußte, wa?

Richard ...türlich, die ganze Welt dreht sich zwischen Daumen und Zeigefinger. Aber du darfst ja hier sowieso nischt sachen!

Otto Naja, Thieme hatte schon immer e gewissen Herdentrieb, der dnörzliche Bursche ...

Richard Un nu haddor 's Bongbong am Jackeneddl, un alles bloß wechen Gelde, mor kommt ja sonst nich vorwärts hier.

Otto Die machen ja ooch alles heimlich. Oder durchbrechen 's Briefgeheimnis!

Richard Wieso?

Otto Haste doch gestern erst widder gesehn: Offner Brief an Adenauer!

Richard Von wem war'n der?

Otto Von e gewissen Chrutscho oder Chrutscko! Prost!

Richard Prost! Du sollsz dein krankes Nieren-Bècken nicht mit kalten Bieren necken!

Otto Bist du krank?

Richard Na klar!

Otto Was sachtn da de SVK?

Richard Sachen tut se nischt, aber se zahlt! Ha ha ha ha!

Otto Geh in dich, Richard!

Richard Mach ich ja, aber wer den Entschluß faßt, in sich zu gehn, brauchtssch nich ze wundern, wenner dort niemanden antrifft!

Otto Sach ma, hast du denn schon davon gehört!?

Richard Von was denn?

OTTO Na, die Sache mit dem, mit dem, na, da draußen mit dem, na, wie heißen denn gleich die Leute …

RICHARD Meinst du vielleicht die neue Dneipe?

OTTO Nee, ich meine die Geschichte mit dem – verdammt, der Name liecht mir off der Zunge – naja, die Sache mit dem da draußen …

RICHARD – an dor Brügge?

OTTO Nee, na du mußt doch den Ort kenn!

RICHARD Aaaaaach, das ist die Sache mit dem Dings, ja die kenn ich, mit dem ä ä ä ä, also die meinste?

OTTO Ja, die meine ich. Also die kennste schon!?

RICHARD Ja, die kennich, die hat mir der, der, der, na, wie heißt der gleich, naja, is ja ooch egal, der hat die mir erzählt, du weißt schon!

OTTO Ja ja, ich weiß schon, von dem habchse ooch! Prost!

RICHARD Otto, du säufst wieder wie ein Loch! Ich denke, du wolltest ein andrer Mensch werden!?

OTTO Tut mir leid, Richard, der andre Mensch säuft ooch! – Wie spät isn?

RICHARD Keene Uhr!

OTTO Na sowas, du mußt doch in dein Alter ne Uhr ham!

RICHARD – brauche ich nich. Mir ham ze Hause ne Trompete. Da stelle ich mich nachts offn Balkon un blase, un da geht bestimmt irchendwo 's Fenster off un jemand brüllt: Welches Rindvieh bläst denn da nachts halb drei Drombete!!! Un da weesch, wie späts is!

OTTO Is eigentlich Neefe noch da?

RICHARD Dor Obtigger? – Ja.

OTTO 'de Brilln wärn ooch immer dnabber! Ich koofm jetzema eene zum Hinlechen!

RICHARD Da mußte aber offpassen, die Dobitrien ändern sich laufend in unsern Alter!

OTTO Was issn das – Dobitrien?

RICHARD Das? E Fremdwort!

OTTO Da wollte ich dich schon immer mal frachen, was issn eigentlich e Vakuum?

RICHARD E Vakuum … Vakuum … Das is … ich habs im Koppe, ich kann dors bloß nich erklärn! Prost!

OTTO Prost!

BEIDE Pass off, jetzt willch dor mal e Witz erzähln!

RICHARD Jetzt hammer alle beede dasselbe gesacht! – Nochmal!

Otto Na gut, fang du an!

Richard Na wer denn nun!?

Otto *improvisiert* Aber das mit den Thieme, das is mir e Rätsel! In de Pardei! Der muß doch mit allen sieben Siegeln gehetzt sein, der Bursche!

Richard Sach ich doch, aber du darfst ja hier sowieso nischt sachen! *sieht das Parteiabzeichen auf Ottos Jackett* Hoi, Otto, du bist doch ooch drinne!

Otto Ach, du meine Fresse, jetzt habchs Schakett von mein Sohn angezochen!

Rat der Spötter

## DEFA-Lustspiel

Einzelbauer Zwei Seelen wohnen, ach, in meiner Brust,
Des bin seit lang ich mir bewußt.
Seit Wochen drückt mich große Trauer,
Ich bin der letzte Einzelbauer.
Einmal ja – und einmal nee,
Geh ich in die LPG?
Wie soll enden diese Plage?
Rein oder nicht rein,
Das ist hier die Frage.

*Liebes-Duett auf dem Trittbrett eines Traktors.*

Traktorist O, welche Mondnacht lind und lau –
Traktoristin Geschaffen für die Zeitungsschau.
Traktorist O sieh, der Mond hat einen Hof –
Traktoristin Ein neuer Vorschlag von Chruschtschow.
Traktorist Am Himmel weiße Wolken ziehn –
Traktoristin Heldentat von Gagarin.
Traktorist Hör, Gretchen, den Gesang der Grillen –
Traktoristin Stahlwerker ihren Plan erfüllen.
Traktorist Ich liebe dich, du Melkerin,
So wahr ich Traktorfahrer bin.

*Agenten treten auf*

UNTERAGENT Wenn Arbeiter und Bauer pennt,
Tritt auf den Plan der West-Agent.

OBERAGENT Nimm diese beiden blauen Briefe,
Drin steht die neuste Direktive.
Pirsch dich an die Traktorhaube
Und mause eine wicht'ge Schraube.
Fang flugs mit dieser Arbeit an,
Vernichte ihren 7. Jahresplan.
Denn was du heute kannst besorgen,
Das verschiebe nicht auf morgen.

UNTERAGENT Chef, ich bin ein käufliches Subjekt.

OBERAGENT Ha, Chewing gum, ha, wie das schmeckt.

*Traktor-Duett*

TRAKTORIST Hast du studiert, o liebe Grete,
Walter Ulbrichts letzte Rede?

TRAKTORISTIN Ja, es ist nichts so fein gesponnen,
Es kommt doch ans Licht der Sonnen.

UNTERAGENT Frisch gewagt, ist halb gewonnen.

TRAKTORIST Dich liebe ich wie meinen Hammer.

TRAKTORISTIN In Bonn ist großer Katzenjammer.
Lieber Fritz, komm, es ist spät,
Denk an die Arbeitsproduktivität!

UNTERAGENT Da gehn sie hin, die Turteltäubchen,
Doch ich hab jetzt mein kleines Schräubchen.

*Hahnenschrei. Einzelbauer erscheint.*

EINZELBAUER Der Tag erwacht, es ist noch früh.
Gemeinsamkeit gibt große Kraft,
Es lebe die Genossenschaft.

UNTERAGENT Wenn ich dich sehe, bin ich sauer,
Alwin, du letzter Einzelbauer.

EINZELBAUER Ich will doch auch zum Sozialismus.

UNTERAGENT Hau ab, du Handlanger des Imperialismus.

EINZELBAUER Ich habe vergebens gehofft und geharrt,
Ihr habt mich gefoppt, geäfft und genarrt.
Ihr habt mich vor den Kopf gestoßen.

UNTERAGENT Hau ab, komm nicht mit solchen Chosen!
Reaktionär, Monopolist,
Jetzt weißt du, was die Volksmacht ist!

*Es erscheinen der Parteisekretär und Tochter*

| | |
|---|---|
| UNTERAGENT | Hallo, Genosse Parteisekretär! |
| PARTEISEKRETÄR | Hallo, Kollege, du schimpfst ja sehr! |
| UNTERAGENT | Jawohl, hier war ein Provokateur. |
| TOCHTER | Wer ist überall der erste? |
| TRAKTORIST | Das ist Fritz, der Traktorist. |
| TOCHTER | Nimm mich mit, Maschinenrecke. |
| TRAKTORIST | Na, komm hoch, du kleine Schnecke. |
| PARTEISEKRETÄR | Ahoi, mein Fritz, halt dich nur wacker. |
| UNTERAGENT | Und bestelle gut den Acker. |

*Traktor springt nicht an*

| | |
|---|---|
| TRAKTORIST | Nanu, wo bleibt denn das Tutut? |
| TOCHTER | Das ist doch klar: Maschin kaputt. |
| TRAKTORIST | Oh, wie bringt mich das in Rage. |
| ALLE | Sabotage! Sabotage! |
| UNTERAGENT | Geh zur Station, hol dir ne Schraube. |
| TOCHTER | Die Botschaft hör ich wohl,<br>Allein mir fehlt der Glaube. |
| PARTEISEKRETÄR | Kommt herbei, ihr Völkerscharen,<br>Unser Traktor will nicht fahren.<br>Die Aktion wird eingeleitet.<br>Auf Abwehr sind wir vorbereitet.<br>Der Pastor will die Glocke läuten,<br>Holt Hansaplast vom Pharmazeuten.<br>Dieser Traktor sei der Stab. |
| ALLE | Mit dem Agenten in das Grab. |
| PARTEISEKRETÄR | Hör mal zu, mein Freund Fernando,<br>Du übernimmst das Jagdkommando. |
| UNTERAGENT | Alwin, der letzte Einzelbauer,<br>Das war bestimmt der Schraubenklauer.<br>Drum zu den Waffen, Pfeffer, Salz,<br>Und rückt Alwinen auf den Hals. |
| ALLE | Auf, auf, zum fröhlichen Jagen! |

*Agitations-und-Propaganda-Duett nach der Melodie »Fuchs, du hast die Gans gestohlen«*

| | |
|---|---|
| ALLE | Agent, du hast die Schraub gestohlen,<br>Gib sie wieder her, gib sie wieder her,<br>Sonst wird dich Fernando holen<br>Mit dem Schießgewehr.<br>Agenten haben keine Chance, |

Wie der Fall auch liegt,
Sie verlieren die Balance,
Der Sozialismus siegt.

TOCHTER Mensch, das war ne dufte Schaffe.

PARTEISEKRETÄR Kind, hier siehst du's, Kunst ist Waffe.

UNTERAGENT Frisch auf, nur schnell das Gras durchhäckselt,
Scheint auch die Sonne noch so schön.
Der Worte sind genug gewechselt,
Laßt uns nun endlich Taten sehn!

TOCHTER Unterm Traktor in dem Gras
Fand ich dieses Brillenglas.
Das ist was für's Jagdkommando!
Vermißt du was, Onkel Fernando?

UNTERAGENT Mich deucht, das Glas führt hin zum Täter,
Bald haben wir den Hochverräter.

PARTEISEKRETÄR Mein Kind, eine vorzügliche Idee!
Das kommt vom Jugendkommuniqué.

UNTERAGENT O weh, wie sehr die Sonne blendet.

PARTEISEKRETÄR So wird Energie verschwendet.

OBERAGENT Hallo, Genosse PS,
Ich sehe, bei euch geht's ziemlich hoch her.

TOCHTER Kollege, wir verfolgen einen Spion
Und haben dieses Beweisstück schon.

OBERAGENT Goddämm, das ist ein Schlag in die Laube.
Bye, bye, ich mache mich aus dem Staube.
Fernando, verwische hinter dir die Spur
Und fliehe davon wie Weltmeister Schur.

UNTERAGENT Okay, Boss, ich mach nicht viel Tamtam.

OBERAGENT Treffpunkt wie immer: Kurfürstendamm.

PARTEISEKRETÄR Wer ist denn bloß der Täter gewesen?

TOCHTER Papi, du mußt das ND lesen!

*Szenenwechsel. Jagdhornklang. Halali.*

ALLE Weidmannsheil,
Alwin hängt bald am Seil.
Weidmannsdank,
Wir ziehn Alwinen lang.

PARTEISEKRETÄR Wo Arbeiter und Bauern wachen,
Da haben Agenten nichts zu lachen.
Wer Eigentum des Volkes maust,
Den trifft die harte Bauernfaust.

Traktorist Da stehst du nun mit deinem Jammer,
Ich klatsch dir einen mit meinem Hammer.
Pastor Da komm ich schon, vom Schlachtefest,
Du hast den Traktor uns zerfetzt.
Des Herren Messer ist gewetzt.
Unteragent Du Handlanger des Imperialismus,
Du Knecht des Neokolonialismus,
Der immer mit der Wallschtriet mit muß!
Einzelbauer Freunde, ich steh in falschem Licht!
Alle Er war es nicht, er war es nicht.
Tochter Fernando ist der Bösewicht!
Alle Jetzt mit Fernando ins Gericht.
Unteragent Ich seh, mein Spiel ist nun zu Ende,
Leg mein Geschick in Volkes Hände.
Parteisekretär Du Schurke, schon seit vielen Tagen
Hab ich den Verdacht in mir getragen.
Tochter Dies Glas ist unser Hauptindize.
Doch sag, wo ist dein Hauptkomplize?
Oberagent Hallo, Boys, da bin ich schon.
Erwarte den gerechten Lohn.
Ich war zwar schon in West-Berlin,
Doch tret ich reuvoll vor euch hin.
Zwar bin ich ein Agentenvieh,
Doch bitte ich um Amnestie.
Parteisekretär Deiner Bitte sei Gewährung
Im Sinne der Staatsratserklärung.
Tochter Wer recht beizeiten zu uns kümmt,
Dem wird auch nicht ein Haar gekrümmt.
Parteisekretär Von uns bekommst du als Belohnung
Eine schöne Neubauwohnung.
Du aber, Schurke, an den Galgen,
Dir wird das Volk das Fell durchwalken.
Traktorist Das Thermometer steigt auf 10 Grad Calvin.
Alle Drum in die LPG mit Alwin.
Oberagent Gerechtigkeit, nimm deinen Lauf,
Nehmt Alwin in den Vorstand auf.
Parteisekretär Das ist ne rechte Herzensregung.
Doch jetzt beginnt die Verpflichtungsbewegung.
Oberagent Nun, da es aus ist mit Fernando,
Ich übernehm das Jagdkommando.

| | |
|---|---|
| PASTOR | Fernando, der muß jetzt in Ketten,<br>Doch seine Seele werd ich retten. |
| TOCHTER | Ich steh nicht abseits, bin dabei.<br>Hochwürden, rin in die Partei. |
| EINZELBAUER | Geöffnet ist mir Tor und Tür,<br>Ich geh den Weg vom Ich zum Wir. |
| TRAKTORISTIN | Vom Ich zum Wir, o, edle Weise.<br>Mit Traktor auf die Hochzeitsreise. |
| UNTERAGENT | So fahrt denn hin in euer Glück.<br>Die Schraube geb ich euch zurück. |
| PASTOR | Wie strahlt die jungfräuliche Reinheit<br>In politisch-moralischer Einheit.<br>Solch ein Gewimmel möcht ich sehn. |
| TOCHTER | Da brauchste bloß zur DEFA gehn! |

HANS GLAUCHE

## Gustav und Erich

ERICH Wo bloß mein Freund Gustav heute wieder bleibt. Der wird doch hoffentlich nicht wieder von seinem letzten Geld die Miete bezahlen.

GUSTAV *kommt mit großem Hausbuch* Mein Erich.

ERICH Mai Gustav, heute mit Beschwerdebuch?

GUSTAV Escha.

ERICH Nu, dafür isses ja ooch bissel kleene.

GUSTAV Das ist so ein Parteibuch.

ERICH Wohl gleich für 'ne ganze Genossenschaft?

GUSTAV Nee, nee, für die Parteien, die in so einem Haus wohnen.

ERICH Ach, da meinst du ein Hausbuch.

GUSTAV Nu klar.

ERICH Und das schleppst du nun draußen rum?

GUSTAV Weeste denn das noch nicht? Ich bin doch jetzt, wie heißt das gleich, also vorhin hatt ich es noch auf der Zunge.

ERICH Ne Blüte!

GUSTAV Nee, es war was ganz Vertrauliches.

Erich Trauzeuge!
Gustav Nee.
Erich Mann, du kannst …
Gustav Richtig, Hausvertrauensmann.
Erich Da haste ja wieder einen tollen Posten.
Gustav Nu klar. Bei uns kann jeder werden, was er will. Ob er will oder nicht.
Erich Naja, die ganze Verantwortung soll ja jetzt mehr und mehr von oben auf die untere Ebene verlagert werden.
Gustav Was denkst du denn, was wir schon alles droff gekriegt haben: die Kohlenkarten, die Volkszählung, die Straßenpflege …
Erich Das wird noch so weit kommen, daß du völlig allein entscheiden mußt, wieviel Solimarken du kleben willst.
Gustav Nu klar. Wenn das so weiter geht mit der Verlagerung off die untere Ebene, werden wir wohl bald in unserem Topplappenviertel ein eigenes Ministerium brauchen.
Erich Und du wirst Minister.
Gustav Nee, nee, ich mach dann eher Botschafter in Bonn.
Erich Die haben ja jetzt mit uns auch Beziehungen.
Gustav Da siehstes mal wieder, Beziehungen sind eben alles.
Erich Die kannst du als Hausvertrauensmann gut gebrauchen.
Gustav Nu klar. Bei mir daheeme zum Beispiel troppt wieder mal der Gashahn. Wer machts? Ich!
Erich Haste denn von sowas eine Ahnung?
Gustav Nee, aber ich habe doch jetzt das Vertrauen.
Erich Aber damit kriegst du keinen Gashahn dicht, da mußt du sofort das Gaswerk anrufen.
Gustav Hab ich schon, die sind aber nicht zuständig. Die haben gesagt, ich hätte bloß Probegas.
Erich Du meenst wohl Propangas.
Gustav Nu klar.
Erich Und was machste denn nun?
Gustav Ich brat mein Fleisch so lange, bis das Gas alle ist.
Erich Was denkst du denn, was du dann noch in der Pfanne hast?
Gustav Einen schönen Schmorbraten.
Erich Da kannst du aber lange dran kauen.
Gustav Muß ich ja auch. Was denkst du denn, wo unser nächster Fleischer ist?

ERICH Drei Straßen weiter.
GUSTAV Nee, im Westen. Der muß geahnt haben, daß dort die Wurscht mal teurer wird als hier.
ERICH Und seitdem lebst du bloß noch von Obst und Gemüse.
GUSTAV Escha, unser Gemüsehändler ist schon seit drei Jahren in Rente.
ERICH Und der Laden?
GUSTAV Ist jetzt Büro der Abteilung Handel und Versorgung.
ERICH Ist ja ooch wieder gut, da hast du sie wenigstens alle gleich beisammen.
GUSTAV Ja, aber nicht mehr lange. Die wollen sich vergrößern.
ERICH Haben sie denn schon was?
GUSTAV Nu klar, unser Bäcker macht zu.
ERICH Und dort sitzen sie auch schön warm.
GUSTAV Nu klar. Bloß wenn du einkaufen gehst, kriegst du das große Frieren. Off zwee Kilometer een Milchladen. Man kommt sich vor wie in der Innenstadt.
ERICH Wie reagieren denn da die Einwohner drauf?
GUSTAV Das isses ja eben. Die scheinen noch nichts von der Losung gehört zu haben PLANE MIT – ARBEITE MIT – REAGIERE MIT. Bei der letzten Einwohnerversammlung war gerade einer da.
ERICH Du?
GUSTAV Nee, nee, der Referent. Wir hatten wieder mal vergessen, die Leute einzuladen.
ERICH Nu, da dürft ihr aber auch nicht klagen.
GUSTAV Das fehlt noch, daß wir uns deshalb offm Gericht rumsielen. Bloß als ich jetzt noch Lose für die Zwingerlotterie verkaufen sollte, hab ich protestiert.
ERICH Hast recht, da hättest du dir vielleicht eine Arbeit aufgeladen.
GUSTAV Nu klar, laß mich das Pech haben, und ich gewinne den Zwinger. Da kannste vielleicht Schnee schippen, du!
ERICH Da kämst du mit so einem kleinen Buch auch nicht mehr aus. *Blättert dabei in dem riesigen Hausbuch.*
GUSTAV Nu klar.
ERICH Mensch, mai Gustav, nu gucke mal, das ist doch ein Sparkassenbuch!
GUSTAV Das ist gut. Da hat mir meine Arbeit zum ersten Mal was eingebracht. Da hab ich gerade auf mein Hausbuch zweihundert Mark abgehoben.

Peter Ensikat/Wolfgang Schaller

## Sieg mit

Das neue Leben muß anders werden.
In unserem Leben, in unserer Zeit
Darf es auch Feigheit vor'm Freund nicht geben,
Auf Konferenzen gibt es Meinungsstreit.
Streit mit, Kamerad, schimpf nicht abseits, Kamerad.
Unser Streit, Kamerad, ist auch dein Streit.
Schimpf nicht leise, streite laut –
Es geht auch um deine Haut.
Auf dich kommt es an, auf uns alle.
Auch Privilegien sind abzugeben –
Wer keine hat, hat nichts zu verlier'n.
Die Ämter dienen allein den Menschen.
Hier hat der Mensch den Menschen zu regieren.
Auch die Erfolge unserer Statistik
Zähln erst im Laden, wenn man sie kriegt.
Das heißt, in Zukunft wird nicht mehr schriftlich,
Da wird nur wirklich oder nicht gesiegt.
Sieg mit, Kamerad, sieg nicht abseits, Kamerad.
Unser Sieg, Kamerad, ist auch dein Sieg.
Sieg nicht laut, sieg real.
Sieg im Leben, nicht im Saal.
Auf den Sieg kommt's für uns alle an.

Winfried Freudenreich

## Der Mensch denkt, Spott lenkt

Der Mensch, der denkt, studiert und lernt.
Mensch, was wohl sonst hätte ihn vom Affensein entfernt.
Er greift bewußt ins Heute ein,
Denn sein Bewußtsein, weiß er, ist bewußtes Sein.
Er stellt sich aufs Podest der Zeit mit Energie,
Und bricht er auch mal ein, sagt er sich: C'est la vie!

Doch hat er eben, weil er denken kann, das Plus,
Die Gabe nachzudenken: Zufall oder Muß?
Hat er zudem dann auch noch Humor –
Und sowas kommt sogar im Sozialismus vor –
Und läßt durch die Medien er sich geistig nicht beschränken,
Kann er mitunter sogar dialektisch denken.
Ganz ohne Witz, da ist er hohl,
Und nur mit Witz, da fühlt er sich wohl.
Der Schalk im Nacken hilft da bei der Orientierung
Zur effektiven, intensiven Optimierung.
Wenn Spott als Produktivkraft
Den Schrott aus den Köpfen schafft,
Entsteht trotzdem kein Hohlraum überm Kragen.
Dann ist der Kopp fürs Leben offen,
Dann hört man Marx zu Engels sagen:
Na, siehste, Junge, wir können hoffen!

Hanskarl Hoerning

## Diogenes

Diogenes, höchst besonnen,
Der wohnte in einem Faß.
Man nennt die Dinger auch Tonnen,
Drin lag er und hat gesponnen,
Bedachte dies und das.

Nun warn da auch zwei Gestalten,
Die stammten aus Korinth.
Sie liebten Mord und Gewalten
Und waren den Lehren des Alten
Nicht grade wohlgesinnt.

Sie sahn das Rad der Geschichte
Zu gerne im Rückwärtsgang.
So schoben mit häm'schem Gesichte
Die niederträchtigen Wichte
Das Faß hinab nen Hang.

Zwei Nägel warn ihr Verhängnis,
Sie selbst blieben hängen, oh weh!
Sie rollten hinab in Bedrängnis
Und landeten, statt im Gefängnis,
Am Fuße des Hangs als Gelee.

So ähnlich wirds allen ergehen,
Die unbelehrbar sind,
Und die verkehrtrum drehen
Das Rad im Weltgeschehen
– Und nicht bloß in Korinth.

Gunter Antrak

## Mänätschment

Assistentin Darf ich vorstellen, Doktor Stürmer von der International Management Corporation, Düsseldorf. Er ist von der Kombinatsleitung als neuer Direktor engagiert worden, um unseren Betrieb aus den roten Zahlen herauszuführen.

Meister Grüß dich, Genosse! *merkt den Lapsus* Verzeihung, war nicht so gemeint.

Manager Meine Dame, mein Herr! Der Betrieb wird unter meiner Führung sehr schnell wieder Gewinn machen.

Meister Den Plan erfüllen würde schon genügen.

Manager Mit Ihrem Aufsichtsrat ist abgesprochen …

Meister Aufsichtsrat?

Assistentin Mit der Parteileitung.

Manager … daß Sie mich zuerst einmal mit Ihrem Betrieb vertraut machen. *schaut auf die Uhr* Sieben Uhr durch. Wird hier gestreikt?

Assistentin Nein, wir arbeiten nur nicht.

Manager Was ist da der Unterschied?

Meister Wir halten das länger durch.

Manager Ich weise an … Wo ist überhaupt meine Sekretärin? Sie soll augenblicklich …

Assistentin Das geht nicht. Sie wartet zu Hause das fünfte Mal auf dieselben Kohlen.

Manager Während der Arbeitszeit? Die Frau wird entlassen!

Meister Das geht nicht. Wir können die Kollegin höchstens qualifizieren. Die Wirkung ist wie bei einer Entlassung: Sie sehen sie nie wieder!

Manager Um die Marktwirksamkeit der Erzeugnisse schnellstens wieder herzustellen, wird die gesamte Entwicklungsabteilung ausgewechselt.

Meister Das geht nicht. Die Kollegen stehen unter Altersschutz.

Manager Ich kann keine unfähigen Leute brauchen.

Assistentin Aber der Sozialismus braucht jeden.

Manager In meinem Betrieb wird etwas geleistet.

Assistentin Der Betrieb gehört uns.

Meister Das heißt, wir machen, was wir wollen.

Manager Dann setzen wir die Leute dort ein, wo sie garantiert keinen Schaden anrichten können.

Meister Sie kennen unsere Ingenieure nicht.

Assistentin Und als Ingenieur kann man nun mal eine der Ausbildung entsprechende Tätigkeit verlangen.

Manager Begreifen Sie doch, der Betrieb würde Profit machen.

Assistentin Das geht nicht. Wir sind volkseigen.

Manager Im Vordergrund muß doch das Arbeitsergebnis, der Gewinn stehen.

Meister Im Vordergrund steht bei uns der Mensch.

Manager Ich denke, der steht schon im Mittelpunkt?

Assistentin Bei uns stehen die Menschen überall.

Manager Es ist jetzt halb acht. Wo stehen denn Ihre Menschen?

Meister Diesmal sitzen sie. In der Kaffeestube.

Assistentin Die Kaffeeköchin hat sich zu einer Höchstleistungsschicht verpflichtet.

Manager Vielleicht könnte künftig um sieben mit der Arbeit begonnen werden ... Bitte!

Assistentin Das geht nicht, weil die Kollegin von der Materialausgabe erst um acht aufmacht.

Meister Die Kollegin ist kinderreich und arbeitet deshalb verkürzt.

Manager Ab morgen nicht mehr.

Assistentin Stimmt! Ab morgen ist sie zur Kur.
Manager Ich werd hier noch verrückt …
Meister Das geht nicht. Wir überziehen sonst die Zahl der genehmigten Arbeitsunfälle.
Manager Wissen Sie, was passiert, wenn ich hier versage?
Meister Nischt.
Assistentin Sie gehören doch jetzt zu uns!

Andreas Zweigler

# Schaum

*Feuerwehrmann-Solo*

Ich habe da mal eine Frage: Kennt sich jemand mit der Bedienung eines Schaumlöschers aus? Nicht? Sehr gut! Da werde ich Ihnen das mal erklären. Also: Der Schaumlöscher! Wie der Name schon sagt, dient das Gerät – nicht etwa zum Löschen von Schaum! Nein, schließlich muß ja ein Zitronenfalter auch nicht unbedingt Zitronen falten. Das Gerät löscht mittels Schaum. Und was löscht es? Na, Herr Generaldirektor, was muß man tun, wenn's irgendwo brenzlig wird? Richtig! Schaum drüber! Ist doch das kleine Einmaleins des Leiters. Und wie geht das vor sich?
Erstens, Situation einkreisen. Zweitens, sich in genügend großem Abstand postieren. Und drittens, sehen, woher der Wind weht. Dann nehmen wir also das dicke Ende hier in die Hand und richten es – na, wohin? Richtig! Nach unten. Es ist also ganz wichtig, nie nach oben zu spritzen. Es könnte auf uns selber zurückfallen. Können Sie bitte mal halten? So. Wie funktioniert das denn gleich? Die Plombe hier muß wahrscheinlich erst mal ab. Wenn ich jetzt hier draufhaue, zielen Sie mal schon auf einen Ihrer Hintermänner! Oder auf Ihren Stellvertreter! Achtung, ich lasse jetzt mal ein paar Blasen kommen. Ja, gucken Sie ruhig mal so optimistisch rein, wie 'n Werktätiger, wenn er von der »Aktuellen Kamera« gefilmt wird! Feuerlöscher funktioniert natürlich nicht! Leer! Typisch unsere Technik. Im Anstrich zukunftsweisend und raus kommt …
*Zuruf aus dem Publikum*: Nichts!
Das haben Sie gesagt!

Siegfried Mahler/Rainer Otto

# Leistung

A Was macht der Bewohner eines Neubauviertels, wenn er von der Arbeit nach Hause kommt? Er kocht sich schnell eine Tütensuppe, wischt die Treppe, guckt aus dem Fenster in die Finsternis, dann im Fernseher den zwölften Teil eines Sakowski und geht ins Bett. Aber nicht mit seiner Frau, auch nicht mit seiner Freundin. Die haben beide noch Versammlung.

B Tütensuppe und Treppenwischen, das ist ein Leben!

C Das ist doch kein Leben, höchstens eine Lebensweise.

D Aber keine sozialistische.

A Was ist denn eine sozialistische Lebensweise?

B Also paßt mal auf. Wenn mein Nachbar mir die Treppe wischt, wenn ich mit der Treppe dran bin.

C Das ist doch nicht sozialistisch, dann beutest du doch deinen Nachbarn aus.

B Ach wo, ich wische dem doch die Treppe, wenn er mit der Treppe dran ist.

D Das ist doch 'n Scheißspiel.

A Das ist kein Scheißspiel, das ist gegenseitige Unterstützung und kameradschaftliche Hilfe, also sozialistische Lebensweise.

C Ich wußte gar nicht, daß sozialistische Lebensweise so einfach ist.

D Noch einfacher ist sie wahrscheinlich, wenn du parterre wohnst.

B Also hört mal zu. Ganz so einfach ist sie nun doch nicht. Sozialistische Lebensweise beinhaltet doch zum Beispiel echte gegenseitige Rücksichtnahme.

A Zum Beispiel für Autofahrer die Erkenntnis, daß fünfzig pro Stunde Kilometer bedeutet und nicht Fußgänger.

B Zur sozialistischen Lebensweise gehört zum Beispiel auch die Auseinandersetzung mit Egoismus und Raffgier.

C Also mit Leuten, die die Hände gern in den Taschen anderer haben und dann noch schimpfen, daß zu wenig drin ist.

D Zur sozialistischen Lebensweise gehört auch die Bereitschaft, mitzudenken, mitzuplanen und mitzureden.

A Denn zu einer gebildeten Nation zu gehören, entbindet nicht von der Verpflichtung, Intelligenz zu beweisen.

B Schließlich gehört auch die aktive Teilnahme an der Leitung und Lösung gesellschaftlicher Angelegenheiten dazu, also eine gesellschaftlich nützliche Tätigkeit.

C Denn ein Mann, der nicht mehr leistet als das, wofür er bezahlt wird, leistet so wenig, daß er nicht wert ist, was er bekommt.

Heinz Lyschik

## Denk-mal

*Marx-Engels-Denkmal. Eine Uhr beginnt zu schlagen. Lichtwechsel. Engels erscheint rot, Marx blau.*

Marx Friedrich, du siehst ganz rot aus.

Engels Karl, und du bist blau.

Marx Der Schein trügt. Das ist nur die Farbe, durch die unsere Theorie scheinchenweise für jeden in der DDR zur materiellen Gewalt geworden ist.

Engels Karl, hast du gehört, die Rathaus-Uhr hat zwölf geschlagen, ich spüre Leben in mir.

Marx Die Lehre ist's, die uns im Geist lebendig hält. Aber ich bin immer schon fünf vor zwölf hellwach.

Engels Da geht's dir ja wie einigen Leitern, die merken auch erst fünf vor zwölf, was die Glocke geschlagen hat.

Marx Ja, und statt zu agieren, können sie dann in letzter Minute gerade noch reagieren.

Engels Dabei haben doch die Kommunisten den Vorteil, daß die den Gang der Dinge vorausbestimmen können.

Marx Haben wir das geschrieben? Da verstehe ich gar nicht, warum sie ihre Parteiversammlungen oft mit dem Satz beginnen, Genossen, da kommt mal wieder was auf uns zu …

Engels Schließlich befinden sie sich in den Übergangsetappen zur kommunistischen Gesellschaft. Das ist der schwierigste Stoff, den es gibt, weil die Bedingungen sich in einem fort ändern.

Marx Das hast du auch schon 1891 vorausgesagt.

Engels Aber ich konnte nicht ahnen, daß sie heute damit alle Fehler entschuldigen. Karl, wollen wir nicht endlich anfangen zu spuken? Ich möchte mal wieder überprüfen, wie weit sie es mit der Menschwerdung des Affen gebracht haben. Laß uns endlich geistern!

Marx Friedrich, wir beide sind die ersten Marxisten, und du glaubst an Geister?

Engels Du hast doch formuliert: Ein Gespenst geht um …

Marx … in Europa!

Engels Schließlich hat sich Berlin zur europäischen Weltstadt gemausert und ist, wie man in den Thesen lesen konnte, Heimstatt vieler großer Geister, und wir stehen sogar als führende Geister an der Spitze.

Marx Wenn ich uns so betrachte, frage ich mich, ob der Bildhauer das auch wußte.

Engels Dabei habe ich ihnen eigentlich die Grundkonzeption schon 1886 vorgegeben. Marx stand höher, sah weiter, überblickte mehr und rascher als wir anderen alle. Marx war ein Genie – wir anderen höchstens Talente.

Marx Siehst du, eine Revolution kehrt eben alles von Grund auf um. Das Talent steht jetzt höher.

Engels Und das Genie muß sitzen. Früher hat die Bourgeoisie die Kunst nur genutzt, um das Unglück der Arbeiterklasse zu verbergen. Meinst du eigentlich, wir zwei sind ein gutes Beispiel für das Glück der Arbeiterklasse?

Marx Als Denkmal vielleicht nicht, aber wenn ich mich so umsehe, hat sich unsere Vision vom Kommunismus doch schon ganz schön erfüllt. Überall gläserne Paläste, und abends geht man in diese zum Wohnen und Schlafen.

Engels Alle Menschen machen alles – Ackerbau und Viehzucht und meistern die Technik gleichermaßen.

Marx Da sind sie dabei. Ihr Parteitag hat beschlossen, daß noch 1987 zwanzigtausend Parzellen für Schichtarbeiter bereitgestellt werden. Es gibt Ingenieure, die züchten Kaninchen und Akademiker Tomaten.

Engels So können sie mit dem Erlös ihrer Arbeit gut leben!

Marx Die Arbeit ist zum Bedürfnis geworden. Sie gibt jedem einzelnen die Gelegenheit, seine sämtlichen Fähigkeiten – körperliche wie geistige – nach allen Richtungen hin auszubilden, und ist so aus einer Last zu einer Lust geworden.

ENGELS Ja, ja, die Arbeit, der ewige Stoffwechsel des Menschen mit der Natur, wie du formuliert hast. In dem Maße, wie der Mensch die Natur verändern lernte, in dem Maße wuchs auch seine Intelligenz. Heute ist der Mensch schon widerstandsfähiger als die Natur. Nimmt da eigentlich die Intelligenz noch zu?

MARX Meinst du als Klasse – oder als Masse?

ENGELS Laut Mittag ist das heute so: Die Klasse macht's, die Masse bringt's.

MARX Die Lösung der Wohnungsfrage ist doch ganz in deinem Sinne, allein achtzehntausend im Stadtzentrum. Die Befriedigung der Bedürfnisse nach einem Obdach wird einen Maßstab abgeben für die Art, in welcher alle übrigen Bedürfnisse befriedigt werden. Hast du geschrieben.

ENGELS So, hab ich das? Ich habe aber nirgends gesagt, daß eine Ein-Raum-Wohnung von sechzehn Quadratmetern auch eine Lösung ist.

MARX Schließlich soll ja die Arbeit den Menschen schaffen und nicht die Wohnung – das ist auch von dir.

ENGELS Um uns herum nur schöne Häuser, schöne Menschen, und wie stehe ich da? Doch nicht wie ein führender Theoretiker! Karl, wenn ich dich so ansehe und daran denke, wie oft dein »Kapital« in der DDR verlegt wurde …

MARX Ja, selbst einige Ökonomen konnten es zeitweise nicht finden und wollten es durch alle möglichen ökonomischen Systeme ersetzen.

ENGELS Ich denke da mehr an die Tantiemen und erinnere mich, daß du mir ja noch einige hunderttausend für Rotwein und Zigarren schuldest. Ich hab da gegenüber in einem Geschäft ein Mäntelchen gesehen, und so abgerissen möchte ich in der DDR nicht mal als Geist erscheinen.

MARX Wieviel brauchst du, Friedrich? Ich werde alles in Marx und Engels zurückzahlen.

ENGELS Eintausendzweihundertachtunddreißig.

MARX Für ein Mäntelchen?

ENGELS Du hast doch selbst formuliert, daß der Wert einer Ware nichts mit ihrem Preis zu tun hat. Was für den Kapitalismus teilweise noch gut ist, muß ja für den realen Sozialismus nicht immer schlecht sein.

MARX Aber der Sozialismus siegt trotzdem.

ENGELS Vom Siegen reden sie im Augenblick nicht, mit Reden

hatten sie schon zu oft gesiegt ... Sie sind in den Wettbewerb getreten.

MARX Aber den werden wir gewinnen.

ENGELS Wollen wir, Karl. Wollen wir immer noch. Nur heute geht es nicht mehr um die Existenz einer Klasse, sondern um die Existenz der Menschheit.

MARX Ist das eine Formulierung von dir?

ENGELS Teilweise. Jetzt mehr von Gorbatschow und Honecker.

MARX Sag mal, weißt du eigentlich, warum sie uns hierher gestellt haben, so hinter den Palast? Ihre wichtigsten Beschlüsse fassen sie nun immer hinter unserem Rücken.

ENGELS Das stört mich gar nicht. Haben sie uns doch mit ihrem Programm immer vor Augen.

JÜRGEN HART

## Das Spargel-Kollektiv

ALLE Wir sind ein Spargelkollektiv
Wir stehen grad und liegn nicht schief
Und will der Bürger gerne Spargel
Zahlt er dafür fünfzehn Markel.
Wir haben all die gleiche Länge
Wir sind auch nicht verschieden dick
Und wo wir sind, da herrscht Gedrängel
Und wer uns kriegt, der hat schon Glück!
Wir sind ein Spargelkollektiv
Allein das ist schon progressiv
Wir stehn dem Handel manchmal feil
Kauft uns die Hausfrau, wird sie rot!

A Warum wird die Hausfrau rot?

B Wegen dem Preis.

E Nein, weil der Spargel so schön lang und bleich ist!

A Blödes Lied, wer hat denn das geschrieben?

C Ich. Der Spargel ist auch in besonderer Weise geeignet, sozialistische Kollektive zu verkörpern ... Na, da guckt euch doch mal an, wie schön gebündelt ihr vor euch steht! Und wenn ihr euch noch besser aneinander angleicht, dann werdet ihr noch wertvoller!

A Wir sind aber alle verschieden. Wem solln wir uns denn nun anpassen?

C Na, dem Fortschrittlichsten!

A Wer ist denn das?

E Ich, ich bin der Längste!

A Beim Spargel ist aber der Dickste der Beste ... ihr müßt euch mir angleichen!

B Wir schneiden bei euch oben was ab!

D Oben ist der Kopf, das ist das Wertvollste, was der Mensch, also der Spargel besitzt ...

A Auf Köpfe kann man keine Rücksicht nehmen, wir sind ein Kollektiv!

E Dann schneiden wir unten ein Stück ab ...

D Das ist eine gute Lösung, wenn die Füße ab sind, dann kann das Kollektiv nicht so schnell auseinanderlaufen.

A Aber der Gewichtsverlust! Und beim Kollektiv, da gehts nicht nach Qualität, da gehts nach Masse.

C Na, dann gibts noch eine Möglichkeit: Die Kurzen strecken sich, und die Langen werden bissel geditscht! Und das macht ihr jetzt! *sie versuchen es*

B Naja, so gehts. Die gleiche Länge haben wir, ein Kollektiv sind wir! Nur Spargel ist es nicht mehr!

Peter Ensikat

## Dialektisch für you

Guten Abend, meine Damen und Herren!
»Dialektisch für you« beginnt seinen Kurs für Fortschrittliche mit dem Hauptlehrsatz: Alles hat bei uns zwei Seiten – eine schöne und eine sehr schöne.
Den schönen Seiten unseres Lebens begegnen wir alltäglich in der Straßenbahn, im Konsum, im Betrieb. Die sehr schönen Seiten aber bringen uns Presse und Fernsehen jeden Tag ins Haus. Daß

der Widerspruch zwischen den sehr schönen und den nur schönen Seiten kein antagonistischer ist, erkennen wir daran, daß der Umschlag eines schönen alten Problems in eine sehr schöne, neue Erfolgsmeldung alltäglich und reibungslos erfolgt.

In grauer Vorzeit war Dialektisch die Sprache der Wissenschaft. Heute aber ist das Bildungsprivileg der wenigen endlich der totalen Qualifizierung aller zu allem gewichen. So wurde denn auch das Dialektische bei uns zu einer wahren Aller-Welts-Sprache, die wir der Genauigkeit halber Neudialektisch nennen wollen. Sie klingt bisweilen wie eine tote Sprache, wird aber ausschließlich von Lebenden gesprochen. Besonders gern wird sie von Verantwortlichen benutzt, wenn irgendwo irgendwas nicht geklappt hat. Denn mit ihr kann man mühelos alle Mängel, Schwächen und Schwierigkeiten erklären, ohne irgend jemand oder irgend etwas verantwortlich zu machen, außer die objektiven Gesetzmäßigkeiten. Unsere objektiven Schwierigkeiten nämlich haben wir durch einfache Heiligsprechung zu Gesetzmäßigkeiten erhoben und somit unantastbar gemacht.

War Dialektik bei unseren Klassikern noch die Lehre von den Widersprüchen, so ist Neudialektik einfach leeres Gerede, dem keiner widerspricht. Es bietet Gelegenheit, ganz konkrete Probleme mit allgemeinen Lehrsätzen so aus der Welt zu reden, daß jedes konkrete Problem verblaßt hinter der herzigen Aufforderung:

»Das muß man dialektisch sehen!«

Sie merken schon, neudialektisch kann man nicht nur denken und sprechen. Man kann es auch sehen, selbst wenn man es nicht fassen kann.

Aber sehen wir uns ein Beispiel an: Wenn es gerade mal keinen Kümmel gibt, so ist das kein Widerspruch zu der These von der sich ständig verbessernden Versorgung, sondern einfach eine alltägliche Erscheinung. Mit den Mitteln der Neudialektik aber dringt man von der alltäglichen Erscheinung vor zu ihrem nicht alltäglichen Wesen. Das Wesen keines Kümmels aber ist – wie das Wesen beispielsweise keiner Ersatzteile – unwesentlich. Das heißt, man soll daraus kein Wesen machen, sondern sich der wirklich wesentlichen Frage zuwenden, die da heißt: Wie versalzen wir dem Klassenfeind die Suppe? Und nicht etwa: Wie verkümmeln wir sie ihm? Das tut er ja schon selbst mit den gewaltigen Kümmelbergen der EWG, die zu einer ernsten Kümmelkrise des gesamten kapitalistischen Systems führen müssen. Wohingegen im Sozialismus

kein Kümmel auch zu keiner Kümmelkrise führen kann, woraus man wiederum erkennt, daß wir uns endgültig kümmelfrei machen müssen von westlichen Einflüssen, die über Kümmel und Korn immer wieder bei uns einzudringen versuchen.
Merke: Je kleiner ein Problem ist, um so naheliegender ist es, ihm mit der Grundfrage unserer Zeit zu Leibe zu rücken. Wo von Grundprinzipien die Rede ist, da hat eine Kümmeldiskussion keine Perspektive. Die Frage nach dem Klassenfeind löst nach wie vor am einfachsten innere Widersprüche, denn da wird jeder Widerspruch sinnlos.
Wo Lenin noch sagte, es käme nicht darauf an, die Welt zu interpretieren, sondern sie zu verändern, da sagt ein Neudialektiker von hier und heute: Es kommt nicht einfach darauf an, etwas zu verändern, sondern vor allem, jede Veränderung sofort und ausführlich zu interpretieren. Auf diese Art und Weise wurden schon größere Fehler zu mittleren Erfolgen interpretiert. Für einen wahrhaft geschulten Neudialektiker gibt es nichts, was er nicht so lange interpretieren könnte, bis es kein Mensch mehr wiedererkennt. Er vermag zu jedem Widerspruch zu sagen: Verweile doch, du bist so schön!
Sein Grundsatz aber lautet: Ich kenne keine Fragen mehr. Ich kenne nur noch Antworten!

Karl-Heinz Tuschel

## Das Risiko

Es gibt so Leute, die sich immer rückversichern,
Die jeder eigene Gedanke furchtbar quält.
Sie traun sich über einen Witz nicht mal zu kichern,
Es sei denn, daß ein Vorgesetzter ihn erzählt.
Sie haben immerzu nur Angst, sich zu blamieren,
Und sie entscheiden niemals irgendwas allein.
Sie müssen immer erst mal kurz telefonieren,
Bevor sie ja zu etwas sagen oder nein.
　Man muß im Leben eben manchmal was riskieren,
　Auch wenn man keinen Freund hat im Politbüro.

Und geht es schief und kriegt man's hinterher zu spüren –
Das ist das Risiko!

Es gibt so Bräuche, die sind strenger als Gesetze,
Und manchmal geht's auf keine Art, daß man sich drückt.
Die Grenze zwischen Revolutionär und Petze
Bringt schon die Jungen Pioniere in Konflikt.
Da haut ein Großer einen Kleinen in der Pause.
Man mischt sich ein und wird dann selbst dabei erwischt.
Hier droht die Klasse, und da droht der Brief nach Hause.
Am besten schweigt man. Bloß dann ändert sich ja nischt.
Man muß im Leben eben manchmal was riskieren.
Kann sein, man kriegt ein Dutzend Namen aus dem Zoo.
Und wenn die Lehrer das Problem dann ignorieren?
Das ist das Risiko!

Das Beispiel eben gilt ja nicht nur für die Kinder.
Wer etwas ändern will, ist immer unbequem.
Ein bißchen Schweigsamkeit ist meistens viel gesünder,
Bloß mancher kann das nicht, und das ist das Problem.
Da werden Diskussionsbeiträge ausgegeben,
Und die Versammlung läuft zur Freude aller glatt.
Soll man sich ohne Auftrag einfach so erheben
Und sagen, was das Referat verschwiegen hat?
Man muß im Leben eben manchmal was riskieren,
Auch wenn man weiß, es stimmt die anderen nicht froh.
Wenn sie den Kritiker danach scharf kritisieren –
Das ist das Risiko!

Soldaten sind wohl manchmal gut und manchmal nicht so,
Mit viel Erfolg und manchmal auch etwas Verdruß.
Ich frag mich, warum stehn sie nicht auch im Bericht so,
Den man auf jeder Stufe höher reichen muß?
Beim Aufwärtssteigen, da verlieren sie die Mängel,
Auf jeder Stufe präzisiert man den Bericht,
Und oben angekommen, sind sie alle Engel.
Das mag ja himmlisch sein – marxistisch ist es nicht.
Man muß im Leben eben manchmal was riskieren,
Und nicht berichten stets das gleiche pi-pa-po.
Und weiter oben, wenn sie's wieder korrigieren –
Das ist das Risiko!

Man hat gelernt, man muß ein Revolutionär sein,
Doch man hat leider nicht gelernt, wie man das macht.
Jedoch man denkt, das kann bei uns doch nicht so schwer sein,
Erschossen wird man nicht mehr, höchstens ausgelacht.
Uns geht's genauso, wenn wir unsre Späße treiben.
Wer weiß denn vorher schon, was rauskommt bei der Kunst.
Wenn Sie nach diesem Liedchen etwa so verbleiben,
Daß Sie die Klappe halten wollen, war's umsonst.
  Man muß im Leben eben manchmal was riskieren,
  Und wir vom Kabarett riskieren das eben so.
  Was Sie draus machen, kann man kaum vorkalkulieren –
  Das ist das Risiko!

Peter Ensikat

## Bitte recht freundlich!

Alle Bitte recht freundlich – hier wird gelacht.
Bitte recht freundlich oder es kracht!
Wer nicht lächelt, hat nichts mehr zu lachen!
Freundlichkeit ist erste Bürgerpflicht.
Wenn wir hier und da auch Fehler machen,
Unsre gute Laune stört das nicht!

A Unsere Menschen müssen einfach gut gelaunt sein.

B Denn im Umgang mit ihnen kennen wir kein Erbarmen.

C Wenn es um Freundlichkeit geht, können wir ganz unerbittlich sein.

D Hier wird nicht lange gefackelt, hier wird freundlich gelächelt, sonst lernen Sie uns kennen!

A Guckt mal, da unten sitzt noch einer, der überhaupt nicht lächelt. Raus!

B Laß ihn doch. Der ist ja bloß Gast.

C Na eben. In der Kneipe fliegt ja auch, wer nicht freundlich ist zum Ober. Und das kann nur der Gast sein.

D Denn der Gast hat das Wort, aber der Kellner die Macht.

A Herrlich! Dann sind wir hier oben also für die Leute da unten so eine Art Kellner – wie stolz das klingt!

B Na, meine Damen und Herren, dann werden Sie heute abend aber wenig zu lachen haben!

C Dafür sind Sie restlos bedient, wenn Sie endlich wieder nach Hause gehn.

D Bei uns werden Sie zwar noch nicht vom Oberkellner oder Restaurantleiter placiert ...

A ... und unsre Einlaßfrauen stehen versehentlich immer noch da, wo die Gäste reinkommen ...

B ... sonst ist es wie in jedem zweiten Dresdner Restaurant.

C Die Luft ist mies, rauchen darf man nicht ...

E *kommt dazu* ... aber man ist ja schon froh, wenn man überhaupt einen Platz gekriegt hat.

A Wer zwingt dich denn, in die Gaststätte zu gehen?

B Oder zum Fleischer?

C Oder zum Doktor?

D Wenn unsere Menschen alle gesund wären, müßten sich die Polikliniken auch nicht vor ihnen schützen durch ihre komplizierten Bestellsysteme.

E Daraus folgt doch nur, daß unsere Menschen selbst daran schuld sind, wenn sie sich schlecht behandeln lassen!

A Jawohl, warum lassen sie sich überhaupt behandeln?!

ALLE Freundlich muß nur sein, wer etwas will.
Wenn Sie was wollen, dann sein Sie still!
Freundlich schaut bei uns von allen Wänden
Erich Honecker auf uns herab.
Warum färbt die Freundlichkeit von Wänden
Nicht auf die, die drunter sitzen, ab?

A In manchen Ämtern hat man wirklich das Gefühl, der einzige, der hier noch lächelt, hängt an der Wand.

B Wenn ein Foto sehen und hören könnte ...

C ... ihm würde manchmal Hören und Sehen vergehen.

D Ich glaube, jetzt seid ihr ungerecht.
Auch der unfreundlichste Mensch hinterm Schalter ist nicht immer nur unfreundlich.

E Natürlich nicht. Nur solange er im Dienst ist.

A Umgang mit Menschen heißt eben für viele nur: Umgehe sie, wo du kannst.

ALLE Bitte recht freundlich – hier wird gelacht.
Bitte recht freundlich – oder es kracht ...

E ... denn die schlechte Laune wird zur materiellen Gewalt, wenn sie die Massen ergreift!

Peter Ensikat

# Schild und Bürger

*Zwei Verkehrsschilder – das souveräne Stoppschild und das unsichere Hauptstraßenschild – stehen an derselben Straßenecke und unterhalten sich*

Hauptstrasse Weshalb stehst du'n hier?
Stoppschild Weil sie mich hierhergestellt haben. Und du?
Hauptstrasse Weil sie mich hier stehengelassen haben.
Stoppschild Ja, ja, wenn man erst mal irgendwo steht ...
Hauptstrasse Ach Gott, als Hauptstraße kommt man ganz schön rum – heute hier, morgen da ...
Stoppschild Wieso Hauptstraße? Hier stehe ich. Und wo ich stehe, ist Stoppstraße. Das ist Gesetz.
Hauptstrasse Aber wo ich stehe, ist Hauptstraße. Das ist auch Gesetz.
Stoppschild Einer von uns beiden muß hier falsch sein.
Hauptstrasse Kann ein Gesetz hier falsch sein?
Stoppschild Nie.
Hauptstrasse Aber vielleicht überflüssig?
Stoppschild Alle Gesetze wären überflüssig, wenn die Menschen nicht wären.
Hauptstrasse Wozu gibt es überhaupt Menschen?
Stoppschild Damit sie Gesetze machen, nach denen sie sich nachher richten müssen.
Hauptstrasse Und wenn sie sich nicht danach richten?
Stoppschild Dann werden sie danach gerichtet.
Hauptstrasse Möchtest du Mensch sein?
Stoppschild Nein, Schild ist besser. Nach uns muß man sich richten.
Hauptstrasse Aber du hast doch selber gesagt, die Menschen haben uns überhaupt erst gemacht!
Stoppschild Das nützt ihnen jetzt auch nichts mehr.
Hauptstrasse Wieso, sie brauchen uns doch nur so hinzustellen, wie sie wollen.
Stoppschild Du siehst ja, was dabei herauskommt! *Geräusch eines Verkehrsunfalls*
Hauptstrasse Ganz schöner Blechschaden.
Stoppschild Da hat einer die Vorfahrt nicht beachtet.

HAUPTSTRASSE Jetzt schimpfen sie bestimmt wieder auf uns Schilder.

STOPPSCHILD Dabei sind wir nur da, um den Menschen zu helfen, daß sie sich zurechtfinden.

HAUPTSTRASSE Ja, den Menschen zu helfen, das ist unser oberstes Gesetz.

STOPPSCHILD Und jeder von uns ist eine Durchführungsbestimmung.

HAUPTSTRASSE Aber ein Stoppschild in der Hauptstraße ...

STOPPSCHILD ... ist immer noch besser als ein Hauptstraßenschild in der Stoppstraße.

HAUPTSTRASSE Aber denk doch mal an den Kraftfahrer – woher soll der denn eigentlich wissen, ob das nun eine Stoppstraße ist oder eine Hauptstraße, wenn wir beide hier stehen?

STOPPSCHILD Er muß sich eben die günstigste Möglichkeit raussuchen für sein Vorwärtskommen. Das macht man mit allen Gesetzen so.

HAUPTSTRASSE Also bestimmt der Mensch letztendlich doch selbst über sein Schicksal?

STOPPSCHILD Wenn er am Stoppschild nicht anhält, bestimmt.

HAUPTSTRASSE Aber man sagt doch, im Kommunismus bestimmt jeder selbst über sein Schicksal.

STOPPSCHILD So ist es. Da braucht man dann auch gar keine Schilder mehr. Im Kommunismus weiß jeder selbst, wo's langgeht.

HAUPTSTRASSE Herrlich ... Aber der Weg dahin!

STOPPSCHILD Ja, der könnte manchmal besser beschildert sein.

EDGAR KÜLOW/HEINZ LYSCHIK

## Vorwärts zu neuen Folgen

*Musik »Horch, was kommt von draußen rein«; bricht ab*

A Was bei uns von draußen rein kommt, kommt immer genau aus der entgegengesetzten Richtung.

B Bei uns kommt nichts von draußen rein, was nicht reinkommen soll. Dafür haben wir unsere inneren Organe und den Zoll, das entscheidet nicht der Künstler am Klavier.

A Was kommt von draußen rein, bei uns kommt alles von innen heraus, aus uns, von uns, für uns, quasi einer für alle, alle für einen.

B Wenn ich aber nun für alle besser arbeite als alle für mich?

A Haste da mal'n Beispiel?

B In meinem Hinterhaus im Prenzlauer Berg regnet's rein.

A Das ist noch ein Erbe des Kapitalismus.

B Als Ausrede ist es gut, als Fakt ist es nur schlechter Sozialismus.

A Die Folgen unserer Erfolge haben wir selbst verschuldet und deshalb müssen wir sie schon selbst tragen. Das nimmt uns keiner ab.

B Sind denn die Folgen unserer Folgen immer Erfolge?

A In der Presse immer.

B Und im Leben?

A Kann man, wie Erich auch, zu unseren Fortschritten durchaus Erfolge sagen.

B Und was ein Erfolg ist, läßt sich immer noch beschließen und wenn das nicht klappt, kann's der Chef entscheiden. Allein und demokratisch natürlich. Unsere Erfolge sind eine Kette von Erfolgen, Glied für Glied, selbst wenn dann nun mal ein besonders schwaches dabei ist.
Bei Menschen kommt das ja manchmal vor.

A Aber nicht bei unseren starken sozialistischen Persönlichkeiten, da ist das schwächste Glied immer noch stark genug.

B Wenn du meinst, man kann sich auf unsere Menschen verlassen so wie sie sind?

A Man muß sich auf sie verlassen, es gibt ja bei uns keine anderen.

B Außerdem haben unsere Erfolge in den Klassikern ein festes Fundament. Also was wir auf Marx und Engels schon alles aufgebaut haben, das waren ja manchmal die reinsten potjomkinschen Dörfer. Vieles ist von uns alleine zusammengefallen, aber das Fundament steht fest.

A Wir machen ja jetzt auch alles viel intensiver und schneller. Selbst Marx könnte heute keine 19 Jahre mehr an einem Kapital schreiben, das müßte schon zwischen zwei Parteitagen geschehen, denn zwischen zwei Parteitagen ändert sich vieles.

B Wo fängt denn nun unsere Erfolgskette an?

A Beim 8. Glied.
B Beim 8. Parteitag 1971.
A Und was war vorher?
B Mein Gott Walter, da hatten wir natürlich auch Erfolge, auf die wir stolz waren. Unseren Pro-Kopf-Verbrauch an Butter, Fleisch und Eier, auf unseren Wartburg und Trabant, da waren wir damals mächtig stolz.
A Und heute müssen wir es immer noch sein, damals hatten wir Rinderoffenställe, ein neues ökonomisches System, laufend Preissenkungen und eine offene Grenze.
B Jetzt ist das umgekehrt, jetzt haben wir Ställe, die zu sind, Lohnerhöhungen, Erhöhungen des Kindergeldes und die Weiterführung der sozialistischen Revolution in der DDR.
A Revolution? Wissen die das im ZK? So was muß man doch melden!
B Die haben's sogar beschlossen und deshalb ist es auch keine zum Fürchten, sondern so eine permanent dynamische, die keinem weh tut!
A Wir haben auch die richtungsweisenden Beschlüsse des 11. Und da gibt es eine Vielzahl neuer Fragen zu beantworten, und die Antwort ist in der Regel mit der Korrektur erfolgter Auffassungen verbunden.
B Also gibt es doch Mißerfolge, wer sagt's denn?
A Das ist die Frage. Wer sagt's und vor allem zuerst.
B Wer da vorne weg ist, ist manchmal vorne ganz schnell weg.
A Dynamische Entwicklung heißt auch, alles zur richtigen Zeit. Denn auch im Prozeß der Höherentwicklung gibt es tiefgreifende Wandlungen.
B Wir werden doch das Wohnungsbauprogramm nicht etwa aufgeben, weil wir plötzlich den Beton für die Computer brauchen?
A Aufgeben? Aufgeben wollen wir ja erstmal das Teufelszeug von Raketen, weil durch das neue Denken klar geworden ist, daß der Frieden nicht mehr mit militärischen Mitteln gesichert werden kann.
B Klingt ja wie Pfarrer Eppelmann vor sechs Jahren.
A Ist aber Aurich heute. Ja wer die Welt verändern will, muß sich selbst in jungen Jahren laufend ändern. Ich denke, es geht um den Sieg des Sozialismus?
B Darum geht's auch, aber jetzt mehr praktisch, theoretisch hatten wir schon so oft gesiegt.

A Wenn Erich auf der Messe sagt, unser Trabant ist einmalig, könnte man den Leuten das Lachen nicht verbieten. Wenn er gesagt hätte, unsere Werkzeugmaschinen sind einmalig, ist das eine ernste Angelegenheit.

B Man kann auch mit dem Trabant in den Sozialismus fahren. Bloß vor lauter Auspuffgase sieht man vielleicht gar nicht, wenn man da ist. Übrigens ich habe dich heute abend für die Hauptaufgabe vorgesehen.

A Da bin ich aber mißtrauisch, was ist denn die Hauptaufgabe?

B Die Verwirklichung.

A Das ist ja kaum zu schaffen.

B Um so größer ist dann aber die Anerkennung von oben, wenn es geschafft wird.

A Richtig, du bist ja fast Marxist.

B Was bin ich?

A Marxist.

B Mein Gott, du kannst einen aber auch erschrecken.

C Es geht um die revolutionäre Veränderung der Produktivkraft. Mensch, dafür gibt's in der Geschichte noch gar keine Vorbilder. Der Kapitalismus kann keins sein und die Sowjetunion hat auch ihre nationalen Besonderheiten.

D Vielleicht sollte man nur all denen, die sich an das Gangbare gewöhnt haben, mal kräftig in den Arsch treten.

E Man braucht doch nur das Gangbare undankbar zu machen und unsere Demokratie …

B … die durch nichts zu ersetzen ist …

A … ein bißchen auf Vordermann bringen.

F Das bleibt doch dann alles wieder an der Gewerkschaft hängen, und alles nach Feierabend, da wollen die Kollegen keine Demokratie, da machen sie schon HGL, Sport und Technik und anschließend will jeder seine Ruhe und die Natur genießen.

A Auch unsere Natur ist noch ein Stückchen real existierender Sozialismus.

B Man weiß noch nicht, was später davon übrig bleibt.

C Aber mit unserer Natur haben wir nicht die Schwierigkeiten, wie die mit dem Rhein. In unserer Elbe sterben schon seit Jahren keine Aale mehr.

B Vielleicht liegt das an unserer Presse, die haben doch früher nie über so was geschrieben.

A Das muß schon sehr viel früher gewesen sein, heute liest man nur, daß in der Elbe kein Aal mehr stirbt.

F Und unsere Wälder sind auch alle noch schön grün, sonst würde ja unsere Armee ihre Panzer und Raketen nicht mehr grün streichen.
A Da fällt mir ein, wenn's die dann nicht gibt, wenn Gorbatschow Wirklichkeit geworden ist, könnte man dann vielleicht mit der Farbe die Bäume anmalen.
D Weißt du, damals, ganz früher, da waren die Menschen arm und die Natur reich, im Urkommunismus, heute ist das umgekehrt.
A Und damit müssen wir sogar noch im Kommunismus leben.

Siegfried Mahler/Rainer Otto

## Energie, vorkommen!

*Vier Kabarettisten auf dunkler Bühne*
A Wolln wir denn nicht erst einmal Licht machen?
B Seit wann kannst du denn Noten lesen?
A Ich? Überhaupt nicht.
C Wozu brauchst du da beim Singen Licht?
D Sei doch froh, wenn es bei deinem Gesang finster ist.
C Da mußt du nicht mit ansehen, wie das Publikum leidet.
A Ich will was sehen. Schließlich kann man Kabarett nicht im Dunkeln spielen.
D Wieso denn nicht?
B Du mußt mal politisch denken. Wie sollen wir denn im Finstern unsere großen Ziele im Auge behalten!
D Ganz einfach. Indem du den Blick nach vorn richtest.
A Und wo ist im Finstern vorn?
D Immer da, wo du hinguckst.
A Und wenn ich nichts sehe?
D Dann guckst du falsch.
A Ich kann überhaupt nicht gucken. Ich sehe ja nicht einmal meine Hand vor den Augen.
B Da haste deine Hand ja auch gar nicht, du Ferkel!
A Dann macht doch Licht! Ich möchte, daß mich das Publikum sieht, wenn ich auf der Bühne stehe. Unsere Zuschauer wollen

ein Kabarettprogramm sehen. Sehen, versteht ihr? Und dazu brauchen wir Licht auf der Bühne.

D Das ist ein Irrtum. Ein Kabarettprogramm soll nicht Licht auf die Bühne bringen, sondern Licht in die Köpfe der Zuschauer.

B Was willst du von uns beleuchtet haben: die Zuschauer oder die Bühne?

A Die Widersprüche im real existierenden Sozialismus.

D Alle? *Scheinwerfer auf halb*

A Natürlich nicht alle. *Scheinwerfer voll* Das würden wir in zwei Stunden ja gar nicht schaffen. *Licht ganz aus* Was hab ich denn nun schon wieder gesagt?

C Das kann man nicht mal im Dunkeln wiederholen.

D Im Dunklen gehts vielleicht. Er hat gesagt, unser Sozialismus hätte so viele Widersprüche angehäuft, daß man sie in zwei Stunden gar nicht alle aufzählen kann.

A Da können wir das Licht wieder anmachen. *Licht an* So hab ich das nämlich nicht gesagt.

D Ich weiß. Aber manche werden behaupten, sie hätten es so gehört.

WOLFGANG SCHALLER

## Amtliches Gebet

Beschütz uns unsre Posten
Zwischen den Schreibtischpfosten
Und gönn uns bitte auch,
Wenn wir im Amt regieren
Auf Stapeln aus Papieren,
Ein bißchen Machtmißbrauch.

Mit Herzen aus Ruinen
Laß uns uns selber dienen.
Erhöre das Gebet:
Nimm an uns niemals Rache.
Uns gehts nur um die Sache,
Wenns um den Menschen geht.

Die Geister, die wir riefen,
Die Initiativen
Und Arbeiterideen:
Glaub uns, in den verpackten
Und numerierten Akten,
Da liegen sie bequem.

Laß uns Gedanken schlachten
Und auf die Linie achten,
Egal, wohin sie führt.
Wir legen all die roten
Ideale zu den Toten,
Schön säuberlich broschürt.

Wolfang Krause Zwieback

## Es ist Nacht

Es ist Nacht – in der Nacht
Bin ich erwacht – in der Nacht
Die Ohren sind vertausendfacht
In der Nacht – ist es Nacht
Paß auf
Gib gut nach
Hab acht
In den Augen wird ein Feuer entfacht
In der Nacht
Im Wein der Frauen Wangenglut
Steigt auf des Mannes Mannesmut
Ein Rausch
Ein Plausch
Und Morgengraun
Wenn die Träume taun
War die Macht
In der Nacht
Beschlafen und
Verlacht.

Die Hinterwäldler

# Friede auf Erden

A Du bist so still ...
B Ich beobachte euch.
A Für wen?
B Wofür. Ein Satiriker muß doch alles genau beobachten.
A Was ist denn überhaupt eine Satire?
B Das ist der Versuch, eine Sache besser zu machen, indem man sie schlechtmacht.
A Da kenne ich aber viele Satiriker. Was soll denn überhaupt Satire?
B Spaß machen. Spaß am Leben. Spaß am Frieden.
A Du denkst doch nicht etwa, daß man mit Spaß Raketen aus der Welt schaffen kann!
B Das wäre der größte Spaß.
A Du glaubst doch nicht, daß ein Witz eine Rakete entschärft?
B Nein.
A Warum machst du dann also Satire?
B Man muß alles versuchen ...

Hans-Günther Pölitz

# Zwei Welten

*A und B auf zwei Stühlen mit dem Rücken zum Publikum. C kommt hinzu*
C Die Leute wollen mal sehen, wie die Umgestaltung bei uns so aussieht.
A Wir wollen doch nichts umgestalten.
B Wir wollen hier nur sitzen und gucken.
C Was gucken?
B Wie sich das alles so entwickelt.
C Ohne Umgestaltung entwickelt sich hier gar nichts. Dieser Stuhl muß nämlich da rüber und der muß andersrum.

A Na dann mach doch mal.
C Da müßt ihr aufstehen!
B Warum?
C Damit ich umgestalten kann.
A Wegen uns kann alles so bleiben, wie's ist.
B Ich find's bequem.
C Wenn ihr hier sitzt, kann ich nicht umgestalten.
B Dann mußt du's lassen.
C Wenn ich nicht umgestalte, dann geht's hier nicht weiter.
A Hättest du uns eben gar nicht erst auf die Stühle lassen dürfen.
C Ihr habt doch schon gesessen. Ich hatte doch gar keine Wahl.
B Das wollen wir mal gar nicht gehört haben.
A Wo der DDR-Bürger so viele Wahlen hat.
B Wahlessen.
A Wahlnüsse.
B Und im Theater die Wahlküre.
C Immer zieht ihr das ins Lächerliche.
Da würdet ihr aber ganz schön alt aussehen, wenn bei der Wahl mal ein anderes Ergebnis rauskommt.
A Vielleicht so? *tauschen die Plätze*
C Nee, so einfach nicht. Da werden vielleicht ganz andere Kandidaten gewählt.
A Siehst du welche?
B Nee, du?
C Da müssen eben mehr Kandidaten aufgestellt werden.
A Hast du schon mal im Tele-Lotto gewonnen?
C Nein, wieso?
A Da hast du nun schon 35 Möglichkeiten gehabt und doch die falschen gewählt.
C Nun laßt mich doch endlich umgestalten, die Leute warten doch darauf.
A Wo wir sitzen, kannst du nicht umgestalten.
C Mensch, ich habe noch im Ohr, wie du am Anfang ganz laut nach der Umgestaltung geschrien hast. Hier hast du gestanden ...
A Eben. Da mußte ich noch stehen. Jetzt habe ich einen Sessel.
C Und da sind die Ideale weg, was? Ihr merkt ja gar nicht mal, wie ihr den Leuten den Rücken zudreht.

B Ist doch ein schönes Gefühl, wenn man die Massen hinter sich hat.

C Aber bald habt ihr sie ganz verloren.

A Verloren ist noch nicht versiegt.

C Was soll denn bei euch noch siegen? Der Kommunismus vielleicht?

B Von so was wollen wir mal gar nicht reden.

A Solange wir hier sitzen.

C Das glaube ich, daß ihr gar kein Interesse daran habt. Da wären nämlich eure Privilegien weg. Ihr zwei Blindgänger.

A/B *springen auf, halten dabei die Stühle fest* Vorsicht! Wir können auch explodieren.

C Hoffentlich kann man euch vorher entschärfen. Das wäre dann eine doppelte Null-Lösung.

Dieter Hildebrandt

## Deutsch-deutsche Erbteilung

Der deutsche Mensch kann sehr wohl ohne Satire leben. Der einzige, der ohne Satire nicht leben kann, ist der Satiriker. Ich frage mich: Wie ist das hier eigentlich? Wie ist das? Wenn um 15 Uhr hier in der DDR bekannt wird, wann der elfte Parteitag sein wird und bereits um 14.50 Uhr die große Selbstverpflichtungswelle anrollt, wozu verpflichtet sich hier dann der Kabarettist? Noch härter zu werden, noch schärfer zu sein? Oder noch längere Programme zu machen?
Da fragt man sich doch: Was ist das überhaupt für ein Mensch? Ein polnischer Schriftsteller hat einmal gesagt: Der Satiriker ist ein Irrer, der dem Elefanten Mausefallen stellt. Scharfe Rückfrage des Zensors – äh, Moment, Zensor gibt's ja hier nicht – scharfe Rückfrage des konstruktiven Geschmackskollegen: Wer oder was ist hier mit Elefant gemeint?
Antwort des Satirikers: Niemand, das soll nur heißen, daß der Satiriker so blöd ist, daß er den Elefanten für so klein hält und die

Mausefalle für sooo groß. Wobei hier die Frage zu stellen wäre, ob's im Moment überhaupt Mausefallen gibt.
Derselbe Schriftsteller hat auch festgestellt: Weltgeschichte ist nichts anderes als das Verschweigen großer, guter, schöner Menschen. Naja, also ... wenn man die deutsche Weltgeschichte betrachtet, da bin ich geteilter Meinung. Wie man als Deutscher ja immer geteilter Meinung ist, weil ... ich meine ... es handelt sich ja längst schon um die Erbteilung. Also: Wer behält von der Erbmasse was?
Goethe, zum Beispiel. Wem gehört Goethe? Naja, es gibt den Ost-Goethe und den West-Goethe, er hat ja in Frankfurt gedichtet und in Leipzig und in Weimar, und den Faust hat er überall geschrieben. Der muß ja jetzt geteilt werden, in Faust-Ost und Faust-West.
Und wem gehört der Diwan?
Wem gehört Martin Luther? Das ist ganz klar: Der, der die Thesen angenagelt hat, das ist eurer. Der Antisemit gehört uns. Wem gehört Brecht? Auch klar: Brechts Erben.
Aber wem gehört Friedrich der Große? Das ist auch ziemlich sicher: der von der Ufa, den man vom Kino her kennt, der immer so aussah wie Otto Gebühr, das ist unserer, und der, der mit Voltaire zusammen die französische Revolution besprochen hat, der gehört euch.
Wem gehört Adolf Hitler? Naja, ist klar: Neunundneunzig Prozent der Leute, die ihn damals gewählt haben, die wohnen ja jetzt alle bei uns. Alle bei uns. Obwohl – eigentlich gehört er ja dem Schneyder, der ist Österreicher.
Wem gehört die Internationale? Ganz klar, die gehört euch. Aber jetzt kommt der Hammer: die Tantiemen dafür gehören uns. Und zwar einem Musikverleger aus München, der gleichzeitig Wahlkampfmanager der CSU ist. Naja, aber es geht ja nicht ums Geld. Das holt die DDR leicht wieder rein, über die Autobahngebühren.
Da können wir übrigens was lernen von der DDR, das sollten sich unsere Leute mal überlegen. Wir machen jetzt zum Beispiel einen riesigen, überflüssigen Auspufftest, ob das Tempolimit nun kommen soll oder nicht. Ein Auspufftest für hundertfünfzig Millionen Mark, das muß man sich mal überlegen.
Und da sage ich: Der Zustand der Straßen im Grenzgebiet der DDR ist das hundertprozentige Tempolimit ohne einen Pfennig Unkosten. Da müssen sich unsere Leute mal ein Beispiel nehmen. Und die Straßen sind auch noch frei, und es ist alles ruhig.

Bei uns dagegen sind dauernd Demonstrationen für das Tempolimit, und hier, hier ist alles ruhig. Und wenn doch mal einer, dann ist der ganz schnell wieder weg. Das bedeutet eben, daß die Polizei hier offenbar viel überzeugender formuliert und argumentiert …

Freunde, Feinde, Mitbürger! Mein Bericht zur Lage der Nation: Die Lage ist ernst, es geht uns an den Kragen! Schlagen wir den Kragen hoch, der Wind kommt von vorn! Wenn der Wind von vorn kommt, kriegt der Bürger immer so angelegte Ohren. Das ist das einzige, was der kleine Mann anlegen kann. Aber mit wem kann er sich anlegen?

Mit seinesgleichen. Wer ist seinesgleichen? Seinesgleichen ist der, der genau so viel hat wie er. Das gilt natürlich nur für Klassengesellschaften.

Die klassenlose Gesellschaft, das Wort sagt es schon, das ist eine Gesellschaft, in der die Klassen wieder ganz lose dadurch entstehen, daß es zwei Arten von Geld gibt: das eine gibt man schnell aus und das andere unheimlich schnell.

Die Klassengesellschaft lebt man miteinander nach dem alten philosophischen Grundsatz: Wenn einer mit Geld nicht umgehen kann, dann kann es auch daran liegen, daß er keins hat. Pech gehabt!

Was alle Gesellschaftsformen miteinander verbindet, das ist die Schlagkraft der Polizei.

Denn wir alle wissen ja seit 45: Demokratie gehört überall hin – wo sie keinen Schaden anrichten kann.

Jeder Bürger hat die gleiche Chance, eine gleiche Meinung zu haben. Zwischen Staat und Bürger ist ein ständiges Geben und Nehmen. Ich gebe als Bürger Ruhe und der Staat nimmt mir dafür die Sorge um die Ordnung. Ich öffne dem Staat mein Herz – er öffnet mir die Briefe dafür. Ich beherrsche mich – und er mich auch.

Harry Fiebig

## Schwierige Verständigung

*Ein Ost-West-Dialog*

*Ein Ost-Berliner Straßen-Café. Zwei ältere Damen trinken ihren Kaffee. Mit am Tisch ein westdeutscher Besucher, ganz dümmlicher Tourist mit Kameratasche, vor einem Glas Sekt. Man hört entfernte Militärmusik, irgendeinen preußischen Defiliermarsch. Der Wessi beginnt ein Gespräch über die Friedensbewegung. Da eine der beiden Damen schwerhörig ist, bekommt sie von ihrer Tischnachbarin das Gespräch in Kurzformeln »übersetzt«.*

Wessi Finden Sie das gut?

1. Dame Was?

Wessi Da draußen. Ihre Armee.

1. Dame Wieso meine Armee? Ist das nicht auch Ihre Armee?

Wessi Nein. Ich komme aus der Bundesrepublik.

1. Dame Ach, deshalb der Sekt. Sie müssen Ihre 25 Mark zerquetschen.

Wessi Also, bleiben wir mal bei meiner Frage. Finden Sie das gut, da draußen Ihre Armee so mit Tschingdarassa-Bumm?

1. Dame Also gegen Tschingdarassa hab ich eigentlich nichts. Bloß gegen Bumm.

Wessi Dann sind Sie also auch für den Frieden?

1. Dame Auf wen bezieht sich das »auch«?

Wessi Na, auf mich zum Beispiel. Allerdings gehöre ich nicht zu den Ostermarschierern und so.

2. Dame Was hat er gesagt?

1. Dame Er sagt, er ist für den Frieden, aber er zeigt es nicht so.

Wessi Diese ganze laut schreiende Friedensbewegung ist doch von Moskau gelenkt.

2. Dame Was hat er gesagt?

1. Dame Er sagt, Senator Kennedy wird von Moskau gelenkt.

Wessi Also, bitte, so dürfen Sie die Sache nicht sehen.

1. Dame Na, Sie sehen sie doch so.

Wessi Nein, nein. Ich sehe nur, daß es Zeit wird, auch in der DDR eine Friedensbewegung zu schaffen.

2. Dame Was hat er gesagt?

1. Dame Er sagt, wir sollen die DDR nochmal gründen.

Wessi *zur Schwerhörigen* Ich habe gesagt: Sie sollen eine DDR-Friedensbewegung gründen.

1. Dame Aber dieser Rat kommt leider 34 Jahre zu spät. Die DDR-Friedensbewegung haben wir schon am 7. Oktober 1949 gegründet. Wir könnten also höchstens alles nochmal von vorn …

Wessi Mir können Sie doch nichts vormachen. Wer hier wirklich für den Frieden eintritt, der wird doch verfolgt.

2. Dame Was hat er gesagt?

1. Dame Er sagt, der Honecker wird hier verfolgt.

Wessi Spielen Sie hier etwa auf Ihre offizielle sogenannte Friedenspolitik an? Sie schmieden doch Ihre Schwerter auch nicht zu Pflugscharen um.

2. Dame Was hat er gesagt?

1. Dame Er sagt, gegen Atomwaffen reichen auch Pflugschare.

Wessi Da spürt man so richtig die Politik vom Kreml: Für Abrüstung bei der NATO und gegen Abrüstung bei den Russen.

2. Dame Was hat er gesagt?

1. Dame Er sagt, Andropow ist gegen die Politik vom Kreml.

2. Dame Ääh??

1. Dame Na, nu laß mal, Trudchen. Wenn der Kreml gegen die Abrüstung bei den Russen ist und der Andropow dann in Prag vorschlägt, daß die NATO und der Warschauer Pakt einen Nichtangriffsvertrag schließen sollen und weitere sowjetische Truppen weit hinter den Ural beordert – na, dann ist er doch offensichtlich gegen die Politik vom Kreml. Oder?

Wessi *windet sich* Naja, nun … a… was macht das schon aus, ob die Truppen weiter hinten oder weiter vorne stehen …

1. Dame Das sollten Sie lieber die USA fragen. Der Reagan hat doch mit der BRD so ein Abkommen getroffen, nur, daß da die Truppen von hinten nach vorne kommen.

Wessi Naja … a… lassen wir mal diese Details. Beantworten Sie mir lieber ganz konkret die Frage: Wie stehen Sie zu der Losung »Frieden schaffen ohne Waffen«?

1. Dame Positiv.

Wessi Ja, und warum richten Sie sich nicht danach? Trotz Ihrer Friedensparolen. Wie reimt sich das zusammen?

1. Dame Wenn man Angina hat, macht man sich einen Schal um und schluckt Tabletten. Die Tabletten sind gegen die An-

gina, nicht gegen den Schal. Und erst, wenn man die Angina los ist, dann macht man auch den Schal ab. Und keinen Moment früher.

WESSI Naja, aber den Schal haben Sie ja nur gezwungenermaßen um und nicht, weil Sie ihn besonders schick finden.

2. DAME Was hat er gesagt?

1. DAME Er sagt, jetzt hat er's begriffen.

WESSI Also bitte, drehen Sie mir hier nicht das Wort im Munde rum. Sie haben einfach Furcht vor der Losung »Schwerter zu Pflugscharen«.

1. DAME Na, dann nenne ich Ihnen nur mal'n paar Fakten. Erstens: Keine weitere Modernisierung der sowjetischen Raketen. Zweitens: Keine Stationierung sowjetischer Raketen im europäischen Raum. Also hat der Warschauer Pakt das Schwert schon neben den Amboß gestellt. Und wo steht das Schwert der NATO?

WESSI *gibt sich geschlagen, hilflos* Herr Ober, bitte zahlen.

2. DAME Was hat er gesagt?

1. DAME Jetzt sagt er gar nichts mehr.

2. DAME *zum Wessi* Sie müssen schon entschuldigen, ich versteh 'n bißchen schwer.

1. DAME Du brauchst dich doch nicht zu entschuldigen, Trudchen. Du verstehst bloß 'n bißchen schwer. Der versteht überhaupt nichts. *Der Wessi entfernt sich. Die Damen erheben sich und singen*

Seit dem letzten großen Krieg
Ist der Frieden oft bedroht
Drum ist für unsere Republik
Der Frieden Gesetz und Gebot
Der Frieden liegt in guten Händen
Wenn wir den Rüstungswahn beenden
Bevor Atomraketenschlag
Die Welt zerstört an einem einzigen Tag
Die aus dem Schwert die Pflugschar schmieden
Erhalten längst noch nicht den Frieden
Der Frieden, soll er sicher sein
Braucht Waffen, keinen Heiligenschein
Bevor die gute Mutter Erde
Ein toter Stern im Weltall werde
Von dem die Menschen sich vertrieben
Laßt uns schützen, was wir lieben

Uwe Scheddin

## Redefreiheit

*Versuch eines TV-Interviews*

Reporter Also Sie brauchen sich überhaupt keinen Kopf zu machen – wir kriegen das schon hin. Ganz einfache Fragen. Sie erzählen jetzt hier rein, genau das, was Sie mir ja so ungefähr eben schon beim Frühstück erzählt haben. »Wie hat sich für Sie persönlich die betriebliche Rationalisierung ausgewirkt?«

Arbeiter Wie wir alle wissen, hat sich zu Ehren des 11. Geburtstags der Republik für uns alle die Aufgabe und ehrenvolle Verpflichtung ergeben, den Beschlüssen der Partei zu folgen … zu folgen … ergeben … Ergebnissen … äh?

Reporter Also: Sie sollen ganz einfach, ganz einfach wirklich nur sagen, wie Sie hier mit Ihrem Roboter klarkommen. Klar?

Arbeiter Klar? Nein.

Reporter Also gut. »Wie sich seit dem soundsovielten Parteitag die Arbeits- und Lebensbedingungen« … ja?

Arbeiter Ach so! Ja also für mich hat sich durch die betriebliche Rationalisierung ergeben, daß meine Arbeit effektiver, leichter, sparsamer und zu Ehren …

Reporter Stop! Sie sollten mir das sagen, was Sie mir vorhin beim Kaffee gesagt haben.

Arbeiter Ach so! Also! Ach? Meine Arbeit also, die ist … äh … zu Ehren. *zur Seite* Das Positive zuerst, ja??

Reporter Was heißt positiv. Einfach das von vorhin.

Arbeiter Nun also, wenn ich meine Arbeit … *zur Seite* Die Wahrheit?!

Reporter Was denn sonst.

Arbeiter Gut. Dann also: Es ist so, daß meine Arbeit, aber nur meine Arbeit, ich will damit nicht … wahr und wahr … ist das schon, denn … Ich kann nicht!

Reporter Was?

Arbeiter Na, Mensch, in die Kamera. Gab's ja noch nie. Komm mir ja vor, wie'n Blödi. So offen und ehrlich. Mensch. Also wenn die bloß wieder weg sind.

REPORTER Was ist nun?

ARBEITER Sie woll'n also, das was ich Ihnen über den da, Roboter, vorhin beim Kaffee ausgequatscht habe, jetzt hier …

REPORTER Warum nicht, frag' ich Sie. Das ist von öffentlichem Interesse.

ARBEITER Ach du meine Fresse, ick hab's jeahnt, Sie sind vom Sender Freies Berlin.

REPORTER Wenn Sie meine Arbeitsstätte in Adlershof so bezeichnen, ist das Ihre Sache. Aber nun sagen Sie mir endlich mal ein paar kritische, aufrichtige Takte zu Ihrem Ungetüm da. Mit einfachen Arbeiterworten.

ARBEITER Werde bloß nicht zynisch, Junge. Und Sie sind sicher, daß Sie aus Adlershof sind?

REPORTER Vom Fernsehen der DDR.

ARBEITER Und Sie wollen die Wahrheit?

REPORTER Was soll das Fernsehen der DDR denn anderes wollen als die Wahrheit. Sie haben ganz schön Mut, muß ich sagen. Aber über Ihre Arbeit wollen Sie uns irgendetwas verheimlichen.

ARBEITER Nun reicht's aber! Also her dein Schnüffeleisen. So, jetzt halt dich fest: Liebe Genossen und Kollegen! Hier spricht der Arbeiter Hans Hubert Förster. Gelernter Feinmechaniker. Bei Siemens noch. Alter 53. Ehefrau immer noch die erste. Drei Kinder. Alle gesund. Zwei haben studiert. Und im Interesse meiner Kinder … quälen Sie mich nicht weiter. Ich kann nicht!!!

REPORTER Zwingen Sie sich!!!

ARBEITER Gut. Ich … gebe … zu: Die Arbeit … an diesem Industrieroboter … ist schön! Aber noch nicht immer.

REPORTER Sagenhaft. Vor was haben Sie eigentlich Angst? Vor mir?

ARBEITER Weiß ich was! Vor der Zensur.

REPORTER Sie kriegen doch gar keine. Außerdem gibt es so etwas bei uns nicht.

ARBEITER Seit wann denn das?!

REPORTER Seitdem sich die Selbstzensur durchgesetzt hat.

Siegfried Mahler/Rainer Otto

## Finale

A Es kommt eben nicht darauf an, Verhältnisse und Verhaltensweisen unbegreiflich zu finden, sondern darauf, sie zu verändern.
B Halten wir also mit unserer Meinung nicht hinterm Berge, halten wir uns doch mal tapfer.
C Halten wir unseren Kollegen nicht immer nur eine Predigt, halten wir ihnen gegenüber doch auch mal Wort.
D Und was empfehlen wir denen, die immer bloß meckern und von allem nichts halten?
E Ganz einfach: Halten Sie doch den Mund!

Rainer Otto

## Ermutigung

Wenn du zu denen gehörst, die noch fragen,
Auch wo die Antworten endgültig sind:
Laß dir von keinem die Zweifel verbieten,
Mach dich nicht stumm und nicht taub und nicht blind.
Vertrau nicht auf den, der für alle Probleme
Fertige Lösungen hat.
Ein kalter Verstand macht im Herzen kein Feuer
Und ein Rezept noch nicht satt.
Geh nicht den bequemen Formeln
Vom Vertrauen auf den Leim.
Mach dir auf die glatten Verse
Immer einen eig'nen Reim.
Laß dir die Welt nicht von einem erklären,
Der sich auf seine beschränkt.
Frage auch den, der von anderen Dingen
Ganz anders und Anderes denkt.
Such dir deine Wahrheit selber.
Bet nicht nach, was Urahn sprach.

Lies nicht, wie wir Erbschaft deuten,
Lies im Nachlaß selber nach.
Nur wer gewagt hat, sich selbst zu entscheiden,
Ist mit dem Herzen dabei.
Keiner hat Anspruch, für uns zu befinden,
Was gut und was schlecht für uns sei.
  Leben muß man selber leben.
  Hocherhob'nen Angesichts.
  Leben ist aufs Ganze gehen.
  Alles oder nichts.

Wenn du zu denen gehörst, die sich rühren,
Weil sie die Ungeduld peinigt und treibt,
Laß dir von keinem Beamten erklären,
Daß uns zum Ziel noch ein gutes Stück bleibt.
Vertrau nicht auf den, der auf sicherem Posten
Künftige Siege beschwört.
Befrag ihn, wo steht, daß zu unseren Pflichten
Auch Sich-Gedulden gehört.
Gib dich nicht mit dem zufrieden,
Was man für erreichbar hält.
Füg dich nicht den Tagesnormen,
Die man gestern aufgestellt.
Scheue dich nicht, dich auch einmal zu irren.
Irrtum ist Menschen erlaubt.
Manchmal kann der ein Amerika finden,
Der Indien zu finden geglaubt.
Segeln lernst du nicht im Hafen
Und nicht ohne Gegenwind.
Gipfel stürmst du nicht auf Pfaden,
Die schon ausgetreten sind.
Nie wird ein Most sich zum Weine vollenden,
Wenn er nicht ungestüm gärt.
Der wird bestimmt nie ein Wunder vollbringen,
Der nur das Normale begehrt.
  Leben ist nicht Sich-Bescheiden,
  Ist nicht Summe des Verzichts.
  Leben ist In-Anspruch-Nehmen,
  Alles oder nichts.

Inge Ristock/Klaus Bödeker

# Schreib um – oder: Was ist Dramaturgie?

## I

Dramaturg Tja, Kollege Autor, ich habe deine Szene gelesen. Du kritisierst darin den verantwortlichen Minister für nichtbeachtete Probleme, weil er momentan die Malzbonbonfrage vernachlässigt, so daß es keine gibt. 1. Gehört ein Minister zur Regierung und kann also gar nicht schuld sein, wenn seine Anordnungen unten richtig verstanden werden und in Dingsda ausarten. 2. Ist es in dieser speziellen politischen Situation richtig, das Thema Malzbonbon aufzugreifen? Warum gibt es denn keine? Weil die Hopfenernte schlecht war.

Autor In der BRD war die Hopfenernte nicht besser.

Dramaturg Das ist politisch richtig, was du da sagst. Denn in der BRD kann gar nichts besser sein als bei uns.

Autor Trotzdem gibt es drüben genügend Malzbonbon.

Dramaturg Das ist zwar sachlich richtig, aber du siehst es politisch falsch. Gerade heute hat im ND einer unserer führenden Ernährungswissenschaftler parteilich nachgewiesen, wie schädlich Malzbonbon für die Zähne sind. – Im Gegensatz zu unseren vom Chemiewerk Buna entwickelten Gummibonbons, die bedeutend haltbarer sind als Ausdruck unserer wirtschaftlichen Stabilität.

Autor Das verstehe ich nicht.

Dramaturg Hast du kein Bewußtsein?

Autor Doch, doch.

Dramaturg Siehst du. Und wer Bewußtsein hat, der versteht auch immer alles. Also – schreib um.

## II

Dramaturg Ich habe die 2. Fassung deiner Antimalz- und Progummibonbon-Szene gelesen. Leider zu lustig, da unsere wirtschaftliche Situation inzwischen genau umgekehrt ist. Hauptaufgabe der nächsten Jahre ist der Aufbau einer bongbastischen Malzbonbonindustrie.

AUTOR Früher waren wir aber doch ganz entschieden und parteilich gegen Malzbonbon.

DRAMATURG Früher! Früher waren wir auch entschieden gegen Toto und Psychologie und Beat und lange Haare. Gegen was waren wir noch nicht? ... Aber jetzt müssen wir es uns leisten, für Malzbonbon zu sein, weil wir keine Gummibonbons mehr haben, weil wir eine Reifenindustrie aufbauen.

AUTOR Obwohl die Malzbonbon so gesundheitsschädlich für die Zähne sind?

DRAMATURG Tja, im Kapitalismus führt sowas natürlich zum Ruin. Aber bei uns und unserer Gesundheitsfürsorge spricht doch kein Mensch davon. Und deshalb ist es unwesentlich. Wesentlich ist, daß bei uns auf den Kopf der Bevölkerung 3,7 Malzbonbon mehr fallen, als in der BRD, wie einer unserer ausgekautesten Ernährungswissenschaftler im ND nachgewiesen hat. Und diese Überlegenheit gegenüber dem Kapitalismus müssen wir jetzt entschieden und überzeugend herausdokumentieren.

AUTOR Wie?

DRAMATURG Hast du das verstanden?

AUTOR Nein.

DRAMATURG Gut, dann schreib um und vergiß nicht, unsere Malzbonbon von denen drüben zu unterscheiden, damit wir nicht in die Konvergenz reinrutschen.

AUTOR Aha. Und was ist der Unterschied zwischen beiden?

DRAMATURG Unsere schmecken nicht nach Malz.

## III

DRAMATURG Tja, ich habe die 3. Fassung deiner Bonbonszene gelesen. Im Mittelpunkt steht jetzt ein junger Sozialist, der aus Bewußtsein den Welthöchststand an Malzbonbon verzehrt und deshalb keinen ganzen Zahn mehr im Munde hat ... *wirft langen Blick auf den Autor*

AUTOR Ich hatte dich so verstanden.

DRAMATURG Sehr schön, die Sache mit dem zahnlosen Sozialisten. Wir beißen uns auch so durch, aber inzwischen sind wir ja viel weiter! Unsere Experten haben eines ihrer großen Wunder vollbracht, so daß wir jetzt weder Gummi- noch Malzbonbon haben.

AUTOR Also gut, ich schreibe um in der Richtung: Unsere Menschen sind empört, weil sie weder ...

DRAMATURG Was heißt hier empört?! Gerade heute hat im ND einer unserer führenden Ideologen nachgewiesen, daß das Bewußtsein unserer Menschen um 8,7% angestiegen ist. Unsere Menschen sind also nicht empört, sondern stolz darauf, daß es weder das eine noch das andere gibt, wie du den unzähligen Leserbriefen entnehmen kannst.

AUTOR Stolz?

DRAMATURG Jawohl, stolz! Denn sie denken tiefer. Sie denken, wenn es was nicht gibt, dann wurde es exportiert. Export erhöht das Ansehen unserer Republik. Und das erfüllt unsere Bürger mit Genugtuung.

AUTOR Ich würde ganz gerne einen Gummimalzbonbon selber essen.

DRAMATURG Weil du kein Exportbewußtsein hast. Du solltest dich allen Ernstes mal fragen, wo stehst du eigentlich in der Bonbonfrage?

*Telefon – Dramaturg nimmt ab*

Ja ... So? ... Aha ... Danke! *legt auf*

AUTOR War was?

DRAMATURG Ich erfahre soeben, daß auf höchster Ebene eine Tagung zu Bonbonfragen stattfindet. Nichts Genaues weiß man noch nicht. Jedenfalls wird jetzt endlich alles anders, alles neu, so wie es vor ein paar Jahren schon mal war.

AUTOR Nun verstehe ich gar nichts mehr.

DRAMATURG Siehst du! Unsere Praxis entwickelt sich so rasant, daß mancher theoretisch gar nicht mehr mitkommt.

Dieter Lietz

## Letzte Tagesmeldungen

Berlin. Hauptstadt der DDR. Aus Anlaß des bevorstehenden Jahreswechsels trafen sich einige unserer führendsten Repräsentanten und repräsentative Führungspersönlichkeiten, um in geschlossener Einmütigkeit ihre einmütige Geschlossenheit zu bekunden.
Wie in sämtlichen Diskussionslesungen kritisch und offenherzig zum Ausdruck gebracht wurde, stand das Treffen ganz im Zeichen gegenseitigen Einvernehmens, der einseitigen Unverbrüchlichkeit sowie des unerschütterlichen Festhaltens an allen gerade gültigen Prinzipien.

# An die Wende gesprüht

## Aufbruch ins Ungewisse

Wir sind ein Volk.
Aber was für eins.

*Graffito, 1989*

Das Kabarett, Spiegel seiner Zeit, den es ihr vorhält, lebt von den großen Themen, von Umbruch, unruhigen Zeiten und Widerspruch im doppelten Sinne des Wortes. Immer spontan dabei, der Aktualität des Tagesgeschehens verpflichtet, erhellt der satirische Blick den Gegenstand, auf den er sich richtet, und liefert in der Überzeichnung die Momentaufnahme des Augenblicks. Der kabarettistische Kommentar legt, gerade da, wo er nicht ausgewogen und abwägend daherkommt, den Zeit-Nerv bloß: Momentane Marginalien zur Zeitgeschichte. Kritisch, unversöhnlich, radikal, oft auch ungerecht.

Große Themen sind fürs Kabarett nicht unabdingbar, aber doch Glücksfälle, auf die zu spekulieren nicht ehrenrührig ist. Im November 1989 gab es diesen Glücksfall – ein Jahrhundert-Ereignis und ein Jahrhundert-Thema. Zu groß fürs Kabarett?

Es zeigte sich, daß die Kabarettisten-Zunft, die sich so gern in reale Utopien verliert, die das Undenkbare vorzudenken vermag und nicht müde wird, in die Kassandra-Rolle zu schlüpfen, in diesem Fall bestenfalls mit leitartikelnden Leidartikeln aufzuwarten hatte. Zu groß die Irritation, zu total der Mangel an Durchblick, im Heute das Morgen zu erkennen und von der Kabarett-Bühne aus dem Publikum zu vermitteln.

Dabei kam das, was man mit dem Fall der deutsch-deutschen Mauer-Grenze die Wende genannt hat, nicht über Nacht. Allen voran die DDR-Kabarettisten, die hellhöriger und feinnerviger als ihre westdeutschen Kollegen auf die Zeichen der Zeit zu reagieren gelernt haben, nahmen nach den Glasnost-Angeboten Gorbatschows die veränderten Bedingungen eines allmählich einsetzenden »Tauwetters« wahr und nutzten sie für ihre tagtägliche Arbeit: In ihren Programmen der späten Achtziger läßt sich zunehmend Aufmüpfiges, Unbotmäßiges und ungewohnt Kritisches ablesen; und doch wurde der Aufstand wieder einmal nicht im Theater geprobt, sondern draußen auf der Straße. Den Kabarettisten blieb nur der Kommentar zur Lage.

Und der fiel, wie auf westlicher Seite, recht mager aus. Die Pointen lieferte die Zeitgeschichte, die, die sie machten und geschehen ließen. An den starken Wende-Sprüchen, wie sie landauf, landab auf den Straßen zu hören waren und auf der Mauerwand und anderswo zu lesen standen, waren die Kabarettisten nicht beteiligt. Die spielten die laufenden Programme ab und gaben sich besorgt, den Zug der Zeit nicht gänzlich zu verpassen.

Hans D. Brislinger

## Wir Widerstandskämpfer

A Nee, mal im Ernst, früher hatte Kabarett noch einen Sinn. Wir haben doch ganz schön wider den Stachel gelöckt.
B Bilde dir bloß nichts ein, mein Lieber. Die Berufskabaretts sind auf Beschluß des Ministerrats gebildet worden. Und der hat bloß beschlossen, wenn das ZK der SED beschlossen hatte, daß der Ministerrat was zu beschließen hat. Von wegen Widerstand. Wir waren die Überdruckventile des Regimes! Die Dampfpfeifen des »kommunistischen Terrors«!
A Hoffentlich gibt's da keine Akten drüber!
B Wieso?
A Wenn die die finden!
B Der Beschluß stand damals sogar im »Neuen Deutschland«.
A Dann ist es ja gut. Dann ist es vergessen.

Inge Ristock/Hans Rascher

## Das Ideal ist ausgebrochen

*Das Ideal tritt auf*
Ideal Dich grüß ich in Ehrfurcht, du Land meiner Träume,
wo der Mensch sich zu voller Größe entfaltet
und als mündiger Bürger sein Leben gestaltet.
Wo er mit Freude und ganzer Kraft
für das Gemeinwohl des Sozialismus schafft.
Wo Jugend das Lied von der Zukunft verkündet
und wo sich Herz zum Herzen findet.
Wo alles tat zum Guten sich wenden,
um schließlich im noch Besseren zu enden.
Wer möcht' nicht solch Gewimmel sehn,
auf freiem Grund, mit freiem Volke stehn.
Dich grüß ich in Ehrfurcht, du …

*Bühnenarbeiter tritt auf und stellt einen Tisch hin und unterbricht das Ideal*

B	Du Arsch! Was machst du denn da? Der Tisch kommt hierher!

A	Gestern hat der Arsch von Regisseur gesagt, der Tisch kommt da hin.

B	Du kannst froh sein, wenn ich überhaupt was hinstelle. Ich mach' das nämlich auf offener Bühne, bei vollem Licht und vor vollem Publikum. Kann ich also 5 Mark Spielzulage verlangen. Und die will der Arsch von Buchhalter nicht genehmigen. Und solange das nicht geklärt ist, brauch ich in dem Saftladen überhaupt nichts hinzustellen!

IDEAL	Was ist das für ein Ton? Was ist das für eine Arbeitshaltung?

A	Wer is'n das? Wie sieht die denn aus? Wer sind Sie überhaupt?

IDEAL	Ich bin euer Ideal.

A	Bitte nochmal!

IDEAL	Ich bin euer Ideal!

A	Also meins ist sie nicht. Ist sie deins?
*B schüttelt den Kopf* Zeigen Sie doch mal Ihren Ausweis.

IDEAL	Können Sie sich ein Ideal mit Ausweis vorstellen?

A	Woher soll ich denn wissen, ob Sie überhaupt gültig sind?

IDEAL	Ein Ideal ist immer gültig. Ich bin das von euch entworfene Leitbild, wonach ihr strebend euch bemüht. Der denkende, bewußt handelnde, schöpferische Mensch. Kurz – der mündige Bürger. Sind Sie einer?

B	Mein Gott, kann ein Ideal penetrant sein.

IDEAL	Ein Ideal muß penetrant sein. *zu A* Gleich mal zu Ihnen: Im Sozialismus ist die Arbeit Lebensbedürfnis. Was frohgemut geschaffen wird, kommt allen zugute. Sie stellen flugs und freudevoll den Tisch dahin!

A	Kein Handgriff ohne hier. *Geldzählgeste*

IDEAL	Diese Menschen haben ein Recht auf Kunst und Kultur, also auch auf diesen Tisch.

A	Was gehn mich diese Menschen an. Ich will mein Geld.

IDEAL	420 verärgerte Staatsbürger … Wissen Sie, mit welchem Mißmut die morgen zur Arbeit gehn?

A	Ist ihr Problem.

IDEAL	Mißmut wirkt sich auf die Planerfüllung aus.

A Von mir aus kann die DDR zusammenbrechen. Ich will mein Geld, das ist mein Recht!

IDEAL Kollege, ich kann dir versichern: So bist du nicht als DDR-Bürger. So nicht! Ich kenne dich besser. Als mitdenkender und mitgestaltender Staatsbürger stellst du die gesellschaftlichen Interessen über deine läppischen Privat-Fünf-Mark.

A Du bist wohl total von gestern, wie?

IDEAL Als Ideal bin ich immer von morgen.

B Und jetzt ist heute, und heute ist Wirklichkeit, und da störst du. Ich habe gelernt, ein Ideal muß ganz weit voraus sein.

A So weit, daß man's am besten gar nicht mehr sieht. Das ist das ideale am Ideal!

IDEAL Falsch. Die Wirklichkeit muß so nahe am Ideal dran sein, daß die Chance gegeben ist, es einzuholen.

B Bei dem Pendelverkehr holen wir nichts ein. Nicht mal uns selber.

A Also mir reicht's jetzt! Die Schule hat uns mühsam Ideale eingetrichtert, und das Leben hat uns mühsam dieselben Ideale rausgetrichtert. Jetzt kommst du an und willst dich wieder eintrichtern. Was nützt es mir, wenn ich dich im Herzen trage und im Portemonnaie nur meinen stabilen Lohn? Dafür kann ich mir nicht mal die Schuhe leisten, die ich brauche, um dir hinterher zu botten.

*A und B singen*

Du warst so herrlich anzuschau'n,
du warst die schönste aller Fraun.
Ich habe nur auf dich geschaut,
und du hast nur auf mich gebaut.
Die Liebe war so groß, so groß,
heut frag' ich mich, wo blieb sie bloß?
Ja, du warst mal, ganz früher mal
mein Ideal, mein Ideal!
Heut haben wir dich abgebaut,
gehst keinem mehr unter die Haut.
Das Leben ist nun mal real
und dazu lebt man nur einmal.
Heut heißt der Idealzustand:
stets mit dem Rücken an die Wand.
Heut ist der ideale Fall:

Fall bloß nicht auf, auf keinen Fall.
Und reicht das Geld dann grad noch hin –
mehr ist nicht drin, mehr ist nicht drin.

IDEAL Vorschlag: Laßt den Sozialismus sausen und macht wieder auf Kapitalismus.

A Ja. – Nee. Dann müßt ich ja den Tisch dahin stellen.

IDEAL Aha. Vom Sozialismus die Arbeitsunlust, vom Kapitalismus das Geld, wie?

A Also, wenn die Tussy hier noch lange an mir rumagitiert, dann kündige ich. Ein Arbeiterwort.

B Ohne Ideal können wir spielen, ohne Bühnenarbeiter nicht. Lady ... *will Ideal hinausbegleiten*

IDEAL Ohne Bühnenarbeiter kann man leben, ohne Ideal nicht.

B Soll doch die Partei das klären. *ruft* Wendisch. Welche? – Die Partei!

BEIDE Genosse Wendisch!

*Wendisch tritt auf*

B Das Ideal ist plötzlich da und bringt hier alles durcheinander.

C Die neue Wende, der neue Aufbruch, das neue Forum – und jetzt auch noch das alte Ideal. – Wer hat es denn losgelassen? Oder hat Hager was verlautbart?

B Ich rufe den ABVer an, der fängt sie wieder ein.

C Wir können doch nicht das Ideal abführen lassen wie einen Rowdy. *mustert mißmutig das Ideal*
Daß eine Idee zur materiellen Gewalt wird, hab' ich ja gelernt ... aber ein Ideal zur Person ...? Kollegen, laßt uns mal unter uns. Das ist eine interne Parteisache.

B Immer, wenn's brisant wird, müssen wir raus.

C Könnt ja eintreten.

A Nischt wie weg. *A und B ab*

C Liebste Kollegin Ideal ... oder Genossin? Wir sind natürlich hocherfreut, andererseits sind wir in der Bredouille. Weißt du, wie schwer Sozialismus zu machen ist? Besonders jetzt, wo dauernd das Volk dazwischenredet?
Und weißt du, wie sehr du dabei ...

IDEAL ... störst?

C Nein. Oder nicht so direkt ...

IDEAL Wieso störe ich?

C Nun ja, unser Ideal. Fest in uns verankert. In Hirnen. In Herzen. Die Vorstellung von all dem Guten und Schönen.

Machen wir. Werden wir machen. Bestimmt. Bestimmt mal. Nur momentan …

Wir sind froh, wenn wir uns von Tag zu Tag durchdialogen. Aber ich verspreche dir, wir werden dich rufen, wenn alles am Ende ist, also alles geschafft ist …

… Also zur Siegesfeier!

IDEAL Genosse, du als kämpferische Basis meines Überbaus, als revolutionärer Garant meiner Verwirklichung, solltest doch wissen, daß du mich nie aus den Augen verlieren darfst, nicht mal in der schlimmsten Bredouille.

Unter uns: Seid ihr nun in der Bredouille? Oder im Aufbruch?

C Weder noch. Oder beides. Wer weiß heute schon was … Was willst du denn nun konkret?

IDEAL Mal gucken.

C Gucken. Hm. Willst dich also in unserer DDR informieren?

IDEAL Genau

C Wird doch sofort organisiert. *ruft* Gudrun!

D *tritt auf*

C Das Ideal will die DDR kennenlernen. Also: Direktor aus seinem Zimmer raus. Rote Nelken rein, kleiner Imbiß rein, Ideal rein. Dazu sämtliche Bände des Statistischen Jahrbuches seit 1949.

D Schlüssel rum.

IDEAL Genau das nicht. Mich interessieren keine Statistiken, mich interessieren die Leute.

C Unsern Leuten geht's gut! Steht doch alles im statistischen Jahrbuch: wieviel Autos, wieviel Datschen, wieviel Kindergeld …

IDEAL Mich interessiert nicht der Wohlstand, mich interessiert der Mensch, ob er sich wohlfühlt.

C Muß er wohl. Wir verkünden doch laufend: Alles zum Wohle.

IDEAL Verkünden ist das eine, verwirklichen das andere!

D *zu C* Was macht man bloß mit so 'nem Störfall?

C Ignorieren wir!

D Aber sie ist doch da!

C Wir haben schon sehr viel ignoriert, was da war.

D Früher konntet ihr Störfälle so schön zum Studium in die SU delegieren …

C Selige Zeiten! … *zu Ideal* Also paß mal auf: Unsere DDR ruht auf zwei soliden Pfeilern, unseren Erfolgen und unseren …

IDEAL Mißerfolgen.

C Nein. Bei uns nennt man sie Widersprüche. Bevor du dich von den Widersprüchen umhauen läßt, stärk dich erst mal an den Erfolgen. *zu D* Schick sie auf Stadtrundfahrt.

D Weiß schon: Nicolai-Viertel. Marzahn und die halbe Husemann-Straße. *geht mit Ideal ab*

WOLFGANG SCHALLER

## Lauf der Mitläufer

Die Zeit, sie läuft. Wir laufen mit.
Egal wohin, wir halten Schritt.
Wenn wir im Takt marschieren.
Wir jubeln, wenn der Jubel rollt
Und grollen, wenn der Herrgott grollt.
Das heißt: Wir funktionieren.

Die Denkchoreografen tanzen uns vor.
Und wir sind Statisten, Ballett de Corps.
Gleich hinter der ersten Reihe
Stehn wir standhaft fest Spalier
Und wissen meistens nicht wofür
Trotz unsrer Bravoschreie.

Wir leben dort. Wir leben hier.
Wir sind dagegen, sind dafür.
Man muß es uns nur sagen.
Uns gings auch drüben wunderbar,
Sind pflegeleicht und austauschbar
In allen Lebenslagen.

Sagt der Lenker: Reformen müssen nicht sein,
Dann ruft unser Sprechchor: Reformen? Nein!

Und ruft er: Reformen, ja!
Dann springen wir schnell auf das Trittbrett auf.
Wir sind auf dem letzten Zug immer drauf
Und sind stets als erste da.

Und wenn in der Welt auf Friedensplätzen
Schüsse den himmlischen Frieden verletzten –
Wir warten ab. Denn dann
Muß erst die Zeitung informieren:
Zustimmen oder distanzieren?
Dann schließen wir uns an.

Im Namen der Gerechtigkeit,
Des Volkes und der Mächtigkeit
Der Ideologie.
Wir haben ja nie mitgedacht.
Wir haben ja nur mitgemacht.
Und schuldig sind wir nie.

Wenzel & Mensching

## Der Dank des Vaterlandes

*Meh und Weh singen, jubilierend, schön*

Diesen großen Dankchoral
Singen wir für dieses Freudental
Für das Land das statt erneuert
Erst verjubelt dann verscheuert
Und als Hofnarrn der Nation
Loben wir in vollstem Ton
Diesen Staat so o sozial
Hier mit diesem Dankchoral
Tüta Ta Tüta tüta tüüüta

Schönen Dank auch unsern Müttern
Die noch immer um uns zittern

Die uns auf die Erde preßten
Und zwar hier und nicht im Westen
Dank auch unsern kühnen Vätern
Diesen kühlen Volksvertretern
Die des Sonntags Saucen würzten
Produktionsmittel umstürzten
Grade erst im Wahllokal
Ihnen gilt der Dankchoral
Tüta Ta Tüta tüta tüüüta

Dank auch den Chemiebetrieben
Für die Plastik die wir lieben
Weichspül- und Geschirrspülmittel
Für das Ätzloch auch im Kittel
Für die Schönheit der Chemie
Danken wir der Industrie
Unser harnstoffarmes Land
Duftet weit über den Rand
Schließlich auch dem Azesal
Güldet unser Dankchoral
Tüta Ta Tüta tüta tüüüta

Dank all den geheimen Männern
Jenen guten Seelen-Kennern
Die im steten Dunkel blieben
Pünktlich die Berichte schrieben …

*Meh und Weh unterbrechen ihren Gesang, stutzen.*

Weh — Das war 'ne alte Strophe. Die sind jetzt alle weg.

*Meh kramt einen Zettel aus der Innentasche seines Fracks. Beide singen, den Text ablesend.*

Meh/Weh — Dank den kühnen Jackewendern
Die sich wie das Land verändern
Gestern noch auf stolzen Rossen
Heute wieder unverdrossen
Vorneweg mit neuen Thesen
So als wäre nichts gewesen
Die vor unsern Bühnen werkten
Jeden Nebensatz sich merkten
Alte Akten wieder neu

Nur die Feinde bleiben treu
Treu wie Gold und hart wie Stahl
So wie dieser Dankchoral
Tüta Ta Tüta tüta tüüüta

Dank den klugen Medizinern
Rechtsanwälten Kirchendienern
Dank den roten Feuerwehren
Dank den roten Funktionären
Doktrinären und Doktoren
Inspektoren und Lektoren
Tischlern Schneidern und Monteuren
Allen Menschen die uns hören
Allen die bei uns noch wohnen
Seid umschlungen Millionen
Lang genug gestöhnt geklagt
Heute sei euch Dank gesagt
Nun zum allerletzten Mal
Singen wir den Dankchoral
Danke Danke Danke Bitte.
Danke Danke …
Schneller!
Danke Danke Danke
Höher!
Danke Danke Danke …

WOLF BIERMANN

## Ballade von den verdorbenen Greisen

Hey Krenz, du fröhlicher kalter Krieger
Ich glaube dir nichts, kein einziges Wort
Du hast ja die Panzer in Peking bejubelt
Ich sah dein Gebiß beim Massenmord
Dein falsches Lachen, aus dir macht Fritz Cremer
Ein Monument für die Heuchelei
Du bist unsere Stasi-Metastase
Am kranken Körper der Staatspartei

Wir wollen dich nicht ins Verderben stürzen
du bist schon verdorben genug
Nicht Rache, nein, Rente
im Wandlitzer Ghetto
und Friede deinem letzten Atemzug

Hey Hager, Professor Tapeten-Kutte
Ich glaube dir nichts, du verdorbener Greis
Jetzt nimmst du uns flott das Wort aus dem Munde
Mit neuen Phrasen der alte Scheiß
Du bist ja selber nicht mehr zu retten
Und rettest auch nicht dieses kranke Land
Du hast deine Jugendträume verraten
Das Menetekel brennt an der Wand
Wir wollen dich nicht ins Verderben stürzen …

Hey Mielke, du warst ein Spanienkämpfer?
Ich glaube dir nichts, du warst privilegiert
Wir wissen, du hast die Trotzkisten und andre
Genossen feig hinter der Front liquidiert
Jetzt übst du mit uns die blutigen Spiele
Programme zum Vierzigsten Jahrestag
Im Prenzlauer Berg, in Leipzig und Dresden
Nichts wird dir vergessen, kein einziger Schlag
Wir wollen dich nicht ins Verderben stürzen …

Hey Schnitzler, du elender Sudel-Ede
Sogar, wenn du sagst, die Erde ist rund
Dann weiß jedes Kind: Unsere Erde ist eckig
Du bist ein gekaufter verkommener Hund
Und wirst du bald in der Erde liegen
Ich dich gehn nicht mal die Würmer rein
Der muß jetzt im Grab noch die Würmer belügen
Wird stehen auf deinem Marmorstein
Wir wollen dich nicht ins Verderben stürzen …

Hey Honey, du gingst aus Gesundheitsgründen
Ich glaube dir nichts und auch nicht dies
Die schlimmste Krankheit hattest du immer:
Die stalinistische Syphilis
Ich hab dich verachtet und hab dich gefürchtet

Und trotzdem bleibt da ein Rest von Respekt
Es haben dich die verfluchten Faschisten
Elf Jahre in Brandenburg eingesteckt
Wir wolln dich doch nicht ins Verderben stürzen
du bist schon verdorben genug
Nicht Rache, nein, Rente
im Wandlitzer Ghetto
und Friede deinem letzten Atemzug

Werner Schneyder

## Anrede an den Genossen Schmitz

Keine Frage, Sie war'n gut studiert, Genosse Schmitz,
Sie hatten Marx und Lenin wirklich drauf.
Sie war'n bestens indoktriniert, Genosse Schmitz.
Für Sie war die Partei das Um und Auf.

Sie planten enorm viel nach Plan, Genosse Schmitz.
Es sah – auf dem Papier – nach Endsieg aus.
Dann standen Sie irgendwo an, Genosse Schmitz,
Und fanden irgendwie nicht mehr heraus.

Sie dienten im Sinn der Partei Ihrem Land.
Sie wußten: Sie mußten im Recht sein!
Dann ging's über Ihren Genossen-Verstand:
Das soll auf einmal alles schlecht sein?!?

Prost! Sie soll'n leb'n, bester Schmitz!
Sie hatten nicht sehr viel Verstand.
Doch Ihnen die Schuld dran zu geb'n, bester Schmitz,
Wär blöde und wär arrogant.

Darf ich nur etwas raten, Schmitz,
Die nächsten Demagogen warten schon.
Verkehr'n Sie nur mit Demokraten, lieber Schmitz,
Und sagen Sie's auch Ihrem Sohn.

Keine Frage, Sie war'n gut erzog'n, Genosse Schmitz,
Und lernten eben zu gewissenhaft.
Man hat Sie in einem betrog'n, Genosse Schmitz.
Die Welt ist eben keine Wissenschaft.

Karl Marx ist zwar ethisch sehr stark, Genosse Schmitz,
Nur ökonomisch liegt er ziemlich schief.
Das war theoretischer Quark, Genosse Schmitz.
Sie machten alles richtig. Und nichts lief.

Doch Sie haben trotz aller Pannen geglaubt.
Die Phrasen von dieser Partei,
Die sind Ihnen schon aus den Ohren gestaubt.
Sie hofften. Und dann war's vorbei.

Prost! Sie soll'n leb'n, bester Schmitz!
Sie waren nicht sehr couragiert.
Doch Ihnen die Schuld dran zu geb'n, bester Schmitz,
Ist müßig und wäre blasiert.

Darf ich Sie nun was bitten, Schmitz?
Die nächsten Heilsverkünder warten schon.
Empfangen Sie sie nur mit Tritten, lieber Schmitz,
Und sagen Sie's auch Ihrem Sohn.

HENNING VENSKE

## Wendehals

A Sag mal, Schwager, was ist eigentlich ein Wendehals?
B Ein Wendehals ist ein widerlicher Opportunist.
A Waren alle in der SED widerliche Opportunisten?
B Natürlich nicht. Manche wollten wirklich das Beste. Ich zum Beispiel bin aus rein beruflichen Gründen eingetreten.
A Karriere?
B Ich hatte schließlich in schweren Zeiten eine ganze Familie zu versorgen. Und die Oma.

A Und aus der Kirche bist du ausgetreten?
B Selbstverständlich, als überzeugter Marxist.
A Hast du eigentlich gewußt, was sich die SED-Bonzen alles unter den Nagel gerissen haben?
B Selbstverständlich nicht. Deswegen fühle ich mich ja jetzt so verarscht.
A Aber daß dein Betriebsleiter einiges unterschlagen hat für sein Privathaus, das hast du doch gewußt, oder?
B Das habe ich nicht gewußt. Und wenn ich es gewußt hätte, hätte ich ja nichts machen können.
A Warum nicht?
B Weil ich Angst hatte.
A Ja, aber wenn du von nix was gewußt hast, wovor hattest du dann Angst.
B Ich will davon nicht mehr reden. Das ist nun aus und vorbei.
A Aus der SED bist du jetzt ausgetreten?
B Ja natürlich.
A Und in die Kirche wieder eingetreten?
B Ja. Weil es die gesellschaftspolitisch bestimmende Kraft ist.
A Schwager, könnte es sein, daß du ein Wendehals bist?

PETER ENSIKAT

## Vierzig Jahre Sicherheit

Vierzig Jahre saßen wir
So sicher und im Warmen.
Vierzig Jahre war'n Räuber dort –
Bei uns gab's nur Gendarmen.
Vierzig Jahre Kindergarten –
Behütet und bewacht,
Vierzig Jahre Mittagsschlaf
Und immer stille Nacht.

Vierzig Jahre Abstellgleis –
Wer es verließ, war 'n Böser.
Weichensteller Tattergreis

War Jäger und Erlöser.
Vierzig Jahre Klassenstandpunkt –
Die ganze Klasse stand,
Wenn der Lehrer reinkam stramm.
Wir war'n ein strammes Land.

Vierzig Jahre saßen wir
So sicher in der Zelle.
Plötzlich dürfen alle raus
Und treffen sich bei Quelle.
Freiheit ist Konsum für alle
Natürlich nur mit Geld.
Neu für uns – wir kriegen Ausgang.
Ist's das, was uns jetzt hält?

Matthias Beltz

## Deutschland – ein Fußballmärchen

Es war einmal ein Volk, das fühlte sich so verarscht von der ganzen Welt, daß es sich die Deutschen nannte. Schon in der Volksschule wollte niemand mit ihm Völkerball spielen.
Da beschloß das Deutsche Volk in einer dunklen Stunde, Fußballweltmeister zu werden. Und so gaben sich die Deutschen eine Nationalhymne, und die hieß: Deutschland vor, noch ein Tor. Der Refrain aber lautete: Olé – olé – olé – oleolej.
Mit einem dreifach donnernden Hurra zog nun die Deutsche Mannschaft in der 14. Minute auf das Spielfeld von Verdun. Nach einer heftigen Materialschlacht schien in der 18. Minute das Spiel verloren. Da waren die Deutschen beleidigt und verpatzten sogar ihre eigene Revolution. Nach Kleinklein-Spiel im eigenen Raum wurde in der 33. Minute der Spielführer ausgewechselt. Da freuten sich die Deutschen und stürmten wie in alten Tagen, ja, das ganze Deutsche Volk schien aus lauter Stürmern zu bestehen.
So kam es denn auch in der 38. Minute zum Anschlußtreffer gegen Österreich. In der 39. Minute wurde in alle Himmelsrichtungen geschossen, so daß der Sieg bald nahe schien. Doch in der 43. Mi-

nute geriet die Deutsche Mannschaft in die sibirische Abseitsfalle. Da fiel die Manndeckung aus, und der Rückzug mußte angetreten werden; in der 45. Minute schon schien das Spiel bedingungslos verloren zu sein.
Doch da kam der alte Reichstrainer Sepp Herberger und sprach: Jedes Spiel dauert aber doch 90 Minuten, also laßt uns nicht die Fehler der 1. Halbzeit diskutieren, sondern die Socken hochkrempeln und wieder tüchtig zutreten. Denn der Ball ist rund, und das nächste Spiel ist immer das schwerste. Diese Sätze wurden später von den Verfassungsvätern wieder aufgegriffen und bilden den Boden der freiheitlich demokratischen Grundgewerbeordnung.
Nun braucht aber jede Fußballmannschaft, um wirklich gut zu sein, einen Trainingspartner. Da alle sonst ausgerottet waren, holte sich die Deutsche Mannschaft die Kommunisten und verdrosch sie wie in alten Zeiten. Die Kommunisten jedoch wollten selber Fußball spielen und nicht Punchingball sein. Darum gründeten sie in der 49. Minute einen eigenen Verein und nannten sich Dynamo DDR Lokomotive.
In der 53. Minute kam es zu Rangeleien im Strafraum vor dem Brandenburger Tor, so daß in der 61. Minute auf beiden Seiten stark gemauert wurde. In der 69. Minute sorgte der neue Schiedsrichter Willy Brandt für vorübergehende Entspannung.
In der 89. Minute aber stürmten plötzlich lauter Brüder und Schwestern, die bisher hinter dem großen Absperrgitter saßen, das Spielfeld.
Und so fragen wir uns: Kommt es in der 90. Minute zum Endsieg? Oder braucht das Deutsche Volk noch eine Verlängerung?

Dieter Lietz

## Ständchen fürs Ländchen

Kein schöner Land wohl ringsumher
Als unsre schöne DDR!
Daß wir das grölten
Und uns beölten,
Ist lange her.

Jetzt heißt es: DDR, ade!
Und wie ich zaghaft eingesteh,
Beschleicht mich leise
Seltsamerweise
Ein stilles Weh.

Hier hielt der Alltag uns auf Draht,
Wenn man auf stolzem Siegespfad
Im Dunkeln tappte,
Weil nie was klappte
In diesem Staat.

Hier kämpften Konsum und HO
Erbarmungslos ums Weltniveau.
Das ließ uns grinsen,
Denn, gab's mal Linsen,
War'n wir schon froh.

Hier gab's ein Wohnungsbauprogramm,
Ne Ernteschlacht im tiefsten Schlamm,
Die wir auch schlugen,
Ach, wir ertrugen
Soviel Tamtam.

Hier war der Umgang mir vertraut,
Die Menschen so wie ich gebaut,
Robust und schlampig,
Erfrischend pampig
Und so schön laut.

Nun ist die Zeit total verdreht,
Drum hoff ich, daß ihr mich versteht,
Wenn mir das Endchen
Vom kleenen Ländchen
Doch nahegeht.

Kein schöner Land wohl ringsumher
Als unsre schöne DDR!
Daß wir das grölten
Und uns beölten,
Ist lange her.

Jürgen Hart

## Gedächtnis

Arzt Bitte nehmen Sie Platz. Womit kann ich dienen?

Patient Ham Sie keine Pritsche?

Arzt Wieso, wolln Sie sich zum Sterben niederlegen?

Patient Nein, ich dachte, wenn man's mit dem Kopf hat, muß man auf's Kanapee?

Arzt Sie ham's also mit dem Kopf?

Patient Ja, ich habe mein Gedächtnis vergessen.

Arzt Das ham jetzt viele, das ist keine Krankheit.

Patient Ja, bei mir liegt es aber nicht an der Politik, bei mir war's der Wind! Dieser Ziegel fiel mir beim letzten Sturm auf den Kopf …

Arzt Ja, man sieht's, Sie sind ein wenig platt!

Patient Und seitdem habe ich mein Gedächtnis vergessen … also nicht ganz, einiges weiß ich noch …

Arzt Namen?

Patient Ja.

Arzt Verheiratet?

Patient Vergessen!

Arzt Arbeitsstelle?

Patient Ja.

Arzt Kinder?

Patient Vergessen!

Arzt Konto-Nummer?

Patient Ja.

Arzt Geschlecht?

Patient Vergessen!

Arzt Bis auf das Letztere haben Sie ja wohl nur die unangenehmen Dinge vergessen. An Ihrer Stelle würde ich mich da nicht aufregen …

Patient Nein, die Sache ist ernster, als Sie denken. Ich will zu den Wahlen kandidieren, und da wird man mich natürlich fragen, was ich früher gemacht habe …

Arzt Na und?

Patient Ob ich vielleicht für die Stasi gearbeitet habe …

Arzt Und ham Sie?

Patient Ich weiß es nicht!

ARZT Wirklich nicht?

PATIENT Wenn ich es Ihnen sage! Ich bin ja selbst gespannt! Ham Sie nicht irgendwelche Tests, mit denen Sie das rauskriegen können?

ARZT Ja, das möchten wohl alle gerne rauskriegen, aber daran sind schon Bürgerkomitees und ganze Regierungen gescheitert.

PATIENT Sie solln mich ja nicht auflösen, Sie solln nur rauskriegen, ob ich dabei war!

ARZT Na, wir kriegen ja fast alles raus. Aber das ist kein Fall für die Schulmedizin.

PATIENT Könnses nicht mit Homöopathie oder Akupunktur …

ARZT Akupunktur … mit ner Sicherheitsnadel? Ich werde Ihnen paar Fragen stellen, mal sehen, ob wir dadurch der Sache näher kommen: Haben Sie irgendwann irgendwelche Berichte geschrieben?

PATIENT Wie?

ARZT Na schreiben können Sie doch? Berichte über Ihre Kollegen? Hausbewohner …

PATIENT Ja, ich weiß nicht …

ARZT Wennse nach dem Westen wollten … Oder wenn Besuch aus dem Westen kam …

PATIENT Ja, vielleicht …

ARZT Na sehnse, jetzt kommen wir der Sache schon näher. Und die Kollegen, die Sie nicht leiden konnten, die kamen dann immer etwas schlechter weg …

PATIENT Das ist logisch.

ARZT Nicht wahr? Und wer im Dienst nach dem Westen telefonierte, oder unangemeldeten Besuch bekam, na?

PATIENT Na?

ARZT Na, der wurde vorsichtshalber aufgeschrieben …

PATIENT Aha, so war das …

ARZT Na sehen Sie. Jetzt können Sie ja selber weiterdenken …

PATIENT Jetzt kann ich selber weiterdenken. Was mich betrifft, da bin ich mir noch immer nicht sicher, nur …

ARZT Nur?

PATIENT Was Sie betrifft, da bin ich mir fast sicher!

ARZT Ich?

PATIENT Ja!

ARZT Würden Sie mir bitte mal den Ziegelstein borgen?

Rainer Otto

## Ich schäme mich

Ein jedes Volk pflegt seine Traditionen,
Bewahrt Bewahrenswertes vor Verlust,
Gedenkt der Helden und der großen Namen,
Die es hervorzubringen hat gewußt.

Es nennt die Taten der Vorangegang'nen
Mit Ehrerbietung, Stolz und mit Respekt,
Und hegt die Stätten, wo sie tätig waren,
Wo sie erstrahlt sind oder angeeckt.

Auch wir beriefen uns bei passender Gelegenheit
Gern auf den Adel unserer Vergangenheit,
Begingen Jubiläen, Ehrentage
Mit Staatsakt und – danach – Kulturbeilage.

Mit Fernsehfilm und Sendereihe,
Gedächtnismünze, Denkmalsweihe,
Kongressen, Tagungen, Banketten
Und Kränzen an den letzten Ruhestätten.

Jedoch: Wenn die Geehrten vom Olymp herniederkämen,
Wir müßten uns vor ihnen nahezu zu Tode schämen.

Ich schäme mich,
Wenn ich durch eine »August-Bebel-Straße« gehe,
Vor Kneipenschutt und Ladentrümmern stehe
Und ringsum halbverfall'ne Häuser sehe.

Ich schäme mich,
Wenn Heizkraftwerke, über deren Smog wir klagen,
Die uns mit Dreck und Umweltschäden plagen,
Die Namen »Dimitroff« und »Thälmann« tragen.
Da schäm' ich mich.

War uns denn
Vermächtnis schon so sehr Routine,

Nur noch ein Exponat für die Vitrine?
Wurde uns
Gedenken an den Opferwillen
Von einst zum bloßen Pflichterfüllen?
Hat man uns
Die Ideale so oft vorgehalten,
Bis sie in uns'rem Alltag nichts mehr galten?
Wurden uns
Die Vorbilder von einst so oft gepriesen,
Bis wir sie achtlos linksseits liegen ließen?

Ich schäme mich,
Wenn Lehrer, die den Schülern Denken untersagten
Und nur nach einstudierten Formeln fragten,
Das an der »Albert-Einstein-Schule« wagten.
Da schäm' ich mich.

Fanden wir's
Bequem, auch vor den Ehrentafeln,
Nur Floskeln vor uns hinzuschwafeln?
Fiel's uns schwer,
Beim Hände-überm-Bauche-Falten
Ein bißchen Rückgrat hochzuhalten?

Ich schäme mich,
Daß wir nur selten so etwas wie Schuld empfanden,
Wenn unter Fahnen, die wir heilig nannten,
So viele Lügen unser'n Beifall fanden.
Ich schäme mich,
Wenn wir uns nun mit Ächtung anderer begnügen
Und für uns selbst Absolution verfügen,
Als ob wir selber keine Mitschuld trügen.
Da schäm' ich mich.

Ich frage mich,
Ob unser aller Redlichkeit nicht sehr geschönt ist,
Und ob uns Ehrlichkeit so abgewöhnt ist,
Daß danach fragen fast verpönt ist.

Ich schäme mich.

Henning Venske

# Planwirtschaft

*DDR-Bürger (A) trifft auf einen Bettler (West), wirft ihm eine Münze in den Hut. Der Bettler (B) entrüstet sich*

B He, bist du bescheuert, was soll ich mit deinem Scheiß-Ostgeld? Da ist mir jeder Hosenknopf lieber.

A Entschuldigen Sie bitte, ich wollte Sie nicht beleidigen.

B Du siehst doch, daß ich hier arbeite. Laß mich gefälligst in Ruhe.

A Wissen Sie, das ist merkwürdig. Ich habe fast 40 Jahre unter der Führung der Arbeiterklasse und ihrer marxistisch-leninistischen Kampfpartei geschuftet, und jetzt wollen Sie mein Sauerverdientes nicht annehmen.

B Ich bin doch für eure Mißwirtschaft nicht verantwortlich. Wenn ihr eure Wirtschaft in mickrigen Bruchbuden organisiert, dann ist das euer Problem.

A Von wegen mickrigen Bruchbuden! Riesenkombinate!

B Ha, ha, ha. Peanuts. Kleinvieh, das extrem viel Mist macht. Ihr müßt eben umdenken!

A Das einzige, was es in der DDR im Überfluß gibt, sind Ihre Ratschläge.

B Dann richtet euch gefälligst danach.

A Was macht Sie denn so bitter? Wenn ich in Ihren Hut sehe, so schlecht geht's Ihnen doch gar nicht.

B Ich bin ein Opfer der Planwirtschaft.

A Sie trinken sicher zuviel.

B Man muß den Sozialismus durch den Katholizismus ersetzen, dann kriegt man einen ganz prima Alkoholismus.

A Ach, Sie sind Übersiedler, aus Polen?

B Dann ging's mir besser. Kennen Sie die Deutsche Bank?

A Nur vom Begrüßungsgeld.

B Aber die Deutsche Bank kennt Sie, hat Sie schon verplant.

A Ehrlich gesagt, dagegen hätt' ich nichts.

B Da werden Sie sich aber wundern! Die Deutsche Bank hat die freie Marktwirtschaft abgeschafft und Ihre Planwirtschaft durchgesetzt.

A Subversives Gerede. Man weiß, wohin das führt.

B Die Deutsche Bank hat mehr Geld als der Bund. Ohne sie läuft gar nichts. Sie ist die Regierung. Die Deutsche Bank, die plant alles. Flugzeuge, Autos, Film und Fernsehen, Bauwesen, die Rüstung und Grund und Boden.

A Wie früher bei uns der Mittag. Der hat auch alles in Grund und Boden geplant.

B Die Deutsche Bank hat sogar geplant, daß ich hier sitze und bettle.

A Das müssen Sie beweisen.

B Nichts leichter als das. Sehen Sie drüben das Eckhaus, das war mal meins.

A Nicht schlecht.

B Ich besaß eine kleine Firma, die Spezialschrauben für Raketen herstellte.

A Kriegsgewinnler, was?

B Kleiner Zulieferer.

A Aber für die Rüstung.

B Ja. Eines Tages kriegte ich keine Aufträge mehr. Ganz plötzlich.

A Warum?

B Weil die Deutsche Bank eine neue Filiale wollte. In meinem Eckhaus.

A Und da ging Ihre Firma pleite?

B Und wie. Ich konnte die Hypothekenzinsen für mein Haus nicht mehr bezahlen und mußte verkaufen.

A Furchtbar.

B Ja. Aber die Filiale ist drin.

A Das sehe ich.

B Ein klassisches Beispiel von Planwirtschaft.

A Nun sagen Sie mir eines: Warum empfiehlt die Deutsche Bank der DDR die Marktwirtschaft, wenn die so überholt ist?

B Weil es bei euch so viele schöne Eckhäuser gibt. Hier hast du dein Ostgeld wieder und kauf dir ein Kaugummi.

A Wir sind doch kein unmündiges Kolonialvolk. Wir werden unser Recht auf Selbstbestimmung auch in der Produktion durchsetzen.

B Das versucht mal. Könnt ihr euch gleich die Papiere holen.

A Aber unser Ziel war doch immer die Abschaffung fremdbestimmter Arbeit.

B Das kannst du immer noch erreichen.

A Und wie?

B Nimm deinen Hut ab und setz' dich zu mir.

*A setzt sich, nimmt seinen Hut ab, schmeißt eine Münze rein*

Dieter Hildebrandt

# Der Koffer

*DDR-Bürger kommt mit einem Koffer auf die Bühne*
Da steht er nu, gepackt. Seit Monaten. Ich habe meine Ausreise aus der DDR vergrübelt.
Jetzt bin ich immer noch hier, und ich weiß nicht: Hier bin ich jetzt das Volk. Was ich da drüben bin, habe ich im Fernsehen erlebt: Verbraucher.
Das bin ich hier nicht, weil gar nischt da ist zum Verbrauchen. Hier hab ich ne ganz neue Freiheit – drüben is se vielleicht schon verbraucht?
Nu denk ich mir: 40 Jahre lang haste hier gearbeitet und keene drei Wochen habense gebraucht, um die Spuren meiner Arbeit restlos zu beseitigen.
40 Jahre lang habense mir immer gesagt: Sie haben immer nur das Beste gewollt, und nu stellt sich heraus: Sie habens auch immer gekriegt. Nu sitzen se im Gefängnis. Da sind se am sichersten vor uns.
Und ich steh vor meinem Koffer und frage mich: Warum sollste jetzt nicht hierbleiben, wo die weg sind? Aber wenn die, die jetzt da sind, schon wieder weg sind, und ich bin noch hier? Kontrolle ist gut – Mißtrauen ist besser.
Ich bin keen Kind von Traurigkeit – nee, ich bin ihr Vater. Mit dieser Art von Fröhlichkeit bin ich durchs Leben gekommen. Meinen Verwandten aus der BRD habe ich gesagt: Euch fliegen die Tauben in den Mund – uns scheißen se aufn Teller. Da hat mein Vetter gesagt: Wenn er aus Meißen ist, kauf ich ihn dir ab – den Teller.
Und da hab ich meinen Koffer wieder ausgepackt. Und hab mich gefragt: Wo stehe ich eigentlich? Mal steh ich links von meinem Koffer, mal rechts.
Sie brauchen mich jetzt gar nich so anzugucken, als hätt ich für die Problematik überhaupt keene Kompetenz. Nee! Ich war junger Pionier in Magdeburg. Freundschaftsratsvorsitzender ... unter den fünf besten Pionieren und habe dort mein Soll erfüllt! Dann wurde ich älter und habe mein »will« meinem »kann« untergeordnet.
Aber nun weiß ich nich mehr, ob mein willnichmehr oder mein

kannichmehr dazu geführt hat, daß ich entschieden habe, ich soll nich mehr. Weil alles damit zu tun hat, daß ich muß.
Muß ich denn, muß ich denn zum Städele hinaus ... Vertriebene gibt's genug. Vertreiben laß ich mich nich. Also links vom Koffer!
Als der Honecker ging – und bei dem hab ich mir immer gedacht: Einer, der bei den Nazis zehn Jahre lang im Zuchthaus gesessen hat, kann nicht so fröhlich sein wie Helmut Kohl, hab ich mir gedacht: Bleibste hier – da kommt jemand, der wegen Honecker im Gefängnis gesessen hat – kam der Krenz. Hab ich meinen Koffer wieder zugemacht.
Ich mach ihn noch zu, sagt der flotte Egon:
Bleibt hier! – Ihr könnt weg. Wenn ihr wiederkommt.
Hab ich ihn wieder ausgepackt.
Ich pack ihn noch aus – war der Krenz wieder weg, und der Gerlach aus Dresden war da.
Und nu hör ich dem zu und mach auf, wieder zu und geh und bleib und weiß und wieder nich – ich hab des Gefühl, der Manfred Gerlach steht genauso vor seinem Koffer wie ich.
Das Dümmste ist, daß ich jetzt reisen darf. Hab' ich jetzt schon wieder ein Soll? Ich meine, muß ich jetzt auch? Hab ich jetzt ein Freiheits-Soll?
Ich will gar nich.
Ich muß nur dürfen.
Ich will, daß ich nach Italien darf ... Algenverseuchte Adria ... Mittenrein ins Sonnenöl von unseren Brüdern und Schwestern. Aber muß ich mich mit meinem Trabbi ununterbrochen von diesen bescheuerten Turboknallköpfen überholen lassen, die meistens gar nicht wissen, wohin sie wollen?
Muß ich Neapel sehen und dann gleich sterben? Muß ich mit einer Währung, für die ich 40 Jahre lang gearbeitet habe, in Venedig genauso ernst genommen werden wie die Enkel von Krupp und Thyssen?
Muß ich das alles wissen?
Ja, muß ich.
Muß ich mit diesen Leuten, die mich 40 Jahre lang beschissen haben, muß ich mit denen weiter zusammenleben?
Nee, muß ich nicht. *nimmt den Koffer, hört den Applaus und dreht sich zurück*
Sie hätten nicht klatschen sollen, jetzt bleibe ich.
*läßt den Koffer wieder fallen*

Hansi Frank

# Es ist die Freiheit, nicht ...

*Hier spricht der Bundesadler*

*Auf dem TV-Schirm erscheint ein dem Bundesadler nachempfundener Satire-Vogel und kommentiert die Lage der Nation*

I.

Tja, die Freiheit – die ist es also, der wir unsere enorme Anziehungskraft verdanken. Jedenfalls ist dies landauf, landab die veröffentlichte Meinung. Auch der Bundeskanzler betonte neulich, die DDR-Flüchtlinge kämen beileibe nicht wegen unseres Wohlstands zu uns, sondern wegen der Frrrreiheit, die hier obwaltet. Also – wie dem auch sei: was mich wundert, sind diese beharrlichen Beteuerungen, ökonomische Motive seien bei den Übersiedlern nicht von Belang. Wirklich merkwürdig. Das, wofür sich gestandene Bundesbürger seit Jahrzehnten abstrampeln, die Sehnsucht nach Feinkost, Hightech und obenliegender Nockenwelle, die Jagd nach Haste-was-biste-was sowie die Verfügbarkeit von 124 Käsesorten: all dies scheint wohl doch irgendwie unmoralisch zu sein, zumindest dann, wenn man sich als DDR-Bürger davon angezogen fühlt. Da muß schon die Frrrreiheit her. Eine weltbekannte deutsche Spezialität. Darunter machen wir's nicht. Übrigens: Norbert Blüm hat neulich kundgetan, Freiheit sei das große Kennwort unserer Zeit. Tja, da haben wir's: Freiheit ist nicht mal mehr ein großes Wort, sondern nur noch ein großes Kennwort. Und wofür? Dies verrät uns der Aufdruck auf einem Werbefeuerzeug des Deutschen Lottoblocks; dort heißt es erfrischend ehrlich: »Ohne Moos nix los«.

II.

Tja – ob die deutsche Einheit nicht mehr aufzuhalten ist, weil sie wünschenswert ist, oder ob sie wünschenswert ist, weil sie nicht mehr aufzuhalten ist, das sei mal dahingestellt. Kommt ja auch auf dasselbe raus. Jedenfalls bietet sie – die Einheit – den Vorteil, so hört man, daß sowohl das Konsumniveau als auch die politische Kultur schneller auf westlichen Standard gebracht werden können, weil nämlich dann die ehemalige DDR eingebunden wäre in unsere bundesdeutsche Solidarrrr...gemeinschaft. Zudem bietet nur die deutsche Einheit langfristig die Gewähr, daß sozialistische Flausen, die manche noch im Kopf haben, endgültig dem Exorzismus preisgegeben werden. Es ... äh ... ist ja nicht von ungefähr gerade das Prinzip der Solidarität, das in unserem Wirtschaftssystem zu ungeheurer Blüte gelangt ist. Millionen Menschen unserer Republik leisten Verzicht um Verzicht, um den Zukurzgekommenen beizustehen; unzählige Haus- und Grundbesitzer bieten unter größten Opfern Behausungen feil, und an der Börse vergeht kein Tag, an dem nicht der eine oder andere Fünfer in die Sammelbüchse »Brot für die Welt« wandert. Ja, an Solidarität ist kein Mangel, das sollten unsere Brüder und Schwestern wissen. Noch ist drüben am Montag Demo-Tag, aber dereinst wird es sein wie hier: Montag ist Kino-Tag. Dann sieht man, wer wen gefilmt hat. Leben Sie wohl.

Mathias Wedel

## Freiheitslied

Die Freiheit kam, es klingt wie eine Fabel,
Seit neustem schlafen wir nicht mehr im Stroh
Und zeigen den Touristen unsern Nabel
Und essen schon mit Messer und mit Gabel
Und gewöhnen uns ans Wasserklo.
Die Freiheit kam, es ist um uns geschehen.
Wir tragen Nadelstreifen auf der Haut
Und lernen mühsam jetzt in Schuhen gehen.
Wir ham die Welt bis Zehlendorf gesehen
Und in Kreuzberg Hasch gekaut.
Die Freiheit kam, wir haben sie gefunden.
Man trägt die Uhr nicht mehr am Fußgelenk,
Wir riechen besser jetzt, von oben und von unten
Und kriegen Zeitungen, vornehmlich die bunten,
Und einen Kanzler zum Geschenk.
Die Freiheit kam, wir sind nicht mal erschrocken.
Eigentlich steht jetzt schon fest,
Daß man uns – wenn wir nicht länger bocken –
Obwohl wir doch noch auf den Bäumen hocken
In Europa wohnen läßt.

Peter Ensikat

# Königskinder

Es waren zwei deutsche Kinder,
Die hatten einander so lieb,
So lang sie zusammen nicht kamen
Und jeder zu Hause blieb.
Dann fiel'n sich die deutschen Brüder
Einander mal schnell in den Arm.
Sie sangen zusammen die Lieder
Mit jenem altdeutschen Charme.
Doch als sie sich dann erkannten,
Da war es schnell aus mit der Lieb!
Die armen und reichen Verwandten,
Sie sagten sich nur noch: gib!
Jetzt sagen Brüder und Schwestern
Einander schon manchmal ganz blaß:
Ach, wär es doch wieder wie gestern –
Die Liebe und nicht der Haß.
Wir waren wie Königskinder,
Solange wir unendlich fern.
Wie können zusammen wir kommen
Und haben uns trotzdem gern?

# Wir sind wieder mehr

## Die DDR wird BRDigt

Das große Deutschland führte drei Kriege.
Es war mächtig nach dem ersten.
Es war gewaltig nach dem zweiten.
Es war riesig nach dem dritten.

*Horst Tomayer*

Deutsch-deutsche Realität an der Nahtstelle zwischen Ost und West – zwei Staaten unterschiedlicher Gesellschaftsordnung, wirtschaftlicher Potenz und politischer Richtung. Es gibt zwei Staatspräsidenten, zwei Regierungen, zwei Nationalhymnen. Ein Volk, seit Kriegsende geteilt, hatte sich in vierzig Jahren, allen frommen Wünschen und illusionären Hoffnungen zum Trotz, mehr und mehr entfremdet und auseinandergelebt.

Nach dem Fall der Mauer soll nun wieder zusammenwachsen, was irgendwie doch zusammengehören will. Über die Art und Weise, wie das zu bewerkstelligen ist und über die Wege, die von dieser deutsch-deutschen Zweisamkeit zur Einheit führen könnten, gibt es verschiedene Vorstellungen und bald erhebliche Meinungsverschiedenheiten.

Die Bonner Polit-Pragmatiker sorgen dafür, daß ausgiebig durchdachte Denkmodelle gegenüber einer von manchen als überfallartig empfundenen schnellen Lösung, die innerhalb kürzester Zeit vollendete Tatsachen schafft, keine Chance haben. So bleibt nach dem Ruin des abgewirtschafteten Teilstaates den Ossis nur der bedingungslose Beitritt zur mächtigen Polit- und Wirtschaftsmacht der westlichen Bundesrepublik: später Triumph des jahrzehntelang vollmundig hinausposaunten Alleinvertretungsanspruchs, mit dem sich der Wessi schon zuzeiten des Kalten Krieges anheischig machte, für ganz Deutschland zu sprechen. Böse Zungen sprechen von Kotau und Kapitulation.

Wie auch immer – die DDR wird abgewickelt und BRDigt. Das gigantisch aufgezogene Jubelfest, mit dem ein knappes Jahr nach dem Fall der Mauer bereits die vollzogene Einheit gefeiert wird, läßt nicht nur Tränen der Freude fließen. Vielen geht das alles zu schnell. Im Westen rechnet man besorgt nach, ob sich die Investition lohnt und wieviel man vom Wohlstandskuchen künftig wird abgeben müssen; im Osten gibt es enttäuschte Gesichter, als klar wird, daß der reiche Nachbar die Geldtasche nicht nur bei sich führt, um Geschenke zu verteilen. Bald ist von Kolonisierung die Rede, vom Ausverkauf und davon, daß weniger oft mehr sein kann.

Die kabarettistische Aufarbeitung solch zwiespältiger Einheit unterm Kennzeichen D ist je nach Blickwinkel und Perspektive unterschiedlich. Manch Klagelied ist da zu hören. Viel Wundenlecken und Larmoyanz östlich, manch Zyne und Häme westlich der Elbe.

Gemeinsam tut sich schwer, was zusammenwerden will.

Konstantin Wecker

## Prost, Deutschland!

*Zur deutschen Einheit*

Komm, sing doch mal ein schönes Lied
Es sollte deutsch für Deutsche sein
Mit deutschem Mut, vereinten Sinns
Ich weiß nicht, soll ich lachen, soll ich schrein
Als könnte man stets überall
Eindeutig Position beziehn
Ich bin verwirrt in diesem Fall
Und komm mir vor wie ausgeliehn
Ob deutsches Blut, ob deutscher Geist
Ob deutsches Gas, ob deutscher Sand
Mir fehlt nun mal, was soll ich tun
Das rechte Herz fürs Vaterland

Vielleicht bin ich ein alter Sack
Der noch von 68 träumt
Von Bier und Beifall aufgeschwemmt
Schon längst den letzten Zug versäumt
Doch träum ich immer noch
Und bleib verrückt nach meinen Utopien
Die allerdings hat man mir nie
Wie damals drüben nie verziehn
Ich singe deutsch so gut ich's kann
Und lieg sehr gern am Isarstrand
Und doch, mir fehlt es nun einmal
Das rechte Herz fürs Vaterland

Jetzt rasen sie zum Ausverkauf
Die Wucherer und Makler und
Das ganze Leichenschänderpack
Und tun sich groß und geben kund
Und grölen von der alten Mär
Vom Wunder, das zuguterletzt
Nur ihnen hilft und übrig bleibt
Ein Volk, verraten, aufgehetzt

Man müßte es behutsam und
Besonnen pflegen, dieses Pfand
Na gut, ich weiß, mir fehlt's nun mal
Das rechte Herz fürs Vaterland

Und wo versteckt man heute die
Die kürzlich wirklich vorneweg
Als neue klare Melodie
Die Füße stemmten in den Dreck
Wer hat alles eingeheimst
In welchen Schlund fiel diese Zeit
Fiel dieser viel zu kurze Herbst
Der Wärme und der Einigkeit?
Was war das doch für ein Triumph
Als Mauern bröckelten zu Sand
Da hatte ich für kurze Zeit
Ein Herz für dieses Vaterland

Prost, Deutschland. Alles Gute und
Ich hoff du hältst, was man verspricht
Ich lach und streite gern mit dir
Doch mit dir jubeln –
Mit dir jubeln will ich erst mal nicht.

KLAUS DANNEGGER

## Quer durch Deutschland

Die Gangart in den neuen Bundesländern
Ist heute ganz allein der Schweinsgalopp.
Der fromme Wunsch, allmählich was zu ändern,
Gemütlich in die Marktwirtschaft zu schlendern,
Erwies sich schon vom Ansatz her als Flop.

Wer sich behaupten will in dem Gewühle,
Der muß bei dem Galopp der Stärkste sein.
Es geht um Macht und gutbezahlte Stühle,

Es zählt nur Geld, es zählen nicht Gefühle –
Wer Ellenbogen hat, der hat auch Schwein.

Man kann – wie bei Monopoly – sich testen.
Auch mancher Sachse träumt vom großen Coup.
Doch selten nur gehört er zu den Besten –
Die reichen Deutschen kommen aus dem Westen,
Und wo was ist, da kommt noch was dazu.

Die Westgermanen teilen sich die Posten,
Die Eingebor'nen teilen sich den Rest.
Und will der Sachse auch vom Wohlstand kosten,
Dann hilft nur eins: Er flüchtet aus dem Osten
Und wandert quer durch Deutschland, Richtung West.

Egal, wo uns're Wiege einst gestanden,
Der Weg nach Westen führt ins Himmelreich:
Der Sachse kommt beim Wandern schlicht abhanden,
Als Bayer taucht er auf in deutschen Landen –
Und endlich sind wir Deutschen alle gleich!

Arnulf Rating

## Patient BRD

Ich hatte einen Traum.
Ich sah mich plötzlich als Arzt. Den ganzen Tag Thrombosen, Arterienverkalkung, Allergien, Freß-Kotzsucht, Krebs und Scheuermänner. Arzt heute ist a auch ein Beruf ...
Und kurz vor Feierabend sitzt da noch so ein aufgeschwemmter Patient im Wartezimmer, der auch ziemlich kaputt aussieht. Ich sach: Kommen Sie mal rein, wer sind Sie? »Bundesrepublik Deutschland.« Auau. Alter? »43.« Wo sind Sie versichert? »Bei der NATO.« Oh, sach ich, die tun ja viel für die Vorsorge. Mensch, sach ich, die Krankengeschichte kommt mir bekannt vor. Typi-

scher Fall: in der Kindheit verwöhnt und verzogen, ja, vom Onkel aus Amerika immer was zugesteckt gekriegt. Immer Streber gewesen. Den Schritt in die Selbständigkeit und weg von den Pflegeeltern zu lang rausgezögert. Und jetzt die übliche Krise in der Lebensmitte. Das kennen wir. Und was haben Sie aktuell für Beschwerden? frag ich. »Ach wissen Sie, ich fühl mich so unwohl. Hab so'n Druck im Bauch. Ich glaub, ich hab mich auch noch verschluckt.« Wie, frag ich. »Ja, ich hab meinen kleinen Bruder geschluckt. Der hat immer so gestottert. DDR. Alles auf einmal einverleibt.« Ja, mein Gott, sag ich, da hätten Sie doch sofort zum Notarzt gehen müssen. »Ne, war ja erst gar nicht so schlimm.« Da waren wieder die Augen größer als der Magen.
Machen Sie sich mal frei!
Völlig aus der Form geraten. Früher gertenschlank, hat immer auf der Wetterkarte ne gute Figur gemacht. Ein schlanker Volkskörper mit diesem Taillenknick, jung, dynamisch und leistungsstark.
Und jetzt auf einmal völlig aus der Form geraten. Abnorme Zunahme. Fett und breitplanschig liegt dieses Teil da, aufgeschwemmt von der Sättigungsbeilage.
Dabei gehört dieser Patient sowieso schon zur Risikogruppe der Industrie-Nationen. Stark infarktgefährdet. Ständig unter Streß und nervös. In den Verkehrsadern staut sich alles, lauter Krampfadern zwischen diesen wuchernden Geweben der Städte, die sich metastasenartig vermehren, böse Geschwüre, wo ständig was aufzubrechen droht. Der ganze Wasserhaushalt gefährdet, Gift kann nicht mehr abgeschieden werden, die Leberwerte sind katastrophal. Alkoholprobleme, Beziehungsstreß, Konkurrenzangst. Dann diese typische Bulimie, ja, die Freß-Kotzsucht: alles haben wollen und gleich wieder auskotzen, daß man am eigenen Erbrochenen manchmal zu ersticken droht.
Und jetzt natürlich typische allergische Reaktionen, weil das Immunsystem gestört ist. Auf jeden Fremdkörper wird plötzlich total heftig überreagiert, es kommt zu bösen Ausschlägen gerade an Stellen, die bisher eigentlich eher unauffällig und harmlos waren, das gibt häßliche Flecke, Anzündungen und böse Pickel, so wird man in Gesellschaft und auf Partys schnell zum Außenseiter. Diese Entzündungsherde können sich rasch ausweiten und die ganze Oberfläche ergreifen. Die körpereigene Immunabwehr, sozusagen die Polizei, die eigentlich die Aufgabe hat, gefährliche Erreger abzuwehren, reagiert wirr und kopflos, mal schießt sie gleich los, mal bleibt sie untätig.

Oh, das kann böse enden, da entwickelt sich was. Der Patient ist viel mit sich beschäftigt, die Umgebung guckt schon manchmal besorgt. Klar, man will noch mal wie früher, am liebsten bei der Olympiade mitmachen, aber das Fett, die vielen Problemzonen, Pickel ... wenn dann noch wirtschaftliche Schwierigkeiten dazukommen ... das kann ganz böse enden.
Auf einmal kam mir der fürchterliche Verdacht: AIDS, hat Deutschland AIDS? Diese Krankheit unserer Zeit, das Baumsterben im Menschenwald. Die Zeitkrankheit. Jede Zeit sucht sich ja ihre eigene Krankheit, und in jeder Wendezeit kommt es ganz dick, Pest, Cholera, wir jetzt in Deutschland im Videozeitalter. AIDS: Altern im Zeitraffer. Immunschwäche. Sind wir infiziert? Da schießt mir das Bild vom Brandenburger Tor durch den Kopf. Dieser Platz, wo die Mauer wie ein Kondom die Vereinigung der beiden Deutschen Länder aus gleichem Geschlecht lange wirksam verhütete, dieser Platz, über den die Mauer lief, er heißt Pariser Platz. Ich sehe plötzlich wie früher die Mauer auf diesem Platz. Und wie eine drohende Alptraumaufforderung steht auf dem Straßenschild: Pariser, Platz! Und am 9. November ist es passiert, diese Mauer hielt nichts mehr! Da ergossen sich plötzlich Massen über diese Mauer. Vom einen Staat in den anderen. Die Vereinigung!
Ein unbeschreibliches Glücksgefühl breitete sich für einen kurzen Moment in der Geschichte über uns. Der Regierende Bürgermeister stellte sich auf die durchlöcherte antifaschistische Schutzhülle und rief: »In diesem Moment kann ich sagen: wir Deutschen sind das glücklichste Volk auf der Welt.« So muß es sein, wenn man sich infiziert hat. AIDS. Erst merkt man es nicht, es dauert drei bis sieben Jahre. Aber dann kommen die ersten Anzeichen der Erkrankung. Furchtbar, denke ich, es gibt noch keine Heilung für diese Krankheit, dieser Patient muß sterben. Natürlich. Nichts wie weg! Und plötzlich sehe ich die Erde von einem anderen Stern wie eine frische Zelle in der Blutbahn der Milchstraße, aber da, die schützende Zellhülle hat auch schon ein großes Loch. Schon angegriffen.
AIDS. Die Erde hat AIDS. Alarmglocken schrillen. Sie hören gar nicht mehr auf. Ich greif verstört zum Telefonhörer: »Guten Morgen, Ihr Weckruf!« flötet die freundliche Stimme der Empfangsdame vom Hotel.
Gerettet, denk ich.
Ich bin in Deutschland.

Hans D. Brislinger

## Preußen-Cancan

Auch wenn das Land längst anders heißt,
Blüht Preußens Untertanen-Geist!
Das Herz im Arsch, der Kopf im Sand:
Heil Deutschland, einig Vaterland!

Schaffen, raffen wie die Affen
Und den Riemen enger straffen!
Schnauze halten, Hände falten.
Alles bleibt doch stets beim alten!

Ob König, Kanzler, Sekretär –
Wir rennen jedem hinterher,
Der uns verspricht im Handumdrehn:
Hier wird es keinem schlechter gehn!

Sparen, garen und sich paaren,
Stets das neuste Auto fahren.
Kinder quälen, Zinsen zählen,
Zwischendurch den Kanzler wählen!

So in der Klemme zwischen Job
Und Kleinkredit marschiert der Mob
Und betet, daß die heile Welt
Bloß anderswo in Scherben fällt.

Klotzen, protzen, Pornos glotzen,
Immer irgendwo schmarotzen.
Üppig zechen, Steuern blechen,
Falls erlaubt, auch hau'n und stechen!

Auch wenn das Land längst anders heißt,
Blüht Preußens Untertanen-Geist,
Das Herz im Arsch, der Kopf im Sand:
Heil Deutschland, einig Vaterland.

Inge Ristock

# Unsere Wolgadeutschen

Sigi Herbi, ick sage dir, die Wessis ham recht. Wir Ossis sind zu unflexibel. Wir können nicht alles dem Kanzler überlassen. Wir müssen uns selber in ein blühendes Land katapultieren.

Herbi Sigi, wir können doch nicht alle nach'm Westen abhauen!

Sigi Nach'm Osten, Herbi! Unsre Zukunft liegt im Osten! Ick sage nur ein Wort: Wolgadeutsche!

Herbi Wolgadeutsche?

Sigi Da müssen wir hin! Denn sind wir aus dem Schneider.

Herbi Zu den Wolgadeutschen?! – Den geht's doch noch beschissener als uns.

Sigi Und jenau det isses, Herbi! Wir sind doch für die det reinste Paradies. Lauter Milch und Honig. Und deshalb müssen die unsre Ossis werden – und wir ihre Wessis, vastehste?

Herbi Nee.

Sigi Überleg doch mal: Durch wen ham die Wessis so'n Wirtschaftsboom? – Durch uns. Ihr Anschlußjebiet. – Herbi, wat wir brauchen, is ooch'n Anschlußjebiet. Und det sind die Wolgadeutschen.

Herbi Wie biste denn uff die jekommen?

Sigi Weil die reif sind! Noch mehr runter als wir damals. Stell dir mal an Mütterchen Wolga und sing das Lied vom Vater Rhein! Die küssen dir die Füße! So runter sind die!

Herbi Und warum nimmste nich Schlesien?

Sigi Zu dichte bei, Herbi, zu dichte bei! Kaum drückste denen zwei Clara Schumanns in die Hand ...

Herbi Wen??

Sigi Zwei Hunderter. Als Werbejeschenk. Zum Anfüttern ... schon machen die uns hier alles jerammelt voll mit ihre verehrte Anwesenheit. Und verderben uns die jute Laune.

Herbi Wieso?

Sigi So, wie wir uns damals drüben benommen haben, benehmen die sich dann bei uns. Willste das?

Herbi Nee.

Sigi Siehste. Die deutsche Vereinigung mußte als 'ne Art Nullserie sehen. Zum Erfahrungsammeln. – Und wat hat die uns jelernt?

Herbi Brüder und Schwestern müssen weit ... voneinander entfernte ... Verwandte sein. – Aber die Wolgadeutschen! Noch hinterm Don! Is det nich'n bißchen zu weit?

Sigi Dann bleiben die Wollis wenigstens, wo der Pfeffer wächst. Wenn wir wat von die wollen, fahrn wir schon rüber.

Herbi Du meinst: runter.

Sigi Also: hin.

Herbi Und wer sind die Wollis?

Sigi Na die Wolgadeutschen. Im Gegensatz zu den Ellis. Det sind wir. Die Elbedeutschen.

Herbi Ich soll 'ne Elly sein ... Na, ick weeß nich ... Und willste mit denen etwa Währungsunion machen? Die ham doch nüscht!

Sigi Und jenau det is unsre Chance, Herbi. Kaum ham wir sie mit unser jutes Jeld ausgestattet – stoßen wir mit unsre Waren nach!

Herbi Und nehmen ihnen unser jutes Jeld wieder ab.

Sigi Jenau so isses! Dem Emigrantenstrom von Ost nach West müssen wir entgegenwirken mit einem gigantischen Warentreck von West – ick meine jetzt das Ostwest nach Ostost.

Herbi Jaja, bloß ... wat für Waren, Sigi? Wir stelln doch kaum noch wat her. Wir sind doch bloß noch Endverbraucher.

Sigi Herbi, wat ham die Russen in ihre Läden?

Herbi Na nüscht.

Sigi Und wat hat dieses Nüscht für 'ne Qualität?

Herbi Na keine.

Sigi Det janze Wolgadeutschland – eine einzige Marktlücke. Und in diese Lücke brauchste nur fallen zu lassen, was du hast. Den janzen DDR-Pfusch. Bis Präsent 20. Sojar 'n Trabi wirste da noch los. Ohne Räder.

Herbi Damit kann doch keiner fahren.

Sigi Die klaun sich schon irgendwo welche.

Herbi Dann könnten wir ja die Treuhand abwickeln!

Sigi Und da jemütlich weitermachen, wo wir mal in 'n Bankrott jejangen sind.

Herbi Wir müssens ja nich selber verbrauchen.

Sigi Und dann boomen wir wie die Wessis! Und alle ham wir Arbeit!

Herbi Nur die Wollis nich.

Sigi Und der Umsatz steigt!

Herbi Nur bei den Wollis nich.

Sigi Dann sind wir ooch mal Wessis! Können ooch mal arrogant sein! Wir brauchen die nur von Anfang an niederzukonkurrieren und müssen uffpassen, daß die nischt selber produzieren.

Herbi Is det nich'n bißchen unfair? Sind doch ooch Deutsche.

Sigi Aber doch nur Wolgadeutsche.

Herbi Sigi, wir können doch nich unsre Krise uff die abwälzen.

Sigi Wenn die so blöd sind ... Die können sich ja ooch ihr Anschlußjebiet suchen.

Peter Ensikat/Wolfgang Schaller

## Alles im Griff

Wir sind nicht tot, nein, nein, wir haben
Uns unter unserm Wohlstand nur begraben –
Was von uns bleibt, ist Müll.
Wir bauen auf die Welt von morgen,
Die wird den Müll von heut entsorgen,
Das Dioxinidyll.

Kassandra macht uns nicht mehr munter.
Wir gehen mit Bewußtsein unter.
Kein Wissen ist mehr Macht.
Ein grüner Punkt wird von uns künden:
Sie starben nur an eignen Sünden.
Mein Gott, ham wir gelacht!

Wo Gott mal war, ist das Ozonloch.
Doch Spray benutzt sein lieber Sohn noch,
Damit er nicht so stinkt.

Und mag hier auch kein Baum mehr wachsen,
Das Wachstum wächst jetzt selbst in Sachsen.
Der Wald wird grün geschminkt.

Kein Aids soll uns am Bumsen hindern.
Die Medizin wird unsern Kindern
Die Folgen schon erklärn.
Die Zukunft ist schon längst gewesen.
Im Spiegel kann man sie schon lesen.
Uns kann man nicht bekehrn.

Dietrich Kittner

## Solidaritätslied, zeitgeistgemäß

Wir sind so happy, wir sind so high
In unserm komfortablen Irrenhaus.
Der Zeitgeist macht uns herrlich frei:
Wer pleite geht, gibt einen aus.

Wir sind so cool und voll im Trend,
Probleme klammern wir halt aus.
Und wenn die ganze Bude brennt:
Der Letzte löscht die Lichter aus.

Wir haben locker ungeniert
Die Einheit auf Kredit bestellt
Und flugs die Rechnung delegiert:
Wer will noch mal? Wer hat noch Geld?

Die Schulden sind uns einerlei;
Dabei ist jedem doch bekannt,
Daß uns der deutsche Einheitsbrei
Schon etwas länger angebrannt.

Und wird der Wechsel reklamiert,
Will keiner es gewesen sein.
Wir zieh'n uns staatlich sanktioniert
Zum Trost die schwarz-rot-gold'ne Dröhnung rein.

Und scheint die Lage auch fatal:
Mensch, mach dir nichts daraus!
Wir sind doch Deutsche allzumal
Im Freuden- wie im Armenhaus.

Wir amüsieren uns famos
Und spielen fröhlich Blindekuh.
Wen's trifft, der wird halt arbeitslos ...
Eene, meene, muh – und raus bist du!

Wir kaufen frei, was uns gefällt,
In unserm Super-Luxus-Warenhaus.
Nimms locker: Geld regiert die Welt ...
Eene, meene, maus – und du bist raus!

So drehen wir uns stillvergnügt
Beim Tanz auf dem Vulkan.
Das Drittel, das schon unten liegt,
– Mein Gott, was geht denn uns das an?

Wir tragen heiter frohgemut
Die Schlinge lieber locker ums Genick
Und zieh'n, wenn's ernst wird, resolut
Gemeinsam fest am gleichen Strick.

Wir leben schließlich einmal nur
Und nehmen alles mit.
Das ist mal unsere Natur,
Die Nachwelt zahlt das Defizit.

Die Erde ist mit Gift gedüngt,
Das Wasser bald verbraucht.
Wen kümmert's, wenn's ein bißchen stinkt,
Solange nur der Schornstein raucht.

Sei doch kein Kind von Traurigkeit!
Das Leben ist doch wirklich wunderbar.
Wir haben noch ein bißchen Zeit
– Vielleicht sogar bis nächstes Jahr ...

Wir liegen voll im Aufwärtstrend,
Und wird uns auch die Luft bald knapp,
Und wenn der letzte Schnee verbrennt –
Dann geht es erst so richtig ...
ABWÄRTS

Klaus Peter Schreiner

## Lied von den deutschen Werten

Wir stehen in den Schenken rum
Mit andern Abgeklärten,
Da stehen wir und denken rum
Und rühren in Getränken rum
Und in den deutschen Werten – Heißahopp!

Immer ehrlich und redlich,
Anständig und tüchtig,
Unentbehrlich und sittsam,
Rechtschaffen und züchtig.
Disziplin lieben wir,
Ordnungssinn lieben wir,
Pflichtgefühl lieben wir und Harmonie.
Schaffensfreude haben wir,
Optimismus haben wir,
Aber um alles in der Welt keine Phantasie!

Zielbewußt sind wir,
Und sittenstreng sind wir,
Wir sind akkurat und penibel.
Diszipliniert sind wir,
Und gut dressiert sind wir,
Aber um alles in der Welt nicht
Flexibel!

Na, dann Prost!
Na, dann Prost!
Na, dann Prost!

Wir hocken auf den Bänken rum
In deutschen Parks und Gärten.
Da hocken wir und denken rum
Und wühlen wie in Schränken rum
Wohl in den deutschen Werten – Heißahopp!

Sehr manierlich und achtbar,
Honett und beflissen,
Reputierlich und wacker,
Von nix nie was wissen.

Das und dies sind wir,
Sehr präzis sind wir,
Beständig sind wir und stabil.
Heimattreu sind wir,
Beharrlich sind wir,
Aber um alles in der Welt nicht mobil.

Ordentlich sind wir,
Pieksauber sind wir,
Und pünktlich sind wir sowieso.
Immer wieder sind wir,
Brav und bieder sind wir,
Aber um alles in der Welt nicht froh.

Und jetzt alle!
Um die Ordnung bangen wir,
Und nach Zucht verlangen wir,
Von der Sitte sangen wir oft und laut.
Übern Kontostand geht uns nix.
Übern Tellerrand geht uns nix.
Über alles in der Welt geht uns nix,
Geht uns nix, geht uns nix
Unter die Haut.

HELMUT RUGE

## Die Pottsau

Es hat sich nun doch herausgestellt: Der Mensch ist eine üble Pottsau. Allerdings mit leichten, sozialen Neigungen dran.
Der Mensch braucht Güte, aber noch mehr Güter.
Der Mensch braucht Wärme, sonst stirbt die Sau von innen ab. Hat er aber keine Kälte, nützt ihm die ganze Wärme auch nichts. Der Mensch geht nicht gern allein ins Bett.
Aber das Eigentum hat er doch ganz gerne für sich alleine.
Wenn der Mensch kein Eigentum hat, vergeht er sich so lange am Gemeineigentum, bis ein Teil davon ihm gehört.

Wenn der Mensch sich nicht bereichern kann, wird er lustlos und völlig apathisch. Oder er kompensiert mit Kultur.
Darum sagt er auch so gerne: Das Kabarett-Programm war jetzt direkt eine Bereicherung.
Menschen, die von sich behaupten, sie würden sich nicht bereichern, brauchen schon Gebetsglöckchen oder Stricknadeln, damit sie ihre Hände nicht frei haben.
Politiker, die sich nicht bereichern … Was habe ich da gerade gesagt: Politiker, die sich nicht bereichern? Politiker, die sich nicht bereichern, kommen gewöhnlich aus Familien, die sich schon reichlich bereichert haben. Als Kinder haben sie sich überfressen und einen Idealismus davongetragen.

Früher war man der Meinung: Der Mensch ist gut.
Nur die Zeiten sind schlecht.
Heute weiß man: Der Mensch ist zu schlecht, um gut zu sein.

Achim Ballert/Frank Lüdecke

## Strategie und Utopie

*Ein Sachse spricht*

Fröhlichkeit und Narretei – Wir Genossen sind dabei!
Liebe Freunde, wir haben allen Grund uns zu freuen, die DDR ist am Ende. Besser konnt's gar nicht kommen. Unsere Strategie hat zum gewünschten Erfolg geführt. Wie sah unsere Strategie aus? Der real existierende Sozialismus war ein Täuschungsmanöver. Er diente einzig und allein dem Zweck, den Klassenfeind in Sicherheit zu wiegen. Von den inneren Widersprüchen des Kapitalismus sollte abgelenkt werden. Und daß der Kapitalismus innere Widersprüche hat, wurde vom Genossen Boris Becker eindeutig nachgewiesen. Was viele von euch vielleicht gar nicht gewußt haben: 40 Jahre lang lautete der Kampfauftrag an die revolutionäre Arbeiterklasse, die DDR in Grund und Boden zu wirtschaften. Die miserable Versorgungslage und die eingeschränkte Meinungsfreiheit waren ein unversiegbarer Kraftquell unserer Politik. Aber einwandfrei. Alles auf der Grundlage des wissenschaftlichen Sado-Marxismus.

Jetzt seid mal ehrlich, meine lieben Freunde, schon nach wenigen Jahren habt ihr doch geglaubt, der Kapitalismus sei das bessere System. Nichts anderes haben wir gewollt. Ihr habt doch gedacht, so sieht Sozialismus aus und seid drauf reingefallen. Dumm wie West-Brot. Dabei war doch gerade geplant, unser sozialistisches Vaterland darf mit Sozialismus nichts zu tun haben. Außer Kinderkrippen und Sättigungsbeilagen.

Und eines Tages kam der Punkt. Da hat euer Alfred Dregger gesagt, das ist gar kein Sozialismus. Das ist ein Überwachungsstaat. Da haben sie sich natürlich kaputtgelacht im Politbüro. Was dachte der denn? Ja, was sollten wir denn sonst sein? Trotzdem hatten wir ganz schön Muffensausen. War uns der Westen auf die Schliche gekommen? War die Strategie der flexiblen Verarschung in die Hose gegangen? Denn ich meine, wir hatten ja Fehler gemacht. 61 der Mauerbau, 68 der Einmarsch in Prag, das waren so zwei Sachen, die war'n bißchen dicke. Da hab ich schon gedacht, das nehmen die uns nicht ab.

Aber da gab's ja noch euch, meine lieben Freunde, ne wahr? Die fortschrittliche Intelligenz der BRD. Ihr wolltet uns doch allen Ernstes weismachen, der real existierende Sozialismus sei eine Hoffnung für die Zukunft. Wie oft haben wir euch zugerufen: Nu seid doch mal ruhig! Das ist doch nur ne Finte! Nur weil ihr im Kapitalismus lebt, müßt ihr doch nicht alles für bare Münze nehmen. Könnt ihr nicht bis 89 abwarten? Wir werden schon noch zu dem, was ihr glaubt, daß wir sind.

Und im November kam der Punkt. Da ist unsere Strategie nach 40 Jahren allseitig aufgegangen. Ihr habt die ganze Zeit mit unseren inszenierten Fehlern abgerechnet, eure eigenen habt ihr unterschlagen, ne wahr?

Bei euch läßt sich jeder kleine Stadtrat von der Industrie ein Schwimm-Pool kaufen. Aber dem Genossen Honecker vorwerfen, daß er eine Badewanne hat. Und zur Jagd geht. Verchromte Armaturen und tote Hirsche. Is' doch 'n Lacher. Also in der persönlichen Bereicherung waren wir absolut kein Weltniveau.

Und jetzt, wo wir bei uns das Steuer rumgerissen haben, seid ihr immer noch auf'm falschen Dampfer. Gute Weiterfahrt! Der Sozialismus entwickelt sich, der Kapitalismus bleibt was er war. Das Negativ.

Meine lieben Freunde, ihr habt keine Ahnung von Taktik, aber jammert rum: Die Utopie ist tot! Ihr habt euch vielleicht ein Bild von uns gemacht, aber wir war'n die Kamera.

Jürgen Hart

# Last Food

Also, ich kann das Rumgelamendiere von uns Ossis nich mehr heern: – keene Arbeet, keene Berschbegdiefe und kee nischt! Das macht ein ja bleedsinnig! De Marktliggn liechen doch fermlich off der Straße, mer muß sich nur neindrängeln!
Mir ham uns nach der Wende gleich selbständig gemacht. Na gut, das mit der Imbißbude in der Industrieschdraße war e Schnellschuß, das war nich gerade das Griene vom Ei, aber der Name war gut: Liddis Faahsd-Fuuhd!
Na, mir ham uns dann erstema zeriggezoochn und de Dinge am Markte beobachtet, Marke-Ding, wie das jetze heeßt! Wo komm Leide zesamm, die Hunger ham und wo noch nischt is! Und da sin mir schließlich ooch droffgekomm: Friedhof! Geschdorm werd immer und gonjunkdurunabhängig.
Also ham mir angefang, de Beisetzungen zu betrein, nu nicht den Leichenschmaus in der Kneipe, nee, mir ham uns mehr off die offene Gruft geleecht. Wer sein Sand nachgeschmissn hat, kann sich bei uns erholn, e Stickchen Sandkuchn oder Erdbeerdorde einnehm, ganz schdiehlvoll nadierlich, mit Schwarzm Dee oder Schwarzwälder Kerschwasser. Bumberniggel gehn ooch gut! Also das hat sich rendiert. Namensmäßig ham mer uns ooch verändert: Jetze heeßts: Liddis Laahsd-Fuuhd! Also das Drauergeschäft floriert und ist heide unser erstes Standbeen.
Dann ham mir nadierlich angefang zu exbandiern. Erst wieder e Marke-Ding gemacht, mit Heideg, Mobilfunk und so. Und da sin mer wieder findig geworden: Autobahn. Mobile Gafferbetreiung bei Busungliggen. Ich sage Ihnen, Bus-Ungligge sin enne sichere Sache, die schaffen sogar Arbeetsblätze. Im letzten halben Jahr ham mir 5 Leide einstellen missen, um ieberhaubt nachzekomm: Liddis Schooh-Foohd heeßen mir, und das is jetze unser zweetes Standbeen.
Und wenn mer erstemal zwee Standbeene hat, da kann e drittes ooch nischt schaden. Hammer wieder den Markt beobachtet. Wo komm viele Leide zesamm? Und da sin mehr droffgekomm: Asselantenheime! Also, de Asselanten selber gäm ja imbißmäßig nicht viel her, – aber de Grawaller! Seitdem machen wir Grawallbetreiung. Unsere Ware verkofen mir schdiehlvoll aus enem bunt-

gestrichenen Schitzenbanzerwaachn – ham mir noch billig von de Russen übernommen – da kenn die Molledoff-Koggdeels komm! Und nu heeßn mer: Liddis Äggschn-Fuuhd. In Rosdogg und Soling ham mer sehr gut verkooft, und fern Herbst und Winter erwarten mir e Buuhm. Mir ham als Spezschalidät Gliehwein, Marge Balganfeier, – noch alte DDR-Beschdände ... Das is unser Beitrach zer Offarbeitung der Geschichte. Also, wie gesagt, das Grawallbeen dud bei uns jetzt exbandiern! ...
Tunse doch nicht so entrüstet! Stellen Sie denn derheeme Ihr Bier weg, wenn de Bilder aus Somalia komm, oder aus Zagreb? Nehm Sie da die Mong Scherie ausm Maule? Na also!

EDGAR KÜLOW/HEINZ LYSCHIK

## Kanalarbeiter

C *untergetaucht* Krieg ich jetzt den Stocher, oder wie lange soll ich hier noch im Gully bis zum Halse in der Scheiße stehen?!
A Herr Kollege Meier! Würden Sie mir bitte einen Moment die Spirale reichen?
B Habe ich Sie recht verstanden, Herr Dr. Brösel, Sie möchten die Spirale gereicht haben?
A Ja, so ist es, Herr Meier.
B Nun, Herr Dr. Brösel, dann könnte ich doch ebenso verlangen, daß Sie mir die Spirale reichen.
A Könnten Sie das? Warum?
B Nun, damit ich sie herabreiche.
A Das könnte Ihnen so passen. Ich reiche Ihnen die Spirale und Sie reichen sie herab!
B Warum nicht?
A Damit man sieht, Sie reichen die Spirale herab! Und meine Arbeit? Daß ich Ihnen die Spirale gegeben habe, wer sieht das?
B Ich könnte es sagen. Ich könnte sagen: Ich reiche jetzt die Spirale, die mir Herr Doktor Brösel gereicht hat.

C *ruft von unten, unsichtbar* Mir reicht's jetzt! Ihr wißt doch, daß ihr nur auf Probe seid. Es gibt noch 'ne Menge anderer Funktionäre, die auf die Stelle scharf sind.

A Entschuldigen Sie, Herr Meier. Aber wenn ich mir die Sache recht betrachte, habe ich das Gefühl, daß meine Perspektive, den Job zu bekommen, die günstigere ist.

B Herr Brösel! Sie sind mir zwar in der Theorie, der Auslegung des Imperiokritizismus, noch immer überlegen, aber wenn es darum geht, an der Spirale zu drehen, habe ich eindeutig praktische Vorteile.

A Sie werfen mir den toten Marx vor? Ausgerechnet Sie? Dabei haben Sie doch mit dem lebenden Hager die Mai-Losungen entworfen und dafür den Kunstpreis gekriegt.

B Aber dafür war ich auch immer schon unheimlichen Repressalien ausgesetzt. Ich sollte dreimal mit dem Luxusschiff Arkona auf Urlaub geschickt werden. Aber ich bin nur zweimal wirklich gefahren.

A Beim dritten Mal hat der Tisch wohl schon gesessen?

B Nein, da hat man mich nach Äthiopien geschickt, Waffen verkaufen, bei 46 Grad Hitze im Schatten.

A Was sind schon 46 Grad! Ich mußte bei 1200 Grad …

B Auch Waffen verkaufen?

A Akten verbrennen.

B Aber Herr Dr. Brösel, was sind schon verbrannte Akten? Wie oft habe ich mir das Maul verbrannt.

A Und ich hab's vor Entsetzen schon gar nicht mehr aufgemacht. Und dabei habe ich immer wieder gesagt – und Sie waren Zeuge – als ich es gesagt habe: Also der ist ja so ehrgeizig, der schlägt ja wild um sich …

B Aber damit hatten Sie doch Boris Becker gemeint.

A Herr Meier, wenn ich Boris Becker gemeint hätte, hätten Sie doch damals nicht geantwortet: »Gen. Dr. Brösel, das ist aber schon verdammt gewagt, was Sie da äußern!«

B Ja, weil ich merkte, man könnte es mißverstehen, so als wäre Honecker gemeint gewesen.

A Aber ich habe doch ausdrücklich Honecker gemeint!

B So? Und warum haben Sie es dann nicht deutlich gesagt?

A Es war zumindest so deutlich, daß ich bei der nächsten Jagd von Krolikowski nur noch als Treiber eingesetzt wurde.

B Da hatten Sie aber Glück, daß Sie bei Mielke nicht als Wildschwein eingesetzt wurden!

C *taucht auf* Ihr Pfeifen!!!
A Herr Institutsdirektor!
B Sie hier oben?!
C Nee, hier unten.
A Herr Institutsdirektor! Sie können mir doch sicher bestätigen, daß ich immer ungewöhnlich gewagte Fragen gestellt habe im Partei-Lehrjahr!
C Aber gerne, wenn Sie mir bestätigen, daß ich es nur mit Widerwillen geleitet habe.
A Aber gerne.
B Und können Sie mir bestätigen, daß ich nie an Aufmärschen und Manifestationen teilgenommen habe?
C Nein, das kann ich nicht! Dann würde ich ja bestätigen, daß ich selber teilgenommen habe.
A Nun, dann stünde meiner Einstellung als Kanalarbeiter nichts mehr im Wege?
C Nein, aber erstmal nur zur Probe. So schnell geht's nicht. Diese Arbeit hier ist ein Privileg!
B Aber man kann doch bei dieser Scheißarbeit nicht von Privilegien sprechen!
C Natürlich. Dieser Job ist garantiert revolutions- und krisensicher. Egal, welche Regierung! Geschissen wird immer!

WOLFGANG SCHALLER

## Deutschland – ein Liebesmärchen

*Friedhofsnacht. Der Mond. Mac und Polly. Musik setzt ein – Dreigroschenoper*
ER Siehst du den Mond überm Friedhof, Polly?
SIE Ich sehe ihn, Mac.
ER Hoffentlich fallen wir in keine Gruft.
SIE Wo du hinfällst, da will auch ich hinfallen.
ER Ach, Polly, uns bleibt nur der heimliche Ort unserer Liebe.
SIE Alle Wessis halten mich für eine Bettlertochter, Mac!
ER Alle Ossis halten mich für einen Haifisch, Polly!
SIE Ich nicht, Mac. Ich bin kein Besser-Ossi.

Er Ich hab dir auch was mitgebracht. *gibt ihr eine Banane*

Sie Du sollst mir nicht immer so viel schenken, Mac. Das ist mir peinlich.

Er Ich teile gern, Polly. *halbiert die Banane, ißt die Hälfte*

Sie Du bist so solidarisch, Geliebter.

Er Es ist keine Schande für dich, arm zu sein, Geliebte. Bleib so, wie du bist!

Sie Wenn du mir dabei hilfst?!

Er Laß mich nicht nur geben. Laß mich auch vergeben, Polly. Du mußt dich deiner Vergangenheit nicht schämen!

Sie Danke, Mac. Ich verzeih dir auch, daß du 40 Jahre in der Bundesrepublik gelebt hast.

Er Nein nein! Das kann ich nicht so leicht verdrängen! Jahrzehnte in einer Gesellschaft der Schleimer, Arschkriecher und Heuchler, und nie hab ich dagegen aufgemuckt! Da muß ich noch viel Trauerarbeit leisten.

Sie Aber, Mac, du warst doch nie so ein Lump wie der Globke oder so korrupt wie der Flick. Nicht alle von euch drüben waren Schweine!

Er Aber Jahrzehnte die CDU-Herrschaft geduldet, Parteiendiktatur und Machtmißbrauch – Polly, das muß ich mir heut vorwerfen!

Sie Mac, weine nicht. Auch die SED hatte nicht immer recht.

Er Beschönige nichts, Geliebte! Ich bin nicht wie du auf die Straße gegangen. Ich hab nicht den Kohl verjagt.

Sie Gräm dich nicht. Ich hab den Kohl auch nicht verjagt.

Er Ich hab einfach auf der falschen Seite gestanden.

Sie Übertreib nicht, alles war im Westen auch nicht schlecht. Ich dagegen: Von der Kinderkrippe an zwangskollektiviert. Immer auf Befehl aufs Töpfchen! Immer müssen, ob man mußte oder nicht. Ehrlich, Mac: Einfach aufstehn und sagen »Ich mach die Scheiße hier nicht mehr mit!« – dazu war ich zu feige.

Er Das verzeih ich dir, du hast viel durchgemacht.

Sie Nein, nein, Mac! Das muß ich alles erst aufarbeiten!

Er Nein, ich versteh das.

Sie Bitte nicht! Mach mirs nicht so einfach!

Er Soll ich dir was gestehen?: Ich hab eine Verpflichtungserklärung für den Verfassungsschutz unterschrieben. Wenn die jetzt die Akten freigeben!

SIE Aber du hast doch niemandem geschadet?!
ER Wo denkst du hin, Polly!
SIE Dann ist ja alles gut, Mac. Mach dir keine Gedanken.
ER Mach du dir bitte auch keine Gedanken, Polly. Wir wollen doch nur Liebe voneinander.
BEIDE Komm, laß uns gegenseitig das letzte Hemd ausziehen.
BEIDE *singen* Ich ging mit dem Miststück zum Standesamt,
statt ihn/sie zu opfern auf dem Altar.
ER Sie dankt nicht mal, daß von mir ihr Brautkleid stammt.
SIE Der klaut mir die Myrte vom Haar.
BEIDE Wir steigen gemeinsam ins großdeutsche Bett
und schauen uns nicht ins Gesicht.
Auch wenn's uns schaudert bei jedem Verkehr –
Wir tun unsre Ehepflicht.
*sie sinken nieder. Der Mond geht unter.*

HANS-GÜNTHER PÖLITZ

## Alles nicht so einfach

Es ist alles nicht so einfach. Aber was ist heutzutage überhaupt einfach? Ist es heute vielleicht einfacher, Politik zu machen, oder ist es einfacher, Kunst zu machen? Also heutzutage bei uns Politik zu machen, das ist schon eine Kunst. Und über diese Politik Kunst zu machen, ist erst recht eine. Wer sich in unserem Lande momentan auskennt, ist selbst dran schuld. Es geht ja zu wie auf einer Entbindungsstation. Alle naselang wird jemand entbunden. Die einen von Funktionen. Die anderen von der Staatsbürgerschaft. Über vierzigtausend sind allein im Januar auf und davon. Pro Tag über zweitausend. Da kann man sich ja ausrechnen, wann unser Land ganz frei ist. Von Menschen. Unsere Menschen gehen mit unseren Problemen sehr flüchtig um. Sie sollten sich lieber mal ein Beispiel nehmen an den Mitgliedern des alten Politbüros. Wie lange haben denn die durchgehalten? Die stehen ja heute noch zu ihrer Politik ...

Bei Honeckers gibt's kein Frühstück mehr. Wegen Krankheit geschlossen. Nicht zu fassen! Die ganze alte Herrenriege über Nacht krank. Hat doch keiner geahnt, wie krank die ganze Gesellschaft

war. Jetzt hat man erst mal so eine Vorstellung, wie die sich beim Regieren so gequält haben. Nur weil sie unser Bestes wollten. Haben sie ja auch gekriegt. Nein, bitte jetzt keine Witze über Wandlitz erwarten. Das geht völlig in Ordnung. Irgendwo mußte der Kommunismus doch mal ausprobiert werden. Da hat sich eben das Politbüro geopfert.
Was heißt denn Kommunismus eigentlich? Nichts anderes als: Jedem nach seinen Bedürfnissen, aber keinem nach seiner Leistung. Deshalb verstehe ich es auch nicht, warum die sich alle so weigern, vor einem Untersuchungsausschuß auszusagen. Beispielsweise über ihre Jagdgebiete. Es ist doch das Schönste für einen Politiker, wenn das Volk von ihm sagen kann: er besaß Anstand über Anstand. Während die ganze Republik anstand. Nach allem und jedem. Es ist schon eigenartig. Aus dem Volk haben sie immer alles herausgekriegt. Aber aus ihnen ist überhaupt nichts rauszukriegen. Außer bei Schalck-Golodkowski, der ist nun wieder nicht reinzukriegen. Sind sich aber die Verantwortlichen hüben wie drüben einig und haben gar kein Interesse daran. Denn das wissen sie ganz genau: Wenn man ihn dazu bringt auszupacken, wer weiß, wer dann alles noch einpacken kann. Wenn jemand verlangt, unsere Situation mit einem Satz auszudrücken, dann vielleicht so: Wir haben zwar unsere äußeren Grenzen überschritten, aber unsere inneren noch lange nicht. Das liegt ganz einfach daran, daß vor der »Wende« jeder alles denken durfte, ohne es sagen zu können. Heute kann jeder alles sagen, ohne vorher gedacht zu haben.

Wenzel & Mensching

## Das Scheiße-Lied

In allen Städten
Tönen deutsche Glocken
Mit Marschmusik und
Stolz und Humtatata
Und vor den Kneipen
Liegen dicke Doggen

Und träumen sich
Ins ferne Afrika
   Dahin dahin
   Will keiner mehr fliehn

In allen Straßen
Gummis aufgeblasen
Und selbst der Papst
Ist sonderbar erregt
Nur auf der Alm
Wo sture Rinder grasen
Ein kalter Bauer
Seine Kinder schlägt
   Dahin dahin
   Will jeder fliehn

Wohin man sieht
Liegt meterhoch die Scheiße
Es ist ein Schlittern fast
Und doch noch Gehn
Und unberührt steht hoch
Die Sonne noch die heiße
Und läßt uns frei erhobnen Haupts
Zum Rand der Erde sehn
   Dahin dahin
   wau wau wau wau!

WOLFGANG SCHALLER

## Metamorphose

In meinem Alter hab ich in der langen Zeit
Automatisch eine schreckliche Vergangenheit.
Ich kann nur flehen, daß ihr mir die Schuld vergebt,
Denn ich habe 40 Jahre in der DDR gelebt.
Ich schäme mich vor denen, die jetzt richten wollen,

Denn ich weiß, ich hätte mich vorher vernichten sollen.
Hab mich nicht vernichten lassen,
Sowas nennt man wohl anpassen,
Hab Honecker nicht aufgehängt,
Das rote Rathaus nicht gesprengt,
Ich hab gelebt, geliebt
Und mich mit Freunden amüsiert,
Und nun bete ich zu Gott,
Daß er mich entstalinisiert.

Ich hab am Biertisch literweise kritisiert,
Doch am Schreibtisch im Büro bin ich meist mitmarschiert.
Nicht aus Liebe, doch aus Feigheit vor Partei und Staat,
Zerfiel ich in 2 Teile: eins war dienstlich – eins privat.
Weil Telefongespräche sich nicht meiden ließen,
Ist auch Hörkontakt zur Stasi nicht ganz auszuschließen.
Und ich kannt im Erdgeschosse
Einen Mann, der war Genosse.
Wodurch ich wieder ohnehin,
Sowas wie eine Seilschaft bin.
Jetzt steh ich abgewickelt,
Bißchen nackt, jedoch befreit
Und so steh ich ihr im Wege,
Dieser schönen neuen Zeit.

Die früher schwiegen, schrei'n sich heut die Kehle wund.
Warum war ich blöder Hund nicht auch im Untergrund?
Ich hab im Herbst nicht auf der Straße demonstriert,
Aber hinter der Gardine heimlich mutig revoltiert.
Ein Glück, daß ich mich nicht in Bautzen wiederfand,
Denn allein in meinem Blick, da lag doch Widerstand.
Hab auf Arbeit nie gerammelt,
Hab statt dessen oft gegammelt
Was doch, das wir mir jetzt erst klar,
Bewußte Sabotage war.
Ich bin mein eig'nes Opfer,
Denn ich hab zu spät erkannt:
Mit mir sind wir ein Volk,
Das stets im Widerstandskampf stand.

WOLFGANG SCHALLER

# Das große Weinen

*Zwei Clowns liegen sich weinend in den Armen*

A Früher war's schlimm.
B Heut ist es auch schlimm.
A Das ist ja das Schlimme.
B So hab ich mir das nicht vorgestellt.
A Ich hab mir das auch nicht so vorgestellt.
B Keiner hat es sich so vorgestellt.
A Alles war halt früher auch nicht schlecht.
B Wir haben das früher nur nicht gewußt.
A Aber vieles war früher schlimmer, als wir es gewußt haben.
B Das ist schlimm.
A So schlimm ist es heut nicht.
B Schlimm genug.
A So haben wir's nicht gewollt.
B Hast du gewußt, daß es so kommt?
A Ich hab überhaupt nichts gewußt.
B Mir hat die CDU gesagt, wie's kommen soll.
A Aber nicht, wie's kommen wird.
B Die CDU hat das nicht gewußt.
A Schlimm genug.
B Hast du die CDU gewählt?
A Ich hab die CDU nicht gewählt. Hast du die CDU gewählt?
B Ich hab die CDU auch nicht gewählt.
A Ich kenne in Sachsen niemanden, der sagt, daß er die CDU gewählt hat.
B Dann muß es Wahlfälschung gewesen sein.
A Das ist schlimm. Da müssen wir wieder auf die Straße.
B Dazu ist es nicht schlimm genug.
A Aber was sagst du, wenn es schlimm genug ist eines Tages?
B Das hab ich nicht gewußt.
A Uns sagt ja keiner was.
B Ich sag's ja.
A Ich sag nichts mehr.
B Aber die hören ja nicht auf uns.
A Wem sagst du's.
B Ich sag's ja …

Inge Ristock/Gerhard Geier

# IM Gänseblümchen

Haben Sie gehört? Kohl will Gauck schließen!
Dachte mir, da mußt du doch noch schnell im Buch der Bücher lesen, also deiner Stasiakte, und da hat sich doch tatsächlich bewahrheitet, was ich schon immer vermutet hatte: Ich war mein eigener Spitzel! Deckname Gänseblümchen. Und das kam so: Zur 1. Mai-Feier war Damenwahl, und da machte sich die Gewerkschafts-Tussy an mich ran. Und dann hat sie mich an die Bar eingeladen. Als mir dann schlecht wurde, sagte sie: Wollen wir nicht mal 'n bißchen rausgehen? Zwei Tage später nahmen mich zwei konspirative Herren in die Mangel: Entweder Sie fahren Ihre Lauscher für uns aus, oder wir erzählen alles Ihrer Frau.
Und da ich vor meiner Frau mehr Angst hatte als vor der Stasi – Sie kennen ja meine Frau nicht –, habe ich unterschrieben, wurde also ein Opfer. Und wenn Sie erst mal drinne sind in dem Verein, dann brauchte man ja jemanden für seinen »operativen Vorgang«.
Alles, was ich mache, mache ich gut, gewissenhaft und sauber. Und das kann man mir ja nun nicht zum Vorwurf machen.
Und so dachte ich, da kannst du ja gleich deine Libido zu der Gewerkschafts-Tussy benutzen, um so observationsmäßig unter einer Bettdecke ... na, Sie wissen schon ...
Das sagte ich auch meinem Deckoffizier ... äh, Führungsoffizier, aber der sagte: Das erledigt schon Ihre Frau.
Onkel Hubert, den kennen Sie nicht, der schon in seine Akte eingesehen hat, sagt: Sie hatte den Decknamen Kaulquappe. Onkel Hubert war der Kommunistenfresser in unserer Familie. Außerdem hatte der'n Jagdschein. Und ich dachte mir: Wenn du dich auf den ansetzt, dann kann dir mal keiner. Und dem Hubert kann die Stasi auch nicht. In die Klapsmühlen kamen ja damals nur die normalen.
Tante Bertha – die können Sie nicht kennen –, was Onkel Huberts Frau ist, hat aber aus ihren Stasiakten erfahren, daß Onkel Huberts Meise eine Stasi-Meise war, die er seinem Veteranenclub als Kuckucksei ins Nest legen mußte, um die anderen Vögel zum Singen zu bringen.
Aber ich wollte doch für ehrliches Geld ehrliche Arbeit liefern. Der einzige, zu dem ich wirklich Kontakt hatte, von dem ich nicht

nur wußte, was er sagt, was er liest, mit wem er sich trifft, sondern von dem ich auch die geheimsten Gedanken kannte – das war ich.
Ich habe mich auf mich angesetzt. 12 Aktenordner voll. Ich wußte alles über mich. Gänseblümchen hat sich entblättert. Wissen Sie, als ich das jetzt alles gelesen habe ... ich war fertig! Was ich mieser, dreckiger Spitzel alles aus mir rausgehorcht hatte ... Dabei war ich doch Opfer! Ich bin Tag und Nacht von mir bewacht worden. Ich horchte doch immer nur in mich rein, ob ich nicht einen staatsgefährdenden Gedanken hätte, den ich weitermelden müßte.
20 Jahre Psycho-Terror! Ich über mich!
Ich bin ja dem Kanzler so dankbar, daß er einen Schlußstrich unter diesen Schmutz ziehen will. Und aus Dankbarkeit stelle ich mich für den großen Lauschangriff zur Verfügung.

Rainer Otto

## Wir passen noch nicht

Wir passen noch nicht ins Einheitssystem.
Wir denken zu viel. Und viel zu extrem.
Wir hängen zu sehr an früherem Zopf
Und haben zu viel an Altlast im Kopf.
Wir sind noch zu wenig besitzorientiert,
Zu wenig profil- und karrierefixiert.
Uns fehlt beim Kampf um Nimbus, Renommee und Rang
Der gnadenlose Dominanz- und Geltungsdrang.

Wir passen uns viel zu schwerfällig an.
Im Ellbogenwett-Kampf Mann gegen Mann.
Wir bieten uns viel zu anspruchslos feil,
Sind noch nicht erfolgs- und mediengeil.
Wir sind auch noch längst nicht flexibel genug
Für Schmiergeldgeschäfte und Steuerbetrug.
Und akzeptieren nicht einmal als Meilenstein,
Den Eiffelturm zu seh'n und arbeitslos zu sein.

Wir passen vielleicht auch gar nicht so gut
Vereint unter den vorhandenen Hut.
Denn der war ja nur für's erste gemacht
Und nie als Fasson für's Ganze gedacht.
Drum hätten wir gern ein neues Modell.
Auch uns angemessen. Und diesmal reell.
Da nehmen wir Deutschland noch voll in die Pflicht.
Wir gehören dazu. Und passen noch nicht.

Jürgen Hart

## Wandel

Ja, wer sind wir denn
Who is who
Ja, wer sind wir denn
Und wer bist du?

Ach, wie mußten wir uns quälen
Ach, wie mußten wir uns wandeln
Lernten wieder richtig handeln
Lernten wieder richtig zählen!
Und ich lernte Demokrat!
Jedoch nach der Reichsvereinigung
Dulde ich nur eine Meinung
Denn sonst werde ich rapiad!

Ja, wer sind wir denn
Who is who
Ja, wer sind wir denn
Und wer bist du?

Wir sind deutsch, weiß jedes Kind
Doch im neuen großen Lande
Stehn wir hilflos und am Rande
Fragen, wer wir wirklich sind.
Sind wir Deutsche schon auf Dauer?

Oder sind wir nur noch Sachsen?
Sind wir schon zusammgewachsen
Oder wächst die neue Mauer?

Ja, wer sind wir denn
Who is who
Ja, wer sind wir denn
Und wer bist du?

Wenn wir früher uns besoffen
Tranken wir den blauen Würger.
Heute sind wir freie Bürger
Alle Flaschen stehn uns offen.
Groß die Freiheit, hoch die Kosten!
Sind wir nun die Hochbeglückten
Oder nur die Halbverrückten
Aus dem armen alten Osten?

Ja, wer sind wir denn
Who is who
Ja, wer sind wir denn
Und wer bist du?

CORNELIA MOLLE

## Revolte mit Stil

Das ist doch eine Scheißstimmung, sagen Sie mal selber. Der ganze Osten hats Gesicht zur Faust geballt, aber keiner macht was. Das müßte doch hier hochgehen wie ne Rakete, jeden Tag müßte es funken. »Wohnen, das ist Menschenrecht« – kein Mensch ruft das. Warum nicht? Könnte doch nur besser werden. Ich sag das nicht wegen mir. Bei mir darfs gar nicht besser werden, sonst heb ich ab. Nee, ich brauch das mehr für meine politische Hygiene. Wir haben uns im Herbst 89 gar nicht richtig ausgetobt. Und nun treibts einen um. Aber wann treibts denn endlich mal die Leute um, die jetzt vom Kurzurlaub in die Langzeitarbeitslosigkeit gehen? Und die, die ihre Buden nicht mehr bezahlen können? Wenn die Wessis erst mal richtig sanieren. Und wenn die kleinen Koofmichs dann pleite

gehn ... An jeder Landstraße kannste bei Nacht und Nebel Pommes kaufen, das ist doch ein gutes Zeichen.
Kohl muß die Hosen runterlassen, noch diesen Sommer. Hat sich verhoben, der Rechenkünstler. Ist doch klar, wo dann gespart wird. Das wird ein feines Elend werden. Nur Geduld, Freunde. Volkszorn muß langsam und solide hochkochen. Solange jeder noch seinen Krümel vom großen Kuchen abfassen kann, passiert eh nichts. Die Leute sind doch nur noch nach Schnäppchen unterwegs. Wenn sie stinken, gibts den nächsten Krümel. Aber die Balance schaffen sie nicht, die Tolpatsche in Bonn. Da kommt Freude auf.
Ich frag mich jetzt manchmal, wieso ichs eigentlich geschafft hab. Das war die reine Wut, können Sie mir glauben. Reich sein ist aber nicht einfach, Sie müssen immer halten und überbieten. Geschäfte führen, Verhandlungen, Rendite ausrechnen, Knete anlegen und wieder von vorn. Das macht kaputt, aber es betäubt auch. Ich empfehle jedem, dem's Leben keinen Witz mehr gibt, Arbeit. Ist gesünder als saufen, kiffen oder Videos. Ist einfach auch besser angesehn.
Ich hab jetzt zwei ganz gescheite Leute laufen.
Da kann ich mirs sogar leisten, mich ab und an beim Cappuccino zurückzulehnen in meinem Büro und runterzugucken aufs Stadtzentrum und mich so zu erinnern ... Meine Kumpels aus'm heißen Herbst sitzen abends unter der Sparlampe und rechnen ihre Lohnsteuer runter. Manche putzen Klingeln oder halten bei Gauck die Schnauze. Die haben doch völlig den Überblick verloren. Von denen kommt kein revolutionärer Impuls mehr. Manche sind arbeitslos, die hätten ja wenigstens die Chance, sich intensiv politisch zu bilden. Politische Bildung, das ist der Tod für diese Scheinhelden von Politiker, die setzen doch nur auf Doofheit bei den Wählern. Naja, und die Studenten? Ha, gucken Sie sich doch die Studenten heute an. 68? Sagen die, können wir mal machen, müssen aber erst nen Sponsor suchen.
Ich kann ja nun auch nicht gerade den Säbelschwinger spielen. Ich täts schon gerne, das hätte doch Stil, Mann. Aber wenn mir was passiert. Dann muß ich dicht machen und zwei Leute entlassen. Kann ich nicht riskieren, wäre total unsozial. Neulich bin ich mitm Geschäftsfreund los, da mußten wir so nem Penner über die Beine steigen, der vorm Haus lag. Was der an Miete spart, dacht ich bloß. Paar Meter weiter zahl ich dreitausend bloß fürs Büro. Die machen sichs einfach, die Jungs. Plastebeutel unterm Kopf. Da fragste dich,

warum joggen die nicht. Die könnten doch überall und immer. Das ist doch nicht wie bei mir, ich muß mich erst umziehen, zur Bank, Auto abstellen. Die müßten doch nicht erst auf die Straße gehn, die sind doch schon da. Und viele sind sie auch. Werden immer mehr. Ich meine, es müßte doch politisch Sinn machen, wenns schon so kalt ist. Vielleicht muß das denen erst gesagt werden.
Jedenfalls bin ich mal hin, wollte mal sehen, ob die als revolutionäres Ausgangsmaterial taugen. Jungs, sag ich ganz locker, es gibt so viel Schönes auf der Welt, laßt euch nicht bescheißen. Die haben geguckt. Na, ich hab klipp und klar gesagt, so gehts nicht, bevor wir hier weiterreden, wird sich gewaschen und umgezogen. Und überhaupt, saufen ist nicht, Freunde, denkt dran, wenn ihr gar nichts mehr habt, könnt ihr immer noch eure Nieren verkaufen. Aber einen Schwamm im Kreuze nimmt euch keiner mehr ab ... Na und so weiter.
Wie's weiterging? Sie wollen wissen, wie's weiterging? Gar nicht. Meine revolutionären Kontakte sind erstmal unterbrochen. Die haben mir ein paar Dinger auf die Schnauze gehaun.

Martin Buchholz

## Die Wahlnachtsgeschichte

Es begab sich aber zu der Zeit, daß ein Gebot ausging von dem Hohen Hause, daß das ganze Volk beschwätzet werde. Und diese Beschwätzung war die allererste von neudeutscher Art und geschah zu der Zeit, als Helmut, der hechelnde Heuchler, Statthalter war in allen germanischen Gauen.
Und es machte sich auf ein jeglicher an seine Wahlstatt. Denn wisset, das Volk ward gerufen an gar seltsame Schreine, versehen mit einem Schlitze. Da hinein sollte ein jeglicher tun seine Stimme, auf daß er sie so verlöre für wohl der Jahre viere.
Denn solches ist eine freie Wahl für gar viele im Volke: Daß man nicht nur die Stimme abgebe, sondern zugleich auch den eigenen Kopf. So will es das erste Gebot der regierenden Herren: Du sollst verleihen Dein Haupt an ein Ober-Haupt! Über-Haupt nennen das viele Demokratie: Freiwillig gebe ein jeglicher auf das eigene

Haupt. Wahrlich: die Haupt-Aufgabe ist demokratisch geworden.
So wisset: Das Volk ist allzumeist wie eine Herde von Schafen, die Stimme nur haben, zu blöken zum Heil ihrer Hammel, die sie denn leiten und dennoch nur sind in Schafspelz gewandete Wölfe.
Und doch war ein Jahr erst gegangen ins östliche Land, seit dorten sich etliche hatten zusammengetan, die wollten fürderhin keine Schafsköpfe sein. Und sie wollten sich nicht mehr gar lammfromm scheren lassen von jenen, die sich ansonsten um den Begehr des Volkes nie scherten.
Die nun gar nicht mehr Schafsgeduldigen riefen: »Wir sind das Volk!« Und sie sprachen untereinander also: »Lasset uns ziehen auf Straßen und Plätze und die Geschichte machen statt sie nur mit uns geschehen zu lassen.«
Und sie breiteten das Wort aus. Und viele, vor die das Wort kam, wunderten sich der Rede. Doch etliche taten auch also.
Denn alle wollten ziehen und streifen umher ohne der oberen Hirten Geleit. Und etliche wünschten sich gar grünere Auen, wo nicht ein großes Strahlen um sie sei aus Onkel Atoms Hütte.
Allzulange schon war ihnen die unfrohe Botschaft gepredigt worden von ihren tscherno-debilen Herren. Ihr kennt diese Botschaft, denn östlich wie westlich sprach man stets Gleiches zu den in der Wolle grün Gefärbten: »Fürchtet Euch nicht! Entsorgt Euch! Sehet, wir verkündigen Euch große GAU-di, die allem Volke widerfahren wird.«
Und es waren auch die üblichen Deutschen in derselben Gegend, die hüteten bei Tag und bei Nacht ihre Zunge.
Und alsbald waren bei ihnen die üblichen Heerscharen, die waren quasi vom Stasi. Die lobten ihren alten Herren und sprachen: »Erich, wir sind Dir heerich!«
Und zu dem anderen Völkchen, dem gar nicht mehr lammfrommen, sprachen sie also: »Er ist der Herr, Dein Hirte. Dir wird nichts mangeln. Und empfindest Du allzugleich Mangel, so werden wir Dich in dieselbe nehmen. Drum haltet nun Frieden, wie es den Herden des guten Hirten wohl frommet.«
Doch diese Anderen riefen voll Hohn: »Das ist doch, bei Gott, die Höhe! Frieden in Herden?! Das könnt Euch wohl gefallen.«
Und so geschah es, daß Erich nicht währte am längsten.
Zwölf Monde nur haben seither gewechselt. Und doch sind jene, die sich dereinst sich hatten erhoben, längst wieder unerheblich geworden in neudeutschen Landen.

Und es fuhr ihnen der unheilige Schauder gar tief bis ins D-Mark. Denn wie sie es kannten aus real existierenden Tagen, war auch dieses Mal die Wahl lange schon vorher entschieden – und wieder durch Ochs und durch Esel. Die nickten mechanisch wie immer – nur diesmal als östliches Stimmvieh an westlicher Krippe.
Wahrlich, ich sage Euch: Diesen Kanzler in seinem Lauf hält weder Ochs noch Esel auf.
Und nach der Wahlnacht sprachen die neuen westlichen Hirten zu dem restlichen östlichen Häuflein der sich selbst bewegenden Bürger: »Wisset, Ihr habt Euch verwählt. Nach Eurem Anschluß ist diese Eure Demokratie nun nicht mehr erreichbar. Sehet, die Mehrzahl der Schafe ist wieder einmal jenem gefolgt, der am meisten belämmert sich zeigte.«
Der hatte ihnen verkündet: »Schämet Euch nicht Eurer Hohlheit im Kopfe, so Ihr mich kuret. Wahrlich, ich sage Euch: Selig sind, die da geistig arm sind, denn ihrer ist das Hammelreich.«
»Gehet nun hin und dies habt zum Zeichen: Ihr werdet finden Eure Entscheidung in einer Urne liegen, darin wird sie ruhen in Frieden.«
Ihr aber habt sie gehört nun alle diese Worte. Nun bewegt sie in Eurem Herzen. Von Eurem Hirn ganz zu schweigen.

Hansi Frank

## Ost-West-Frühstück auf den Balearen

Er Senior! Noch dos cafés …
Sie … por favor!
Sie Hmm. Schon wieder dieselbe Marmelade.
Er *schaut an ihr vorbei auf einen Nebentisch, lächelt ungemein gewinnend, nickt aufmunternd und ausdauernd*
Sie Schon wieder dieselbe Marmelade. *er schaut immer noch, sie bemerkt es und wendet sich um; lächelt ebenfalls*
Er Die sind von drüben.
Sie Ach.
Er Aus Bitterfeld.
Sie Daß die sich das leisten können.

Er Was.
Sie Na, die Reise. Nach Spanien!
Er Hmm.
Sie Und die wohnen noch drüben?
Er Sag ich doch. In Bitterfeld.
Sie Ach.
Er Daß die sich das leisten können.
Sie Geld haben die alle.
Er Aber nicht mehr lange.
Sie Wieso?
Er Weil alles teurer wird. Die Mieten, Essen und Trinken und so weiter.
Sie Ich dachte, es wird jetzt alles besser da drüben.
Er Wird es ja auch.
Sie Aber wenn alles teurer wird?
Er Wenn es besser wird, kann es ja nicht billiger werden. Klaro? *lächelt wieder zum Nebentisch*
Sie Woher kennst du die eigentlich?
Er Gestern auf dem Markt hab' ich denen gezeigt, was 'ne Papaya ist.
Sie Mir zeigst du nie was.
Er 'ne Harke.
Sie Was?
Er Ich zeig' dir, was 'ne Harke ist. Ha, ha, ha …
Sie Arschgeige.
Er Kiwis kannten sie schon.
Sie Aus Bitterfeld?
Er Aus Braunschweig.
Sie Ach.
Er Is ja sowieso jetzt ein und dasselbe.
Sie Kiwis und Papayas?
Er Braunschweig und Bitterfeld. Deutsch ist deutsch.
Sie Hmm.
Er Wir sind ein Volk. *nickt aufmunternd lächelnd zum Nebentisch*
Sie Die Bayern auch?
Er Die Bayern?
Sie Na ja, damit das Ganze nicht zu groß wird: die Bayern sind doch sowieso schon ein Freistaat.
Er Blödsinn.
Sie Die sind kein Freistaat?

Er Freistaat! Freistaat! Es sind unsere Brüder und Schwestern.
Sie Ach ja, da fällt mir ein: ich hab gestern mit deinem Bruder telefoniert. Er läßt fragen, ob du ihm eventuell ...
Er Nix da! Nix da! Der kann mich mal. Ich muß auch sehen, wo ich bleibe.
Sie Hmm.
Er Jetzt hab ich den Faden verloren. Also – äh ... Wir sind ein Volk ... von Brüdern und Schwestern.
Sie Ach nee.
Er Das Problem sind die Reparationen.
Sie Ist der Wagen schon wieder kaputt??
Er Sehr witzig!
Sie Gell?
Sie *blickt zum Nebentisch* Daß die sich das leisten können!?
Er Was.
Sie Das Hotel – die weite Reise ...
Er Vielleicht isser Abgeordneter. Ich hab gehört, wie die zu ihm ›Stasi-Maus‹ gesagt hat.
Sie Das glaubst du doch selbst nicht.
Er Vielleicht hat sie ja auch Stanislaus gesagt.
Sie Stanislaus? Sind die denn von ganz drüben? Ich denke, die sind aus Bitterfeld.
Er Sind sie ja auch.
Sie Daß die sich das leisten können.
Er Für gutes Geld kann man sich alles leisten.
Sie Die verplempern unsere Steuergroschen auf Mallorca.
Er Vielleicht haben die ja die Reise bei einem Preisausschreiben gewonnen.
Sie Wieso?
Er Der hat mir erzählt, daß er seit der Wende an jedem Preisausschreiben teilnimmt. Und außerdem gab's am 2. Oktober in Bitterfeld bei der Feier zur ...
Sie Beim Reichspolterabend?
Er ... bei der Feier zur Deutschen Einheit eine CDU-Tombola ...
Sie Und da wurde eine Reise nach Mallorca verlost?
Er Nein, nach Oggersheim.
Sie Na bitte!
Er Nix na bitte. Die Reise hat er gewonnen, aber er hat mit einem getauscht, der bei Blendax 'ne Mallorca-Reise gewonnen hat – weil er ja SPD-Wähler ist und der andere ...

Sie Und das hat er dir alles erzählt?
Er Nein, aber so könnte es doch gewesen sein.
Sie Quatsch.
Er Wieso denn. Die Wege der Wende sind unerforschlich, meine Liebe. *lächelt zum Nebentisch* Bitterfeld zieht Leine.
Sie Scheiße! Die nehmen uns den Schattenplatz am Swimmingpool weg!
Er Bleib cool, Mädchen. Da müssen sie schon früher aufstehn, die Zonis. Hab ich alles längst belegt.
Sie Du bist ein Schatz!

Wenzel & Mensching

## Operation geglückt – Patient tot

Meh Ich habe rechts so ein ungutes Gefühl.
Weh Ja, was machen wir denn da?
Meh Ja, wenn Sie es nicht wissen, Herr Doktor!
Weh Ach Herrjee! Sie kommen gut vierzig Jahre zu spät. *nimmt Meh auf den Arm, trägt ihn auf den Operationstisch*
Meh Ich durfte nicht eher. Das komische Gefühl rechts hat in den letzten Monaten stark zugenommen.
Weh Und wie sind die Gefühle auf der linken Seite?
Meh Verworren, ach verworren.
Weh Wir müssen diese Seite betäuben.
Meh Aber das ist meine linke Seite.
Weh Habe ich studiert oder Sie? Ist eindeutig Ihre rechte Seite.
Meh Links, wo das Herz schlägt.
Weh Das ist meine rechte Hand, also ist hier Ihre rechte Seite.
Meh Das komische Gefühl ist rechts.
Weh Dann müssen wir ein Bein abnehmen. Bewegung schadet uns sowieso. *schneidet ein Bein ab*
Meh Die Beine sind das einzige, was noch völlig funktioniert.
Weh Da kann man jetzt nichts mehr machen. Jetzt ist das Bein ab.
Meh So verliere ich meine Selbständigkeit.
Weh Auf einem Bein kann man auch nicht stehen.

Nehmen wir das andre gleich mit ab. *schneidet das zweite Bein ab* Und wie ist die Verfassung?

MEH Ich habe keine mehr.

WEH Sehen Sie, erste Erfolge, da müssen wir durch.

MEH Durch diese Abtrennung meiner Basis vom Überbau …

WEH Ich verbitte mir die Benutzung derlei postmarxistischer Begriffe in meiner Praxis.

MEH Durch diese Abtrennung meiner Basis vom Überbau komme ich in die Verlegenheit, optimistisch denken zu müssen, obwohl in meiner Seele die pessimistischen Gefühle wüten.

WEH Es muß zerschnitten werden, was zusammenwachsen soll.

MEH Doktor, wenn Sie wüßten, wie eins ich einst mit mir war.

WEH Erwarten Sie keine Wunder von mir.

*WEH trägt MEH vom Operationstisch. Der umgeworfene Tisch erweist sich als ein hochkant aufgestellter Kindersarg.*

MEH Bitte geben Sie mir die finale Finanzspritze.

*WEH legt MEH in den Sarg, deckt ihn mit einem weißen Tuch zu*

WEH Selbstverständlich werde ich Ihre Hinterbliebenen informieren. Besitzen Sie Grundeigentum?

MEH Machen Sie mit mir, was Sie wollen.

WEH Besser ein Ende mit Schrecken als ein schreckliches Entlein.

MEH Ich durchlitt drei große Komata, ich konnte noch aufrecht gehen nach dem ersten, noch zynisch sein nach dem zweiten, und war nicht mehr auffindbar nach dem dritten. *stirbt*

WEH Der Nächste bitte!

HEINRICH PACHL

## Die Einheitser

Der 9. November 1989 ist der Sieg über den 13. August und die Erfüllung des 17. Juni, aber auch der Tag der falschen Hoffnung und trügerischen Illusionen. Denn danach kamen der 2. Juli (Einmarsch der D-Mark) und der 3. Oktober als Tag der bedingungsübervollen Kapitulation. Und gerade der 3. Oktober 1990 ist als amtlich verordneter Volksfeiertag so peinlich wie typisch. Wie wenn man in Paris nicht den Sturm auf die Bastille, sondern die Abdankungserklärung des Königs feierte. Mit der Eingemeindung der DDR am 3. Oktober wurden allerdings wesentliche Ziele des Sozialismus erreicht: Die Auflösung des Staates und die Befreiung des Menschen von der Arbeit. Auch die letzte DDR-Regierung hat ihre Hausaufgaben gut gemacht, denn die Aufgabe der Regierung war die Aufgabe der Regierung. Der letzte Ministerpräsident de Maizière fand dafür in seiner Abtrittsrede die adäquaten Worte: »Ich bin überzeugt, daß die Lücke, die ich hinterlasse, mich voll ersetzen wird.« So geht der DDR-Bürger nicht nur ein, er geht auch in die Geschichte ein: als die Krone der Schöpfung.

JOSEF HADER

## Die Illona

Also sehr lieb. Wirklich.
Sehr fleißig und bescheiden und ... willig.
Gaanz lieb.
Die schupft den Haushalt wie nix.
Meine Frau ist so froh.
Also wirklich, sehr fleißig.
Naja, sie kocht ein bissl fett.
Aber vielleicht haben wir das auch irgendwie verlernt.
Daß wir das essen können ohne Sodbrennen.
Diese ganzen ursprünglichen Sachen
sind ja bei uns herüben
schon fast verlorengegangen.
Drum bin ich auch sehr für diese Öffnung nach Osten.
Weil das können wir von denen drüben lernen.
Diese Rückkehr zu einem einfachen äh ... Leben.
Die drüben brauchen ja nicht umkehren,
Die sind schon dort, haha.

Meine Frau und ich,
wir fahren ja oft hinüber.
In diese hintersten südböhmischen Dörfer.
Wo die Häuser noch so richtig schön verfallen sind.

Und diese romantischen Dorfbrunnen.
Natürlich ist alles verseucht.
Und die buckligen alten Mutterln,
die humpeln dort noch richtig über den Dorfplatz.
Weils noch keine gscheiten Orthopäden habn.
Und dieses ganz normale tschechische Mischbrot.
Dieses gaanz normale tschechische Mischbrot.
Das schmeckt.
Mitnehmen darf man's nicht.
Herüben schmeckts nimmer so.
Aber drüben.

Und das sind alles Sachen,
die man im Waldviertel
praktisch nicht mehr findet.
Dort ist ja alles schon renoviert.
Blumenkistl vor den Fenstern.
Grauslich.
Aber dort drüben ist das noch so richtig ursprünglich.
Irgendwie gsünder.
Bei uns is ja so vieles krank.
Bei denen ist das alles noch gsund.
Außer der Ernährung.
Das Grammelschmalz fressen die rein bis zum Gehirnschlag.
Da muß ich noch reden mit der Illona.

Siegfried Zimmerschied

## Sauna-Monolog

*Der Sauner liegt auf dem Boden. Zunächst ist er regungslos, dann beginnt er sich vorwärts zu schleppen.*
Hubert, Hubert, des gibts doch ned. So ein Arschloch. Ausschwitz'n, de CSU muaß ma ausschwitz'n. Wia soi denn do jemois wieda Ordnung werd'n. Oisse gähd kaputt. Nur da deppade Schwoga, mid seina Föhnwelle, der hod Erfolg. Da ganze Bayerische Woid schtinkt scho noch Chanel 5.
*Er krümmt sich vor Schmerzen.*

Ah, ah, hart bleib'n. Durchhoit'n, durchhoit'n, ned hänga loss'n.
*Er grinst schmerzverzerrt.*
Ah, i vabrenn'. Owa i gäh nimmer ausse.
Drauß'd do is' Chaos.
Draus'd do regiert da Mob, do frißt da Aussiedler, do sticht da Asylant.
Drauß'd do stirbt mei Frau.
Drauß'd do wuchert da Rohmilchkäse.
Drauß'd do vabläd'ln meine Kinder.
Drauß'd do san de Ministrant'nsuzzler und de Hurenböck'.
Drauß'd do grins'n de Münchner vom Olympiaturm.
Es is koa Ordnung mehr, do drauß'd.
Diese Welt hat keine Ampeln mehr.
*Rutscht auf den Boden.*
Des war immer scho so, des wird immer so sei.
*Wischt sich Schweiß wieder mühsam ab.*
Ned woana, ned woana. Nur da scheiß Sigi, dem foings, der hod seine Figuren im Griff. De miaß'n doa, wos er sogt. Na, i gäh nimmer ausse. Liaba rinn i do herin aus, ois daß i mia des Keuchat no länga ahea.
*Er quält sich japsend in eine neue Position. Gekrümmt kniet er auf dem Boden.*
I gäh nimmer ausse.
Liaba do herin vabrenna wia drauß'd dafrian.
*Er liegt regungslos auf dem Boden. Totenstille. Plötzlich regt er sich wieder, rappelt sich hoch, stürzt wieder hin, robbt sich langsam hinaus.*
Na, na mia san schtärka.
*Er stöhnt bei jedem Zug.*
Deutschland.
Ordnung.
Sauberkeit.
Anmeldeformulare.
Disziplin.
Mia san stärka.
Ordnung.
Wiedervereinigung.
Sauberkeit.
Anmeldeformulare.
*Er schleppt sich hinaus.*

Dieter Hildebrandt

# Uns gehts gut

Uns gehts gut. So gut wie heute gings uns selten.
Ganz Berlin ist eine Wolke, wir sind drauf.
Mit der Brust, der ungeheuer stolzgeschwellten,
Nehmen wir es forsch mit jedem Gegner auf.

Wir sind da. Und wo wir da sind, gehts nach oben.
Jeder Weg, der dahin führt, ist uns grad recht.
Ob belogen, ob betrogen, ob geschoben,
Unterm Strich – und drauf – gehts uns nicht schlecht.

Unser Geld macht jeden Armen etwas ärmer.
Und das macht uns noch beliebter, als wir warn.
Unser Umgangston wird auch mitnichten wärmer,
Wenn wir siegessicher in den Osten fahrn.

Unser Reich wird jeden Tag ein bißchen reicher.
Unser Österreich reicht schon verschreckt die Hand.
Nur die Währung, die wird langsam etwas weicher
Gott segne unser Geld – und dann das Vaterland!

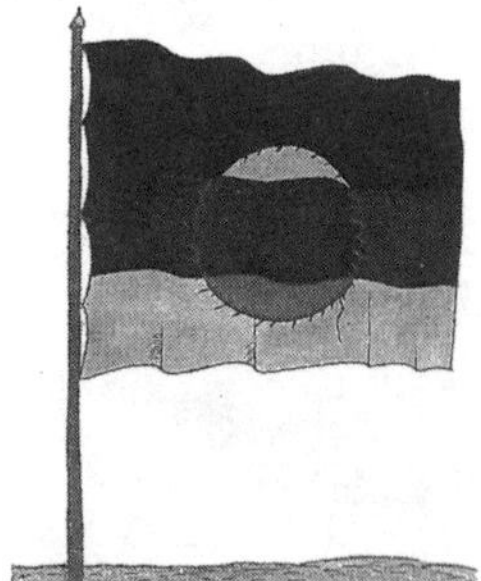

# So sehn wir aus

## Vom Ende eines geschafften Jahrhunderts

Deppertreden ist keine Kunst.
Sagt schon der Volksmund.

*Josef Hader*

Kabarett in dieser Zeit – man tingelt sich so durch. Die Großstädte, seit Überbrettls Zeiten Heimstatt für Kleinkunststücke jeder Art, haben ihre alles beherrschende Rolle ausgespielt wie die großen Ensembles. Das Kabarett, inzwischen vielfach solo oder als Duo-Gespann unterwegs, geht nun auch wieder in die Provinz, aus der es Anfang der Achtziger aufgebrochen war. Heute knospelt es sogar in der Idylle entlegener Gegenden – vielfältig, farbig und durchaus eigenständig, wenn auch recht austauschbar.

Die bewegten Sechziger sind Geschichte, die reformfreudigen Siebziger vergessen, die beruhigten Achtziger vorbei. Inzwischen ist cooles Infotainment und juxiges Kabarettainment angesagt. Der verbindlich-originelle Comic-Act mit all seinem Minimal-Humor, der stoischen Pappnasen-Pose und dem Banalitäten-Ulk hat seine Chance als ablieferbarer Talentnachweis im Nachwuchs-Studio der TV-Industrie. Die Zeiten, da Kabarett als Asphaltpflanze verstanden wurde, die nur im harten Klima der Millionen-Metropole zu voller Blüte gelangt, sind fürs erste von gestern.

Das hat Folgen: Das Publikum, fernsehverkabelt und TV-verstrickt, ist eher aufs Schenkelschlagen und Juchz-Gejohle aus als auf Erkenntnislacher und Aha-Effekte und will nach Möglichkeit wiedersehen, was es als Lachkanone bereits aus dem Heimkino kennt. So ist denn der Geruch von gutbürgerlicher Wohnstube, die der Kabarettelei der späten Achtziger und frühen Neunziger anhaftet, eher gefragt als verpönt: Null-Bock ist out, No-Future abgemeldet, der Weltverbesserer aus der Mode. Politik gilt als ätzend, Kohl als komisch und der Rest der Welt als Anhängsel dessen, womit man sich daheim gut auskennt.

Privates wird wieder vorzeigbar: Die Beziehungskiste als ewiger Quell munteren Lust-Frusts, das Single-Dasein als Blödelmänchens Slapstick-Solo mit der Tücke des Objekts. Man hat's wieder eine Nummer kleiner. Es darf wieder gesächselt und gejuchzt, geschwäbelt und gejuxt, gebabbelt und geblödelt werden. Das Kabarett möchte bestätigen und den Alltag imitieren, und weil es nicht mehr verändern will, weiß es nicht mehr so recht, was es will.

Satirisches Kabarett, wie es seit Jahrzehnten gewachsen ist, jene unversönliche scharfe Kunst-Attacke einer schwarzen Zunft, die mit den Gegebenheiten des politischen Alltags auf Kriegsfuß und oppositionellem Kurs steht, ist daneben rar geworden. Subtile Wortspiele, Gift und Galliges auch. Aber es ist noch da. Und es kämpft weiter. Zuweilen an zwei Fronten.

Thomas Freitag

# Sprengsätze

Es fing alles ganz harmlos an.
Irgendwann mußte Friedrich Karl Flick eintausendachthundert Millionen DM vorbeibringen. An der Steuer. Legal.
Das Volk ließ ihn mit dieser Bürde allein.
Einzig die Herren Minister Friedrichs, Lambsdorff, Matthöfer, Karry, Kiep, Lahnstein, sowie die Kanzler Schmidt und Kohl hatten Mitleid und nahmen ihren Anteil. Ebenso nahmen Anteil die CDU, CSU, FDP und SPD. Der Spiegel war dabei.
Darauf beschloß der Handelsvertreter Norbert M., für seine Reisekostenabrechnung die Strecke Stuttgart–München künftig um 80 km zu verlängern.
Irgendwann hatten die Vorstandsmitglieder der Neuen Heimat soviel Anteil genommen, daß die Neue Heimat liquidiert werden mußte. Der Spiegel war dabei.
Irgendwann, nachdem Gewerkschaftsfunktionär Alfons Lappas siebzigtausend Wohnungen verkauft hatte, mußte sich das Gewerkschaftsmitglied Erich K. mit seiner dreiköpfigen Familie eine neue Heimat suchen; der Spiegel war nicht dabei.
Irgendwann gab's »Tutti frutti«.
Irgendwann entstand in Libyen eine deutsche Giftgasfabrik.
Irgendwann konnte Herr K. seine Kredite nicht mehr abzahlen und brachte sich um.
Irgendwann funktionierte Boris Becker nicht mehr so, wie sich das die Deutsche Bank wünschte.
Irgendwann gab es die Fernbedienung.
Irgendwann zog Schalck-Golodkowski an den Tegernsee.
Irgendwann zog es Honecker nach Chile und Kinkel kam vom »Platz des himmlischen Friedens« zurück.
Irgendwann hatte Rambo als Held ausgedient, an seine Stelle trat ein Ehemann, der für eine Reality-Show seine Frau erschoß.
Irgendwann kamen deutsche Soldaten aus Somalia zurück.
Irgendwann starb Miss Elli und der Hilfsarbeiter Dieter B. schlug zu. Ein Schüler hatte ihn in der Straßenbahn aus Versehen angerempelt.
Irgendwann wurden die Mieten erhöht.
Irgendwann erfand SAT 1 das Glücksrad.

Irgendwann ertrug der Jugendliche Marco T. die Einsamkeit der Techno-Disco nur noch mit cracks. Irgendwann kündigte die Wohnungsbauministerin wegen Eigenbedarf.
Irgendwann brannte es in Mölln.
Irgendwann brannte es in Solingen.
Irgendwann brannte es in Lübeck.
Irgendwann wurden die Menschen in den Hochglanzprospekten immer reicher und schöner und der bayerische Ministerpräsident verreiste mit seiner Familie nach Kenia,
irgendwann stand in den drei Kinderzimmern der Familie F. jeweils ein Fernseher.
Irgendwann hatte Kohl Glück und die Mauer fiel.
Irgendwann war Gerold Tandler als Finanzminister erpreßbar.
Irgendwann wurde eine Badewanne in einem Schweizer Hotel zum Symbol für den Umgang mit der Macht.
Irgendwann gab's Computerspiele.
Irgendwann gab es über 4 Millionen Arbeitslose.
Irgendwann gab's Computerkriege.
Irgendwann kürzte man dem HIV-Positiven Günter L. das Wohngeld.
Irgendwann sagte ein Vater zu seinem zwölfjährigen Sohn: »Laß dir nichts gefallen.«
Irgendwann packte der Lehrer H. aus Berlin zu seinem Frühstücksbrot eine Gaspistole in seine Aktentasche.
Irgendwann hatte der Jurist und Abgeordnete Wissmann 10 000 Mark Strafe wegen Steuerhinterziehung bezahlt. Daraufhin wurde er Forschungsminister.
Irgendwann mußte der Professor und Minister Krause seine Putzfrau aus der eigenen Tasche bezahlen. Daraufhin wurde der Forschungsminister Verkehrsminister.
Irgendwann wurde der querschnittsgelähmte Bernd G. an einem verkaufsoffenen Samstag in der Fußgängerzone aus seinem Rollstuhl gestoßen.
Irgendwann hat so ein Rotzlöffel auf dem Nachhauseweg dem überfüllten Abfalleimer an der Bushaltestelle den Boden weggetreten!!!
Dabei hatte alles so harmlos angefangen.
Irgendwann mußte jemand eintausendachthundert Millionen ganz legal an der Steuer vorbeibringen.
Irgendwann stank der Fisch vom Kopf, und die Republik hatte sich verändert.

Matthias Deutschmann

## Terrorverdrossenheit

Die RAF hat keine Lust mehr! Terrorverdrossenheit. Wenn ich die RAF wäre, ich hätte auch keine Lust, der CDU ihren Wahlkampf zu illustrieren. Aber offensichtlich wird die RAF ja noch gebraucht – die Frage ist nur: Gibt es sie noch? Wir wissen ja, es ist die vornehmste Aufgabe des Generalbundesanwaltes, zweimal im Jahr vor die Presse zu treten und der RAF zu bescheinigen, daß sie noch dabei ist, Anschläge zu planen und durchzuführen.
Nach diesem Anschlag in Weiterstadt – Sie erinnern sich? Man erfährt ja vom Neubau eines Knastes, am Tage seiner Zerstörung. Also ich dachte: Das war die Abschlußgala der RAF. Zwei Zentner Dynamit fachgerecht deponiert und gezündet ... vorher noch große Pappen aufgestellt ... handbemalte RAF-Pappen mit der Aufschrift: Vorsicht Knastsprengung! In zwanzig Minuten geht hier was hoch! Ein untypischer Anschlag für die RAF – meinte auch das BKA! Lediglich Sachschaden! Für Terroristen ist das fast schon gewaltfrei. Irgendwie hat man es der RAF übelgenommen, daß niemand zu Schaden kam. Aber war das wirklich die RAF? Es könnte ja der Architekt gewesen sein. Kommando »Späte Reue«.

Matthias Deutschmann

## Bad Kleinen – Bahnsteig 4

Wo anfangen? In Bad Kleinen!? Kennen Sie nicht? Diesen kleinen Ort bei Zürich! Berühmt geworden durch sein Gutachten?! Was in Bad Kleinen geschah, ist schwer zu vertonen. Das ist eher etwas für das Deutsche Tanztheater: 80 Beamte im Einsatz auf Bahnsteig 4 und keiner hat etwas gesehen – man kann von der deutschen Polizei nicht verlangen, daß sie in die Richtung schaut, in die sie schießt. 50mal wurde auf Bahnsteig 4 geschossen – zweimal getroffen! Einmal Steckschuß Oberschenkel und einmal Steckschuß Bauch. Mit Combat-Munition. Das sind Hohlmantelgeschosse,

die im Körper aufpilzen und die berühmte mannstoppende Wirkung erzielen, für die die Polizei so lange gekämpft hat. 9mm Parabellum – Si vis pacem, para bellum! Wenn du den inneren Frieden willst, dann bereite den Bürgerkrieg vor!
Die mannstoppende Wirkung 9mm Parabellum aber trat in Bad Kleinen gar nicht ein! Der mutmaßliche Leibhaftige rannte einfach weiter, sprang frohgemut auf die Geleise, gab sich selbst den finalen Rettungsschuß und schmiß auch noch die Waffe weg, um die deutsche Polizei zu blamieren. But nobody can blame the German police. Auch die Frau am Kiosk nicht. Die wollte ja gesehen haben, daß die Exekutive exekutierte. Das aber ist nur sprachlich naheliegend. Viermal hat das BKA die Frau verhört und trotzdem ist sie bei ihrer Meinung geblieben. Wie kann so etwas möglich sein? Es muß doch Selbstmord gewesen sein. Es geht doch gar nicht mehr anders. Die Polizei hatte schließlich sieben Tage Zeit, die Spuren in Sicherheit zu bringen. Halten wir fest: Das BKA hat dem toten Wolfgang Grams die Hände gewaschen. Wegen der Fingerabdrücke – man wollte sicher sein, daß er es auch war. Die beteiligten Textilien brachte man erst einmal in die Reinigung und dann nach Zürich. Hochbezahlte Schweizer Ballistiker durften feststellen: GSG9-Wäsche ist nicht nur sauber, sie ist rein. Als Opfer des Werbefernsehens der 70er Jahre möchte ich doch sagen: Ein Gutachten von erstaunlicher Clementine.

Konstantin Wecker

## Die Ballade von Antonio Amadeu Kiowa

Siehst as Willy, jetzt is doch scho a Zeit her, daß ma uns as letzte Mal gesprochen habn. Vor über zwanzig Jahr bin i an deim Grab gstanden und hab mei ganze Wut rauslassen.
Konnst di no erinnern Willy, woaßt as no?

Gestern habns an Willy daschlagn
Und heit werd a begrabn

Lange Zeit hab i des Lied nimmer gsunga, Willy, und ehrlich gsagt, i hab koa rechte Lust mehr ghabt, mich um die Politik zu kümmern.

Ma braucht a immer wieder seine Auszeit, wo ma sich um sich selber kümmern muaß, wo ma einfach uferlos vor sich hin leben will.
Und dann hat sich alles so überstürzt. Mit einem Schlag sind die schönsten Utopien zerplatzt, innerhalb von einer Nacht hat sich die ganze Welt verändert.
Und es war eine berauschende, wundervolle Nacht, wias die Mauer zerschlagen haben.
Ja, Willy, du hast schon richtig gehört, die Mauer is weg, Deutschland ist wiedervereinigt. Wenigstens auf dem Papier.
Aber man hat halt wieder mal alles falsch gemacht, was falsch zu machen war.
Unsere Flottmänner haben in Windeseile die DDR aufgekauft, wildgewordene Versicherungsvertreter sind wie die biblische Heuschreckenplage über das Land hergefallen, und unsere Politiker, diese mutierten Gebrauchtwagenhändler, haben es wieder fallengelassen.
Und drüben will sich keiner mehr dran erinnern, wie begeistert sie dem Kohl zugejubelt haben, weil er ihnen wunderschöne Videorecorder versprochen hat.
Und jetzt: Arbeitslosigkeit und eine große Leere im Herzen – der bunte Vogel Freiheit hat ganz schön die Flügel gestutzt bekommen, und die Mauer zwischen den Deutschen scheint unüberwindbarer als jemals zuvor.
Und wer ein Volk so bescheißt und betrügt, muß damit rechnen, daß es durchdreht.
Und sie drehen alle durch, Willy, du kannst dir nicht vorstellen, was alles los ist.
Deutschland brennt, Willy, und solche wie du sind rar geworden.

Gestern habns an Willy daschlagn
Und heit fangt des ois wieder an

Hast as schreien ghört, in Rostock, Willy, du muaßts doch ghört habn, Ausländer, Asylanten, die Ärmsten und Schwächsten habn sich diese Feiglinge natürlich ausgesucht. Aber die dummen Buben waren gar nicht das Schlimmste, sondern diese ganze feixende und Beifall klatschende Meute, die drum rum gestanden ist. Ja, Willy, Beifall hams klatscht, während über hundert Vietnamesen verzweifelt um Hilfe geschrien haben. Und vorher Hoyerswerda, Hünxe und dann Mölln. Woaßt as no, wie sie damals den Staat aufgerüstet haben gegen die RAF.

Grad jetzt habns in München Armeen angekarrt, um den Staat gegen hundert Leut mit ihre Trillerpfeifen zu schützen, aber da gings halt gegen hohe Politiker, wertvollere Menschen anscheinend, weil jetzt, jetzt macht die Polizei einen Schichtwechsel, wenn Vietnamesen abgefackelt werden und Neger aufgeklatscht.
Abfackeln, aufklatschen, ja wo samma denn, Willy – und glaubst du, einer unserer Politiker hätte sich persönlich entschuldigt – nix da, als Antwort auf diese Schweinereien haben sie versprochen, das Asylproblem in den Griff zu bekommen – dem Mob rechtgeben, nur um an der Macht zu bleiben und die nächsten Wahlen zu gewinnen – pfui deife!

Gestern habns an Willy daschlagn
Und heit fangt des ois wieder an
Gestern habns an Willy daschlagn
Und heit zünden ses an

Na, Willy, du bist schon nimmer alloa mit deinem Schicksal, und vielleicht habts ihr euch im Himmel drobn sogar getroffen, der schwarze Amadeu und du, und er hat dir sei Gschicht scho verzählt, aber trotzdem muaß mas nausschreien, weil, vielleicht konnst di an des Gedicht noch erinnern, vom Pfarrer Niemöller:

»Als die Nazis die Kommunisten holten,
Habe ich geschwiegen;
Ich war ja kein Kommunist.

Als sie die Sozialdemokraten einsperrten,
Habe ich geschwiegen;
Ich war ja kein Sozialdemokrat.

Als sie die Gewerkschafter holten,
Habe ich geschwiegen;
Ich war ja kein Gewerkschafter.

Als sie mich holten,
Gab es keinen mehr, der protestieren konnte.«

Ja, den Amadeu, den Angolaner, den habns daschlagn, datreten, weil er Neger war, weils an Spaß habn wollten, und drei Polizisten san dabeigstanden und wollten »mit dieser Gruppe nicht in Konflikt geraten«.
Siehst jetzt, wia weit ma wieder san?

»Deutschland den Deutschen«, grölts durch Eberswalde und mit Baseballschlägern und Messern gehts den Negern an den Kragen.

Die laufen um ihr Leben, Willy, aber oan dawischns no, und Eberswalde schweigt dazu, denn a bisserl lästig warns doch, die vielen Neger, und dann kreisens den Amadeu ein und schubsen ihn herum, ja ma wird doch so an Neger noch a bißl schubsen dürfen, und der Antonio Amadeu Kiowa versteht die Welt nicht mehr und zittert und schluchzt, und Eberswalde schweigt dazu, aber Deutschland gehört nun mal den Deutschen.

Klar, sie haben sichs ja alle verdient, ein sauberes reiches Land, und dann ziehn sich die Glatzen Kapuzen übern Kopf und binden sich Tücher vors Gesicht, wie im richtigen Kino, und dann springens dem Amadeu mit ihren schweren Stiefeln ins Gesicht, immer und immer wieder. Willy, mein Gott Willy, wir könnten dich wieder so brauchen, wir alle braucha doch oan, wies du oana bist, Willy, da muaß doch was gescheng, da muß ma doch was doa, alle miteinander:

Gestern habns an Amadeu daschlagn
Und heit, heit halt ma zsamm

Achim Konejung/Horst Schroth

## Der Hitler in uns

A *kommt mit einem angeklebten Hitler-Bart auf die Bühne*
B Was soll denn das? Kommt jetzt die Hitler-Nummer?
A Jawoll.
B Hör auf. So kann man doch Hitler nicht darstellen.
A So, wie darf man denn Hitler darstellen?
B Doch nicht so, daß du ihn lächerlich machst.
A Wieso darf ich denn Hitler nicht lächerlich machen? Chaplin hat das doch auch gemacht oder Mel Brooks.
B Du bist nicht Chaplin.
A Na und? Bist du jetzt die Reichshitlerdarstellerkammer, die darüber wacht, ob er richtig dargestellt ist oder falsch?

B Werd nicht geschmacklos.
A Ihr Alt-68er dämonisiert Hitler ja, als wärt ihr seine Erben, die darüber wachen müßten, daß sein Bild nicht beschmutzt wird. Ich will nur erzählen, daß er ein großer Haufen Scheiße war, und diese WG da im Führerbunker …
B Die WGs waren mal etwas Fortschrittliches, euch ist wohl nichts heilig?
A Gibt es für linke Begriffe jetzt schon Blasphemieparagraphen?
B Ich habe nur gesagt, daß euch nichts heilig ist.
A Hitler jedenfalls nicht.
B Hitler ist kein Spielobjekt wie jedes andere.
A Ist dir zu dreckig?
B Herrgott nochmal.
A Ihr seid wirklich die einzigen, die ihn mystifizieren. Die besten Witze über Hitler haben doch immer noch seine Opfer gemacht.
B Wenn die Juden Witze machen wollen, bitte, das ist ihre Sache. Die dürfen das.
A Und wir nicht. Ihr grenzt die schon wieder aus, merkt ihr das eigentlich?
B Wer?
A Du.
B Ich doch nicht.
A Na klar.
B Du drehst einem das Wort im Mund rum, du Schnösel.
A Heil Hitler, Herr Obersinnführer.
B Jetzt reicht's. *reißt ihm den Bart runter, beide raufen um ihn*
A Aber ich muß ihn spielen, damit ich ihn kapiere.
B Spiel ihn, aber mach ihn nicht zur Witzfigur!
A *hat den Bart, versucht ihn wieder anzukleben* Ist Hitler etwa kein Witz? Der größte Witz der Weltgeschichte. Andere Leute mit solchen Phantasien sitzen im Irrenhaus!
B Hitler war eine Katastrophe.
A Soll ich jetzt weiterheulen, bis ich tot bin?
B Nein, Respekt bezeugen.
A Vor Hitler?
B Nein, vor den Opfern.
A Du würdest doch am liebsten im nachgeschneiderten KZ-Streifenanzug rumlaufen. Kann man einmal auf Hitler gucken, ohne

daß mir die Tränenbrille der Opfer den Blick verschmiert. Ich will aber etwas über ihn erzählen und den Teil von ihm in mir.

B Das glaub ich, das ist auch genau dein Problem.

A Wenn die Täter lächerlich gemacht werden, geht dir deine Betroffenheit flöten? Das ist dein Problem.

B Ich komme aus einer antifaschistischen Familie und hab in meiner Schule die erste Auschwitz-Ausstellung organisiert. Und nicht so einen subjektiven Quatsch.

A Diese Bilder waren wahrscheinlich deine sexuelle Initiation, so verklemmt, wie die 60er Jahre waren.

B Das meinst du nicht im Ernst.

A Doch, weil du nie über dein persönliches Verhältnis zum Faschismus redest.

B Das interessiert auch niemand.

A Doch, mich. Immer versteckst du dich hinter deiner soßigen Betroffenheit. Hast du nie eine Faszination verspürt bei einem Film von Leni Riefenstahl?

B Tut mir leid, da kann ich dir leider nicht helfen.

A Du lügst doch. Du bist doch auch Deutscher. Du hast doch auch davon etwas in dir.

B Ich nicht.

A Du nicht, du bist wieder mal die Ausnahme. Ich weiß nicht, wie ich mich damals verhalten hätte. Das kann ich wirklich nicht sagen.

B Glaub ich dir aufs Wort. Ich schon.

A Herzlichen Glückwunsch. Ihr macht euch das verdammt einfach. Die Väter zu Tätern erklären und sich auf die Seite der Opfer stellen und schon bist du aus dem Schneider. Ihr haltet euch immer raus. Mich fasziniert Hitler.

B Mich kotzt er an.

A Jawoll, Herr Oberkotzführer. *geht ab*

B Diese Aletebabies. Die haben doch alles in den Hintern geschoben bekommen. Wer hat sich denn in den 60er Jahren jeden Tag im Unterricht mit diesen Mist-Nazilehrern auseinandergesetzt? Das waren wir! Und jeden Abend diese entnervenden Diskussionen mit den Eltern? Das waren auch wir! Dieser Idiot! Der hat nichts kapiert. Ich könnte ihm links und rechts eine ballern! Ich muß mal was mit ihm klären. Wir machen mal eine Pause. Paß mal auf, du! *geht ab*

MATTHIAS BELTZ

# Informationsfolter

Ich wiederhole noch einmal: der Intercity-Zug 816 Gorch Fock in Richtung Kiel, mit Halt in Bochum, Münster, Osnabrück und Bremen, kann in Köln leider nicht warten. Reisende in Richtung Kiel benutzen diesen Zug bitte bis Dortmund. Reisende nach Bochum steigen bitte in Essen um. Dieser Zug führt im hinteren Teil ein Zugrestaurant, in dem Sie das DSG-Team gerne erwartet. Unser Küchenchef empfiehlt Ihnen heute Hühnerfrikassee mit Spargelspitzen und Butterreis, Rindsgulasch mit Spaghetti und Salatteller. Den Fahrplan dieses Zuges sowie die wichtigsten Anschlußzüge wollen Sie bitte dem an Ihrem Platz ausliegenden Faltblatt »Ihr Zugbegleiter« entnehmen. Wir danken für Ihr Verständnis. Zwischen den Patienten der ersten Klasse und den Patienten der zweiten Klasse befindet sich die Pathologie. Unsere OP-Schwestern erwarten Sie gerne im Großraumwagen der Ortskrankenkasse am Ende des Zuges. Wir danken für Ihr Verständnis. In wenigen Minuten erreichen wir das Fegefeuer, wo Sie das GSG-9-Team gerne erwartet. Der Eurocity in Richtung Hölle befindet sich auf demselben Bahnsteig gegenüber. Raucherlaubnis und Thrombosegefahr nur in den dafür markierten Bereichen ab Reihe 15 bis einschließlich Reihe 25. Zwischen Kirchheim/Teck und Aichelberg zähflüssiges Blutgerinnsel bis zur Geislinger Steige. Die Krampfadern im Bereich Oberschenkel sind gesperrt. Blutkörperchen mit Ortskenntnis werden gebeten, die Staustelle weiträumig zu umfahren. Umleitungsempfehlungen werden nicht gegeben. Die Panik im Großraumwagen der 2. Klasse befindet sich an der Spitze des Zuges. Unser Münzfernsprecher empfiehlt Ihnen heute: kein Anschluß unter dieser Nummer. Für weitere Auskünfte steht Ihnen niemand mehr zur Verfügung. Wir danken für Ihr Verständnis und wünschen Ihnen eine gute Fahrt.

Henning Venske

# Requiem

Requiem aeternam dona eis, Domine:
Es bügelt in properer Wohnkultur
Bei Bier, Limonade und Wein
Die liebe Frau Meier rund um die Uhr
Und zieht sich das Fernsehen rein.
Heut blubbert wieder ein stinkender Schleim
Aus Öl, Paraffin und aus Teer
Über den Bildschirm wie schwarzbrauner Leim
Und klebt fette Blasen auf's Meer.
  Requiem aeternam dona eis, Domine!
Es kühlt der Kühlschrank mit allem Komfort
Bier, Limonade und Wein,
Es wärmt vom Keller zum Dach volles Rohr
Die Heizung das kalte Gebein.
Es setzt sich am Rande des Ozean
Aus Öl, Paraffin und aus Teer
Ein asphaltverkleisterter Kormoran
Verzweifelt vergeblich zur Wehr.
  Requiem aeternam dona eis, Domine!
Es hört im getunten Daimler SE
Mit Turbo und Spoiler am Heck
Der liebe Herr Meier auf der Chaussee
Den neuesten Nachrichten-Dreck.
Es weint in gediegener Wohnkultur
Bei Wein, Limonade und Bier
Die liebe Frau Meier in Moll und Dur
Um all' das verreckte Getier.
  Requiem aeternam dona eis, Domine!
Und dann wünscht man sich, München und Stuttgart
Und Wolfsburg und Rüsselsheim
Lägen am Meer mit Blick auf den Strand,
Und die Chefetagen im Dünensand
Verklebt ein stinkender Schleim.
Und ums edle massiv Mahagoni-
Ambiente vom Aufsichtsrat
Schwappen nun Öl, Paraffin und Teer,

Ein fettige Blasen blubberndes Meer,
Ein giftiges Destillat.
Und wütend kratzen die Herrn Direktorn
Am Rande des Ozean
Klumpen Asphalt aus Nase und Ohrn,
Im schmierigen Schlamm sind sie verlorn
Wie einst der Kormoran.
  Requiem aeternam dona eis, Domine!
Und dann flattern sie matt mit den Armen,
Sind blind und zucken letal,
Würgen nach Luft und Wärme und Licht
Und singen als letzten Geschäftsbericht
Verendend ein letztes Mal:
Es hat der Hochseekabeljau
Airbag und ABS jaujau,
Er hat aus purem Eigennutz
Auch einen Seitenaufprallschutz,
Er ist von innen voll verzinkt
Und, wenn er Öl säuft, fröhlich singt
Der Hochseekabeljau jaujau:
Ich bin der Hochseekabeljau
Die gottverdammte Umweltsau.
  Juhu.

Missfits

## Kein Thema

*Warm-up im Frauen-Kabarett*

Guten Abend. Tja, also wir fangen jetzt mal an. War heute eigentlich ein ganz schöner Tag, aber die Kollegin ist ja völlig verschleimt, von oben bis unten verschleimt, aber da haben wir ja die Dinger. Die Dinger! *Es wird in das Microport, das sie unterm Pony trägt, »Test« geschrieen* Die Dinger sind schon ganz gut, das geht hier hinten auch noch weiter, also wir sind völlig verkabelt, und das sind die Öschis, diese unnatürlichen Beulen dahinten. In dem

Öschi ist eigentlich alles drin: Amplifier, Analyser, Equalizer, Minibar, doppeltes Laufwerk, Video, alle Kanäle, MTV, jetzt auch Viva, also wenn wir Langeweile haben, gehen wir einfach nach hinten und amüsieren uns mit unserem Öschi.
Allerdings, wir haben da mal drüber gesprochen, die Dinger sind schon, also schon irgendwie männlich besetzte Technik. Also schon irgendwie frauenfeindlich. Die sind zwar klein, aber phallisch. Ja, klein, aber phallisch. Wenn die z.B. uns gefragt hätten – aber uns fragt ja keiner – aber wenn, wir hätten die ganz anders konstruiert, also flach, als Scheibe und fleischfarben, hätte man sich die irgendwo hingeknallt, überschminkt, fertig. Aber da kommen die Jungens ja nich drauf, da haben die eine andere Bedürfnisstruktur. Oft, daß sie auch gar nichts haben, was sie ponymäßig da drüber tun könnten, auch wenn sie von ganz hinten was holen wollten, da is oft gar nichts. Na ja.
Tja, jetzt sind wir ja auch ein bißchen berühmt, so, jetzt kommen z.B. auch die Interviews. Mit Männern. Oder besser, gegen Männer. Oder: Männer gegen uns. Wenn Männer fragen. Kein Thema. Wenn Männer Frauen Frauenfragen fragen. Unsäglich. Als Feministin untragbar. Kein Thema. Männer und Intelligenz. Kein Thema. Nich heute abend.
Sagen Sie mal, Sie machen doch Frauenkabarett? Das ist doch Frauenkabarett, was Sie da machen. Nein, ich find das auch sehr schön, ist ja auch sehr schön anzusehen, aber das ist doch feministisch, nicht wahr? Sooo, Sie sind also Feministin? Hmhm. Was haben Sie denn da gegen Männer? Sie haben doch was gegen Männer. Also, das ist doch feministisches Frauen-Kabarett, was Sie da machen. Da müssen Sie doch was gegen Männer haben, also, was haben Sie denn gegen Männer? Aha, hab ich mir's doch gedacht. Sie haben also was gegen Männer! Sagen Sie mal, wenn Sie da so Frauen-Kabarett machen, dann sind Sie doch nur Frauen.
Bitte?
Ich meine dann sind Sie doch nur Frauen. Find ich ganz charmant, kann man auch besser hingucken, aber Sie sind doch nur Frauen.
Wie, nur?
Jetzt verkrampfen Sie doch nicht gleich. Bleiben Sie ganz locker, ja.
Ich bin ganz locker.
Und der Techniker is auch eine Frau.
Is er, ja.
Ja, auch nachts im Hotel, sind Sie doch auch nur, und immer nur Frauen.

Was meinen Sie denn?
Dann sind Sie beide doch bestimmt, also ich meine, dann müssen Sie beide doch bestimmt, nein, sagen Sie das ruhig, bevor jemand anderes das über Sie sagt ...
Also, ich würd ja gern was sagen, ich weiß nur nicht ...
Dann sind Sie doch mit Sicherheit ...
Wollen Sie vielleicht wissen, ob wir lesbisch sind?
Tja, also, ich ...
Nein, wir sind heterosexuell.
Ach!
Schade, ne.
Nein, nur, nur, da kommt einiges zusammen. Aber einiges.
Sagen Sie mal, dieses Nummernprogramm – Nummernprogramm darf man aber sagen, da verkrampfen Sie nicht –
Nein, wieso, das darf man sagen, Nummernprogramm.
Ja, ist das denn politisch?
Nein, kann ja gar nicht.
Nein, ne. Kann ja gar nicht.
Sind ja nur Frauengeschichten.
Ja, ne.
Politisch ...
Und, ist das komisch, was Sie da machen?
Komisch? Nein, kann ja gar nicht. Nein.
Nein, wenn Frauen versuchen, komisch zu sein, machen sie sich lächerlich. Kennt man ja.
Und jetzt noch eine allerletzte Frage: Gibt es in Ihrem Programm so etwas wie einen roten Faden?
Ja, den gibts.
Ach. Was kann das sein.
Das ist die Menstruation.
Ach.
Ja, da kommt jetzt einiges zusammen.
Oh ja. Da kommt einiges zusammen.
Noch ganz kurz. So als Frau auf der Bühne, also, kann man denn da älter werden?
Oh ja, schlagartig.
Aber älter werden ist für uns kein Thema. Nein, früher vielleicht, heute nich mehr, also das ist vorbei, dann wird man eben älter. Es gibt andere Frauen, die sind noch älter als wir. Und es soll gar nicht mal so schlimm sein, soll noch einiges kommen, jaaa. Gut, es fängt an zu schwabbeln. Schwabbeln. Also, schwabbeln ist, wenn der

ganze Körper in die eine Richtung geht, aber ein Teil in eine andere Richtung ... Aber dann schwabbelt das eben. Is für uns kein Thema. Außerdem, es hat mal gespannt. Ja. War ne schöne Zeit. Kann ich mich noch gut dran erinnern. Bei mir spannt es noch. Da mußt du das Köpfchen aber schon ganz hoch halten. Ja, das mach ich auch. Aber es kann jeden Moment passieren, Sie stehen morgens auf, gucken in den Spiegel und – es schwabbelt. Aber is kein Thema, nein. Es gibt Männer, da schwabbelt es nur. Und die gehen auch arbeiten.

Ach, Männer. Männer? Männer is auch kein Thema. Nein, nicht für uns. Also früher vielleicht, heute nich mehr. Das ist vorbei. Das haben wir hinter uns. Da stehen wir so was von drüber. Männer, da hab ich ganz andere Probleme. Ja, die hat sie. Männer – wie sagst du immer so schön? Kennse einen – kennse alle. Ja, so isset doch. Aber das is das Prinzip Hoffnung, was einen dann immer so weiter treibt – hat sich übrigens auch ein Mann ausgedacht, kluges Köpfchen. Na ja, ich muß jetzt nach hinten, mich zum ersten lustigen Sketch umziehen.

Tja, mach dich mal ein bißchen zurecht.

Also, viel zurechter geht nicht.

Und was mach ich?

Na ja, vielleicht fällt dir ja noch was zum Thema Männer ein, aber schön sachlich bleiben.

Sachlich! Also, hasse Zeit, hasse keine Lust, hasse Lust, hasse keine Zeit, und hasse Lust und Zeit, hasse keinen Mann, oder nicht den Richtigen. Oder so einen, der dir die Welt erklärt. Kennen Sie die, erklären stundenlang, ob du's hören willst oder nicht, ne, ich sach nur: Männer!

Missfits

## Die künstliche Gebärmutter

*Die Szene beginnt im Off – man hört eine Frauenstimme*

Vergiß et! Komm, vergiß et! Mach doch, wat du willst. Ich hab gesagt, du sollst es vergessen. Mit dir unterhalte ich mich doch überhaupt nicht mehr.

*Die Frau kommt auf die Bühne, die letzten beiden Sätze hat sie nach hinten gerufen, blickt ganz kurz ins Publikum*
Guten Abend!
Ich hab nix gegen Geschlechtsverkehr! Im Gegenteil. Aber et klappt doch nich immer so, ne? Und Sex nach Terminkalender? Nee, danke. Dat is nix für mich. Bei aller Liebe nich. Is doch Quälerei. Hat man doch schon keine Lust mehr, bevor et soweit is.
Aber wat erzähle ich Ihnen dat überhaupt. Hat doch sowieso keinen Zweck. Hab ich doch schon gesehen, bevor ich hier rein kam.
Ich bin jetzt über 30, ja. Und ich mach mir Gedanken über meine Zukunft. Ja, mit 35 ist der Zug doch abgefahren. Sacht man doch immer. Gut, stimmt, ich kenn auch eine, die hat noch mit 40. Aber dat is ja wohl eher die Ausnahme, oder? Und ich, ich mach mir zeitlich keinen Stress. Hab ich auch gar nich nötig. Weil heutzutage kann man ja einfrieren. Und ich laß meine Sachen einfrieren. Oh oh oh oh oh, dat is jezz 'n Reizwort für so einige, ja? Ich seh schon, da gehen so'n paar Augenbrauen nach oben ... Aber halten'se die Luft an, es kommt noch dicker. Sobald die künstliche Gebärmutter da ist, bin ich dabei!! Und dat sach ich auch gerne laut. So, jezz könn'se wieder durchatmen.
Da haben Se noch nie wat von gehört? Doch? Sie sind aber dagegen, ja? So rein aus Prinzip wahrscheinlich. Hauptsache dagegen sein.
Mein Lebensgefährte, der ... also der sieht verdammt gut aus. Der sieht blendend aus! Vielleicht kommt der noch, dann stell ich Ihnen den mal vor. Sie werden Augen machen. Ein wunderschöner Mann ... Na ja, aber der hat auch so seine Macken. Ja, und soll mein Kind die Macke haben?! Ich will ein intelligentes Kind. Ja, wollen Sie etwa ein dummes Kind? Na seh'n Se. Wir verstehen uns doch langsam. Mensch, et gibt mittlerweile Samenbanken, ja, da liefern Typen mit 'nem IQ von über 200 ihren Samen ab. Ja, da bin ich doch dabei!
Die sind heute soweit, die können unterm Mikroskop, können die alles lesen. Die Chromosomen. Die Erbanlagen. Ein Blick unters Mikroskop reicht, und die lesen wie in 'nem offenen Buch. Dat is genial! Die wissen quasi, wat da für'n Mensch rauskommt. Und die sind noch viel weiter. Die haben 'ne Methode entwickelt, ja, die können die ... die kranken, also die schlechten Gene, können die rausnehmen. Und andere, gute, dafür reinpacken. Soweit sind die.

Ham'se auch noch nie wat von gehört, wa?
Meine Mutter hat Zucker. Ja, ich hab keinen Zucker! Aber ich könnt welchen kriegen. Is nämlich vererbbar! Ja, und soll mein Kind Zucker kriegen? Wozu denn? Dat bringt dem Kind doch nix! Also bei meinem Kind kommt der Zucker weg, und zwar sofort. Weg, weg damit. Schon unterm Mikroskop.
Oder Röteln, Masern, Keuchhusten ... all die Kinderkrankheiten. Wat soll dat Kind denn damit? Dat kommt alles weg!
Ja können Sie mir einen Grund nennen, warum sich mein Kind mit Keuchhusten quälen soll? Na bitte! Sind wir uns doch einig.
Oder hier vorne, Sie. Ich seh dat gerade. Sie haben doch Senk- und Spreizfüße. Ja, da kann der Mann nix für. Damals war'n die noch nich so weit. Seien Sie mal froh, dat 'se dahinten so im Dunkeln sitzen. Aber jezz wieder zu Ihnen. Ja, soll Ihr Kind etwa auch Senk- und Spreizfüße kriegen? Finden Sie dat gerecht? Ja? Ja, herzlichen Glückwunsch! Da wär ich aber gern dabei, wenn Se dat später Ihrem Kind erklären.
Oder wolln'se ein behindertes Kind? Ich hab nix gegen Behinderte, wirklich nich. Aber dat is doch nich mehr nötig heutzutage. Dat kann man doch vorher erkennen. Und dann nimmt man die Sachen raus und dann kommt dat Kind gesund zur Welt. Ich würd mal 'n bißken nachdenken. Aber denken is nich Ihre Sache, wa? Mensch, et gibt so viele Möglichkeiten!
Charaktereigenschaften ... also ich will 'n ordentliches Kind. Wat im Kopf soll'se haben. Grips und Fantasie. Und stark soll'se sein. Nicht nur körperlich. Auch vom Charakter her. Durchsetzungsvermögen soll'se haben. Ich will nur dat Beste für mein Kind. Und mein Kind wird mir dankbar sein. Ihre Kinder tun mir jezz schon leid!
Mensch, die haben solche Riesenschweine gemacht!
*zeigt die Größe etwa in Hüfthöhe*
Ja, solche Riesenschweine. Nur weil die da so'n menschliches Wachstumshormon künstlich reingepackt haben, sind da solche Riesenschweine draus geworden. Ja!
Wat woll'n Sie denn? Wat brummeln Sie denn da vor sich hin? Jezz kommen Se mir bloß nich mit Ihrem Halbwissen, ja. Ham'se irgendwo wat gelesen, ja? Sie müssen auch nich alles glauben, wat man Ihnen erzählt. Wie, verkrüppelte Beine? Wat denn für verkrüppelte Beine? Da sind die Beine eben proportional nicht mitgewachsen, ja. Dann kippt dat Schwein eben um! Wen interessiert dat Schwein? Et geht hier um mein Kind! Aber dat will in

Ihren Kopp ja nicht rein. Et is unglaublich. So viel Dummheit und Ignoranz auf einen Haufen hab ich schon lang nich mehr erlebt.
Mensch, wenn die erst mal soweit sind, mit der künstlichen Gebärmutter, das ist die Revolution!
Von wann seid ihr denn? Von gestern? Dat is mehr als Fortschritt. Dat is ne Herausforderung. Gerade für uns Frauen. Wir haben alle Zeit der Welt und alle Möglichkeiten. Wir können Kinder kriegen und Karriere machen. Niemand kann uns mehr als Gebärmaschinen abstempeln.
Die Wissenschaft will dat Beste für uns. Die forschen doch nich aus Jux und Dollerei da rum. Aber Sie woll'n dat nich begreifen. Aber dat is Ihr Problem. Nich meins. Ich weiß, wat ich will. Und wat Sie machen, dat is mir ziemlich egal. Aber kommen Se nachher nich an, und erzählen, Sie hätten von nix gewußt! N'en schönen guten Abend auch noch!

JOSEF HADER

## Menschen samma olle olle

Menschen samma olle
Blinde Hendl arme Hasln
Und in unsre Achselhöhlen
Riachts wie aus alte Gurkenglasln

Menschen samma olle olle
Innen riach ma nach Kanäu
Außen hamma schiache Gfrießa
Aber heit woll ma net so sei

Menschen samma olle
Jeder will a bissl lebn
Fast jeder is bei einer Buchgemeinschaft
Fast jeder pischt manchmal danebn

Menschen samma olle
Manchmals sauft ma, bis ma bricht

Manchmal frißt ma Nasenrammeln
Oder huaschts den andern ins Gsicht

Wappler, Schüttler, Grabler, Tutter
Brüder, reicht die Hand zum Bund
Alle riach ma zwischen die Fiaß
A weng anders, wie ausn Mund

Alle samma berechnende Schweine
Kaner is gern ein blödes Ei
Alle warat ma grauslich und schlecht,
Aber die meisten san gottseidank zfäu

MICHAEL QUAST

## Cyrano von Bergen-Enkheim

*Der Rächer der Entsorgten*

Hier auf der Autobahn im grauen Stadtgebiet,
Auf der der Mensch in's grüne Land entflieht,
Reitet Cyrano tapfer durch den Stau.
Mit einem Meßgerät – und das mißt sehr genau!
*Hufe, Wiehern, Schnauben*

CYRANO Was les ich da? Potz Sapperment!
Ozonkonzentration plus 12 Prozent!
Jetz abber schnell! Mein Freund: Hier, hallo! Modor aus!
Geh in dich – und schön brav zu Fuß nach Haus.
MANN Was? Modor aus? Kommt nicht in Fraache!
FRAU Von Ihne lassen wir uns das nischt saache!
Wer sinn Sie übberhaupt?
MANN Beritte Polizei?
CYRANO Cyrano von Bergen-Enkheim, bin so frei.
Un jetz de Modor aus, mer kriecht kaa Luft.
FRAU So eine Frechheit!
MANN Grüner Spinner!
FRAU Schuft!

MANN Verpiß dich mit deim lahme Gaul! Hau ab!
*Wiehern*
CYRANO Noch aan so'n Don, un's gibt was uf die Kapp! De Modor aus!
FRAU Daß ich net kicher!
MANN Vorsicht der Herr, mein Anwalt ist bekannt!
FRAU Wir leben hier in einem freien Land!
MANN Gleich trollter sich.
CYRANO Da wär ich nicht so sicher!
Den Modor aus, kein langes Überlegen!
Und seid ihr bockig, sprech ich mit dem Degen!
FRAU Ach Gott, der meint es ernst ...
MANN Ruhig Blut, ruhig Blut ...
CYRANO Heraus mein Schwert! SchSchSchkk!
No? Mangelts euch an Mut?
MANN Äh ... Ich hab kaan Schwert ...
FRAU Do host'en Schraubeschlüssel!!
CYRANO Wohlan, mein Herr, jetz gibts aans uf de Rüssel!
*sie fechten*

DIETER THOMAS

## Die Eckbank

SIE Und da war da auch noch die Story mit dem Möbelhaus, wo du dich so furchtbar aufgeregt hast.

ER Ich laß doch nicht einfach Affe zu mir sagen.

SIE Na hör mal, wenn ein erwachsener Mann wie ein Gorilla in ein Möbelgeschäft stürmt, das gesamte Personal beschimpft, einen Azubi, der einen Sprachfehler hat, dazu zwingt, ihm die Gebrauchsanweisung laut und deutlich vorzulesen, für die er selber zu blöde war und dann hat er noch dem Filialleiter.

ER Abteilungsleiter, ein kleiner Abteilungsleiter ... so ein mieser Aufsteiger, so ein Oberlehrer. Wie der aussah, der hätte der Sohn sein können von Heinz Schenk und Anneliese Rothenberger.

SIE Ein netter Mensch, mittleres Management, der bestimmt psychologisch geschult war ...

Er Natürlich, der war Professor für Möbel.

Sie … und der auch noch gut aussah, dann haust du dem eine.

Er Immer noch besser als vor so einem Besserwisser zu buckeln, nur weil ich nicht in der Lage war, eine vom Schwedischen ins Deutsche übersetzte Gebrauchsanweisung zu kapieren.

Sie Quatsch, du warst einfach zu hektisch, um in Ruhe dir diese Anleitungen Schritt für Schritt reinzuziehen, die sind nämlich für Analphabeten geschrieben. Statt dessen sägst du beim Zusammenbauen unserer neuerworbenen Eckbank das entscheidende Längsbrett A um 65 cm kürzer, worauf es natürlich nicht mehr auf die Teile B und C paßte. Und dann hat er die Kettensäge geschnappt und meine teure Interlübke-Kommode und die Garderobe im Flur auseinandergesägt. Ähn …

Er Es kommt der Tag, da will die Säge sägen. Wenn man einem Mann zu Weihnachten eine Kettensäge schenkt, muß man auch damit rechnen, daß sie irgendwann mal losgeht.

Sie Na super, dann kriegst du dieses Jahr zu Weihnachten einen Staubsauger.

Er Das ist aber alles kein Grund, diesem Doofkopf in dem Geschäft schöne Augen zu machen.

Sie Ich habe dem keine schönen Augen gemacht, ich wollte lediglich die Situation entschärfen.

Er Du fandest den Typ gut, weil du insgeheim Männer gut findest, die Eckbänke zusammenbauen können.

Sie Und deshalb hast du dem eine runtergehauen?

Er Ich habe ihm keine runtergehauen. Ich habe ihn ganz höflich gebeten, doch einmal die beiden Stühle Sven und Björn und die Eckbank Lagerlöf zusammenzubauen und dabei laut und deutlich die Gebrauchsanweisung zu lesen.

Sie Und als der Filialleiter sich geweigert hat? …

Er Habe ich ihm die Stehlampe Smörebröd vor die Füße geschmissen.

Sie Auf die Füße!! Und deshalb wurde er zu Recht sauer und hat dich angezeigt.

Er Sauer, der hat die Hand gehoben.

Sie Vor Schmerz, und um uns herum standen die ganzen Kunden, war das peinlich!

Er Ja lauter Kleinfamilien, die endlich mal froh waren, ihre Kinder los zu sein, entweder in der Spielabteilung oder sie hatten sie in der Fundgrube verloren. »Der kleine Uwe sucht seinen Papa, der einen blauen Opelkadett fährt oder ist er blau, das weiß der Uwe nicht so genau.« Wenn wir Kinder hätten, würde ich mir da keine Möbel kaufen.

SIE Du und Kinder!

ER Ich hätte schon längst Kinder, wenn nicht mein Jogaguru zu mir gesagt hätte, ich dürfte mich nicht fortpflanzen, so was wie ich sei einmalig, ich solle mich sterilisieren lassen. Aber das muß ich ja nicht, weil mir mein Psychotherapeut gesagt hat, damit hätte ich gar keine Probleme, ich sei nämlich impotent, ich wüßte es nur noch nicht, und da habe ich mir gesagt, was brauch ich auch Kinder, wo ich doch selber noch ein Kind bin. Deshalb spricht man ja auch vom Kind im Mann, wenn man vom Kind in der Frau spricht, ist sie ja schwanger …

SIE So dämliche Bemerkungen hätte der Filialleiter niemals von sich gegeben.

ER Woher willst du das denn wissen.

SIE Weil ich noch einmal da war und mit Jens-Peter in aller Ruhe in der Kantine bei einer Scheibe Grönlandlachs und einem Gläschen Aquavit darüber geredet habe, daß er die Anzeige zurücknimmt.

ER Na, das ist ja der Hammer! Wie kann man sich mit so einem Typ freiwillig treffen.

SIE Warum soll ich mich nicht mit dem treffen.

ER Wegen mir kannst du dich mit jedem Mann der Welt treffen, vorige Woche warst du bei deinem Vater, hab ich was gesagt? Nein. Aber dieser schwedische Elchtreiber, der hatte den Charme einer formaldehydverseuchten Preßspanplatte.

HEINRICH PACHL

## Rap

Das Virus dringt durch alle Ritzen
Und Aids erwischt uns wo wir sitzen
Immer näher, immer näher
Kommt auch zu dir der Rasenmäher
Der deutsche Traum
Von Gottvertraun und Jägerzaun
Erlebnisdurst bei Dosenwurst

Vom Arbeitsamt total beschissen
Läßt man sich von der Wohlfahrt küssen
Bei Pommes frites und Schwarzarbeit
Verschimmelt die Gemütlichkeit
Depression und Aggression
Im Biotop aus Stahlbeton.
  Sie hocken vor den Glotzen
  Und glotzen bis sie kotzen
  Schmatzend wühlen sie im Trog
  Vom neuen Otto-Katalog
  Vom letzten Weihnachtsgeld
  Wird bei Neckermann die Welt bestellt
  Und von Jacobs das Aroma
  Weckt die Oma aus dem Koma.

Glatzen, Arier, Randalierer
Alle sind sie Rohrkrepierer
Deutsch dampft es aus dumpfer Seele
»Über alles!« krächzt die Kehle
Vom Hirn bis zu den Hoden
Alles ganz aus Loden
Ich bin stolz, ein Deutscher zu sein
Ich schäme mich, stolz wie ein Deutscher zu sein
Ich bin stolz, daß ich mich schäme, ein Deutscher zu sein
Ich bin stolz wie ein Spanier, ein Deutscher zu sein
Aber so stolz sind die Spanier gar nicht
Ich bin stolz, ein Deutscher zu sein
Im Büro an Titten tatschen
Nach Feierabend Spastis klatschen
Im Bahnhofsklo die Schwulen ticken
Mit linken Zecken keine Zicken
Und in der Stammtisch-Liga kicken
Klasse Rasse stumpfe Masse
Im Gewühl das Urgefühl
Sie saufen Bier und reden Stuß
So schwarzbraun wie die Haselnuß
Und der Dümmste an der Theke
Bestimmt die Melodie.
  Sie hocken vor den Glotzen …

Unterwandern, unterschlagen
Lug und Trug und Dreck am Kragen

Kampf, Intrigen ohnegleichen
Und im Keller viele Leichen
Mit hohlen Phrasen auf der Lippe
Hin zur nächsten Futterkrippe
Was fällt euch noch ein, ihr Etikettenschwindler und
Einwegflaschen, Volksvertreter und Fußabtreter?
Brot und Spiele, Nationalstolz und Sozialhilfe …
Bei uns könnt ihr Hoffnung borgen
Wir verzinsen euch die Sorgen
Ihr seid von Kopf bis Fuß
Auf Umsatz eingestellt
Aus allem macht ihr Geld
Und sonst gar nichts
So lallen und schwallen die schwitzenden Schwafler
Sie glauben, was der Kanzler spricht
Dabei glaubt er es selber nicht
Wer sich verpißt, wird nicht vermißt
Und glücklich ist, wer vergißt
Daß alles so beschissen ist.
   Sie hocken vor den Glotzen …

PETER MAIWALD

## Der Ahnungslose

Der Ahnungslose weiß nicht, wie ihm geschieht. Plötzlich verhungert ihm ein Erdteil unter seinen bloßen Händen. Mit einem Mal tritt sein Standbein ein Erdbeben los. Unvermittelt zertritt sein Spielbein einen Bittsteller. Der Ahnungslose ist ahnungslos.
Wie konnte das nur geschehen? Ohne Erklärung sitzt er auf den Schultern von Sklaven. Ohne Not nährt sich sein Magen von den Tellern der armen Länder. Rückhaltlos rutscht er auf einer Bananenschale aus und erschlägt ihren Pflücker. Der Ahnungslose versteht das nicht.
Wie konnte das nur kommen? Er, der nicht einmal von einer Ahnung eine Ahnung hat! Aus heiterem Himmel vergiften sich ganze

Landstriche. Überraschend steigen seine Lebensmittelaktien. Erstaunlicherweise findet er ein ausgeblutetes Volk in seiner Brieftasche. Der Ahnungslose ist befremdet.
Woher mag das rühren? Ohne sein Zutun breiten sich Krankheiten aus. Ohne sein Eingreifen verrecken Weltmeere, zerbrechen Gebirge. Ohne seine Beteiligung herrschen Mord und Totschlag. Und das ihm! In seiner Zeitung beginnen die Völker aufeinander einzuschlagen. In seinem Radio beginnen die Völker aufeinander einzuschlagen. In seinem Fernseher beginnen die Völker aufeinander einzuschlagen. In seinem Betrieb beginnen die Kollegen aufeinander einzuschlagen. In seinem Haus tun die Nachbarn desgleichen. Der Ahnungslose schüttelt den Kopf. Was mag nur in die Leute gefahren sein? Plötzlich fehlt ihm ein Arm, dann ein Bein. Mit einem Mal läuft ihm ein Auge aus, wird seine Nase eingeschlagen. Unvermittelt spürt er eine Schußwunde, danach einen Stich. Ohne Erklärung wird ihm der Kopf abgeschlagen. Rückhaltlos fällt er in die Grube.
Der Ahnungslose weiß nicht, wie ihm geschieht.

Frank Lüdecke

## Watzkowiak

*Ein Fleischer-Solo*

Direkt bei mir gegenüber is eine neue Fleischerei eröffnet worden. Von einem polnischen Mitbürger. Einem jewissen Richard Watzkowiak.
In unserer Straße is aber nur Platz für einen Fleischer – hab ick mal so gedacht, is natürlich unsinnig. Det is doch gerade det schöne am Kapitalismus, det sich jeder selbständig machen kann. Nich wie bei'n Kommunisten. Wo det persönliche Engagement nich jefördert wurde. Von der Stasi mal abjeseh'n.
Is auch für die Kunden besser. Können jetzt die Preise vergleichen. Sehen Sie mal, vorher war nur ick hier, jetzt is auch Watzkowiak da. Und Watzkowiaks Kochschinken is schweinebillig. Wär'n die Leute ja blöde, wenn'se bei mir kaufen würden.

Jaaaa, da is frischer Wind reinjekommen. Konkurrenz belebt das Jeschäft. Vor allem det von Watzkowiak. Woll'n mal sagen, vom ökonomischen her läuft's bei mir nich mehr so –, wenn Sie verstehen, was ich meine.
Macht einen natürlich nachdenklich. Leidet ooch ein bißchen det Menschliche drunter – wenn ick an unseren polnischen Mitbürger Watzkowiak denke. – Ick ahne da 'ne ziemlich dunkle Strömung in mir. Wär nich schön, wenn die ausbrechen täte. Man liest ja schlimme Sachen in der Zeitung.
Von diesen Radaubrüdern. Eigentlich schade, wo wir jetzt die freiheitlichste Demokratie auf deutschem Boden haben. Wissen Sie, ick hab' mich so an die Demokratie jewöhnt, ick könnt' ja nich mehr ohne.
Na, wat willste machen. Bin eben so erzogen worden. Von meinem Vater. Mein Vater war auch Fleischer. Hat det Jeschäft 35 übernommen. Von einem jewissen Schlomo Glückstein. Der wollte nich mehr. Na, kannste nich ändern. – Übrigens, mein Vater – hat Hitlers »Mein Kampf« verbrannt! Öffentlich! War nich zu seinem Vorteil. Wann? 46. Wat meinste, wat det heute wert wäre! War handsigniert!
Ja, man liest schlimme Sachen in der Zeitung. Die da Beifall klatschen – weeßte, wat man mit dem Jesockse machen sollte? Denen sollte man die Hände abhacken! Willste mit denen diskutieren? Frage mich worüber. Über Humanität?
Mensch, det janze Ausland zeigt schon auf uns! Is doch peinlich. Die Außenhandelsbilanz is rückläufig. Na, jeschieht uns völlig recht. Wenn det hier so weiter jeht, wär det Ausland ja blöde, wenn's bei uns kaufen würde. Wir jehören boykottiert. Kann ick nur zustimmen. Ick würde sogar rufen: »Deutsche, kauft nich bei Deutschen!«, wenn's nich so unsinnig wäre. Macht mir Angst und Bange.
Wenn ick die Konsequenz aus mir ziehen würde, müßt ick wahrscheinlich selber bei Watzkowiak einkaufen. Naja, billiger wär's. Wir haben aber ooch ein Pech. Erst jeteilt, denn jahrelang dieser Heckmeck mit den Kommunisten drüben, nu kommen schon wieder die nächsten Radaubrüder. Warum kann man denn hier nich mal in aller Ruhe seine Würste verkaufen? Na, kannst et nich ändern. Sind eben so erzogen worden.
Wissen Se, woran ick gerade denken muß? Wat wohl Schlomo Glückstein heute macht?

Achim Konejung

# Der Hasser

*Mann mit beiger Bleylehose und gelber Lederjacke betritt die Bühne. Wischt den Stuhl ab, faltet sorgfältig sein Taschentuch wie ein Laken zusammen, setzt sich. Schaut zu Boden.*

Kennen Sie das? Sie kennen das! Ganz bestimmt. Wenn Sie mit so einem Brotmesser eine Scheibe abschneiden, wie das so zuckt in den Armen, das zuckt so. Ich kenne das sehr gut. Ich kann mich da nicht mehr beherrschen. Wenn meine Frau schon wieder sauer ist, weil ich zu spät zum Abendessen komme. Wenn die dann neben mir steht, ich weiß nicht, was noch passiert, so wie das zuckt. Dann geht sie wieder zum Fernsehen und ich lege das Messer wieder hin.

Im Supermarkt haben sie mir zum dritten Mal alte Fruchtzwerge angedreht! Und nicht zurückgenommen! Ich hab dann wieder den Streß zuhause. Da hat die Filialleiterin zu mir gesagt, das wäre mein Problem, da hatte ich wieder dieses Zucken! Noch ein Wort und ich hätte die Tür eingetreten. Ich hab schon richtig gehört, wie das Glas splittert. Aber dann hat sie mir einen Lutscher geschenkt, da konnte ich nicht mehr.

Da ist mir auf dem Rückweg ein Kind mit dem Dreirad über den Fuß gefahren, einfach so! Da lag so'n Stock, ein richtiger Prügel auf dem Boden. Da hatte ich wieder dieses Zucken! Da hab ich mir vorgestellt, wie das Kind auf dem Boden liegt ... richtig Brei ...

Kennen Sie das, wenn Sie angerempelt werden, und Sie hören nur 'n blöden Spruch, statt einer Entschuldigung? Da könnt ich glatt jemand erschießen, wenn ich eine Pistole dabei hätte. Aber ich habe keine Pistole. Noch nicht.

*Er richtet sich auf, guckt ins Publikum*

Manchmal träume ich, das Kaufhaus brennt. Sommerschlußverkauf, Montag früh. Ein Flugzeug stürzt ab, direkt über der Kirmes, Familientag. Das ist ein Feuerwerk! Aber wann passiert das schon mal? Höchstens im Fernsehen, meistens nach 1 Uhr. RTL. Augenzeugenvideo. Auch noch unscharf ... Pah!

Heute morgen fuhr ich zum Büro, da stand der Hartmann an der Ampel, mein Todfeind. Grüßt mich wieder nicht! Radfahrer! Radfahrer ... schlimmer als Raucher! Da hatte ich wieder dieses Zucken und bin ganz langsam neben ihm her gefahren, bis er mir in

die Augen geguckt hat. Wenn ich jetzt das Steuer herumreiße, dann bist du Matsch! Und dann den Rückwärtsgang, zur Sicherheit. Aber ich mußte noch aufs Bauamt, wegen der Genehmigung. Für meine Garage. Auf die warte ich schon zwei Jahre! Dieser Fatzke vom Bauamt, was bildet der sich ein? Wie oft soll ich eigentlich noch kommen? Und da saß er da wieder, betont lässig und blies mir seinen Rauch ins Gesicht. Ich dachte: noch einmal und ich drücke dir deine stinkige Kippe in deiner Fresse aus! Da klingelte das Telefon und er mußte plötzlich weg. Wieder nix ...
Die brauchen gar nicht zu denken, ich könnte mich nicht wehren. Ich weiß, wie so'n Panzer funktioniert! Nur weil ich kein Abitur habe, muß ich mich von so 'm Schnösel nicht schikanieren lassen. Wenn die Baugenehmigung morgen nicht da ist, dann leih ich mir'n Panzer, nur für zwei Stunden und fahre dahin, quer über den Parkplatz. Über all die schönen Autos und dann brause ich beim Pförtner vorbei, ohne mich anzumelden, die Treppe hoch, 2. Stock, direkt zum Zimmer 123, dreh das Rohr runter und sage, »Herr Schwidrowski, wo ist die Baugenehmigung?« Kennen Sie das? Sie kennen das!
Wissen Sie, ich lese grad in der Zeitung, da hat ein Mann in Paderborn seine komplette Familie umgebracht, erst die beiden Töchter, dann seinen Sohn, seine Frau und zum Schluß sich selbst. Weil die Suppe kalt war, weil die Suppe kalt war! Versteh ich nicht ... verstehen Sie das? *geht langsam kopfschüttelnd ab*

GEORG SCHRAMM

## Der Patenonkel

*Monolog eines Rentners*

*Der Rentner betritt die Bühne, geht auf ein Paar zu. Er spricht eine Art Norddeutsch, stützt sich mit der Linken auf einen Gehstock. Seine Rechte ist eine schwarz behandschuhte Prothese.*
Guten Abend allerseits. Entschuldigen Sie, wenn ich hier so reinplatze. Wo ist denn das Brautpaar ... Ach, da sitzt du ja, mein Junge. Da staunst du, daß ich gekommen bin. Und wie du wieder aussiehst.

Und Sie sind die Braut? Muß man ja heutzutage fragen. Früher hat sich die Braut ja mal vorgestellt, aber das ist ja heute anders. Vielleicht sollte ich mich mal vorstellen: mein Name ist Dombrowski, Lothar Dombrowski. Ich bin der Patenonkel von ihm, der Vater is ja im Krieg im Feld geblieben, wie man so sagt, nich. Er war quasi Halbwaise, ich hab mich bißchen um die Mutter gekümmert; er kam ja dann auch bald. Von Haus aus bin ich die rechte Hand von dem Steuerberater Castrup bei uns oben am Deich. Ich hab bei dem Jungen immer auch son bißchen aufs Geld geachtet; das is ja nun auch schon sein zweiter Versuch hier. – Doch, ja. – Wußten Sie nich? Doch. Heutzutage ham ja die jungen Leute kein rechtes Verhältnis zur Ehe. Entweder heiraten sie gar nich oder dauernd.
Ihr scheint das Ganze mehr so für'n Jux zu halten. Aber man heiratet ja schließlich nich zum Spaß; ein, zwei Jahre, dann hast du doch ausgelacht. Das ist doch mehr so 'ne Art Notgemeinschaft.
Ja, was mich am meisten stört, ist eigentlich der Zeitpunkt dieser Ehe, nich. Nun is die Mutter grade man vor 6 Wochen an Krebs gestorben ... naja, was heißt gestorben, sie ist regelrecht dran eingegangen, muß man schon sagen. Und nun heiratest du schon wieder; das nenn ich hastig, nich. Das ist doch überstürzt. Da macht man sich so seine Gedanken, ob das sein muß. Zeitdruck vielleicht.
*zur Braut* Kann das sein, is was unterwegs, ham Sie was angesetzt vielleicht? – Man wird ja mal fragen dürfen, nich. Da kann ich Ihnen ja nur abraten. Mögen Sie Kinder? – Ja? Warum wollen Sie dann welche in die Welt setzen? Wer Kinder mag, sollte keine mehr machen. Nicht in diese Welt. Wovon woll'n Sie so'n kleines Würmchen denn ernähr'n? – Woll'n Sie ihm die Brust geben womöglich? Dann könnte ich Sie wegen Lebensmittelvergiftung anzeigen!
Ist doch alles verseucht. Überall fliegt das Dioxin und der ganze Kram, die ganzen Abkürzungen durch die Gegend, der ganze DDR-Dreck. Das kriegt doch so'n kleines Würmchen alles schon mit, bevor es überhaupt da is. Da brauchen Sie gar nix essen, einfach nur durchatmen. Sie können doch nicht 9 Monate die Luft anhalten! Geht alles in Mutterleib und ratz-fatz – kommt ein kleiner Krüppel bei raus. Den wirst du doch nich mehr los.
Außerdem sind es sowieso schon genug. Is doch jetzt schon proppenvoll bei uns. Werden doch immer mehr. Und alle ham sie

Kinder dabei. Ein Koffer, zwei Kinder. Siehst du welche mit zwei Koffern, kannst du sicher sein, gleich kommen vier Kinder um die Ecke. Ich mag schon gar kein Fernsehen mehr gucken. Und das is noch lange nich zu Ende. Wenn erst mal alle aus der DDR da sind, kommen die andern ausm Osten, da von ganz hinten, von den Karpaten, wo der Hund begraben is. Alle heim ins Reich. Aber mit 50 Jahren Verspätung. Heim ins Reich, wenn ich das schon höre. Reich ins Heim, das wär mir lieber. Aber geschieht uns recht. Aber wir ham sie ja alle haben wollen, als wir noch nicht wußten, daß sie kommen dürfen. Nu kommen sie. Und so ohne alles, wir dachten ja, sie bringen wenigstens das Land mit.

Und damit ist es ja auch noch nich zu Ende. Braucht ihr nich glauben. Der Neger kommt dann nämlich auch noch, und nich nur zu Besuch. Am Ende könnt ihr froh sein, wenn er überhaupt noch anklopft.

Und wißt ihr warum? Weil ihr den Hals nich voll genug kriegt! – Ja, da guckst du. Kann ich dir genau sagn. Das is ein Naturgesetz.

Wenn du irgendwo den Futternapf zum Überlaufen voll hast, dann kommen sie von allen Seiten angerannt, macht jedes andere Viech auch. Is ganz normal. Und bei euch läuft der Napf über. Geh doch mal in Supermarkt, da biegen sich doch die Regale. Und das Allerneuste is, daß du's da jetzt auch schon gleich fressen kannst, im Steh-Bistro, weil ihr das gar nich mehr alles tragen könnt.

Und vorne an der Kasse, wo früher Haribo und Tabak lag, da gibt's heute 5 Meter Hundekuchen, 4 Meter Kitekat und noch 'nen Meter fürn Hamster. 7-Tage-Menü, damit die Katze sich nich langweilt! Ihr seid doch nich ganz dicht! – Fressen wir doch alles dem Neger weg!!

Also nich wir, aber die Viecher. Dieser Sojakram da drin, unsereins ißt es ja nich, aber der Neger ernährt sich davon. Is doch klar, daß der hier ankommt, wenn er mitkriegt, daß das hier jeder Dackel frißt.

Wir müssen denen was abgeben, und zwar da unten. Ein paar Schüsselchen voll hinstellen und sagen: So, ihr sollt auch nich leben wie'n Hund. Dann kommen sie auch nich; – mit ihren kurzen Hosen. Die kennen doch gar kein Winter! – Tatsache, brauchst du gar nich lachen. Hab ich in einem Faltblatt von der Ärzteinnung gelesen, lag bei meinem Hausarzt aus. Da stand, daß man sich nich wundern soll, wenn man immer so lange warten muß und das Ganze immer teurer wird, weil die ganzen Flüchtlinge die Warte-

zimmer verstopfen, weil sie das Klima nich vertragen. – Ja, Sie lachen, die Ärzte müssens doch wissen, das sind doch die Fachleute in Rasse- und Hygienefragen. – Früher schon gewesen.
Und ihr lacht nur über jeden Mist. Mit euch kann man sich ernsthaft über so was gar nich unterhalten. Von alten Leuten laßt ihr euch ja nix sagen. Dabei fehlen euch ein paar von unseren Erfahrungen, ein paar unangenehme. Aber lehrreiche. Ich hab meine Lektionen lernen müssen, hier, die Quittung hab ich immer bei mir ... *hält seine Armprothese hoch* das hab ich ja nun nicht vom Tennisspielen. Hab ich beim Russen gelassen. Und ich war auch nicht zum Spaß im Krieg. Ich war 4 Jahre arbeitslos. Das is nich gut für'n Mann. Der Mann braucht 'ne Aufgabe, nich an der Theke rumstehn und Bier trinken. Wenn der Mann zu lange arbeitslos is, fängt er an zu trinken, wird impotent und schlägt die Frau.
Ich wünsch euch ja kein Krieg mehr, aber mal ein paar schlechte Jahre, daß ihr wieder auf'n Teppich kommt, das könnte euch nix schaden. Ihr Wohlstandskinder. Bei den Politikern ist es genau dasselbe. Diese ganze Nachkriegsgeneration kannst du doch den Hasen geben. Die alten Haudegen sterben alle aus. Franz Josef Strauß, das war noch ein richtiger Drecksack, mit allem Drum und Dran. Und heute? Die Jungen? Nur noch lauter kleine, graue Dreckspatzen, sehen alle gleich aus. Laschmänner. Halten doch nix mehr aus.
Der Barschel, z.B., der hat noch nich mal die Tabletten vertragen. Naja, das hab ich jetzt nich so gemeint. Ist mir so rausgerutscht. Weil es mich aufregt, wenn junge Leute meinen, sie wüßten schon alles. An sich bin ich ein ganz verträglicher Mensch. Grade bei Feierlichkeiten bin ich bekannt dafür, daß ich so'ne lustige Einlage mache. Bei Hochzeiten, Kindstaufen, Leichenschmaus, mache ich immer so'n klein' Jux, was Spaßiges. Das hatte ich heut auch vor, so zur Auflockerung wollte ich ein Lied vortragen. Es traf sich ganz günstig, daß die Mutter grad gestorben ist.
Sie hat mir quasi am Totenbett noch das Liedgut des Vaters vermacht. Ich war ja ein Kriegskamerad von ihm, ich sagte ja schon, er ist draußen geblieben im Feld, damals. Sagte ich schon, glaube ich. Ja, das haben wir jetzt grade wieder gefeiert. Stalingrad. Das war tragisch. Da hat's ihn erwischt. Zwei Tage, nachdem er den Gefrierfleischorden gekriegt hatte. – Den nannten wir so, weil: man mußte mehr als fünf Gliedmaßen abgefroren haben. Und er hatte ja nur noch zwei Finger, daß er grade so den Orden noch packen konnte. Und zwei Tage später war er steif wie der Orden. Wir

haben den Orden dann auch gar nicht mehr in ihn reingekriegt. – Ja, war tragisch. – Aber auch nichts für 'ne Hochzeit.
Er hat ja sehr viele Lieder für den Gesangverein geschrieben. Und da hatte ich eins ausgewählt, das ich hier vortragen wollte, aber ich denke, das ist hier nicht mehr erwünscht, dann können wir das auch lassen.

Josef Hader

## Waun ois a bissl zvü wird

Waun ois a bissl zvü wird
Waun ois a bissl zvü wird
Dann geh i zu an Doktor
Mit dem i maturiert hab
Und sag eam, du, i schlaf so schlecht
Waast eh, so als Künstler
Die Nerven und so
Wenns geht a bissl was Stärkeres
Ausnahmsweis
Ausnahmsweis

Dann wart i auf die erste klare Winternacht
Wenn der frische Schnee liegt
Wenn der frische Schnee liegt
Dann dusch i mi, tua mi kampeln
Ziag an Anzug an, fahr zum Franzjosefsbahnhof
Und fahr mit der Donauuferbahn
Zu einer klan Station im Strudengau
Von dort is nur mehr ca. zwaa Stund
Dort wo i hin will
Dort wo i hin will

A wunderschene Wiesn mitten im Wald
Mit ganz hohe Bam und Wackelstana
Dort werd i dann vom Fußmarsch
A bissl miad sei und mi ganz gern in Schnee setzen

Und trink aus meiner Thermoskann
Mein Tee mit Rum und Rohypnol
Und schau ma no a bissl en schwoazzn Wald an
Und en weißen Schnee an
Und en weißen Schnee an

Und wenn i dann miad werd werd i mi hinlegn
Und werdn eana no die Händ falten damits kane Umständ habn
Und suach ma dann am Himmel aus Zeitvertreib
Den großen Wagen oder schau an Flugzeug zua
Bis dann
Die blede Hitzn
Die depperte Hitzn
Endlich aus mir ausserinnt
Ich mecht ihna ja
Kan Gusta machen
Aber wenn alls a bissl zviel wird
Gibts schlimmre Sachen

HORST SCHROTH/ULRICH WALLER

## Friedensgespräche

Sehen Sie mal, jedem Konflikt, das kennen Sie doch auch aus dem privaten Bereich, jedem Konflikt liegt doch ein ganz persönliches Problem zugrunde! Das ist in der großen Politik ganz genauso! Zwei Verhandlungsführer, Delegation A und Delegation B, da muß doch die Chemie stimmen zwischen den beiden, sonst läuft doch gar nichts! Das ist doch psychologisch eine höchstkomplizierte, aber auch höchstinteressante Situation. Das wollte ich mit den Schülern mal aufdröseln, da wollte ich mal ran. Also habe ich mit den Schülern die Friedensgespräche gespielt, also Reagan trifft Gorbatschow.
Ich hatte das alles sehr gut vorbereitet. Konferenzort war der Lehrerparkplatz. Dort hatte ich ein kleines Zelt aufgebaut, Tische, Stühle, Getränke, Mineralwasser, Säfte, alles da, alles aus eigener

Tasche finanziert. Erst mal kam der Musiklehrer aufmarschiert, mit den ganz Kleinen, die haben erst mal auf den Blockflöten die Nationalhymne gespielt und dann ging's los. Dann kamen die Delegationen, da die Amis, da die Russen. Natürlich gab's bei denen intern erst mal Stress, wer da wo der Chef sein darf, die Mädels haben Ärger gemacht, weil die Jungs zunächst mal darauf bestanden, daß das alles so abläuft wie im Leben, aber egal, irgendwann hatten die sich geeinigt und dann ging's los. Die Amis sprachen nur englisch, die Russen nur russisch, da waren die Leistungskurse voll eingespannt, das wurde alles von Dolmetschern übersetzt, hin und her, hochkompliziert das Ganze. Und das hat gedauert! Ich denke, o.k., läßt du die erst mal alleine machen. Aber nach drei Stunden waren die immer noch nicht weiter, es wurde langsam dunkel, habe ich gesagt, kommt Leute, jetzt mal in die Puschen kommen, jetzt mal die Stichworte bringen, Raketenverschrottung, Schluß mit den Atomversuchen, Abrüstung und so weiter. Da haben die sich immer noch wegen der Sitzordnung gestritten! Da wollte ich dann rauf zu den Amis, wollte das klären, da haben mich die Bodyguards von denen nicht raufgelassen, die waren so in ihrer Rolle drin. Ich sage:

O Moment mal, ja, ich bin hier der Projektleiter, ich muß hier mal was klären!

Da sagt der zu mir:

S Speak english, asshole!

O Na hören Sie mal, für Sie bin ich immer noch der Herr Oberstudienrat Laux!

Da schubst der mich so weg,

S Piss off, you dumbfuck!

O So, jetzt reicht's! Ich weiß, wer Sie sind! Wir sprechen uns morgen in der dritten Stunde, Holzmüller!

S What?

O We will speak us tomorrow in the third hour, Woodmiller!

Ich rüber zu den Russen, aber da hat überhaupt keiner mehr was gesagt, die waren alle schon völlig besoffen! Die hatten da was mißverstanden, die haben den Gorbatschow getrunken! Ich denke noch, ein Glück, daß ich hier keine Eltern eingeladen habe, da kommen schon Herr und Frau Jakoschek auf mich zu, ich seh gleich, er schon so einen Hals ...

J Cherr Laux, Cherr Laux, wo ist mein Tochter? Wo? Wo?

O Bitte, Herr Jakoschek, Ihre Tochter Birgitta, die spielt hier mit. Sie stören den Unterricht!

J Wo? Wo? Wo spielt?

O Ihre Tochter spielt hier mit bei der russischen Delegation, die kann doch gut russisch.

Während der ganzen Zeit stand Frau Jakoschek daneben:

FJ Warum? Warum? Warum?

Das waren Spätaussiedler aus Polen, das hatte ich total vergessen.

O Bitte, liebe Frau Jakoschek, Ihre Tochter nimmt hier an einem friedenspädagogischen Projekt teil. Die Schüler spielen hier die Friedensgespräche, erklären Sie das Ihrem Mann bitte, es geht um Frieden! Ihre Tochter spielt nur eine Russin!

FJ Warum? Warum? Warum?

J Mit Russe niemals gibt Frieden, niemals! Russe immer nur gucken, was macht Westen, singen ganz sieß in Ohr, ich will Frieden, Frieden, und wenn Westen schläft, kommt mit Messer an Kehle und alle macht tot!

O Herr Jakoschek, finden Sie nicht auch, daß das schreckliche Vorurteile sind?

J Na, wer chat gelebt vierzig Jahre unter Russki? Ich kenne Iwan!

FJ Warum? Warum? Warum?

Und dann fing der an, mit seinem Schirm auf mich einzuprügeln.

J Na, du Pieron! Ich geb dir! Wo ist mein Tochter? Kurva macz! Te maupo! Ich wer dir zeigen, du!

Ich wollte dem Jakoschek wirklich nicht weh tun, aber als der mich so gepackt hatte, da hatte ich total Angst, daß der mich umbringt. Aber plötzlich hat der tierisch aus der Nase geblutet. Und in dem Moment wurde es auf dem Lehrerparkplatz ganz still. Die Amis und die Russen, also meine Schüler, die guckten plötzlich nur noch alle auf mich und meine blutverschmierte Jacke. Jakoschek hatte inzwischen seine Tochter unter einem Haufen betrunkener Russen hervorgezogen und zog mit seiner Familie ab.

FJ Warum? Warum? Warum?

Ich mußte jetzt irgendwas sagen. *geht hinter den Tisch, klettert drauf*

O Ah, ah, äh. Also, Leute ..., also, was da eben passiert ist, das hat mich, ich bin ganz, also ich weiß auch nicht. Ich meine, das, was da eben passiert ist, das ist doch ein Zeichen, eine Metapher, ein Signal, daß das ausgerechnet hier bei unserem Projekt Friedensgespräche passiert, das heißt doch auch was! Gerade dieser unvermutete Ausbruch von Aggression, dieses unkontrollierte Verhalten, also von mir selbst, das sollte doch uns allen Anlaß sein, auch und gerade im ganz persönlichen Bereich den Weg der Entspannung und der Abrüstung zu gehen. Ich schlage von daher vor, daß wir dieses Projekt Friedensgespräche erst mal aussetzen und gleich morgen früh mit einer ganz neuen Projektreihe beginnen: Mach erst mal Frieden mit dir selbst!

*klettert vom Tisch, setzt sich* Und das haben wir gemacht. Auf der Schiene bin ich unbeirrbar weitermarschiert, durch die ganzen 80er Jahre hindurch. Und ich hatte das Gefühl, das funktioniert, das geht, das greift, das arbeitet! Bis, ja, bis dann vor ungefähr zwei Jahren die ersten Skins bei uns an der Schule auftauchten.

BERND REGENAUER

## Lied von der kleinen Granate

Alles Gute, kleine Granate
Der Konzernvorstand stand für dich Pate
Ein paar Arbeiter standen daneben
Um dich in die Wiege zu heben

Zwar bist du nur eine von vielen
Doch du gehst deinen Weg mit ganz eigenen Zielen
Glänzendes Kind, gehärteter Stahl
Zuverlässiges Material
Da darf sich schon Vaterstolz regen
Denn du bist allen überlegen

Und stör dich nicht, wenn sie mal hetzen
Die Staatsmacht wird dich niemals ersetzen
Gehst du legal – oder ganz leise
Klarer Weg – oder dunkle Reise
In jedem Fall bleibst du behütet
Wo Moral und Gerechtigkeit wütet
  Alles Gute, kleine Granate …

Wirst du Gefährte rebellischer Gruppen
Oder Erfüllungsgehilfe von Regierungstruppen
Oder liegst du unerkannt
Im Angstschweiß einer Kinderhand
Gibt ein Pfarrer dir noch seinen Segen
Fernab der Computerstrategen?

Wann triffst du auf den Endkonsument
Und zerfetzt die Gedärme ganz konsequent
Oder brichst du den Hals – zerreißt du ein Bein
Schweigt er dabei – oder wird er schrei'n
Gibt es jemanden, der ihn beweint
Wenn er irgendwo in der Statistik erscheint
  Alles Gute, kleine Granate …

Die Bilanzen stehn'n jedenfalls gut im Lot
Die Zahlen sind schwarz, nur das Blut ist rot
Die Nachfrage regelt das Angebot
Den Rest regelt ein langsamer Tod
  Alles Gute, kleine Granate
  Der Konzernvorstand steht für dich Pate
  Die Arbeiter stehen daneben
  Für Geld und ein bess'res Leben …

Bernd Regenauer

## Kriegsspiele

A Sagen Sie, warum herrscht Krieg?
B Warum herrscht … also bitte, das ist wieder eine Ihrer typisch naiven Fragen – warum herrscht Krieg? Der Herr Regenauer möchte wissen, warum Krieg herrscht! Welchen meinen Sie eigentlich von den derzeit 24?
A Bosnien. Stand da der Krieg mit in der Gebrauchsanweisung für Demokratie?
B Krieg ist generell der Preis für eine Demokratisierung. Aserbaidschan, Bosnien, Kasachstan, Kroatien, Georgien, Afghanistan, Serbien, Bergkarabach …

A Donnerwetter! Wie Sie das aus dem Ärmel schütteln …!

B Die Länder feiern die Befreiung vom kommunistischen Joch erst mal mit volkstümlichen autonomen Bräuchen wie Krieg, Hungersnot, Regierungskrisen und wirtschaftlichem Niedergang.

A Eigentlich wurde ihnen aber Freiheit und Wohlstand versprochen.

B Erst mal brauchten die Abstand.

A Vom Wohlstand?

B Vom kommunistischen Regime.

A Das geht mit Krieg am schnellsten, weil es da keinen gab.

B Aber auch keine Freiheit.

A Also wenn ich die Wahl hätte zwischen freiheitlichem Krieg und diktatorischem Zwangsfrieden …

B Die Wahl hätten Sie ja vorher nicht gehabt.

A Sagen Sie: daß diese Völker früher friedlich zusammenlebten lag nur daran, daß sie keine andere Wahl hatten?

B Es ging allen gleich gut schlecht.

A Eigentlich wäre ich gerne Friedenshändler.

B Was?

A Friedenshändler ist ein schöner Beruf.

B Wie kommen Sie jetzt darauf?

A Nun, Friedenshändler sind in jedem Falle Kriegsgewinner.

B Wieso? Wenn es ihnen nicht gelingt, Frieden zu stiften?

A Moment. Je länger ich als Friedenshändler den Frieden verhindere, um so länger werde ich ja als Friedenshändler benötigt.

B Ach so. Um den Friedensnobelpreis zu erhalten, müssen Sie den Frieden so lange verzögern, bis alle die Problematik der Kriegsverhinderung begriffen haben.

A Natürlich. Schnell mal Frieden gemacht, das könnte ja jeder Depp.

B So gesehen ist Friedenshändler wirklich ein schöner Beruf, weil da die erfolglose Zeit für Sie arbeitet.

A Und wer zieht schon gerne wieder aus Genf aus? Das Ambiente ist vom feinsten.

B Für Friedenshändler hat der Krieg mehrere Michelin-Sterne.

A Unterhändler ist auch ein schöner Beruf.

B Weil kein Mensch fragt, was die eigentlich genau machen.

A In Krisenregionen schießen auch immer Gewährsmänner wie Pilze aus dem Boden.

B Schaffen die vielleicht die Gewähr für Waffenhändler?

A Waffenhändler – auch ein schöner Beruf.

B Oh ja! Als Waffenhändler von Heckler und Koch kommt man ganz schön herum. Auch nach Bosnien.

A Was durften Sie da wieder liefern?

B Laut Firma »zivile Gewehre«.

A »Zivile Gewehre« – ein schöner Begriff.

B Mit zivilen Gewehren erschießt es sich humaner, weil auf den Patronen Kochrezepte eingraviert sind.

A Als Waffenhändler brauche ich aber Gegenspieler.

B Und als Gegenspieler setzen Sie sich dann mit Friedenshändlern und Würdenträgern zusammen.

A Eigentlich wäre ich gerne Serbenführer.

B Wieso?

A Serbenführer ist ein schöner Beruf ... So mit den Gewährsmännern an einem Tisch mit Unterhändlern über die Freischärler und Devisenbeschaffer herziehen ...

B Ja, so ein Krieg schafft einiges an Arbeitsplätzen.

A Freunde schaffen durch den Einsatz von Waffen.

B Dann kann MBB Waffen schaffen und fürs Sterben werben mit immer weniger Serben.

A Das Winterwetter hätte denen in Bosnien ja fast einen Strich durch die Rechnung gemacht.

B Genau. Da reichten ein paar Schneestürme, und der Krieg fiel wegen Frostbeulen an den Granatwerfern aus.

A Eigentlich müßten wir nur sämtliche Schneekanonen der Alpenregion nach Bosnien schaffen, dann hätte das Treiben ein Ende.

B Jaja, aber Sie würden so neuen Krieg stiften.

A Wo?

B In den Alpen. Unter den Skifahrern. Sagen Sie, sehen Sie eine reale Chance, den Krieg in Europa trotz Friedenshändler zu beenden?

A Ja. Für den Frieden in Europa wird man das Problem konsequent politisch lösen.

B Wie?

A Ganz einfach: Jugoslawien nach Asien abstoßen ...

MATHIAS RICHLING

# Meine sehr!

*Eine Tischrede*

In den deutschen Landen schlucken wir bekanntlich eine ganze Menge von dem, was meist nie sehr frisch aus Bonn auf die Tische kommt. Und dennoch lassen wir uns nicht gerne den Appetit verderben! Worüber also sollte ich heute dann reden??
Über Deutschland???
Äähhh!
Deutschland ist gewiß kein Festmenü im Jahr 1993. Und zu einer Tischrede taugt es schon lange nicht mehr. Wo doch in diesem Deutschland erstaunlicherweise sogar Sonntagsreden zunehmend verpönt sind, da man nach 45 Jahren plötzlich registriert, daß die Regierung damit zumeist nur um warmherzige Spenden für die notleidenden Kassen und Sozialversicherungen und Haushalte bittet. Denn ob Gesundheit, Rente oder Post – alle Reformen sind nur Naschwerk, von dem nie einer satt geworden ist. Sie sind längst zerbröselt!
Wem schmeckt da Deutschland noch??
Äähhh!
Wenn den Verrätern der Bürger im Notfall ein Solidarschlag unter die Gürtellinie des Volkes genügt? Erst in diesem Jahr hat sich das gestammelte Bonn wieder einmal geeinigt auf den kleinsten gemeinen Nenner, und zwar auf den Zahler. Auf uns. Wir sind die Zahler. Und die Zähler sind wir auch. Wenn aber der Zähler gleich der Nenner ist, geht natürlich alles zu Bruch! Wer hätte da nicht längst den Glauben an den Staat verloren??
Und doch: Irgend etwas zwischen Himmel und Deutschen ist kleiner, als wir es begreifen können. Irgend etwas in Bonn ist verantwortlich für die Schröpfung dieser deutschen Erde. Irgend etwas im Reich des Herrn Kohl über Posten und Ämter gibt Fragen, die jeder beantworten kann. Und wem alles genommen wird, um den kümmern sich die Hehlsorger der Finanzämter. Die Hüte des Herrn sind unerschöpflich. Lasset uns betteln!!
Denn der Rest ist Sparen: In Berlin wurde das Schiller Theater, anderswo werden Schwimmbäder und Zoos geschlossen. Doch komisch: Täglich wird im Drama »Das Kohlchen von HeilBonn«

ein neuer Akt eröffnet, aber ausziehen muß sich dabei immer nur der Zuschauer!!
Guten Appetit!
Soll man von diesen Obszönitäten reden bei Tisch??
Soll man vielleicht, während Sie schwer am Deutschen kauen, zum abertausendsten Male zu sprechen kommen auf die Einigkeit, die den Deutschen solches Magengrimmen verursacht seit drei Jahren?? Wo vierzig Jahre lang davor das hehre Ziel gewesen war, eins zu sein???
Eins oder Sein, das war stets die Frage!
Und plötzlich war der Beitritt nur die Befriedung des Geschichtstriebes durch geniale Vereinigung, wobei westdeutsche Keimzellen in den ostdeutschen Organismus durch Begattungsorgane wie die D-Mark übertragen worden sind!! Dabei ist diese gleichgeschichtliche Partnerbindung beim Deutschen noch nicht einmal an eine Brunstzeit gebunden gewesen. Der Deutsche kann nämlich immer! Nur ist das, was uns heute noch gegenseitig erregt, alles andere als erotisch. Der Reiz ist weg, seit wir in den Hafen der Ehe eingelaufen sind. Jawohl: eingelaufen! Alles wird uns zu eng!
Äähhh!
Obwohl wir die schmutzige Wäsche von BRD und DDR gar nicht zu heiß gewaschen hatten: Stasi und Arbeitslosigkeit, zum Beispiel, haben wir grade mal als Handwäsche vorher durchs lauwarme Wasser gezogen. Vor dieser Ehe. Auf der anderen Seite hatte auch keiner damit gerechnet, daß sich aus unserer westdeutschen zarten Liebe, die man aufgebaut hatte zur DDR in vierzig Jahren, soviel Abneigung entwickeln ließ, daß der Westen sich vom Osten hat heiraten lassen!!! Aber Heirat ist eben immer der letzte Ausweg, wenn man sich auseinandergelebt hat. Jetzt sind wir aneinandergekettet und leiden und klagen.
Unter einem Deckmantel, den wir uns übergehängt haben!
Und der eigentlich der Geschichte gehört.
Doch die Geschichte soll frieren!
Wo wir selbst uns schließlich auch jede erdenkliche Blöße geben!
Wenn wir das Deutsche zelebrieren an den Tagen der Deutschen Gemeinheit!
Äähhh!
Deutschland verwächst zusammen!
Die Einheit gegen Ausländer wird immer inniger.
Die Würde des Deutschen ist unfaßbar.
Doch wenigstens benehmen sich Ausländer dabei sehr christlich;

sie halten brav die linke Backe hin, wenn sie ein Rechter geschlagen hat: Nach Überfällen fallen bei Asylanten, zum Beispiel, ja auch immer noch diverse Politiker ein mit Sprachhülsen und roher Gewaltlosigkeit gegenüber Neonazis und schweigen betreten mit Festansprachen, in denen man bereits heute die Vorfreude spürt auf jenen sublimen Beigeschmack, der sich ergibt, wenn wir in fünfzig Jahren dann einmal einen Kranz niederlegen werden für die Opfer der deutschen Einheit; wenn wir wieder etwas haben werden, was wir nie wieder tun wollen!
Stille Nacht, Deutschland!
Frieden ist uns bestimmt kein Hinderungsgrund für Gewalt.
Und Deutschsein schützt uns nicht vor der Vergangenheit.
Man hat die Indianer ausgerottet, um die Neue Welt Amerika besser entdecken zu können. Wie sollen wir die Alte Welt Europa wohl wiederfinden, wenn wir alles am Leben lassen, was uns fremd ist???
Und Demokratie war uns immer fremd.
Äähhh!
Jedem Historiker und Ahnungslosen ist bekannt, daß die Androhung von Gewalt die Sowjetunion zum Frieden gezwungen hat. Aber dies gilt natürlich auch umgekehrt: Die Androhung von Frieden hat den Deutschen zur Gewalt gebracht. Und zwar flächendeckend: Nicht nur das Volk wird brutal, auch Bonn hatte das Embargo für Jugoslawien durchbrochen, hat Waffen in den Irak geliefert und mit Ghaddafi in Chemie gemacht! Wann liefert eigentlich unsere Regierung endlich Rüstungsmaterial nach Rostock, Mölln oder Solingen??
Wir treiben es doch so gern mit den Rechten der Deutschen.
Und haben auf diese Weise Deutschland zu einem politischen Rotlicht-Bezirk gemacht: Denn wir haben seit jeher zu Rechtsradikalen ein erotisches Verhältnis: Diese gehen grundgesetzlich bis an die Schamgrenze, und das macht uns wahnsinnig an. Sie entblößen die Demokratie. Und wenn erst mal alle Ausländer ausgezogen sind, aus Deutschland, dann stehen zwar auch wir ziemlich nackt da. Aber wir hatten wenigstens wieder einmal einen Höhepunkt!!!
Doch sagt man, daß das alles nicht so schlimm ist, da achtzig Prozent der Wähler der Rechten sich gar nicht mit den Zielen dieser Parteien identifizieren. Was für alle Parteien auch umgekehrt gilt! Wir wählen nur, wie wir auch essen!
Und was dem Deutschen schmeckt, ist oft zuviel und viel zu fett.

Wir werden zwar ständig gefüttert mit Informationen, aber wir nehmen nur die Kohl-Hydrate und Hamburger Wahlergebnisse auf. Weil wir uns darauf verlassen, daß wir es über das Demokratische weit hinaus zu einem demoskopischen Rechtsstaat gebracht haben. Wir haben ein im Grundgesetz verbrieftes Recht auf Meinungsforschungsbildung. Denn blanke Meinung, sagt Bonn, ist nun einmal vor einer Wahl nichts anderes als eine Satire. Beziehungsweise gerät ihnen in Bonn vor einer Wahl selbst alles zur Satire, so daß man dazu nur eine Meinung haben kann, die wiederum nur als Satire möglich ist. Und das nicht nur vor einer Wahl. Deswegen sieht man in Bonn Meinung auch nach einer Wahl, oder zwischen den Wahlen, nie gern, und deshalb gibt es sie kaum. Schon gar nicht vor den Wahlen des Jahres 1994.
Äähhh.
Dabei ist das eigentlich Signifikante an der Bonner Politik, daß sie im Grunde jeder vertreten kann, der nichts mit ihr zu tun hat. Für die Wahlen ist nur von Bedeutung, ob zwei Kandidaten ein neues Traumpaar auf den deutschen Plakatwänden ergäben, von denen man weiß, daß sie im Leben nie zusammenfänden, weil sich jeder für sich harmonisch ergänzt. Amtsbewerber unterscheiden sich heute nur noch in Form der Partei.
Und die unterscheiden sich heute kaum noch:
In der CDU legt man immer mehr Hand an die Arbeiter. In der SPD wird immer mehr gebetet. Und jeder Kandidat ist nur eine Symbiose, die keine Partei mehr nötig hat. Und keinen Inhalt. Alles paßt auf alle, und doch paßt nichts mehr. Jeder kann alles sein, und keiner kann. Wenn man allen auf der Straße begegnet, kann es auch Kohl gewesen sein. Oder Kinkel. Oder Scharping.
Aber sollte ich Ihnen über dies alles Ausführungen machen bei einer Tischrede? Beim Essen??
Meine sehr! Äähhh!
Es geht mir gar nicht um Sie! Es geht um mich persönlich!
Ich möchte in diesem frischen Lande nicht irgend jemandes Vorspeise und schon gar nicht für irgend jemanden der Nachtisch sein!
Ich empfehle Ihnen statt jeder Tischrede, und auch übrigens statt jeglichem Festessen, eine einfache Regierungserklärung, Haushaltsdebatte oder eine Fernsehansprache des Bundeskanzlers:
Sehr gar, sehr durch, sehr abgeschmackt, nichts Feines, uralte Volksküche, immer dasselbe für die Kohlgläubigen, die mit dem

Finger das ausschlecken, was bei seiner Zurichtung übriggeblieben ist von Deutschland!
Und diese Zubereitung empfiehlt er wie folgt: Nehmen Sie die gehackte Arbeitsbeschaffung aus der Dose und geben die Dose ins kochende Wasser und lassen 100 Gramm sozialen Frieden tropfnaß im Ausguß liegen. Die abgestandene Familie muß auf einem Sieb triefen. Dann halten Sie einen Eßlöffel Vaterland kurz an die Familie, bis beide sich gerade noch riechen können und im deutschen Vakuum ein Hohlraum entsteht, in dem Sie den Rest stehenlassen. Und das, was Sie nicht servieren, garnieren Sie mit einer Scheibe Vollmundbrot und ein bis zwei blumigen Redenssorten. Zum Nachtisch reicht man ein Arbeitsplätzchen.
Aber das alles taugt nur für die Hohen Häuser und die hohe Politik!
Für niedere Tischreden und Kabarettisten gilt:
Bei vollem Tische spricht man nicht!
Äähhh??

Richard Rogler

## Ruckdeschels Finish

Ich bin im Moment nicht gut beieinander. Das legt sich aber gleich wieder.
Das hängt mit dem heutigen Begräbnis zusammen.
War nicht schön.
Ich habe heute einen alten Schulfreund unter die Erde gebracht. Den Hans. Hans Ruckdeschel. Den kennen Sie jetzt wahrscheinlich nicht, obwohl vom Nachnamen her, zumindest den Biertrinkern müßte der Name Ruckdeschel ein Begriff sein. Privatbrauerei Ruckdeschel? – Nee? Ruckdeschel-Edelhell? – Schon mal getrunken? Nee? Aus Schossenreuth! – Nee? »Die Resl kommt aus Konnersreuth – das beste Bier aus Schossenreuth! Falleri fallera falleruckdada …«
Kennen Sie nicht? Aus der Rundfunkwerbung? Text und Musik sind von mir. Habe ich seinerzeit für meinen Schulfreund Hans Ruckdeschel gedichtet.

Schossenreuth! Das liegt im Oberfränkischen.
Wenn Sie die B 15 Richtung Weiden runterfahren, da geht's kurz nach der Ortschaft Kleinwampen, aber noch vor Großschloppen, über die Bahn drüber, an der Kirche vorbei, hoch zum Friedhof, und dann scharf rechts, da hört die Teerstraße auf, durch den Wald, knapp drei Kilometer ... Ausflugsgasthof Hirschsprung ... fränkische Spezialitäten, Karpfen hauptsächlich. – Nee?
Aber der Abgeordnete Hans Ruckdeschel ist Ihnen doch sicher ein Begriff? – Auch nicht? Der war 17 Jahre für die CSU in Bonn. Sie interessieren sich wohl gar nicht für Politik?
Hans Ruckdeschel: ein entschiedener Kämpfer für das Reinheitsgebot deutscher Wurst und deutschen Bieres. Ein Erzfeind der Promillegrenze und des Tempolimits.
Das Leben von Hans Ruckdeschel verlief völlig linear. Für den Sohn eines Brauereibesitzers, da gibt's nur eins: nach dem Abitur, runter nach Weihenstephan, Brauingenieur machen, dann 8 Semester Volkswirtschaft drauf, und sofort ab nach Bonn in die Politik. Geht praktisch gar nicht anders.
Obwohl – aus der Politik hat sich der Ruckdeschels Hans konsequent rausgehalten.
Er lebte nach dem eisernen Grundsatz: »Betrete den Plenarsaal nur im äußersten Notfall!«
Ich rase über den Friedhof, ich weiß jetzt nicht, ob Sie den Münchner Westfriedhof kennen, da hat sich schon mancher verirrt und nicht mehr rausgefunden. Da liegt einiges an Skeletten rum ... Ich rase über den Friedhof, wollte schon aufgeben, da sehe ich gottseidank meinen anderen Schulfreund, Gerd Hechtfischer, an einem offenen Grab rumstehen. Da wußte ich: so, hier bist du richtig, das ist mein Begräbnis.
Der Ruckdeschels Hans, der Hechtfischers Gerd und ich, wir saßen praktisch auf einer Schulbank.
Gerd Hechtfischer. Den kennen Sie jetzt wahrscheinlich nicht – obwohl, vom Nachnamen her, zumindest den SPD-Wählern müßte er ein Begriff sein. – Nee? Gerd Hechtfischer! SPD-Bundestagsabgeordneter aus Bergkamen! – Nee? Sie interessieren sich ja tatsächlich nicht für Politik. Beim Gerd lief auch alles glatt. Mit Mittlerer Reife läuft ohne Parteibuch wenig. Und mit Mittlerer Reife kommt als Partei zunächst nur die SPD in Frage.
Kommt aus ganz kleinen Verhältnissen, der Gerd. Sein Vater war subalterner Schrankenwärter. Der Gerd hat Werksschlosser gelernt, dann kaufmännische Lehre in der Porzellanindustrie. Und

dabei wäre es auch geblieben, hätte ihn sein Vater nicht rigoros in die SPD gedrängt. Ab da ging's schlagartig bergauf.
Ich weiß jetzt nicht, ob ich das noch zusammenkriege. Ich habe Jahre gebraucht, bis ich Gerds Parteikarriere verstanden habe. Ich versuch's mal.
Also: Eintritt in die SPD. Bereits ein Jahr später war er stellvertretender Geschäftsführer des Rosenthal-Porzellanstudios EUROPA 2000 in Duisburg-Hamborn. Bereits im nächsten Jahr erlangte er die Höhere Gewerkschaftsreife in Sprockhövel und lernte dort am Arbeitnehmer-Swimmingpool Eva Kowalski kennen, eine stellvertretende Geschäftsführerin der IG Keramik-Papier im Referat »Lohngleichstellung für Frauen«. Die beiden sofort geheiratet, und schon nannte sich der Gerd Hechtfischer-Kowalski, nicht aus Rücksicht auf seine Frau, sondern auf Anraten der Parteigenossen: Kowalski klingt mehr nach Arbeitervergangenheit. Mit diesem Namen ging's weiter steil bergauf: Geschäftsführer der Falken im Bezirk Unna-Nord, stellvertretender Geschäftsführer bei der Arbeiterwohlfahrt im Referat Alteneinrichtungen, gleichzeitig Protokollführer der Ratsfraktion in Bergkamen, kurz darauf Geschäftsführer der Ratsfraktion. Und dann kam der entscheidende Karrieresprung. Er wurde an einem 5-Sterne-Postenkarussell beteiligt, mit der Garantie des gemeinen Eigennutzes. Folgendes war passiert: sein ehemaliger Geschäftsführer bei der Arbeiterwohlfahrt war nämlich für den Bundestag auserwählt worden, wollte aber plötzlich doch lieber Stadtdirektor von Bergkamen werden, mit der kurzfristigen Perspektive: stellvertretender Vorstandssprecher der Westdeutschen Landesbank in Düsseldorf. Das hätte man natürlich dem SPD-Fußvolk nicht erklären können – also ließ er sich aufstellen, wurde aber, wie parteiintern nicht anders zu erwarten, nicht gewählt. Die Stimmen zu dieser komplizierten Nichtwahl hatte man sich vom linken Lager des Unterbezirks Bergkamen mit der Zusage erkauft, daß der Führer der Linken Geschäftsführer der Ratsfraktion wird, mit der kurzfristigen Perspektive: Geschäftsführer des Städtischen Fremdenverkehrsamtes und des Referats Städtepartnerschaft, weil dessen Frau so gern reist. Der Führer der Rechten des Unterbezirks Bergkamen wird dafür Geschäftsführer der Städtischen Wohnungsbaugesellschaft – falls gewünscht auf Lebenszeit.
Bei der Wahl wurde nun, wie parteiintern nicht anders zu erwarten, ein Überraschungskandidat aus dem Hut gezogen. Es ist, wie parteiintern nicht anders zu erwarten, Gerd Hechtfischer-Kowals-

ki, der sich bereits seit einer Woche, wie parteiintern nicht anders zu erwarten, nur noch Kowalski nennt. Dieser wird, wie parteiintern nicht anders zu erwarten, einstimmig gewählt und opfert sich unter dem Beifall der Delegierten für Bonn. Das war's allerdings dann auch, weiter hat er es nicht mehr geschafft. Seit zwölf Jahren sitzt er nun in der Bonner Knochenmühle, ganz hinten, Reihe 20 – Platz 19 – dort, wo die Fernsehkameras nie hinkommen. Der unbekannte Hinterbänkler. Übrigens ein Grund, warum Eva Kowalski sich nach bereits zwei Jahren hat scheiden lassen.

Ich stehe mit dem Hechtfischers Gerd am offenen Grab vom Ruckdeschels Hans: »Mensch Gerd, wo warst du denn die ganze Zeit? Ich sitze in Leipzig im Hotel rum ...!«
»Ruhe, Camphausen, die hören doch alle mit!«
»Hast du vergessen, daß ich Unterhaltungsredakteur beim Mitteldeutschen Rundfunk in Leipzig werden sollte? Du wolltest mir mit deinen SPD-Kontakten doch helfen! Wo warst du?!«
»Halt doch die Schnauze, Camphausen. Bei mir war die letzten Tage die Kacke am Dampfen. Die wollten mich aus der SPD rausschmeißen. Ich mußte sogar untertauchen! Ich erkläre dir später alles. Jetzt halt's Maul. Der Priester guckt schon rüber zu uns.«

Der Priester war überhaupt die Nummer des Nachmittags. Der sprach die ganze Zeit über Automorbilität.
»Gottes Mühlen mahlen langsam! Und die Letzten werden die Ersten sein!
Und du sollst nur so schnell fahren, wie dein Schutzengel dir folgen kann!
Welt, Tod, Teufel, Hölle, Auspuff, Gaspedal, laßt mich in Frieden! Ihr habt an mir keinen Anteil. Und Teufel, willst du mich nicht leben lassen, so sterbe ich. Es soll dir aber nicht gelingen.
Und schlägst du mir den Kopf ab, so schadet's nicht.
Ich habe einen, der wird ihn mir wohl wieder aufsetzen!«

Leicht gesagt. Dem Hans muß es den Kopf praktisch abgeschnitten haben. Angeblich hing der nur noch an der Wirbelsäule, und die hing wiederum nur noch am Nackenmuskel, der seinerseits nur noch durch einen Hautlappen fixiert war. Da gab's nichts wieder aufzusetzen. Weil der Hans alle seine Sportwagen extra noch mal hat tiefer legen lassen.
Der muß mit dem Hals als erstes direkt durch die Windschutzscheibe gegen die scharfe Unterkante des LKW-Kastens geklatscht

sein, noch bevor die Kühlerhaube von seinem Porsche mit dem LKW-Fahrgestell Kontakt hatte – ich komme deshalb drauf, weil sich sein Airbag überraschenderweise nicht aufgeblasen hat ...

Wir drei waren wirklich echte Freunde. Immer eisern zusammengehalten. ... Der Hans hätte sich beinahe einmal die Fingerkuppe abgeschnitten, als wir Blutsbrüder geworden sind. Ja – Blut mußte fließen. Schon damals. Auch später noch beim Hans – da war er schon CSU-Abgeordneter in Bonn. Einmal im Jahr fuhr er konsequent in seinen Wahlkreis Schossenreuth zum öffentlichen Blutspenden.
»Camphausen!« hat er immer gesagt, »Blutspenden kommt bei den Wählern immer gut an. Blutspenden und Freibier. Bringt mehr Wählerstimmen als zwanzig politische Reden im sogenannten Hohen Haus.«
So ist er jetzt auch gestorben – beim öffentlichen Blutspenden auf der Autobahn. Ach ja ... Schwamm drüber!
Er hat in seinem Leben ja alles erreicht, was er wollte.

BRUNO JONAS

## Positiv unterwegs

Wer mobil ist, ist beweglich. Wer beweglich ist, der ist unterwegs. Das heißt, er ist nicht zu Hause, sondern auf dem Weg. Wohin? Nach Hause? Fort von zu Hause? In die Heimat unterwegs?
Wir alle sind ständig unterwegs. Die einen langsam, die anderen schneller. Wer schneller unterwegs ist, ist schneller am Ziel. Das ist ja wohl evident. Die Frage muß sein: Wohin sind wir unterwegs? Und schon sind wir da, wo ich hin will. Auf dem Weg nach innen. »Innere Emigration« heißt das Schlagwort.
Die New-Age-Leute sprechen vom »neuen Bewußtsein«, das wir durch »positives Denken« erlangen. Dazu muß man wissen: Der Weltgeist, der große Füger, der Schicksalsschieber und letzte Beweger, das philosophische Schwungrad am Bewußtseinsdynamo, sitzt tief in uns, in jedem einzelnen von uns. New Age heißt des-

halb auch Aufbruch nach innen, sich auf den Weg machen zum Weltgeist und das kosmische Bewußtsein freilegen.
Nur, wer sagt denn, daß der Weg nach innen nur ein Weg ist? Warum nicht eine Autobahn? Ich sage, was wir alle bitter nötig haben, ist die Autobahn nach innen. Je weiter und je besser diese Autobahn ausgebaut ist, desto schneller sind wir am Ziel. Die New-Age-Leute sind für eine verbesserte Infrastruktur in dem noch unbekannten Land, das sich in jedem von uns ausbreitet. Wer schon mal auf dem Weg nach innen war, der weiß, daß dieser Weg sehr weit, sehr öde und sehr lang sein kann. Die meisten finden nur eine Wüste vor. Mit einem Auto hat man dann natürlich jenen gegenüber, die per pedes unterwegs sind, einen Riesenvorteil. Rein anthropologisch-biologisch betrachtet führt die »auto-gene« Meditation zum positiven Denken. Bei hohen Geschwindigkeiten um 260 km/h kann für kurze Zeit ein positiver Denkschub Glücksgefühle schaffen.
Darüber hinaus ist zu bedenken, daß das von mir durch positives Fahren gefundene »Auto-Gen« ein Gen wie jedes andere auch ist. Es enthält alle Erbinformationen, die jeden zu einem tüchtigen, sprich positiven Autofahrer reifen lassen können. Der Weltgeist hat also in seiner unendlichen Weisheit in uns allen pränatal den Autofahrer angelegt. Die Haltung des Autofahrers ist daher eine philosophische. Der Blick des Autofahrers ist nach vorn gerichtet auf den Horizont und auf den Tacho. Der Blick nach hinten wird über die Spiegel nach vorne geleitet. Also selbst, wenn er nach hinten schaut, schaut er nach vorn. Der Autofahrer schaut also in alle Richtungen nach vorn. Wir nennen das widerspruchsloses Schauen, kurz: der kontemplative Blick durch die Windschutzscheibe. Und hier ist der Punkt, wo Bloch schon vor Jahren entscheidend mitgedacht hat, von Schlagloch zu Schlagloch, wenn er sagt, der Blick müsse nach vorn gerichtet sein. Das Blochsche »nach vorn« war für den Autofahrer schon immer oberste Maxime. Das »nach vorn« bleibt sein ein und alles.
Auf ins neue Zeitalter mit dem positiven Denkansatz zum positiven Fahren. Fahren und Denken – zwei Kehrseiten der gleichen Vorderseite.
Die Postmoderne liegt hinter uns. Wir befinden uns mitten im New Age. Über das Post-New-Age gelangen wir zur vergangenen Zukunft des Morgen im Gestern. Nur die Gegenwart wartet uns täglich entgegen. Das Tägliche ist das Heute. Es heutet in uns zum Morgen hin!!! Es morgt das Gestern!!!

Arnulf Rating

# Positiv denken!

Wir leben in einer furchtbaren Zeit, meine Damen und Herren. Wenn ich zum Beispiel zum Abendbrot die Nachrichten eingeschaltet habe, dann habe ich, noch bevor ich das erste Schinkenröllchen auf das Schwarzbrot gelegt habe, im Schnitt 1200 Opfer bei Vulkanausbrüchen, Bürgerkrieg und Inntaldreieck schlucken müssen. Wenn ich morgens die Zeitung lese, ist es genauso. Wir pumpen uns voll mit Horrormeldungen, dumpfen Prognosen und Weltuntergangsszenarien – und dabei geht uns eine Fertigkeit verloren, die heute von amerikanischen Wissenschaftlern der Berkeley University nach jüngsten Studien für so ungeheuer wichtig gehalten wird: »Think positive!« lautet ihre Forderung. Positiv denken, meine Damen und Herren. Und das sollten wir doch bitte einmal für einen kurzen Moment anwenden, bevor wir uns die nächsten Horrorzahlen von irgendwelchen Flüchtlingen, Asylbewerbern, streunenden Boat people und anrückenden Hunnenhorden reinziehen. Sehen Sie einmal: Diese Menschen kommen zu uns, weil sie unser Land bewundern, weil sie unsere Lebensweise schätzen. Sie haben ungeheure Wege in Kauf genommen, um hier zu uns nach ... zu kommen. Sind durch die Adria geschwommen, zu Fuß durch die Karpaten gegangen und deutschen Bundesgrenzschutzbeamten begegnet. Von alldem haben sie sich nicht abschrecken lassen. Was bedeutet das? Das heißt doch: Diese Menschen haben eine ungeheure Motivation. Sie wollen einen Kühlschrank, einen Ford Sierra und einen Waist-bag. Und sie wollen das mit einer ungeheuren Energie. Sie nehmen jede Arbeit an, um dieses Ziel zu erreichen. Das ist doch wunderbar!

Es ist noch nicht lange her, liebe Freunde, da haben wir so etwas schon einmal deutlich erlebt. Da kamen die Menschen von drüben. Sie scheuten sich nicht, auf dem Weg zu ihrem Auto Montag für Montag kilometerweit zu Fuß zu gehen. Auch sie wollten hier leben, hier arbeiten. Zuerst wußten wir nicht, wo wir noch überall ein Notaufnahmelager errichten sollten. Sie kamen, überschwemmten unsere Fußgängerzonen, stürmten unsere Kaufhäuser.

Nun, wie ist es heute? Heute haben wir ihnen gezeigt, wie man lernen kann, so zu leben, wie wir es tun. Diese Menschen essen

jetzt Joghurt, können eine Cola-Dose aufmachen und wissen eine Würstchenbude zu betreiben. Sie kommen nicht mehr in unsere Geschäfte. Man hat ihnen den Quelle-Katalog gegeben, und sie haben gelernt, all die schönen Dinge sich ins Haus bringen zu lassen bis nach Rügen, Plauen und Heringsdorf.
Und da frage ich: Können wir das den ganzen Ghanaern, Rumänen und Russen nicht auch beibringen?
Können wir sie nicht lehren, in der Sahelzone Würstchen zu verkaufen und ihre Kassettenrecorder, Feinstrumpfhosen und Pampers von Quelle und Neckermann zu beziehen?
Dann wird es aufwärts gehen. Die Post wird neue Autos bestellen und Postboten einstellen. Die Postboten werden eine Gewerkschaft machen und neue Straßen verlangen. An den Straßen werden die Imbißwagen stehen mit Papierkörben, die geleert werden müssen. Die Stadtreinigung wird Müllmänner einstellen, Müllwagen kaufen, die auch bei den Häusern die Verpackung und die leeren Batterien abholen. Die Müllmänner werden an den Imbißwagen essen. Damit sie danach aufs Klo gehen können, wird eine Kanalisation gebraucht. Bauarbeiter werden kommen müssen, die Straße muß aufgerissen werden. Die Bauarbeiter wiederum werden Videotheken brauchen. Bald kann vielleicht hier und da schon ein Waschbetonkübel mit Stiefmütterchen aufgestellt werden. Und in wenigen Jahren wird es überall dort so aussehen wie in der Fußgängerzone von Mülheim/Ruhr!
Dies alles kann geschehen, wenn wir nur dies eine tun: positiv denken. Schon heute abend können wir damit anfangen.

Otto Grünmandl

## Kreisverkehr

Wenn ich so als Babysitter im dritten Jahrtausend zurückblicke auf das vergangene zweite Jahrtausend, dann fang ich fast jeden Satz mit »Damals« an.
Damals, als ich noch nicht mit Kinderwagen und Baby im Kreis herumgefahren bin, sondern mit dem Auto im Kreis herumgefahren bin, das war im zweiten Jahrtausend …

Damals war noch ein Geld im Tascherl
Damals war noch ein Wein im Flascherl
Damals war die Welt gemütlich
Ein bisserl langsam
Und überhaupt nicht friedlich

Da hat es einen Kreisverkehr gegeben, der war irgendwie typisch für den Kreisverkehr dieses ganzen Jahrhunderts: laut, rasend schnell, rundsherum die Luft voll Gestank und absolut sinnlos. Motorengedröhn vom Jahrmarkt her. Der Todeszylinder aus Bohlen und Planken. Leer, leerer Todeszylinder. Oben auf der Galerie das Publikum. Gafft hinein, gafft hinunter. Auf Leder und Strahl. Zwei. Halb Mensch, halb Motorrad. Brrrrrr. Meterhoch über dem Erdboden. Immer im Kreis herum, immer im Kreis herum.

Sie walzen sich, überholen sich, nebeneinander, hintereinander, nach oben, nach unten ... Brrrrr. Die Luft dröhnt, ist blau von Abgasen. Immer im Kreis herum, ein Holzweg ohne Ausweg.

Immer im Kreis herum, immer im Kreis herum ... 1908: Annexion Bosniens und Herzegowinas durch Österreich-Ungarn ... damals, da war noch ein Geld im Tascherl ... 1912: erster Balkankrieg ... damals, da war noch ein Wein im Flascherl ... 1913 zweiter Balkankrieg ... damals war die Welt gemütlich ... 1914 bis 1918: erster Weltkrieg ... ein bisserl langsam und überhaupt nicht friedlich ... die zwanziger Jahre, die dreißiger Jahre ... bis 45 ... China, Indien, Pakistan, Naher Osten, Korea, Vietnam, Afghanistan, Golfkrieg und Anfang der neunziger Jahre: dritter Balkankrieg ... immer im Kreis herum, immer im Kreis herum ...

Hannelore Kaub

## Ich werde immer böser

Ich hab geglaubt, der Mensch ist gut,
Er braucht nur eine Chance,
Und schwache Menschen brauchen Mut
Und eine Hand, die helfen tut,
Beim Halten der Balance.
Ich hab mein Leben lang geschworen,

Der Mensch an sich ist ohne Niedertracht.
Wir werden doch nicht alle mies geboren.
Wir werden höchstens mies gemacht.

Und immer, wenn ich sowas sagte,
Grinste jemand schief.
Gott, Mädel, für dein Alter
Bist du wirklich sehr naiv.
Werd erwachsen und sei endlich Realist!
Und jetzt seh ich halt die Welt so, wie sie ist.
  Ich werde immer böser,
  Denn diese Welt ist krank.
  Ich werde immer böser
  Und toter, Gott, sei Dank.
  Wo kauft man Elefantenhaut,
  Um all die Niederlagen,
  Mit den'n man uns die Welt versaut,
  Noch länger zu ertragen?
  Die »chronique scandaleuse« wird skandalöser,
  Und ich, ich werde immer, immer böser.

Ich lebe, wenn ich um mich blick,
Im Land der Menschenfresser,
Die sich verschlingen, Stück für Stück,
Ich zieh' mich in mich selbst zurück,
Alleine sein, ist besser.
Wie Menschen miteinander umgeh'n,
Gib ja nichts, doch nimm alles, was du kriegst.
Und hast du alles, cool und lässig umdreh'n,
Und aller Welt erzähl'n, das war wohl nichts.
Charakterlosigkeit ist schweres Schicksal, unverdünnt,
Sie hängen an der Flasche, der Tablette oder sind
Im Grund ein armes Schwein, das niemand hat.
Ich hab die Mitleidstour der armen Schweine satt.
  Ich werde immer böser,
  Da ist kaum noch Gefühl,
  Ich werde immer böser
  Und leidenschaftlich kühl.
  Man muß bei so viel Menschenmüll
  Und seelischen Eunuchen,
  Wenn man heut überleben will,
  Sich selbst zu schützen suchen.

Die Monster werden täglich noch monströser,
Und ich, ich werde immer, immer böser.

Es gibt zwei Sätze, die habe ich mein Leben lang wie ein Banner vor mir hergetragen: Der eine ist der Satz von Rosa Luxemburg: »Die Freiheit ist immer die Freiheit des Andersdenkenden«, der andere das Voltaire-Zitat: »Ich bin nicht Ihrer Meinung, mein Herr, aber ich würde mir eher den Arm abschlagen lassen, als daß Sie nicht Ihre Meinung sagen dürften.« Ich habe immer mehr Schwierigkeiten mit mir und diesen beiden Sätzen.

Ich halt es einfach nicht mehr aus,
Die Lügen zu ertragen,
Die diese Herrn im Hohen Haus
An Dreistigkeit jahrein, jahraus
Uns anzubieten wagen.
Wie sie von Menschenwürde schwätzen,
Von Menschenliebe und von Menschenrecht.
Und Tag für Tag das Grundgesetz verletzen,
Mir wird bei diesen Heuchlern nur noch schlecht.
Politische Verlogenheit gibt's immer, doch vielleicht
Ist irgendwann die Grenze des Erträglichen erreicht.
Dann schlüge man am liebsten nur zurück,
Weil man an der eig'nen Ohnmacht fast erstickt.

Und diese Herren, die eiskalt
Die Korruption noch segnen,
An denen jede Scham abprallt,
Und denen soll ich statt Gewalt
Mit Toleranz begegnen?
Die diesen Staat so dreist betrachten,
Grad so, als wäre er Privatbesitz;
Und die die Masse Mensch en gros verachten,
Als wär sie höchstens zum Bezahlen nütz.
Für Machterhalt, sprich ihre Lobbies,
Zahl'n sie jeden Preis,
Und geht dabei das Land kaputt,
Wenn's Stimmen bringt, dann sei's.
Um das Wohl des ganzen Volkes geht es nie,
Das Karrierespiel, genannt Demokratie.
Ich werde immer böser,
Ich nehme nichts mehr hin,
Ich werde immer böser,

Weil ich verletzbar bin.
Ich sag, wenn ich die Coolen seh
Und was sie Cooles treiben,
Und tut's auch manchmal noch so weh:
Ich will verletzbar bleiben.
Die Zahl der Zombies, die wird täglich größer,
Und ich, ich werde immer, immer böser.

Das, was der Mensch dem Mensch antut,
Und sich gefallen läßt,
Das macht mich krank vor Schmerz und Wut,
Ich bin nicht wetterfest,
Mit Toleranz, da läuft bei mir nichts mehr …
Tut mir leid, Frau Luxemburg und Herr Voltaire.

ERWIN GROSCHE

## Von der Begrüßung des einzigen Zuschauers

*Das Bühnenlicht geht an. Jemand kommt auf die Bühne. Es scheint so, als müsse er sich selbst damit abfinden, doch noch sein Programm zu spielen. Seine Augen verlieren sich in einem großen, leeren Saal und finden erst nach langem Reden sein Gegenüber*

Ich freue mich besonders, Sie begrüßen zu können …
Ich freue mich, Sie besonders begrüßen zu können …
Mit Ihnen hätte ich am allerwenigsten gerechnet.
Sie interessieren sich doch sonst mehr für »Fußball« und natürlich »Krimis«
Welches im übrigen auch Leidenschaften von mir sind
Aber schön, daß Sie da sind
Es kommt so selten vor, daß sich j[illegible]d in meinen Traum verirrt …

Kommen Sie doch ein bißchen näher …
Sie wollen mich erst besser kennenlernen?
Na gut, wie Sie wollen
Heute kann sich jeder seinen Platz aussuchen
Welch einmaliges Erlebnis!

Ach ja
Sollte neben Ihnen der Stuhl »reserviert« erscheinen
So hat dies seinen Grund.
Meine Mutter hatte versprochen zu kommen
Aber ich weiß nicht, wo sie bleibt.
Allerdings kommt sie immer entweder zu spät
Oder erscheint erst gar nicht
Und macht dies abhängig vom jeweiligen Fernsehprogramm.
Bitte können Sie ihr im ersteren Falle zuflüstern
Daß ich schon mal angefangen habe
Und mich freuen würde, wenn sie mich im Anschluß meines Programmes zum Essen einladen würde ...

Haben Sie einen Parkplatz gefunden ...?
Ja?
Das ist schön
Kann aber auch heute nicht so ein Problem gewesen sein ...

Wir hätten Ihnen gerne die Vorzüge einer
Garderobe zukommen lassen
Doch leider bestand das Mädchen
Übrigens meine Tochter
Auf ihrem freien Tag
Und der Junge mit den Erfrischungen
Übrigens mein Sohn
Ist auch nicht da
Und nimmt gerade in Hamburg
Eine Platte mit Seemannsliedern auf
Welches ja auch irgendwann einmal gemacht werden muß ...

Sind Sie an der Kasse vorbildlich behandelt worden
Wenn nicht, dann sagen Sie mir Bescheid
Kassierer gibt es im Augenblick wie Sand am Meer.
An unserer Theaterkasse
Schwelgt ein arbeitsloser Kollege von mir.
Haben Sie bitte Verständnis für seine schroffe Art
Ich kenne das
Ich sitze immer an der Kasse
Wenn ihn die Bühne ruft ...

Es tut mir leid
Überhaupt »Eintrittsgeld« erhoben zu haben
Doch ich habe Familie

Und die Kinder brauchen neue Schuhe
Und die Frau schläft nachts nicht ohne Bettzeug ...

Natürlich finanzieren wir uns nicht nur dadurch
Daß Sie gekommen sind
Sondern indem wir einen kleinen Werbeblock am Anfang
Unserer Theateraufführungen
Über unser hochverehrtes Publikum
Ergehen lassen ...

Da präsentiere ich Ihnen als erstes einen Porree
Formschön, humorvoll, unerfahren
– So, das war der Porree ...
Nun haben wir noch diesen aufreizenden Apfel da ...
Ein Apfel, ideal für Apfelkompotte aller Art
Formschön, saftig und fest.
Jetzt habe ich noch eine Banane da
Dann hätten wir's auch schon ...

Mhm, da müßte noch eine Banane sein
Dann hätten wir's auch schon gehabt ...
Nun, was kann man über eine Banane sagen ...?
Sie war natürlich formschön, gelb, wohlschmeckend
Und zu vertrauensselig, welches ihr dann auch zum
Verhängnis geworden sein mag ...

Bevor es nun endgültig losgehen wird
Bitte ich Sie
Nicht gleich vom Desinteresse Ihrer Mitbürger
Auf die Qualität meines Programmes zu schließen.
Lassen Sie sich bitte überraschen!

Und sollten Sie zwischendurch »irgendwohin« müssen
Und sei es zum Telephonieren
So geben Sie mir doch eben Bescheid
Damit ich nicht ganz »für die Katz« spielen muß.

Sparen Sie nicht mit Applaus
Schenken Sie mir Interesse
Danke, daß Sie gekommen sind
Was wäre ich ohne Sie!

*Applaus*

Oh
Mutter!

WOLFGANG KRAUSE ZWIEBACK

# Die neue Sempler-Oper

Die Geschichte:
Es wurde Abend, jaa, es wurde Abend.
Leise spielte die A-Band.
Und wir liefen
Über die Brücke liefen in die Allee mit
Den Rasierpinseln voll Frühlingsschaum und
Wind raus dem Rauschebart und DA-zwischen
Das Leuchtfeuer der Nachttischlampen und DU
Warst eine Bruchbude in meiner Hand.
Was tut man alles nicht, in solch einer Situation.
Leg ich meinen Arm um dich.
Machen wir einen Abstecher in die Frohnatur
Und leben alles ab am Wegrand.
Komm, laß uns anstoßen, einen Schluck trinken.
Es wird gut.
Komm, spiel das alte Lied noch mal, SAM-pler.
Komm, spiel das alte Lied noch mal, Sem-pler.
Spiel!
Kehren wir zurück, im Morgentau der Strick – entknotet.
Wenn wir schon hier gelandet sind –
In diesem Schick-saal
Der Gemein-Schaft,
Auf diesem Fluchplatz
So alt wie Hundertschaft weg,
Schaft weg, schafft weg.
Bist du die Schwere-los.
Ich will der Schmerzenbrecher sein.
Ich will das Wurzelwerk entflechten,
Will in deinen Rechten hechten,
Deine Mörder knechten, kneten, kneten, kneten.
Kneten um zu neuen Beeten,
Neue Blüten zarter Pflanzen,
Alleen in Ganzen,
Groß und schön,
In denen wir vergnügt vergehn.
Oh, ja!

Hanns Dieter Hüsch

## Lied eines Berufssatirikers

Habe nun ach zwanzig Jahre versucht, die Welt zu verändern
Die Verhältnisse und das alles, weil ja das
Gesellschaftliche Sein das Bewußtsein – oder nein
Weil ja doch das Milieu das gesellschaftliche Sein –
Oder nein
Weil ja die Verhältnisse nicht ganz so sind, oder auch
Das Bewußtsein, das Gesellschaftliche – nein
Müssen wir ja erst mal die Struktur, weil ...
Hallo Lenin, oder jedenfalls Grüß Gott, das Bewußtsein
Prägt die Soziabilität oder umgekehrt
Und die Psyche bringt uns aufs Schafott
Aber darum wird ja stets verändert und wer sagte doch so schön,
Vor der eignen Türe kehre jeder, der sich engagiert,
Nur wer im Wohlstand lebt, der ist ein braver Mann.
So verändre ich mich nun, so gut ich kann:

Ich montier mir jetzt die Nase auf mein linkes Schulterblatt
Und mein Herz versteck ich hinterm Magen
Meine Ohren finden jetzt am Brustbein statt
Und mein Hals darf Handschuh tragen

Meine Beine laß ich dreimal brechen
Bis sie auf den Rücken gehn
Von gewissen Teilen wollen wir hier nicht sprechen
Weil das manche falsch verstehn
Aber mein Gesäß versetz ich auf die rechte Schulter
Mein Gehirn verfrachte ich ins Knie
Meinen Mund den schaff ich einfach ab
Nur die Augen sprechen noch und sitzen vis-à-vis

Vom Nabel, der den Unterkiefer stützt,
Währenddes die Leber wiederum die Luftröhre benützt
Um dort auszuruhn, sitzt die Galle in den Schuhn
Respektive mal im linken mal im rechten großen Zeh
Doch das tut der Milz, die jetzt in der Lunge lungert
Auch nicht weiter weh

Meine Galle hängt am kleinen Finger
Und das tut ihm gut
Manchmal schwimmen schon gepreßte Blumen
Durch mein Blut
Also schreit ich munter voran daß mans kaum für möglich hält
Doch ich lebe sehe krieche atme noch
Schöner wird die Welt von Tag zu Tag, ja sie bessert sich
Ich bin ganz sicher frohen Muts ja sie tuts
Wenn sich alle Menschen so verändern immerzu
Einer muß den Anfang machen
Unsre Kinder unsre Enkel ha'm dann endlich Ruh
Schließen wir die Äuglein zu
Spielen Fangen und Verstecken
Und im Himmel Blindekuh

SIEGFRIED ZIMMERSCHIED

## I mog nimma

*Ein Ende*

*Ich, der Autor, komme auf die Bühne, so als würde die Vorstellung gerade beginnen. Der Schlußapplaus wird zum Auftrittsapplaus. Ich setze mich hin, das alte Spiel, die Texte werden geordnet, kurze Anfangspause, dann forscher, animierender Beginn*

AUTOR So, ich heiße also Sigi Zimmerschied, komme aus Passau, und damit sind wir bereits beim Thema. Es gibt eine Gruppe von Menschen in dieser Stadt, der ich besonders dankbar bin und das ist die eigene Verwandtschaft. Wie immer an Feiertagen liefert sie das Passauer Minisoziogramm.
Heute ist Fronleichnam.
Und wie jeder feierliche Anlaß, so beginnt auch dieser mit zwei alten Bekannten, mit Tante Lisi und Tante Resi.

RESI Mei des is ein Dog heid, glei wieda zum hi'leng. S'Wossa lauft scho wieda dahoam, Zähn' kann i scho wieda ned find'n und d'Semmen san scho wieda deiara wor'n. I sog's eich, kann go' ned singa ohne meine Zähn'.

LISI Dann singst hoid ned.

RESI Gäh weida. Mechst du song, daß i ned singa ka', ha? Mechst du wirklich song, daß i ned singa ka', ha? Sogo' da Chorleiter Baierlein von da Liedertafel hod zu mir g'sogt: Ihre Stimme hat eine betörende Klanglichkeit. Betörend!

LISI *nachäffend* Dorad – werd' a g'sogt ho'm. Dorad war'a, da Baierlein, der hod jo zum Schluß de Ingeborg Hallstein von sei'm Kanarienvog'l nimmer unterscheid'n kiena.

RESI Du brauchst jo grod red'n, du mid deina Blechstimm'. Des is jo koa Stimm', des is jo a Schtichsog. Du warst wos fia a'n moderna Komponisten: Kantate für drei Auspuff' und oa Schtichsog.

*Der Veteran tastet sich suchend und schwach bekleidet durch das Wohnzimmer.*

VETERAN Habts ihr mei Tapferkeitsmedaille g'seng? Wo is denn mei Tapferkeitsmedaille.

RESI Tapferkeitsmedaille? Host ihr beim Singa zuk'heat?

LISI Im Nochtkastl werst as hom, dei Tapferkeitsmedaille.

RESI *aufgeregt* Im Nochtkastl, do kannt'ns sei, meine Zähn'. Owa i kimm jo nimma hoam.

LISI Na, weil de Prozession heier bei uns vabeikimmt. De Herrn vom Pfarrgemeinderat wiss'n scho, wer seine Häusa ordentlich schmückt. Dei vaschtockte Brokatdeck'n, do hätt'st a'n Putzlump'n aussehänge kiena. Und dein Herrn Jesus hätt'st a nei lackian kiena.

RESI Du muaßt hoid iatztad scho den ganz'n Himme' auf's Fensterbrettl schteyn. I hob Zeid.

LISI *empört* Moanst denn, daß du in Himme' kimmst, du, du.

RESI Sei froh, dann bist mi' endgültig los.

VETERAN *umherirrend* I kann mei Brandschutzabzeich'n in Goid ned find'n, und um hoibe neine muaß i viermoi schiaß'n.

RESI Werst scho z'recht kemma mid deina Kanon'. Mein God, du ollawei mid deina Schiaßarei, Silvester schiaß'n, Heiligdreikönigschiaß'n, Fronleichnam schiaß'n, dei Batzl Hirn muaß se jo fiakemma wia a Billiardkug'l in dem laar'n Belle. Koa Wunder, daß'd oisse vagißt, wennst ollawei schiaßt.
*Sie stockt, es sieht nach einem Hänger meinerseits aus.*
I sogs eich.

*Vordergründig aktuelle Improvisation. – Sie stockt wieder, spricht nicht mehr weiter. Abschätzig mustert sie das Publikum. Verstockt verschränkt sie die Arme.*

*Ich, der Autor, trete vorsichtig aus dem Hintergrund als Person hinzu*

AUTOR *leise* Resi?! Resi – Text!

*Resi schweigt.*

AUTOR Resi, du host no an Text.

RESI *bockig* Woaß scho.

AUTOR *fordernd* Dann sog'n auf.

RESI I mog nimma.

AUTOR *entschuldigende Geste zum Publikum* Moment. *zu Resi* Resi, du bist do' ned zur Gaudi do. De Szene muaß weidageh'.

RESI Wos intaressiat denn mi dei Szene. I mog nimma.

*Elmar betritt klatschend die Szene.*

ELMAR Bravo, bravo, die Grenzen des homo kabarettiensis.

AUTOR *verblüfft* Elmar, wos duast denn du do? Du k'heast doch ins »Klassentreffen«.

ELMAR Ist das alles, was du zu sagen hast? Du gehörst ja gar nicht hierher. Wie einfach – da Faschist, da Nuscheltante, da Hirnschoaß. Die Wirklichkeit ist doch viel differenzierter als deine Pappfiguren. Es fehlt die Ambivalenz.

RESI De wos?

ELMAR Die Ambi... die ... ich meine, wenn Sie Ihre Zähne vergessen haben, nuscheln Sie, wenn nicht, dann nicht. Das ist ambivalent.

RESI Wenn i amoi ned nusch'lt, dann is des Kukident.

AUTOR *beschwichtigend ins Publikum* Is ned von mir.

RESI Is jo wurscht, von wem's is. Bläd is'. Und Kabarett muaß bläd sein, weil's sunst de Bläd'n ned vaschtengan, und de Bläd'n hams Geyd. Geh weida, jeder, der se a Kopfdiachl aufsetzt und a oide Frau nochmocht, nennt se heid scho Kabarettist.

ELMAR Dialektmasche. Dabei ist der Dialekt der Stolperstein der Erkenntnis, nicht der Weg dazu. Diese Heimeligkeit der Sprache verhindert die Analyse, vermenschelt die Dialektik, veridyllisiert die Provokation.

RESI Genau.

AUTOR Sog grod du host zwischen deine Rosenkränz' no Germanistik studiat.

RESI Na, owa da Herr Elmar hod g'sogt, i soi immer »genau« song, wenn i wos ned vaschtäh. *sie hält sich den Mund zu.*

Autor Aha, langsam vaschtäh i des. Ihr habt's eich scho öftas troffa. Des is a Komplott.

Resi Des is Kabarett. *zitiert und nimmt eine bedeutende Pose ein* Für mich ist Kabarett immer eine Notwehrsituation, und immer, wenn auf mich Druck ausgeübt wurde, habe ich mit den Mitteln der Parodie und des Kabaretts reagiert.

Autor A so a Krampf.

Resi Original Zimmerschied. Daus'ndmoi host du des iagandweyche Provinzreporter aufeg'sapp'lt. Owa fian Herrn Kabarettist'n guit jo des oisse ned.

Autor Schmarrn.

Elmar Wehleidig seid ihr alle. Diese Kabarettisten sind doch nur literarische Hypochonder. Immer betroffen, immer verletzt und überall ein Grund, um zu verletzen.

Autor *bemüht locker* Ihr sat's jo de Hächst'n, du. Hob' i eich valetzt?

Resi *aufgebracht* Ja moanst denn du, daß des a Vagnüg'n war, von Thirschenreit bis Garmisch, von Memmingen bis Berlin und von olle ausg'locht werd'n? Jed'n Ohmd den seyb'n Kas owanusch'ln. Und überoi lauta Leid, de oisse glau'm, nur ned, daß sie no bläda san wia mia. G'schamt hob i mi, owa ollawei wieda hob i aussemiaß'n. De bläde Resi mid'm vagess'na Biß.

Veteran Des vakauft se hoid guad. De zahnlosn Weiba und de oid'n Faschist'n. Die Fahne hoch und bsuffa daherred'n. *er imitiert sich selbst* Do schaug her, g'foit eana scho wieder.

Autor Hammas scho wieda. Du bist und bleibst a Nazi.

Veteran Sog des no amoi.

Autor A Nazi bist.

Veteran Und du bist a Zuhälter. Owa oana, der oisse seyba ei'schiabt. Koa Mark hamma g'seng.

Elmar *begeistert* Ein starkes Bild. Der Kabarettist als Zuhälter und Prostituierter zugleich. Und die befriedigungsbereite Kundschaft. Peepshow, ja, Peepshow. Ich sehe sie direkt vor mir, diese riesige Glasscheibe, eine Auslage, in der sie alle sitzen, diese Zynismusnutten. Werner Schneyder spielt auf einem Wiener Kaffeehausfauteuil mit erkenntnisschwangerem Blick Schach gegen Hanns Dieter Hüsch, der ihn vor lauter Humanismus immer wieder gewinnen läßt, was nicht leicht ist, weil Werner Schneyder auch nur den geringsten Hauch von Erkenntnis in einen Aphorismus verwandelt und laut vorträgt.
Dieter Hildebrandt schaut sich bitter lächelnd das Sendezeichen

des Bayerischen Rundfunks an, und Christian Müller redet pausenlos auf Gerhard Polt ein, der aber über der Lektüre der »Bäckerblume« eingeschlafen ist.
Auf der Scheibe dreht sich Thomas Freitag und imitiert Politiker in der Hoffnung, daß eine Türe sich öffnet und Helmut Kohl ihm gratuliert.
Franz Josef Bogner hat sein Verweigerungskabarett soweit entwickelt, daß er gar nicht mehr da ist.
Bruno Jonas liest laut »Ich bin ein Münchner«, und Rudi Klafenböck singt im Talar als Transvestit, halb Mensch, halb Ministrant. Und du, ja du sortierst deine Postkarten, Passauer Stadtansichten. Peep show, Gedankenstrich.

AUTOR *klatscht Beifall* Bravo! Ganz sche vui Sprache fia an Intellektuellen. *genervt* Vielleicht kommt owa Autor von autoritär. Und wenn i schreib': Elmar versinkt Adorno zitierend in da Od'lgruam, dann daucht dei Watsch'ng'sicht Dog fia Dog owe in de Kacke. Dann bist du weg.

ELMAR Ich bin aber da.

RESI I a.

VETERAN Olle san ma do.

AUTOR *aggressiv* Leckts mich doch am Arsch.

ELMAR Auch eines deiner pseudoproletarischen Lieblingswörter.

AUTOR *aggressiv* Mochts doch, wos woits.

RESI Du loßt uns jo ned.

AUTOR *laut* Dann schreibts doch ihr wos über mi, schreibts doch.

RESI *genüßlich* Mei, du bist hoid ned so interessant wia mia.

ELMAR Über dich schreibt sowieso die Boulevardpresse. Haus bauen, Urlaub machen, Schafe züchten. Deine Bürgerlichkeit reicht eben nur für zwei Seiten Feuilleton pro Jahr.

VETERAN Fad bist, Kabarettist in höherer Laufbahn, a Beamt'narsch auf Vollpension.

AUTOR *gereizt* Du bist jo a Dichter.

VETERAN Dichter scho wia du.

AUTOR *zum Publikum* Ned von mir! Na, do sähgts es, de san wirklich so. Sogts hoid a amoi wos.

*Pause – Die Figuren starren erwartungsvoll ins Publikum.*

ELMAR Was sollen denn die schon sagen? Du hast sie doch zehn Jahre dazu erzogen, nichts zu sagen. Du hast sie abgefüttert, die saugen doch nur noch, Säuglinge sind das, Wortsäuglinge, Grimassensäuglinge, Unterhaltungsembryos.

Autor *zum Publikum* Loßts eich ihr des g'foin?

Elmar Ntürlich, die lassen sich alles gefallen. Mein Gott ... Kabarettpublikum, das ist entweder Trendschickeria, die hat keine Meinung, oder Gesinnungsbetroffene, das sind Masochisten, die sagen sie nicht. Außerdem, die haben für ihr Vergnügen 20 Mark bezahlt, das sind sechs Stunden Sauna, zwei Schweinsbraten oder eine Flasche Metaxa. Das läßt man sich nicht verschrecken durch Nachdenken.

Veteran Genau, wer kauft se scho acht Flaschen Bier und schütt's dann weg?

Autor Fragen ans Publikum. Die Figuren als Gegenspieler oder Mitprovokateure. Was erwarten Sie vom Kabarett? Ausfragen über Beruf, Privatleben, Sorgen und das Inbezugsetzen zum Kabarettbesuch.

Veteran Schiaß'n Sie ned gern? *sinniert* Wos da Goebbels für uns war, bist du fia de. Kabarett, des is da Reichsparteidog für intellektuelle Hosenscheißer.

Resi Wenn i ned so nusch'ln dad, war's doch go' ned so lustig? Des is doch nur lustig, weil i behindert bin. Worum gengans dann ned glei ins Behindertenheim, do kamat'ns aus'm Locha nimma aussa.

Elmar Du sprichst von Ausschwitzen. *deutet ins Publikum* Das sind doch die allergrößten Ausschwitzer. Heute fein und morgen Schwein. Eltern, die morgen wieder prügeln, Beamte, die morgen wieder wegschauen, Redakteure, die morgen wieder kuschen. Mich kotzt das an. Ich verabscheue mich.

*Die Figuren verschwinden. Der Autor ist alleine.*

Autor *sitzt ratlos da* Wos dean' ma iatzt? I kannt eich no a bo Kohlwitze erzeyn.

*Der Autor sitzt ratlos am Tisch. Er packt zusammen. Er schaut ins Publikum. Jemand kommt zurück. Der Autor betrachtet die Person verwundert.*

Autor Resi, i hob g'moant, ihr megts nimmer? Du mogst doch nimmer.

Resi *verlegen* Mei, mei, a so hoid. I hob ma denkt, wennst uns iatzt nimmer midnimmst, weil, ab und zua wars scho ganz lustig, woaßt no ...
*[kleine Episode aus dem jeweiligen Auftrittsort]* ... a so hoid.

Autor Owa ihr habts doch g'sogt ...

Resi Mia woit'n di hoid a weng schrecka. Host jo nia mehr richtig Zeit g'hobt fia uns.

Autor Und, was dean'ma iatzt?
Resi De andan san no wohi'ganga.
Autor *deutet verunsichert ins Publikum* Ja owa de, wos dua i denn mid dene?
Resi *zuckt mit den Schultern, der Ton ist bestimmt* Mia sitz'n uns no zam.
*Autor schaut unschlüssig ins Publikum.*
Resi *leise und freundlich* Woaßt wos, Sigi, iatzt gengan mia zwoa ganz leise weg. Vielleicht merkans'es ned amoi.
*Autor und Resi schleichen von der Bühne.*

Hanns Dieter Hüsch

## Rede an die Zunft

*Hommage an Heine und die Nachfolger*

Oh
Ihr Satiriker alle
Von Heine, Heinrich bis Tucholsky, Kurt
Ihr armen Schweine des Wortes
Jeder in seiner eigenen Hölle nun schmorend
Was hat euch gefehlt
Wer hat euch getrieben
Lebenslänglich Hanswurst der Nation
Auf euren Grabsteinen müßte doch stehn
Nicht ernst genommen
Oh ihr Berufspropheten
Habt Nachsicht mit uns wenn wir in eure Fußstapfen treten
Schon ahnend
Daß wir im eigenen Land
Immer nur vor der Tür stehen
Von Mühsam, Erich
Bis Borchert, Wolfgang
Nicht ernst genommen
Erschlagen und vor die Hunde gegangen
Bestenfalls aufgenommen als dumme Jungs
Die die Geschichte ein bißchen garnieren

Mit geistreichem Spott
Fabelhaft
Schon der saftige François Villon
Urvater aller Spötter
Machte zwei Testamente
Man kann ja nie wissen
Voilà
Immer den Strick um den Hals
Und der Strick kommt von oben
Und unten wird zugesehn
Immer das alte Lied
Wer die Geschichte allzu ernst nimmt
Wird von denen die sie machen nicht ernst genommen
Denn die Herren lassen sich ungern ins Handwerk pfuschen
Kroppzeug die ganze satirische Brut
Weg damit
Hält doch nur auf
Es sei denn mein Lieber als quirliger Schelm
Sind Sie willkommen an all unsren Tischen
Jederzeit
Auch den Damen bereitet ein spitzbübisch Wort
Allemal großes Vergnügen
Fabelhaft
Oh
Ihr Träumer zerbrochen an allen Regeln der Kunst
Von Wedekind, Frank bis Mehring, Walter
Was sollen wir tun
Wir sind in der Hand von Show-Diplomaten
Die die Satire verpacken um sie dann besser
An den sogenannten Mann zu bringen
In Wirklichkeit aber die Wahrheit verpacken
Aus allen Himmelsrichtungen kommen
Um uns vor ihre Karren zu spannen
Und wenn er dann läuft der Karren
Hat die Satire ihre Schuldigkeit getan
Und der Satiriker kann gehn
Wo ist der Karren der für uns gezogen wird
Ich sehe keinen
Jaaa …
Prangern wir doch wieder mal an
Reißen wir auf und weisen wir hin

Auf die querdeutschen Mißständ
Und legen unseren kritischen
Finger auf manch kreuzdeutsche Wund
Wahrlich wir sind schon Lausbuben und Pointenhallodris
Tanzen immer auf lebensgefährlichem Seil und sind neidisch
Daß heute keiner mehr wird verhaftet von uns
Aufrüttler wir und immer skurril und skurril und skurril
Ach, es hat schon seinen eigenen Reiz
Zu necken die Zeit zu wecken die Zeit
Zu betten die Zeit zu retten die Zeit
So machen wir uns selbst zum Alibi
Für unsere wunderschöne Demokratie
Ja, plant uns ein
Damit man nicht fragt: Wo sind sie geblieben
Sonst werden wir ganz bitter
Wir deutschen Kabarettisten, ja
Und rufen ins Publikum: Nein, nein, nein
Ist auch die Weltgeschichte schon
Drei vier fünf sechs sieben acht Monate weiter
Aktuell sein ist doch ein herrliches Lebensgefühl
Und wenn dann der Pianist gegen Schluß
Den Klavierdeckel schließt
Alles nach Hause geht oder den netten Abend begießt
2 Schritt vor und 3 Schritt zurück
Sind wir alle ein großes Stück weiter
Denn das Ergebnis dieser Stunde
Heiter geht die Welt zugrunde
Und die vielen Hilfeschreie gut verpackt und leicht pointiert
Aufgeschlossen frisch und nett
Das ist bundesdeutscher Frohsinn
Bundesdeutsches Kabarett

Oh ihr Satiriker
Oh ihr Berufsentlarver
Oh ihr Non-stop-Humanisten
Seid gegrüßt von einem
Der in eurer Haut steckt.

HANNS DIETER HÜSCH

# Alles von vorne!

Leute!
Eine erfreuliche Nachricht:
Wollet bitte bereithalten:
Zellstoff, sterile Tupfer, wasserdichte Folie, Sicherheitsnadeln, anatomische Pinzette, Sepsotinktur, Alkohol, Rein-Benzin, Baldrian-Dragées, Antineuralgie-Tabletten –
Denn, Leute! Flucht bringt keine Rettung.
Wer sich auf die Flucht begibt, ist ja Kälte und Regen preisgegeben.
Nein, auf ein instinktiv richtiges Verhalten kommt es an.
Es empfehlen sich für den Ernstfall:
Fleisch- und Wurstkonserven, Teigwaren, Mehl, Reis, Grieß, Haferflocken, Weizenflocken, Hülsenfrüchte, Knäckebrot, Zwieback, Hartkeks, Speiseöl, Schmelzkäse, Tomatenmark, Babynahrung auf Milch-, Stärke- und Gemüsebasis.

Leute!
Der Wiederaufbau unserer so hart getroffenen Städte schreitet zügig voran. Baulücken haben sich geschlossen, weitere schließen sich, und neue Stadtviertel sind im Entstehen.
Daher, besucht die Schauübungen in Brandschutz und Rettung durch einen Selbstschutzzug mit Platzkonzert!
Besucht die Schauübungen plus Wettbewerb und Abschlußveranstaltung mit Platzkonzert!
Besucht die öffentlichen Aufklärungsveranstaltungen mit Filmen!

Leute!
Eine erfreuliche Nachricht:
Wir alle können überleben, beim Platzkonzert! Keine Angst vor ABC-Waffen! Alles ist halb so schlimm, wenn wir uns richtig verhalten. Jeder, der sich richtig verhält, macht aus der Bombe ein Bömbchen, aus der Granate ein Granätchen, aus der Rakete ein Raketchen. Freiwillige vor! Baut freiwillig Schutzräume! Nehmt Bücher und Radiogeräte mit in den Schutzraum, damit ihr auf dem laufenden seid!

Im Freien aber: Deckung nehmen, nicht weiterlaufen, von der Lichterscheinung abwenden und die Augen schließen, Gesicht und Hände verbergen, kurze Zeit liegenbleiben, nicht von der Stelle entfernen!!!
Ihr seht, es ist alles klar.
Wunderbaaaaar!

Da werden unter den Überlebenden sein:
Die geistigen Anreger
Die lebendigen Austauscher
Die Denker in Zusammenhängen
Jeder mit einer neuen Strömung in der Brieftasche
Ganz neue Haltungen und Linien werden ausposaunt
Neue Philosophen werden schreiben:
Mit der Asche leben, aus der Asche lernen!

Es werden wieder Kammermusikgruppen
Eiligst zusammengestellt
Liederabende helfen über das Schlimmste hinweg
Die Kirchen sind überfüllt
Mindestens für zwei Jahre
Rezitatoren reisen von Matinee zu Matinee
Abendkurse erweitern das Blickfeld
Bildungswerke und Häuser der offenen Tür schalten sich ein

Und dann die rastlosen Einhaker
Die haken ein beim 17., 18., 19. Jahrhundert
Stellen unermüdlich Verbindungen und Gesinnungen her
Natürlich auch ganz neue Politiker
Die treten mit noch versengten Augenbrauen
Vor die Mikrophone
Werfen ihre neuen Angeln aus
Alles streng objektiv und mit konstruktiver Herzlichkeit
Ungeduldige Pazifisten schreiben
Auf eine ganz neue Wand
Einen ganz neuen Text:
Nie wieder Krieg!

Da ist auch die Kunst wieder zur Stelle
Denn Stadt und Land hungern
Nach ganz neuen geistigen Dingen

Auseinandersetzer rücken in Gruppen vor
Halten die Asche für sehr problematisch
Zitieren Solon und essen Kaviar

Neue Theaterstücke, sogenannte Zeitstücke
Neue Bilder, nur aus der Zeit heraus zu verstehen
Neue Musik, auf alter Musik fußend
Ergibt ganz alte Musik in ganz neuem Gewand
Neue Kabarettisten sitzen wieder in ihren Höhlen
Spitzen den neuen Bleistift
Ungeheuerliche Warner
Und clevere Diagnostiker:

Alles von vorne
Alles von vorne
Alles von vorne
Alles von vorne!

# Anhang

# Anmerkungen

S. 18 *Die Revolution ist beendet* – in den siebziger Jahren vom Autor zu eigener Musikbegleitung in seinen Solo-Programmen und auf Schallplatte vorgetragen.

S. 20 *Kabarett-Solo* – 1969 von Lore Lorentz im *Kom(m)ödchen*-Programm »Es geht um den Kopf« vorgetragen, mit dem das Düsseldorfer Kabarett eine kritische Aufarbeitung seiner 22jährigen Arbeit versuchte. – Gerhard Schröder, Franz Josef Strauß, Erich Mende und Hans-Christoph Seebohm waren Mitglieder des Adenauer-Kabinetts. Bundeskanzler Kurt Georg Kiesinger war während des Dritten Reiches NSDAP-Mitglied gewesen. Der zitierte »heilige« Eckart Hachfeld, über Jahrzehnte Cheftexter des *Kom(m)ödchen*, hatte das Chanson vom Geld, das in den falschen Händen ist, 1953 für Lore Lorentz geschrieben (s. Band 4, S. 134).

S. 21 *RRRRevolution!* – die dem »Freund Volker (Frequenz-Folter) Kühn« gewidmete Nummer wurde 1969 vom Autor in der vom Hessischen Rundfunk ausgestrahlten Satire-Sendung »Bis zur letzten Frequenz« vorgetragen.

S. 23 *Kuddl Schnööf unnie Revolutschon* – 1979, aus Anlaß des 60. Jahrestags der verpaßten deutschen Revolution, vom Autor vor mehreren tausend SPD-Genossen vorgetragen. Die Nummer blieb über Jahre im »Kuddl Schnööf«-Programm. Die hier abgedruckte Fassung erstellte Steffen für Volker Kühns Satire-Anthologie »Zurück, Genossen, es geht vorwärts!«, die 1986 im Verlag Rasch und Röhring, Hamburg, erschien. – Rechtssozialdemokrat Schmidt (»Helmut den Erssen«) wurde 1982 als Kanzler von Helmut Kohl abgelöst; Johannes Rau, über Jahrzehnte als stellvertretender SPD-Vorsitzender und Ministerpräsident Nordrhein-Westfalens erfolgreich, blieb mit seinen Versuchen, höhere Staatsämter zu erlangen, ohne Fortune: 1983 scheiterte er als Kanzlerkandidat, 1994 als Kandidat für das Amt des Bundespräsidenten. Mit den »schlauen Reden« des »Bunnespräsidenten« sind die staatstragenden Äußerungen Richard von Weizsäckers gemeint. Mit »Heino un alle Schtrofen« ist die Schallplatten-Version des kompletten, dreistrophigen Deutschlandliedes (»Deutschland, Deutschland über alles ...«) des Schlagersängers Heinz Georg Kramm alias Heino gemeint, die in den achtziger Jahren mit Hilfe der extremistischen »Deutschen National-Zeitung« des Rechts-Verlegers Gerhard Frey und anderer deutschnationaler Gruppierungen verbreitet wurde. MAD steht für »Militärischer Abschirm-Dienst« und bezeichnet die staatliche Spionage-Organisation der Bundesrepublik.

S. 26 *Liberales Stoßgebet an die junge Linke* – 1971 von Lore Lorentz im *Kom(m)ödchen*-Programm »Legt die Weichen um« vorgetragen. Die Musik schrieb Jürgen Knieper.

S. 30 *Fortschritt* – Mitte der siebziger Jahre vom Kölner Kabarett *Floh de Cologne* vorgetragen.

S. 31 *Operation total* – aus dem Kabarett-Stück »Deutschland – wir kommen«, das unter der Regie des Autors im April 1972 im West-Berliner Kabarett *Die Wühlmäuse* Premiere hatte. Die OP-Szene wurde von Rotraut Schindler, Dieter Hallervorden und Wolfgang Immenhausen gespielt. – Die 100jährige SPD, Anfang der Siebziger mit der FDP in der »sozialliberalen Koalition« verbandelt, stellte mit Kanzler Brandt die Bonner Regierung, die bei ihrem Antritt Reformen und demokratischen Aufbruch (»Mehr Demokratie wagen!«) versprochen hatte. – SPD-Vize Herbert Wehner hatte 1959 auf dem Godesberger Parteitag die Abkehr der Sozialdemokraten von den Zielen der Arbeiterklasse betrieben und sich für eine marktwirtschaftlich orientierte Volkspartei stark gemacht; Sozialdemokrat Karl Schiller war von 1966 bis 1972 Bundeswirtschaftsminister; Gustav Noske, sozialdemokratischer Ultra, hatte sich nach dem Ende des Ersten Weltkrieges blutige Verdienste um die Niederwerfung der deutschen Revolution erworben.

S. 34 *Was Bundesbürger wissen* – Mitte der siebziger Jahre vom Kölner Kabarett *Floh de Cologne* vorgetragen.

S. 35 *Ich mag so gern am Fließband stehn* – der 1974 entstandene Song wurde vom Autor in seinen Solo-Programmen und auf Schallplatte gesungen.

S. 36 *Automatenlied* – 1971 vorgetragen vom Autor in seinem Solo-Programm »Der Staat, das bekannte Unwesen«.

S. 38 *Frieden im Land* – 1977 vorgetragen vom Autor zu eigener Musikbegleitung in seinen Solo-Programmen.

S. 39 *Vorweggenommene Beantwortung einiger Diskussionsbeiträge* – 1972 vom Autor zur Kindertrommel vorgetragen. In einer Anmerkung, mit der Schwendter dieses »Lied zum freien Gebrauch« versah, heißt es: »Melodie: ad libitum (der Refrain ist bekanntlich von Brecht) – Variationen von Moßmanns Iran-Lied eignen sich für die Strophen.«

S. 40 *Basisarbeit auf der Osterinsel* – 1977 vorgetragen von den *Drei Tornados* auf einer Streikveranstaltung der Berliner Studenten gegen die Berufsverbote. Der ironische Ausblick auf das Jahr 2020 wurde mehrfach aktualisiert und blieb für Jahre im Repertoire der Kabarett-Truppe.

S. 46 *Bundesbürgers Abendgebet* – 1972 von *Schobert und Black* auf ihren Duo-Konzerten und auf Schallplatte vorgetragen. Die Musik schrieb Schobert Schulz.

S. 46 *Das deutsche Normgesicht* – 1984 von Lore Lorentz in ihrem Solo-Programm »Eine schöne Gesellschaft« vorgetragen. Die Musik schrieb Christoph Pauli. – Richard und Carl Friedrich s. Anm. zu S. 153.

S. 48 *Fortschritt* – 1976 vorgetragen vom *Kabarett Fortschrott.*

S. 49 *Bevölkerungsgeschichtliche Perspektiven* – vom Autor während der siebziger Jahre in seinem Münchner kabarettistischen Volkstheater *TamS* vorgetragen.

S. 50 *Die Butterbergreduktionsmaschine* – Anfang der siebziger Jahre im Funk und auf der Kabarettbühne vom Autor und seinem Sketch-Partner Theo Peer (Reporter) vorgetragen.

S. 52 *Notfallschutzübung* – vorgetragen vom Autor in seinem Solo-Programm »Da machste was mit!«, 1988. Der Text ist hier leicht gekürzt wiedergegeben.

S. 54 *Alle wollen weg* – 1982 vom Autor in seinen Solo-Programmen vorgetragen.

S. 55 *Jesses Maria!* – vorgetragen am 30. Dezember 1980 von den *Tornados* Günter Thews (Josef) und Arnulf Rating (Maria) auf einer Kölner Solidaritätsveranstaltung für die erfolgreiche Jugendsendung »Radiothek«, die von den Verantwortlichen des Westdeutschen Rundfunks zur Jahreswende aus dem Programm gekippt wurde. Die öffentlich-rechtliche Ausstrahlung dieser letzten »Radiothek« brachte den *Drei Tornados* (Günter Thews, Arnulf Rating, Hans-Jochen Krank) sowie dem zuständigen WDR-Redakteur Uli Lux wegen dieser Nummer eine Gotteslästerungs-Klage (Verstoß gegen § 166 StGB) ein, nachdem eine Hausfrau aus Soest Anstoß genommen hatte. Ein Schöffengericht beim Kölner Amtsgericht folgte der Argumentation der Staatsanwaltschaft, in der »Marien-Satire« werde die »Menschwerdung Christi in obszöner Weise dargestellt«, sprach die Angeklagten im Januar 1982 schuldig, »gemeinschaftlich handelnd öffentlich den Inhalt des religiösen Bekenntnisses anderer und die Einrichtungen einer im Inland bestehenden Kirche in einer Weise beschimpft zu haben, die geeignet ist, den öffentlichen Frieden zu stören« und verhängte Geldstrafen zwischen 600 und 2400 DM. Ein halbes Jahr später wurden die Kabarettisten in einer Berufungsverhandlung vor dem Kölner Landgericht mit einem »Freispruch erster Klasse« rehabilitiert.

S. 57 *Unser allerheiligster Abend* – der Autor hat die »neue Fassong« der Weihnachtsgeschichte wenige Wochen vor seinem Tod für die Weihnachtsausgabe 1992 der Berliner TAZ geschrieben.

S. 60 *Deutschland im Dreck* – in den achtziger Jahren von der Autorin in ihren Solo-Programmen vorgetragen.

S. 61 *Bekenntnis der unpolitischen Väter* – 1971 vorgetragen vom Kabarett-Ensemble *Floh de Cologne* in seinem Programm »Profitgeier«, der ersten deutschen Rock-Oper.

S. 62 *Wilmersdorfer Witwen* – aus der musikalischen Revue »Linie 1«, die am 30. April 1986 im West-Berliner *Grips-Theater* unter Wolfgang Kolneders Regie Premiere hatte. Die Musik schrieb Birger Heymann. Die kabarettistische Witwen-Nummer wurde von Claus-Peter Damitz, Dieter Landuris, Dietrich Lehmann und Christian Veit vorgetragen.

S. 64 *Es sind alle so nett* – 1979 vom Autor in seinem Solo-Programm »Schubert-Abend« vorgetragen. Zu seinem netten Song, in dem auch seine Erfahrungen mit BRD-Auftritten verarbeitet sind, begleitete sich Hohler, wie so oft, auf dem Cello. Die Musik stammt vom Autor.

S. 66 *Karl Marx* – vorgetragen von der Autorin als Else Stratmann, einer Kabarett-Figur, die 1975 im SWF-Hörfunk etabliert wurde und dort, später über WDR und NDR, ein Jahrzehnt lang regelmäßig zu mehr oder weniger aktuellen Fragen der Zeit Stellung nahm. In den achtziger Jahren trat Elke Heidenreich mit ihren kabarettistischen Stratmann-Soli gelegentlich auch auf Kleinkunstbühnen auf.

S. 68 *Hagenbuch und die wirkliche Politik* – vorgetragen vom Autor in seinem Solo »Das neue Programm«, 1981.

S. 72 *Das Kabarett ist nicht tot* – Mitte der siebziger Jahre vom Autor zu eigener Musikbegleitung in seinen Solo-Programmen vorgetragen. – Franz Josef Strauß (1915–1988), langjähriger Bonner Bundesminister, bayerischer Ministerpräsident und Chef der CSU, war über Jahrzehnte ein beliebtes Objekt kabarettistischer Kritik.

S. 75 *Mittlerweile* – vom Autor zu eigener Musikbegleitung ab März 1969 in Solo-Programmen vorgetragen.

S. 80 *Trilogie im Futur* – Mitte der achtziger Jahre von Lore Lorentz in ihrem Solo-Programm »Marschmusik für Einzelgänger« vorgetragen, mit dem sie an die Texte des 1983 verstorbenen *Kom(m)ödchen*-Autors erinnerte. Der »Trilogie«-Text stammt aus den sechziger Jahren.

S. 82 *Der Overkill* – in den siebziger Jahren vom Autor in seinen Solo-Programmen vorgetragen.

S. 82 *Ballade vom Kernkraftmann* – vorgetragen von den *Mehlprimeln* im TV-»Scheibenwischer«, 1986.

S. 84 *Ballade von Seveso* – vorgetragen vom Autor in seinen Solo-Programmen sowie auf Demonstrationsveranstaltungen der Kernkraftgegner in Wyhl, Brokdorf, Grohnde und anderswo. Das 1977 entstandene Protestlied, zu dem Moßmann auch die Musik schrieb, bezieht sich auf die Giftgas-Katastrophe von Seveso vom Juli 1976. In der norditalienischen Gemeinde unweit Mailands waren damals verstärkt Hautkrankheiten aufgetreten, Haustiere verendet und Pflanzen verdorrt, nachdem aus der örtlichen Chemiefabrik des Schweizer Pharma-Konzerns Hoffmann-La Roche bei der Herstellung von Trichlorphenol die hochgiftige Substanz Tetrachlordibenzoparadioxin (TCDD) frei geworden war und als Wolke über dem Ort schwebte. Nachdem die Bevölkerung evakuiert, das Vieh getötet und die Betriebe geschlossen worden waren, richteten die Aktionäre des verursachenden Konzerns einen Hilfsfonds über zehn Milliarden Lire ein, der einen Teil des Schadens regeln sollte. – Die Protestballade wurde wie andere Moßmann-Songs von den Medien weitgehend boykottiert. So wurde sie am Vorabend einer Brokdorf-Demonstration unter Berufung auf ein »Stillhalteabkommen« mit Ministerpräsident Stoltenberg (»Konkordat«) aus dem NDR-Programm genommen. – »Entweder das Leben – oder Profit« war eine der Parolen auf dem von AKW-Gegnern besetzten Bauplatz in Wyhl.

S. 87 *Seveso-Lied* – vorgetragen vom Ensemble der Kölner *Machtwächter*, 1977. Die Musik schrieb Wully Hoyer. – Zur Seveso-Giftgas-Katastrophe s. Anm. zu S. 84.

S. 88 *Annelieses Kind* – Mitte der achtziger Jahre vorgetragen vom *Münchner Crüppel Cabaret* in seinem Programm »Die Rückkehr der Rollpertinger«.

S. 89 *Zähne zusammenbeißen* – 1983 im Programm »Zukunft – warum denn?« des West-Berliner *Institut für Lebensmut* vorgetragen von Stefan Gossler und Bernd Vollbrecht.

S. 91 *Der verstrahlte Großvater* – vorgetragen von Lisa Fitz in der TV-Sendung »Scheibenwischer« am 22. Mai 1986, aus der sich das Bayerische Fernsehen kurzerhand ausschaltete. Programmdirektor Dr. Oeller machte als Begründung für seine Entscheidung, sich von Satire wegen aus dem Gemeinschaftsprogramm der ARD auszuklinken und die bayerischen Mattscheiben für die Dauer der Kabarett-Sendung ungewischt zu lassen, vor allem diese Nummer verantwortlich: Sie sei »degoutant, makaber und schlicht kein Stilmittel des Kabaretts«.

S. 92 *Lichter aus* – 1978 von Rainer Basedow im Programm »Im Jahre 9« der *Münchner Lach- und Schießgesellschaft* vorgetragen.

S. 93 *Das Ozonloch* – in den achtziger Jahren von der Autorin in ihren Solo-Programmen vorgetragen.

S. 95 *Wir werden uns schon schaffen!* – Finale aus dem gleichnamigen Programm der *Münchner Lach- und Schießgesellschaft*; 1970 vorgetragen von Ursula Noack, Dieter Hildebrandt, Horst Jüssen, Jürgen Scheller und Achim Strietzel. Die Musik schrieb Walter Kabel.

S. 96 *Wiegenlied* – vorgetragen im Juli 1982 von Susanne Tremper in der SFB-

Sendung »Scheibenwischer«. Die Musik schrieb Jürgen Knieper.

S. 99 *Auf Nummer sicher* – 1984 vom Autor im gleichnamigen Programm der *Münchner Lach- und Schießgesellschaft* vorgetragen.

S. 101 *Gleichgewicht* – vorgetragen vom Autor in seinem Solo »Das neue Programm«, 1981. – Rechts-Sozi Hans Apel war von 1978 bis 1982 Bundesverteidigungsminister unter Kanzler Helmut Schmidt.

S. 102 *Abrüstungs-Initiative* – 1984 vom Autor vorgetragen auf der LP »Neuss vom Tage«.

S. 104 *Persönliche Empfehlung* – 1981 vom Autor in seinem Kabarett-Solo »Das neue Programm« vorgetragen.

S. 105 *Die Sprache des Krieges* – in den achtziger Jahren vom Autor in seinen Solo-Programmen vorgetragen.

S. 106 *Vom Kriege* – Anfang der Achtziger von Gerhard Polt in einer seiner TV-Sendungen vorgetragen, die von der ARD ausgestrahlt wurden.

S. 107 *Mein Vater war ein Deserteur* – vorgetragen Mitte der achtziger Jahre vom Autor in seinen Solo-Programmen. Mit diesem 1985 entstandenen Text griff Scheibner in die Diskussion um ein »Denkmal für den unbekannten Deserteur« ein.

S. 108 *FRIEDEN GmbH* – 1982 vorgetragen vom Ensemble des Düsseldorfer *Kom(m)ödchen*.

S. 111 *Im Labyrinth* – 1984 vorgetragen von Lore Lorentz in ihrem Solo-Programm »Eine schöne Geschichte«. Die Musik schrieb Ulrich Jokiel.

S. 113 *Die Information* – 1986 vorgetragen von Henning Venske und Jochen Busse im Programm »Mustermann« der *Münchner Lach- und Schießgesellschaft*.

S. 115 *Wir wissen zuviel* – 1970 vom Autor in der vom Hessischen Rundfunk ausgestrahlten Satire-Sendung »Bis zur letzten Frequenz« vorgetragen.

S. 117 *Ja, so sieht's aus* – Mitte der achtziger Jahre vom Autor im *Vorläufigen Frankfurter Fronttheater* vorgetragen.

S. 118 *Überlebensmittelladen* – 1984 vom Autor vorgetragen auf der LP »Neuss vom Tage«.

S. 122 *Zukunft – warum denn?* – vorgetragen von Sabine Lorenz, Bernd Vollbrecht und Stefan Gossler im gleichnamigen Programm des West-Berliner *Institut für Lebensmut*, 1983. Die Musik zum IfL-Song schrieb Christian Kunert.

S. 126 *Hundeasyl* – 1987 vom Autor als Interview mit einer Hundehandpuppe in seinem Programm »Herzkasperles Abermakaber« vorgetragen.

S. 127 *Tröstlich, nicht mehr jung zu sein* – von der Autorin vorgetragen im *Bügelbrett*-Programm »Völlig losgelöst«, 1986. Die Musik schrieb Jürgen Knieper.

S. 130 *Der Weltuntergang* – in den siebziger Jahren vom Autor in seinen Solo-Programmen vorgetragen.

S. 138 *Der Mond ist aufgegangen* – Dieter Hildebrandt hat diese Kohl-Parodie nach Matthias Claudius in den achtziger Jahren vorgetragen – aus gegebenem Anlaß immer und immer wieder.

S. 139 *Quatsch Quatsch Scham* – Wortprotokoll eines von ARD und ZDF am 12. Mai 1985 live gesendeten TV-Disputs zwischen den beiden Parteivorsitzenden Willy Brandt (SPD) und Helmut Kohl (CDU), aufgezeichnet und in Szene gesetzt von Volker Kühn für »Gedicht aus Bonn«, einer

Anthologie mit Wegwerf-Lyrik aus dem Bundestag. Die traditionelle, als »Elefantenrunde« bekannte Fernsehdiskussion fand am Abend jenes Wahltages statt, der der SPD bei der Landtagswahl in Nordrhein-Westfalen die absolute Mehrheit brachte. Anlaß des spektakulären Disputs war Brandts kritische Haltung gegenüber dem Vorhaben Kohls, anläßlich des Staatsbesuches von US-Präsident Reagan in der Bundesrepublik den Toten des KZ Bergen-Belsen und denen des Soldatenfriedhofes Bitburg mit seinen SS-Gräbern gleichermaßen Reverenz zu erweisen. CDU-Generalsekretär Heiner Geißler hatte daraufhin Stimmung gegen die SPD gemacht und davon gesprochen, ihr Vorsitzender habe den Interessen des deutschen Volkes geschadet.

S. 143 *Good morning, Germany!* – Protokoll eines satirischen Spektakels, das aus Anlaß des Staatsbesuchs von US-Präsident Reagan in der Bundesrepublik von WDR-Kulturchef Hansjürgen Rosenbauer in einer am 1. Mai 1985 vom ARD-Fernsehen live ausgestrahlten »Mai-Revue« inszeniert wurde: Die beiden Telefon-Interviews, die einem Bericht von der Landung des amerikanischen Regierungschefs in Köln-Wahn folgten, waren mit Hilfe von Reagan-Imitator Ron Williams und Stephan Wald, der Helmut Kohl seine Stimme lieh, simuliert worden. Hintergrund der Medien-Satire waren die Peinlichkeiten und Geschmacklosigkeiten im Vorfeld der Reagan-Visite, die – trotz internationaler Proteste – am 5. Mai auf das Gelände des ehemaligen Konzentrationslagers Bergen-Belsen wie auch auf den Bitburger Soldatenfriedhof führen sollte, auf dem Angehörige der Waffen-SS bestattet sind. Juden, Roma und Sinti blieben deshalb der KZ-Gedenkfeier in der Lüneburger Heide demonstrativ fern und brachten sich so um das zweifelhafte Vergnügen, mitzuerleben, wie Kanzler Kohl in Bergen-Belsen bekannte, er habe »aus der Geschichte gelernt«.
Obwohl Moderator Rosenbauer unmittelbar nach der »unautorisierten Satire« Aufklärungsarbeit leistete, vom »Satire-Vorbehalt« sprach und die Stimmenversteller Williams und Wald persönlich im TV-Studio präsentierte, hagelte es Proteste. Mehr noch: Zur Staatsaffäre geriet die bittere Bitburg-Posse, als Bundeskanzler Kohl durch seinen Regierungssprecher Sudhoff erklären ließ, man erwarte für die »angebliche Satire«, dieses »Schmierenstück ohne Beispiel«, das dem »Ansehen der Bundesrepublik Deutschland geschadet« und »unseren Gast beleidigt« habe, eine offizielle Entschuldigung der ARD. Die blieb indessen aus: WDR-Intendant von Sell erklärte, »die Bewertung der Bundesregierung verkenne und mißachte die Rechte und Pflichten des WDR als einer von Staat und Regierung unabhängigen Körperschaft«, drückte jedoch gleichzeitig sein Bedauern für den Fall aus, »daß sich durch die Satire tatsächlich der amerikanische Präsident verletzt fühlen sollte«. Auch die eiligst einberufenen WDR-Gremien – Rundfunkrat, Personalrat, Verwaltungsrat – mochten sich, bei knappen Mehrheiten, zu keiner Rosenbauer-Rüge aufraffen, obwohl der uneinsichtig blieb. Der Westdeutsche Rundfunk sei schließlich keine Filiale des Bundespresseamtes, so der Mai-Moderator. Und weiter: »Daß Bergen-Belsen und Bitburg wie bei einem moralischen Kuhhandel hin- und hergewogen wurden, war Realität. Daß der Bundeskanzler in seiner Regierungserklärung vor dem Bundestag die Entlassung von Rudolf Heß befürwortete, ist Realität. Daß bei der totalen Aussöhnung zwischen westlichen Siegern und westlichen Besiegten ein Ort des Mordes an demokratischen Widerstandskämpfern nicht einmal er-

örtert wurde, ist und bleibt Realität.« Dennoch – das Thema Medien-Satire blieb auf der Tagesordnung. Das Resultat von anstaltseigenen Überlegungen in der ARD-Programmkonferenz ging wenig später in einen Brief ihres Vorsitzenden Dietrich Schwarzkopf an den WDR-Intendanten ein. »In jedem Fall«, heißt es da grundsätzlich, »muß die Satire für die Zuschauer erkennbar sein; Verwechselbarkeit mit anderen Formen muß vermieden werden. Wo Satire Bestandteil journalistischer Sendungen ist, muß sie ebenfalls klar ausgewiesen werden, und eine Vermischung mit den übrigen Bestandteilen der Sendungen muß unterbleiben. Vor allem sind Berichterstattung und Satire auseinanderzuhalten. Im Interesse der Glaubwürdigkeit des Fernsehens muß Irreführung von Zuschauern über den satirischen Charakter einer Sendung oder eines Sendungbestandteils ausscheiden.« Personelle Konsequenzen für den Moderator – wiewohl mehrfach auf Antrag aller beleidigten Parteienvertreter gefordert – hatte die Medienposse allerdings nicht: Rosenbauer, der in den sechziger Jahren bereits als Leiter, Texter und Darsteller des Frankfurter Studentenkabaretts *Die Freimauler* einschlägige Erfahrungen im Umgang mit der Satire gesammelt hatte, blieb im Amt und machte später sogar als Intendant des Ostdeutschen Rundfunks Brandenburg (ORB) Tele-Karriere. – Rudolf Heß (1894–1987), der »Stellvertreter des Führers«, verbüßte eine lebenslange Haft im Kriegsverbrechergefängnis Berlin-Spandau. Ulrich von Hassel (1881–1944), Hitler-Gegner und »Außenminister der Widerstandsbewegung«, wurde von den Nazis in Berlin-Plötzensee hingerichtet.

S. 147 *Einladung zum Oktoberfest* – Wortprotokoll eines Telefonats, das am 5. Juli 1987 zwischen dem Münchner Kabarettisten Ottfried Fischer und dem österreichischen Bundespräsidenten Kurt Waldheim geführt wurde, wobei sich der parodistisch begabte Fischer als Bayerns Ministerpräsident Franz Josef Strauß ausgab. Waldheim war – gerade noch in Ehren als UNO-Generalsekretär verabschiedet – wegen seiner Kriegs- und NS-Vergangenheit ins Zwielicht und international ins diplomatische Aus geraten: Er wurde kaum noch zu Auslandsbesuchen eingeladen; die Vereinigten Staaten setzten Österreichs Staatsoberhaupt sogar auf die Liste der unerwünschten Personen. Als Fischer seinen Kabarett-Coup im September 1987 in der Zeitschrift »Wiener« outete, zeigte sich Waldheim »entsetzt«: Es sei ihm, so verlautete aus dem Bundespräsidialamt, »wahnsinnig peinlich«, auf den fingierten Strauß-Anruf hereingefallen zu sein. – Beate Klarsfelds spektakuläre Aktionen, mit denen sie auf die unaufgearbeitete NS-Vergangenheit aufmerksam machen wollte, waren berühmt-berüchtigt: 1968 verabreichte sie dem damaligen Bundeskanzler und einstigen NS-Parteigenossen Kiesinger eine Ohrfeige.

S. 152 *Wir Deutschen sind des Schießens satt* – vorgetragen vom Autor in einer von Volker Kühn nach Originaltonbandaufnahmen gefertigten Satire-Collage »Das Duell«, die als »Bonner Hitparade« zum Bundestags-Wahlkampf 1980 auf Schallplatte erschien. Die Schmidt-Rede, von Roland Schneider in Musik umgesetzt, war die Standard-Replik, mit der der damalige Bundeskanzler seinen Herausforderer Franz Josef Strauß und dessen Forderung nach einem »Staat, der Zähne zeigen« müsse, in gespielter Aufgeregtheit zu attackieren pflegte. Strauß verlor die Wahl, Schmidt blieb Kanzler. – »Das Duell«, einer von mehreren Versuchen, Politiker-Reden bis zur Kenntlichkeit als Schlagerschnulzen erkennbar zu machen, stieß wie frühere Kühn-Montagen dieser Art – »Wie die Alten singen« und die Pol(h)itparaden »Musik aus Studio Bonn« und »Die Liedermacher von Bonn« – in die Hit-Paraden der bundesdeutschen Rundfunksender vor. Vergleichbare Versuche, solch Real-Satire in den siebziger Jahren dem Fernsehen unterzujubeln, stießen auf weniger Gegenliebe. Volker Kühns für ZDF-»Notizen aus der Provinz« produzierte TV-Spots, die unter Verwendung von Dokumentarmaterial Strauß, Brandt, Kohl, Genscher und Carstens als Schlager-Stars enttarnen, führten zu massiven Politiker-Protesten.

S. 153 *Nu hör doch ma uff, Mensch!* – Auszug der TV-Talk-Show »Leute«, die am 5.12.1983 vom SFB live aus dem Berliner Café Kranzler gesendet wurde. Neuss, der mit pointierten Sprüchen (»Auf deutschem Boden darf nie wieder ein Joint ausgehen!«) seine Interviewer sprachlos machte, stellte sich dann selbst die Fragen, auf die er seine Antworten loswerden wollte: »Du hast mich noch gar nicht nach meinen Zähnen gefragt ... ich hab 'n Schattenkabinett im Mund.« Zur »Fernsehshow des Jahres« (»Der Stern«) wurde die Sendung durch das anschließende Talk-Duell zwischen Neuss und dem von ihm als »Richie« und »König Silberzunge« angesprochenen Richard von Weizsäcker. Der Politiker, damals noch Berlins Regierender Bürgermeister, war gerade als Kandidat für das Amt des Bundespräsidenten nominiert worden, in das er wenig später gewählt wurde. – Karl Carstens war Richard von Weizsäckers Vorgänger im Amt des Bundespräsidenten. Die Gebrüder Vogel machten in der Bundesrepublik Parteikarriere: Bernhard (* 1932) brachte es über das CDU-Parteibuch 1976 zum Ministerpräsidenten von Rheinland-Pfalz und nach der Wende zum Regierungschef des Landes Thüringen. Bruder Hans-Jochen (* 1926) erklomm über die SPD die Karriereleiter: 1960 Oberbürgermeister in München, 1972 Bundesjustizminister, 1981 Regierender Bürgermeister von West-Berlin, 1983 Kanzlerkandidat der SPD. Schriftsteller Günter Grass war zeitweise SPD-Mitglied und Anfang der siebziger Jahre Motor einer SPD-Wählerinitiative zugunsten Willy Brandts. Weizsäcker-Bruder Carl Friedrich (* 1912), Physiker und Philosoph, hatte 1947 seine Theorie zur Entstehung des Planetensystems veröffentlicht und gehörte zu den 18 Atomwissenschaftlern, die 1957 in einem Manifest gegen Adenauers Pläne zur Atombewaffnung der Bundeswehr protestierten. Er war 1979 von der SPD als Wunschkandidat für das Bundespräsidialamt genannt worden, hatte aber abgelehnt.

S. 158 *Deutsches Gespräch* – Wortprotokoll eines Telefonats, das im Winter 1982 zwischen dem Satiriker Horst Tomayer und dem Schriftsteller Ernst Jünger geführt wurde, wobei sich der parodistisch begabte Tomayer als Luis Trenker ausgab. Der falsche Luis, als Telefon-Anrufer bei Personen der Zeitgeschichte gemeinhin wenig beliebt und sehr gefürchtet – schon weil er den wortwörtlichen Inhalt seiner »deutschen Gespräche«, kaum daß er den Hörer aus der Hand gelegt hat, in der Zeitschrift »Konkret« zu publizieren pflegt – blieb auch diesmal unerkannt, seine wahre Identität dem greisen Dichter verborgen. Mehr noch: das Ferngespräch ging in die Literatur ein. In seiner Tagebuch-Auswahl, die Ernst Jünger 1993 bei Klett-Cotta, Stuttgart, unter dem Titel »Siebzig verweht III« in Buchform der Nachwelt zugänglich machte und von der »Frankfurter Allgemeinen Zeitung« vorabdrucken ließ, findet sich folgende Jünger-Notiz: »Anruf von Luis Trenker (›Berge in Flammen‹), der etwas mit mir ›zusammen machen‹ will. ›Goebbels wollte

Ihnen goldene Brücken bauen, aber die waren aus Sand.‹ Sein neunzigster Geburtstag sei ein Volksfest gewesen, wenn er von einem bösartigen Gartenzwerg absehe, der sich in die Festwiese eingeschlichen und ihn in seinem Bericht ›eine Mumie‹ genannt habe. Doch die Tiroler sind lustig: ›Wissen S' – bei solchen Jubiläen muß man damit rechnen, daß die Sauställ mitfeiern ...‹« Tomayer stellte in einem offenen, an Jünger, Klett-Cotta und die FAZ adressierten Brief die Dichtung und Wahrheit miteinander vermengende Wiedergabe des satirischen Fernsprech-Spiels als »vorsätzlichen (ersatzweise fahrlässigen) Tagebuch-Betrug« an den Pranger: »Unwahr ist, daß Luis Trenker (L. T.) Ernst Jünger (E. J.) angerufen hat. Wahr ist: Angerufen hat den E. J. der des sprachlichen Wasserfallduktusses L. T.'s sich bedienende Unterfertigte.« Unterfertigter Tomayer verweist in seiner Einlassung, der er zur Beweisführung sein »seinerzeitiges Gesprächsstenogramm« beifügte, auch die Jünger-Behauptung ins Reich der Dichterlegende, Trenker habe den Spiegel-Redakteur Fritz Rumler (»Reporter Rumpler von dem deitschen Nachrichtenmagazin«) als »bösartigen Gartenzwerg« bezeichnet, der ihn, den Alphornbläser, »eine Mumie« genannt habe. Das aufklärende Schreiben schließt mit der auch »im Namen des leider viel zu früh verstorbenen L. T.« vorgebrachten Tomayer-Forderung nach »postwendender Schwärzung der mauen Stellen« sowie »Frischdrucklegung der Wahrheit«. – Ernst Jünger, Jahrgang 1895, rechtskonservativer Schriftsteller (»In Stahlgewittern«, »Strahlungen«), begab sich während des Zweiten Weltkrieges als Hauptmann und Kompaniechef in die »innere Emigration«. Der Südtiroler, Bergsteiger, Filmregisseur und Leinwandstar Luis Trenker (1892–1990) hatte als Günstling der Nazis seinen Ruf als Heimatfilmer (»Der Berg ruft«, »Der Feuerteufel«) gefestigt; nach dem Zweiten Weltkrieg sah sich der NSDAP-Parteigenosse und Blu-Bo-Epiker gern in der Rolle des Regimegegners. Filmregisseur Geza von Cziffra (1900–1989) drehte vor und nach 1945 populäre Unterhaltungsfilme der Fliegengewicht-Klasse (»Der weiße Traum«, »Die Dritte von rechts«, »Tanzende Sterne«). Wim Wenders, Jahrgang 1945, gehört mit Faßbinder und Schlöndorff zur Generation der Nachkriegs-Regisseure, die den deutschen Kinofilm erneuern halfen (»Paris, Texas«, »Der Himmel über Berlin«, »In weiter Ferne, so nah!«).

S. 161 *Es gibt nur eine Mitte* – vorgetragen vom Autor in einer von Volker Kühn nach Originaltonbandaufnahmen gefertigten Satire-Collage »Pol(h)itparade – Die Liedermacher von Bonn«, die 1975 auf Schallplatte erschien. Die dem Vokalisten Strauß unterlegte Musik stammt von Roland Schneider.

S. 163 *Zur Lage der Nation* – vorgetragen vom Autor in einer von Volker Kühn nach Originaltonbandaufnahmen gefertigten Satire-Collage »Pol(h)itparade – Musik aus Studio Bonn«, die 1973 mit der Musik von Roland Schneider auf Schallplatte erschien. Vier Jahre später, am 1. Juli 1977, führte Realsatiriker Helmut Schmidt-»Schnauze«, inzwischen vom Finanzminister zum Regierungschef avanciert, seine Kunstfertigkeit, sich selbst nach dem Munde zu reden, auf der Bühne des Bonner Stadttheaters vor: Er synchronisierte sich und sein Musik gewordenes Langzeit-Motto »Etwas lernen, etwas leisten« vor den zweitausend Gästen seiner Kanzlerfete. Den Beifall, den ihm europäische Polit-Stars wie Bruno Kreisky, Leo Tindemans, Anker Jörgensen und Olof Palme bereitwillig spendeten, teilte er sich mit drei Go-Go-Girls.

S. 165 *Hirnwinde* – vorgetragen vom Autor in einer von Volker Kühn nach Originaltonbandaufnahmen gefertigten Satire-Collage »Wie die Alten singen«, die 1969 auf Schallplatte erschien und bis in die Hit-Paraden der bundesdeutschen Rundfunksender vorstieß. Die dem »wehenden Geist« unterlegte Musik schrieb Roland Schneider.

S. 170 *Bundeswalzer* – in den achtziger Jahren von Ingrid Caven vorgetragen. Die Musik zu dieser Alternativ-Hymne, die 1989 auch in Volker Kühns Bühnen-Revue »Jahrhundertmai« von Marianne Mosa interpretiert wurde, stammt von Peer Raben.

S. 171 *Der Hundebesitzer* – In den achtziger Jahren von Gerhard Polt in seinen Solo-Programmen vorgetragen. Im Januar 1980 wurde der Sketch erstmals in Polts TV-Sendung »Fast wia im richtigen Leben« vorgestellt.

S. 172 *Mai Ling* – vorgetragen von Gerhard Polt in seiner TV-Sendung »Da schau her«, die im Mai 1979 von der ARD ausgestrahlt wurde.

S. 174 *Das Positive* – vorgetragen im Mai 1986 vom Autor in der von der ARD ausgestrahlten TV-Sendung »Scheibenwischer«, aus der sich das Bayerische Fernsehen ausblendete (s. a. Anm. zu S. 91).

S. 177 *Pardon für Popen?* – der im Januar 1980 unter dem Titel »Der Würger mit dem Rosenkranz« erstmals in der Satire-Zeitschrift »Pardon« veröffentlichte Höffner-Schmäh wurde von mehreren Kabaretts auf die Bühne gebracht. – Joseph Kardinal Höffner, mit dem Bundesverdienstkreuz mit Stern ausgezeichneter Star-Katholik, Erz-Reaktionär und ebensolcher -bischof zu Köln, hatte sich im November 1979 in einem Presse-Interview für die Einführung der Todesstrafe ausgesprochen und damit zahlreiche Proteste, darunter von »amnesty international«, hervorgerufen.

S. 179 *Rebmann im Herbst* – 1983 vom Autor im Programm »Applaus von der falschen Seite« des Freiburger Studenten-Kabaretts *Schmeißfliege* vorgetragen. Als der Text im Dezember 1983 in der »Stadtzeitung für Freiburg« abgedruckt wurde, wurde das Blatt konfisziert. Der angesprochene »General« Rebmann, mit dem Text vertraut gemacht, verzichtete auf die Strafverfolgung des Autors. – Der Text bezieht sich auf die Vorgänge des Jahres 1977, das im Zeichen einer verschärften Auseinandersetzung zwischen dem Terrorismus und der Staatsgewalt stand: Im April war Generalbundesanwalt Siegfried Buback, im Juli der Vorstandssprecher der Dresdner Bank, Jürgen Ponto, und im Oktober der sechs Wochen zuvor entführte Arbeitgeber-Präsident Hanns-Martin Schleyer von der RAF ermordet worden. Im gleichen Jahr waren die zu lebenslänglicher Haft verurteilten Terroristen der sogenannten Baader-Meinhof-Gruppe, Andreas Baader, Gudrun Ensslin und Jan-Carl Raspe, im Sicherheitstrakt des Gefängnisses Stuttgart-Stammheim tot aufgefunden worden. Die Publizistin und ehemalige »Konkret«-Chefredakteurin Ulrike Marie Meinhof hatte man bereits im Mai 1976 erhängt in ihrer Stammheimer Zelle aufgefunden; die Behörden sprachen in allen Fällen von Freitod. Generalbundesanwalt Kurt Rebmann, ausgezeichnet mit dem Bullenorden des Bundes Deutscher Kriminalbeamter und Träger des Bundesverdienstkreuzes mit Stern, war Bubacks Nachfolger im Amt. – Der Satz »Es gibt nichts Gutes, außer man tut es« geht auf ein Kästner-Epigramm zurück. Zur zitierten »klammheimlichen Freude« s. a. Anm. zu S. 199.

S. 182 *Was denkt der deutsche Mann?* – vorgetragen vom West-Berliner *Ca-*

*DeWe* in seinem Programm »Deutsch nix gutt – sonst Geld zurück«, 1982. Die Musik zu der Nummer, die mit einer furiosen Fuge (»Greif durch, oh Herr«) endet, stammt von Rainer Rubbert.

S. 183 *Der Tendenzen-Song* – aus dem ersten Programm des West-Berliner *CaDeWe*, das sich »Tja, das sind so die Tendenzen« nannte und im November 1978 Premiere hatte. Das *CaDeWe*, das sich als »Cabarett des Westens« verstand, setzte sich in diesem Programm kritisch mit der großen Kunstausstellung »Tendenzen der Zwanziger Jahre« auseinander und stellte Beziehungen zwischen der politischen Situation der Zwanziger und Siebziger her. Die Musik stammt von Habakuk Traber.

S. 184 *Politische Logik* – 1983 im Programm »Zukunft – warum denn?« des West-Berliner *Institut für Lebensmut* vorgetragen von Sabine Lorenz und Bernd Vollbrecht. – Heiner Geißler, seinerzeit Generalsekretär der CDU, hat die erwähnte Äußerung im Bundestag ausposaunt. In vollem Wortlaut ließ sich G., den Willy Brandt in einem TV-Wortabtausch mit Kohl einmal als den »schlimmsten Hetzer seit Goebbels« bezeichnete, so vernehmen: »Der Pazifismus der dreißiger Jahre, der sich in seiner gesinnungsethischen Begründung nur wenig von dem unterscheidet, was wir in der Begründung des heutigen Pazifismus zur Kenntnis zu nehmen haben, dieser Pazifismus der dreißiger Jahre hat Auschwitz erst möglich gemacht.«

S. 186 *frohe botschaft* – 1985 vorgetragen vom Autor in der TV-Sendung »lyrics«. Die Nummer, die mit Themen und Namen der Zeitgeschichte der Achtziger jongliert, wurde von mehreren Kabaretts nachgespielt.

S. 187 *Ein Fall von Bestechung* – 1983 im Programm »Zukunft – warum denn?« des West-Berliner *Institut für Lebensmut* vorgetragen von Stefan Gossler und Bernd Vollbrecht.

S. 189 *Wahlen, Wahlen* – vorgetragen im November 1982 von Heinz Werner Kraehkamp und Werner Kreindl in Dieter Hildebrandts TV-Satire-Sendung »Scheibenwischer«.

S. 192 *Lied der Unregierbaren* – im November 1982 von Daniela Strietzel in der TV-Sendung »Scheibenwischer« zur Musik von Jürgen Knieper vorgetragen.

S. 193 *Wortspende* – 1981 vom Autor (Reporter) und Partnerin Elisabeth Fall (Professor) im Programm »Herzkasperls Salto Normale« vorgetragen. – »Erste Allgemeine Verunsicherung« nannte sich eine österreichische Pop-Kabarett-Band, die wegen ihrer kritischen Texte bekannt, geschätzt und gefürchtet wurde.

S. 197 *Steckbriefe* – 1973 im Programm »Der Stoff, aus dem die Menschen sind« der Kölner *Machtwächter* vorgetragen.

S. 199 *Razzia-Walzer* – 1977 zu einer Melodie von Thomas Koschat vorgetragen von den *Drei Tornados* in ihrem »Flipperschau«-Programm. Mit dem Razzia-Song begründeten die *Drei Tornados* ihren Ruf als kabarettistische West-Berliner »Spaßguerilla«, die in dem Maße, wie sie vor »Szene«-Publikum für Stimmung sorgte, TV-Gewaltige in Angst und Schrecken versetzte. Er nimmt Bezug auf den im April 1977 von der RAF ermordeten Generalbundesanwalt Siegfried Buback sowie auf den sogenannten »Mescalero«-Nachruf, der in der Zeitung des Allgemeinen Studentenausschusses der Universität Göttingen erschien und in dem von »klammheimlicher Freude« über den Buback-Mord die Rede ist. Die massenhafte Verfolgung und Ermordung von Oppositionellen durch den Schah von Persien ist in der Bundesrepublik spätestens seit 1967 bekannt, als sein Deutschland-Besuch und der freundliche Empfang, den ihm das offizielle Bonn zuteil werden ließ, zu Protesten und Studentenunruhen führten.

S. 200 *Achtung! Hier spricht Fritz Schimmel!* – Mitte der achtziger Jahre vom Autor im *Vorläufigen Frankfurter Fronttheater* vorgetragen.

S. 201 *Erkennungslied* – Anfang der achtziger Jahre von den *Drei Tornados* zu altvertrauter Volksweise im Programm »Totalschaden« vorgetragen. Der Song, auch als »wg.-Terror« betitelt, wurde als »gesungener Bekennerbrief aller terroristischen, anarchistischen und sonstigen autonomen Vereinigungen« angekündigt.

S. 201 *Hallo Bulle!* – 1982 von der Autorin im *Bügelbrett*-Programm »Keine Angst – wir kommen!« vorgetragen. Die Musik stammt von Jürgen Knieper.

S. 203 *Grundgesätzliches* – 1975 vorgetragen vom Kölner Kabarett *Floh de Cologne* im Programm »Tilt«.

S. 204 *Deutschland 2028* – 1988 von Sinasi Dikmen geschrieben und im *Knobi-Bonbon*-Programm »Putsch in Bonn« vorgetragen.

S. 205 *Bei mir daheim* – Mitte der achtziger Jahre vom Autor im *Vorläufigen Frankfurter Fronttheater* vorgetragen.

S. 208 *Krug und Scherbe* – aus »Der Deutsche Selbstverstand«, einer Sammlung von Richling-Texten, die 1989 in der Satire-Reihe »Bibliothek der Deutschen Werte« erschien. – Der Text spielt auf die »Waterkantgate-Affäre« vom Herbst 1987 an: Uwe Barschel (CDU), schleswig-holsteinischer Ministerpräsident, hatte, als seine Macht zu bröckeln begann, seinen Kontrahenten, den SPD-Oppositionsführer Björn Engholm, bespitzeln lassen und gezielte Gerüchte über ihn mit dem Ziel in Umlauf gebracht, dessen Wählbarkeit zu untergraben. Als Barschels kriminelle Energie ruchbar wurde, erklärte er an Mein-Eides statt seine Unschuld. Wenig später nahm er sich im Genfer Hotel »Beau-Rivage« mit Medikamenten das Leben; am 11. Oktober 1987 wurde er in der Badewanne seines Hotelzimmers tot aufgefunden. Auch der ausgeforschte Barschel-Nachfolger, Björn Engholm, mußte wenig später als Ministerpräsident und SPD-Kanzlerkandidat seinen Hut nehmen, nachdem er sich hinsichtlich der Frage, ob er Kenntnis von Barschels Machenschaften gehabt habe, in Widersprüche, Ausflüchte und Falschaussagen verstrickt hatte. Mit dem vom Staat geopferten Schleyer ist der Präsident des Bundesverbandes der Deutschen Arbeitgeberverbände gemeint, der 1977 von der RAF ermordet worden war (s. Anm. zu S. 179). Gerhard Stoltenberg war zur Zeit der Barschel-Affäre CDU-Landesvorsitzender von Schleswig-Holstein, Klaus Kribben stellvertretender Vorsitzender der CDU-Fraktion im Kieler Landtag.

S. 211 *Es denken die Leute von gestern wieder an morgen* – vorgetragen vom Autor zu eigener Musikbegleitung auf der Abschlußveranstaltung »Künstler für den Frieden« am 21. November 1981 in der Dortmunder Westfalenhalle.

S. 214 *Drunt in da greana Au* – in den siebziger und achtziger Jahren vorgetragen von der kabarettistischen Bayern-Musi-Truppe *Biermösl Blosn*. Das Lied von dem »Schtrick am Ascht am Baam drunt in da greana Au«, für das der Autor aus gegebenem Anlaß eine bekannte, traditionelle Volksmusikweise heranzog, bezieht sich auf den Fall des baden-württembergischen Ministerpräsidenten Hans Filbinger

(CDU), der als NS-Marinerichter noch in den letzten Kriegstagen des Jahres 1945 an Todesurteilen gegen Soldaten der deutschen Wehrmacht beteiligt war. Erst nachdem der Schriftsteller Rolf Hochhuth an den solcherart ermordeten Matrosen Walter Gröger erinnert und von dem »furchtbaren Juristen« spricht, tritt der unter akuter Gedächtnisschwäche leidende Filbinger im August 1978 unter dem Druck der Öffentlichkeit nach mehr als zehnjähriger Amtszeit von seinem Posten als Länder-Regierungschef zurück.

S. 216 *Geld Macht Geil* – aus dem gleichnamigen Kabarett-Programm, mit dem die Autorin Ende der achtziger Jahre auftrat.

S. 218 *Der anständige Deutsche und die Ausländer* – im Mai 1986 vom Autor in seiner live von der ARD ausgestrahlten TV-Satire-Sendung »Scheibenwischer« vorgetragen, aus der sich das Bayerische Fernsehen ausblendete, weil TV-Direktor Oeller die Sendung – ohne sie zu kennen – als »makaber und degoutant« einstufte. Hildebrandt ging in seiner Moderation auf den Vorfall ein: »In meiner bayerischen Heimat sieht man uns jetzt zum Beispiel nicht. Die haben sich heute ausgeschaltet. Also, der Herr Programmdirektor Oeller ... hat etwas für Kollektivseelsorge übrig und glaubt, man könne den Leuten nicht selbst zumuten, wenn sie irgend etwas nicht sehen wollen. Da ist aber, das habe ich ihm schon mal gesagt, da ist da unten rechts so ein Knopf ... Armer Oeller.« (s. a. Anm. zu S. 91). – Inländer Friedrich Zimmermann war seinerzeit Bundesinnenminister, Carl-Dieter Spranger sein parlamentarischer Staatssekretär.

S. 220 *Vaterland* – ab 1979 vom Autor, von dem auch die Musik stammt, in seinen Solo-Programmen vorgetragen.

S. 221 *Neue Armut* – 1985 vorgetragen von Rainer Basedow und Henning Venske im Programm »Jugend raus!« der *Münchner Lach- und Schießgesellschaft*.

S. 223 *Vom Werden zum Sein* – 1987 vom Autor in seinem Programm »Himmel, Arsch und Sondermüll« vorgetragen.

S. 224 *Über das jache Erscheynen ...* – 1971 vorgetragen im Programm »Abel verpflichtet« der *Münchner Lach- und Schießgesellschaft*. Die Musik schrieb Walter Kabel.

S. 226 *Der letzte Linke* – 1987 vorgetragen vom Autor in seinem Solo-Programm »Der Morgen davor«.

S. 227 *Liebe Hundskrüppel* – 1983 vorgetragen vom *Münchner Crüppel Cabaret* in seinem von Werner Geifrig inszenierten Programm »Soziallästig«.

S. 228 *Ich gehe davon aus ...* – 1986 vorgetragen von Jochen Busse im Programm »Mustermann« der *Münchner Lach- und Schießgesellschaft*.

S. 228 *Jetzt reden wir wieder Fraktur* – 1984 vorgetragen vom Autor in seinem Solo-Programm »Satz für Satz«. Die Musik schrieb Christoph Pauli. – Mit der Wende, auf die der Schneyder-Song von der Fraktur Bezug nimmt, ist nicht etwa jene gemeint, die nach 1989 die Auflösung der DDR bezeichnet, sondern die, welche Mitte der achtziger Jahre auf Helmut Kohls vollmundige Erklärung abhob, er werde als Kanzler die »geistig-moralische Wende« herbeiführen.

S. 230 *Willy* – vorgetragen vom Autor ab 1977. Der populäre »Willy«-Song, zu dem Wecker auch die Musik schrieb, erweist sich als bittere Prophetie auf die neonazistischen Mordbrenner-Aktionen der frühen neunziger

Jahre (s. a. Weckers »Ballade von Antonio Amadeu Kiowa«, S. 369).

S. 232 *Die Wut ist jung* – 1984 vorgetragen von Lore Lorentz in ihrem Solo-Programm »Eine schöne Geschichte«. Die Musik schrieb Arthur Lauber.

S. 238 *Zu Tode gewundert* – diese Szene, die das Leipziger Studenten-Kabarett *Rat der Spötter* im Herbst 1961 in seinem Programm »Wo der Hund begraben liegt« spielen wollte und der »Abnahme«-Zensur vorlegte, führte zum Verbot des Kabaretts und brachte den Kabarettisten eine Gefängnisstrafe ein (s. a. Anm. zu S. 241). – Im Titelsong des Programms, mit dem der *Rat der Spötter,* so das Bezirksgericht Leipzig, »staatsgefährdende Hetze« betrieb, hieß es:

Was an uns liegt, ist getan, die Zeit ist reif,
Drum drauf und dran.
Wir machen Jagd auf allen Schund,
Dann kommt der Hund bald auf den Hund.
Es geht nur dann bei uns voran,
Legt ihr dem Hund den Maulkorb an.
Drum Leute, hört die Signale,
Dann ist's mit dicken Hunden endlich Finale.

S. 238 *Mai Otto* – Die von Heinz-Martin Benecke und Peter Sodann verfaßte Biertisch-Szene wurde im Herbst 1961, wenige Wochen nach dem Bau der Mauer, von den beiden Autoren als Richard und Otto einstudiert und sollte im Programm »Wo der Hund begraben liegt« des Leipziger Studenten-Kabaretts *Rat der Spötter* gespielt werden. Zur Premiere kam es indes nicht. Nach der »Abnahme«-Vorstellung des Programms wurde das Kabarett verboten, die Kabarettisten – darunter die Autoren dieser Szene – wurden verhaftet und im Juni 1962 vor Gericht gestellt. Weil sie mit Szenen wie »Mai Otto«, die laut Anklage der Staatsanwälte Holzmüller und Fräbel eine »konterrevolutionäre Provokation« seien, »ganz im Sinne der von den Bonner Ultras gesteuerten Hetz- und Wühltätigkeit« fortgesetzt »staatsgefährdende Hetze und Propaganda« betrieben haben sollen, wurde Sodann zu 22 Monaten, Benecke zu 15 Monaten Gefängnis mit Bewährung verurteilt (s. a. Anm. zu S. 241). – Otto Grotewohl war Ministerpräsident der DDR und stellvertretender Vorsitzender des DDR-Staatsrats. Mit der Frage »Was sachstn zu Berlin?« wird auf den Bau der Mauer angespielt. Mit »Chrutscho oder Chrutscko« ist Sowjet-Premier Nikita Chruschtschow gemeint. SVK nannte sich die Sozial- und Krankenversicherung der DDR.

S. 241 *DEFA-Lustspiel* – die von Ernst Röhl verfaßte Nummer war 1961 für das Herbst-Programm »Wo der Hund begraben liegt« des Leipziger Studenten-Kabaretts *Rat der Spötter* vorgesehen. Nach der offiziellen »Abnahme« des Programms durch die SED-Funktionäre des Bezirks Leipzig wurden dieser und andere Texte dem Ministerium für Staatssicherheit zugespielt. Das Kabarett wurde geschlossen, die Kabarettisten von der Universität ausgeschlossen. Autor Ernst Röhl und fünf seiner Spötter-Kollegen, Manfred Albani, Heinz-Martin Benecke, Rolf Herschel, Peter Seidel und Peter Sodann, wurden verhaftet, von der Stasi verhört und vor Gericht gestellt. Sie wurden angeklagt, »fortgesetzt handelnd durch staatsgefährdende Hetze und Propaganda die politisch-ökonomischen Grundlagen der Arbeiter- und-Bauern-Macht in der Deutschen Demokratischen Republik angegriffen zu haben«. Das geplante Kabarett-Programm enthalte »in fast allen Szenen massive Hetze gegen die Arbeiter- und-Bauern-Macht und in seiner Gesamtkonzeption die Aufforderung zu konterrevolutionären Aktionen« (Verbrechen gemäß § 19, Abs. 1, Ziffer 2 Strafrechtsergänzungsgesetz). Aus einem Gutachten, das Stasi-Oberleutnant Hoffmann beim Rektor der Leipziger Theaterhochschule, Professor Armin-G. Kuckhoff, in Auftrag gab, wurde darauf hingewiesen, die Kabarettisten hätten die DDR-Presse als unobjektiv und Funktionäre als unfähig bezeichnet sowie Reden führender DDR-Repräsentanten mit Meßeinheiten wie ULB (für Ulbricht) und CHRUSCHTSCH (für Chruschtschow) bewertet. Außerdem wurde ihnen vorgeworfen, »sogenannte politische Witze« verbreitet zu haben. Kuckhoffs Gutachter-Schluß: »Objektiv sind sie zu Verrätern an den Menschen geworden, denen sie ihre ganze Entwicklung zu verdanken haben.« Der Prozeß vor dem Ia-Senat des Bezirksgerichts Leipzig dauerte drei Tage und fand im Juni 1962 statt. Das Urteil: Gefängnisstrafen zwischen einem Jahr und einem Jahr, 10 Monate, mit Bewährung. Bereits im Dezember 1961 hatte Paul Fröhlich, erster Sekretär der Leipziger SED-Bezirksleitung und Initiator dieser Präzedenz-Strafmaßnahme in Sachen Satire, auf der 14. Tagung des SED-Zentralkomitees seinem Parteichef Walter Ulbricht Vollzug gemeldet: »An der Journalistischen Fakultät der Karl-Marx-Universität gab es ein Studenten-Kabarett *Rat der Spötter*. In Vorbereitung der Leipziger Herbstmesse, also kurz nach dem 13. August, entwickelte diese Gruppe ein Programm, das durchdrungen war von Feindlichkeiten gegen die Deutsche Demokratische Republik. Den Hauptstoß führten sie mit dem Mißbrauch der Mittel der Satire gegen die Partei und ihre Führung. Man muß sich die Frage stellen: Was geht in den Köpfen solcher Studenten vor, die auf Kosten der Arbeiter-und-Bauern-Macht studieren und trotz ihres Studiums nichts anderes zu tun haben, als den Feinden des Friedens und der Konterrevolution das Wort zu reden. Die Parteileitung der Karl-Marx-Universität nahm eine prinzipiell richtige Haltung ein, deckte die Dinge auf und verhinderte die Aufführung dieses Programms.« – Die Kabarett-Nummer thematisiert ironisierend die Berichterstattung der DDR-Medien über die 1960 abgeschlossene Zwangskollektivierung der Landwirtschaft, die Enteignung der privaten Bauern und deren Zusammenschluß in sogenannten Landwirtschaftlichen Produktionsgenossenschaften (LPG). Mit der Heldentat von Gagarin ist sein erster bemannter Weltraumflug um die Erde gemeint, der den Sowjet-Major im April 1961 zur internationalen Berühmtheit machte. Gustav Adolf Schur war ein bekannter Radsportler der DDR, der 1960 bei den Olympischen Spielen in Rom erfolgreich war.

S. 246 *Gustav und Erich* – 1972 vom Autor und Fritz Ehlert im Programm »Alles wegen die Leut« der Dresdner *Herkuleskeule* vorgetragen. Glauches Dialog-Sketche für Gustav und Erich gehörten zu den Standard-Nummern der *Herkuleskeulen*-Programme.

S. 249 *Sieg mit* – Schlußlied aus dem Programm »Auf dich kommt es an, nicht auf alle«, das im Dezember 1986 in der Dresdner *Herkuleskeule* Premiere hatte. Das Stück um eine »Außenseiterkonferenz mit Diskussionsbeiträgen«, vom Freien Deutschen Gewerkschaftsbund (FDGB) mit dem Kunstpreis bedacht, wurde von vielen DDR-Kabaretts nachgespielt.

S. 249 *Der Mensch denkt, Spott lenkt* – aus dem gleichnamigen Programm des Ost-Berliner Betriebs-Kabaretts *Die Flohrettiche*, vorgetragen im März 1987.

S. 250 *Diogenes* – 1974 von Ursula Schmitter im Programm »Vorwärts und nichts vergessen« der *Leipziger Pfeffermühle* vorgetragen.

S. 251 *Mänätschment* – aus dem Programm »Mit uns können wir's machen« der Dresdner *Herkuleskeule*, 1985.

S. 253 *Schaum* – 1984 im Programm »Kleiner Mann – was tun?« der *Lachkartenstanzer*, Karl-Marx-Stadt, von Peter Frauendorf vorgetragen. – »Aktuelle Kamera« war die Nachrichtensendung des DDR-Fernsehens.

S. 254 *Leistung* – aus dem Programm »VIII – IX – Klasse«, das im Mai 1976 in der *Leipziger Pfeffermühle* Premiere hatte.

S. 255 *Denk-mal* – im Dezember 1986 vorgetragen von Detlef Nier und Karl Heinz Oppel im Programm »Immer rin in die jute Stube« der Ost-Berliner *Distel*. Der fiktive Marx-Engels-Dialog wurde von den Kabarettisten in historisch anmutendem Kostüm und Maske gespielt – eine Anlehnung an das im Volksmund als »Sakko und Jakketti« getaufte Marx-Engels-Denkmal, das in Ost-Berlin hinter der DDR-Volkskammer (Palast der Republik) aufgestellt wurde.

S. 258 *Das Spargel-Kollektiv* – 1986 vorgetragen vom Autor sowie Astrid Bless, Manon Straché, Christian Becher und Peter Treuner im Programm »Wir stehn uns noch bevor« der Leipziger *Academixer*.

S. 259 *Dialektisch für you* – 1974 im *Distel*-Programm »Vorwärts und nichts vergessen« von Hannelore Erle und Helmut Hellmann vorgetragen. – Das im Ensikat-Text erwähnte Zitat von der Welt, die es da zu verändern statt zu interpretieren gilt, wurde bei aller Neudialektik irrtümlich Lenin zugeschrieben. Tatsächlich stammt das Wort von Karl Marx persönlich. In seinen »Thesen über Feuerbach« ist zu lesen: »Die Philosophen haben die Welt nur verschieden interpretiert, es kömmt drauf an, sie zu verändern.«

S. 261 *Das Risiko* – in den siebziger Jahren vorgetragen vom Ensemble der *Kneifzange*, dem Kabarett der Nationalen Volksarmee.

S. 263 *Bitte recht freundlich!* – 1979 vorgetragen vom Ensemble der Dresdner *Herkuleskeule*. Das Opening des gleichnamigen Programms wird hier leicht gekürzt wiedergegeben.

S. 265 *Schild und Bürger* – 1977 vorgetragen in der Ost-Berliner *Distel*.

S. 266 *Vorwärts zu neuen Folgen* – im Mai 1987 von Michael Nitzel und Karl Heinz Oppel sowie Hanna Donner, Hannelore Erle, Helmut Hellmann und Detlef Nier in der Ost-Berliner *Distel* als Opening des gleichnamigen Programms vorgetragen. – Pfarrer Rainer Eppelmann, einst wehrdienstverweigernder Bausoldat, gehörte 1981 neben Robert Havemann zu den Unterzeichnern eines »Offenen Briefes an Breshnew«, in dem der Abzug der Besatzungstruppen aus beiden Teilen Deutschlands gefordert wurde. 1982 veröffentlichte Eppelmann den »Berliner Appell – Frieden schaffen ohne Waffen«. 1989 war er an der Gründung des »Demokratischen Aufbruchs« beteiligt und wurde nach der Wende Verteidigungsminister der letzten DDR-Regierung unter Lothar de Maizière. Werner Aurich war FDJ-Sekretär. Mit Erich ist DDR-Staatschef Erich Honecker gemeint, ZK steht für »Zentralkomitee der SED«, HGL für Hausgemeinschaftsleitung.

S. 270 *Energie, vorkommen!* – aus dem gleichnamigen Programm der *Leipziger Pfeffermühle*, das im Februar 1980 Premiere hatte.

S. 271 *Amtliches Gebet* – im Programm »Bürger, schützt eure Anlagen oder Wem die Mütze paßt« vorgetragen, das 1980 in der Dresdner *Herkuleskeule* Premiere hatte.

S. 272 *Es ist Nacht* – 1987 vorgetragen vom Autor in seinem »Kabasurdes Abrett«-Programm.

S. 273 *Friede auf Erden* – aus dem Programm »Wir nehmen uns beim Wort« des Suhler Lehrer-Kabaretts *Die Hinterwäldler*.

S. 273 *Zwei Welten* – 1988 vorgetragen im Programm »Was nun?« des Magdeburger Betriebs-Kabaretts *Die Zange*.

S. 275 *Deutsch-deutsche Erbteilung* – vorgetragen vom Autor während eines Gastspiels in der DDR, das Hildebrandt zusammen mit Werner Schneyder im Januar 1985 in der *Leipziger Pfeffermühle* gab. Der Auftritt, zu dem die Leipziger Kabarett-Kollegen eingeladen hatten, machte Schlagzeilen – im Westen. Hildebrandt erinnert sich: »Es ist kompliziert. Die Menschen, die uns eingeladen haben, haben dafür gekämpft, daß wir in Leipzig sechs Vorstellungen geben konnten. Das war bei Schneyder, dem Österreicher, nicht so schwierig; in meinem Falle, dem Bundesrepublikaner, gab es erhebliche Bedenken seitens der Kulturfalken in Ost-Berlin. Wir müssen Rücksicht nehmen, dürfen den Kollegen nicht in den Rücken fallen. Andererseits sind wir auch in der Absicht gekommen, das loszuwerden, was wir über diesen Staat denken.« Und das hörte sich dann so an:

HILDEBRANDT: Als Satiriker fühle ich mich verpflichtet, Mißstände aufzuzeigen.

SCHNEYDER: In diesem Land gibt's keine Mißstände.

HILDEBRANDT: Sondern?

SCHNEYDER: Gelegentlich gesellschaftliche Widersprüche.

HILDEBRANDT: Und was sind gesellschaftliche Widersprüche?

SCHNEYDER: Mißstände. –

Der Schauspieler Otto Gebühr war in den zwanziger und dreißiger Jahren als Darsteller in historischen Filmen populär, in denen er vorzugsweise den Alten Fritz mimte (»Fridericus Rex«, »Der große König«). Mit dem Münchner Musikverleger, der die Rechte an der »Internationalen« hat, ist Hans Beierlein gemeint.

S. 278 *Schwierige Verständigung* – 1983 von Brigitte Krause, Ilse Maybrid und Gert Kießling im Programm »Vom Ich zum Wir – einmal hin und zurück« der Ost-Berliner *Distel* sowie im DDR-Fernsehen vorgetragen. Mit der Szene sollte offensichtlich der Versuch gemacht werden, das Thema der auch in der DDR immer stärker werdenden Friedensbewegung aufzugreifen und ihre als subversiv eingestuften, populären Forderungen (»Schwerter zu Pflugscharen«) im Sinne der offiziellen DDR-Propaganda zu diskreditieren. – Senator Robert Kennedy, ein Bruder des ehemaligen US-Präsidenten, galt in den sechziger Jahren als Sympathisant der amerikanischen Friedensbewegung. Der 7. Oktober 1949 gilt als Tag der DDR-Gründung. Juri Andropow war seit November 1982, nach dem Tod Breschnews, der neue Machthaber im Kreml. Präsident Reagan setzte Anfang der achtziger Jahre gegen den erbitterten Widerstand der Abrüstungsbefürworter den sogenannten NATO-Doppelbeschluß durch; als er im Juni 1982 die Bundesrepublik besuchte, demonstrierten mehr als 400000 Friedensfreunde gegen seine Nachrüstungspolitik.

S. 281 *Redefreiheit* – vorgetragen im Juni 1986 im Potsdamer *Kabarett am Obelisk*. Das Programm »Volldampf voraus!?«, aus dem dieser Text stammt, wurde nach Einwänden der

»staatlichen Organe« und Diskussionen im Ensemble nach der dritten Vorstellung vom Spielplan genommen.

S. 283 *Finale* – 1975 vorgetragen von der *Leipziger Pfeffermühle* im Programm »Haltung ist die erste Bürgerpflicht«.

S. 283 *Ermutigung* – im Juni 1988 vorgetragen von Zara Arnold und Peer Jäger im Programm »Verdammte Pflicht und Schludrigkeit« der *Leipziger Pfeffermühle*. Die Musik schrieb Hartmut Schwarze.

S. 285 *Schreib um* – 1973 von Brigitte Krause und Otto Stark im *Distel*-Programm »In eigener Lache« vorgetragen. – ND ist das Kürzel für die SED-Partei-Zeitung »Neues Deutschland«.

S. 288 *Letzte Tagesmeldungen* – vorgetragen im Programm »Startschüsse«, mit dem im September 1978 das Potsdamer *Kabarett am Obelisk* seine Pforten öffnete.

S. 292 *Wir Widerstandskämpfer* – 1991 vorgetragen von Gretel Schulze und Gisbert-P. Terhorst im Programm »Licht am Ende des Tunnels« des Potsdamer *Kabarett am Obelisk*. – Die Pointe der Pointe: Der erwähnte Beschluß war gar keiner, eher ein gutgemeinter Rat. Das geht aus einer kabaretteigenen Anmerkung zu dieser Nummer hervor, die wir der Textsammlung »Das Würfelei« (15 Jahre Potsdamer *Kabarett am Obelisk*, Obelisk Verlag, 1993) verdanken: »Davon abgesehen«, schreibt Herausgeber Helmut Fensch selbstkritisch, »daß es sich beim zitierten ›Beschluß‹ lediglich um eine Empfehlung handelte, die von den Stadthäuptlingen als Befehl verstanden wurde – auch die Potsdamer kamen auf diese Weise zu ihrem inzwischen nicht mehr wegzudenkenden *Kabarett am Obelisk*. Die SED-Bezirksleitung und der Rat des Bezirkes drängten darauf. Es wird erzählt, daß der damalige 1. Sekretär Günther Jahn in seinem Bezirk ›ein bißchen mehr Offenheit‹ wagen wollte. Und 1978 hatte man den Plan erfüllt« – mit der Gründung des Potsdamer Kabaretts.

S. 292 *Das Ideal ist ausgebrochen* – vorgetragen im November 1988 vom Ensemble der Ost-Berliner *Distel* auf einer Generalprobe des Programms »Keine Mündigkeit vorschützen«. Zur Premiere kam es nicht mehr: die SED verbot das Programm. – Mit SU ist die Sowjetunion gemeint; das Nicolai-Viertel, der Stadtteil Marzahn und die Husemann-Straße galten seinerzeit als städtebauliche Vorzeige-Objekte Ost-Berlins. Kurt Hager war Kulturchef der DDR. ABVer steht für »Abschnittsbevollmächtiger der Volkspolizei«, eine Art Streifenpolizist.

S. 297 *Lauf der Mitläufer* – vorgetragen im Sommer 1989 im Programm »Überlebenszeit« der Dresdner *Herkuleskeule*. Der Text spielt auf die blutige Niederwerfung des Aufstandes chinesischer Oppositioneller auf dem »Platz des himmlischen Friedens« in Peking an und ist – unschwer herauszuhören – auf die eigene Situation in der DDR gemünzt.

S. 298 *Der Dank des Vaterlandes* – im März 1990 vom Duo Wenzel & Mensching in »Letztes aus der Da Da eR«, ihrem »clownesken Endspiel aus einem verjubelten Teil Deutschlands« vorgetragen. Teile des Programms stammen aus früheren Versionen des »Da Da eR«-Stücks. Die angesprochene alte Strophe des »Dankchorals«, der gegen Ende mit sich überschlagenden Stimmen schreiend vorgetragen wird, ist in der Fassung enthalten, die bereits ab Herbst 1988 gesungen worden war. Da hieß es:

Dank all den geheimen Männern
Jenen guten Seelen-Kennern
Die im steten Dunkel bleiben

Pünktlich die Berichte schreiben
Jenen unbekannten Rittern
Die die Wetterwechsel wittern
Die aus allen unsern Werken
Jeden Nebensatz sich merken
Die in neuen Tätigkeiten
Sicher Sicherheit erstreiten ...
Ferner wurde dem »deutschen Wartburg« gedankt und ein ironisches Hoch auf die »Zwei-Takt-Melodie« des Fahrzeugs ausgebracht, »das der Burg den Namen lieh«.

S. 300 *Ballade von den verdorbenen Greisen* – vorgetragen vom Autor zu eigener Musikbegleitung am 1. Dezember 1989 auf einer Großveranstaltung in Leipzig. – Biermanns Schmäh-Ballade nennt die alte DDR-Führungs-Riege beim Namen: Egon Krenz, langjähriger FDJ-Funktionär, war im Oktober 1989 als Nachfolger Honeckers zum SED-Parteichef und Staatsratsvorsitzenden bestimmt worden. »Tapeten-Kutte« Kurt Hager war oberster Kulturchef der DDR. Stasi-Chef Erich Mielke, der 1931 an einem Berliner Polizistenmord beteiligt gewesen sein soll, hatte auf der Seite der antifaschistischen internationalen Brigaden am spanischen Bürgerkrieg teilgenommen; nach der Wende wurde ihm der Prozeß gemacht. »Sudel-Ede« Karl-Eduard von Schnitzler war als Agitprop-Moderator des DDR-Fernsehens (»Der Schwarze Kanal«) bekannt geworden. DDR-Staatsratsvorsitzender Erich »Honey« Honecker, der im Oktober 1989 angeblich aus Gesundheitsgründen sein Amt abgeben mußte, hatte während der NS-Zeit als politischer Häftling im Zuchthaus Brandenburg eingesessen. Wandlitz, außerhalb Berlins gelegen, galt als luxuriöses Wohn-Ghetto der DDR-Prominenz. Cremer war auch jenseits der DDR-Grenzen als Bildhauer bekannt.

S. 302 *Anrede an den Genossen Schmitz* – 1990 vom Autor in seinem Solo-Programm »Schon wieder nüchtern« vorgetragen.

S. 303 *Wendehals* – vorgetragen am Silvesterabend 1989 vom Autor und Dieter Richter in der TV-Sendung »Schimpf vor Zwölf«, einer von der ARD ausgestrahlten Gemeinschaftsproduktion der *Münchner Lach- und Schießgesellschaft* und der *Leipziger Pfeffermühle*.

S. 304 *Vierzig Jahre Sicherheit* – vorgetragen vom *Distel*-Ensemble im März 1990 in der Satire-Sendung »Der scharfe Kanal« des DDR-Fernsehens (DFF). – Mit »Quelle« ist der bekannte westdeutsche Kaufhaus-Konzern gemeint.

S. 305 *Deutschland – ein Fußballmärchen* – aus dem Beltz-Solo »Gnade für niemand – Freispruch für alle«, 1989.

S. 306 *Ständchen fürs Ländchen* – 1990 vom Ensemble der Berliner *Distel* zur Volksliedmelodie »Kein schöner Land« vorgetragen.

S. 308 *Gedächtnis* – 1990 vorgetragen im Programm »Felix aus der Asche« der Leipziger *Academixer*.

S. 310 *Ich schäme mich* – vorgetragen von Zara Arnold am Silvesterabend 1989 in der gemeinsam von der *Münchner Lach- und Schießgesellschaft* und der *Leipziger Pfeffermühle* gestalteten TV-Sendung »Schimpf vor Zwölf« der ARD. Die Musik zu dieser Nummer, die von den *Pfeffermüllern* bereits zuvor in ihrem Programm »Verdammte Pflicht und Schludrigkeit« gebracht worden war, schrieb Hartmut Schwarze.

S. 312 *Planwirtschaft* – vorgetragen von Rainer Basedow (Bettler) und Hans-Jürgen Silbermann (DDR-Bürger) am Silvesterabend 1989 in der gemeinsam von der *Münchner Lach- und Schießgesellschaft* und der *Leipziger Pfeffermühle* gestalteten TV-Sendung

»Schimpf vor Zwölf« des Deutschen Fernsehens.

S. 314 *Der Koffer* – vorgetragen von Rainer Basedow am Silvesterabend 1989 in der gemeinsam von der *Münchner Lach- und Schießgesellschaft* und der *Leipziger Pfeffermühle* gestalteten TV-Sendung »Schimpf vor Zwölf« der ARD.

S. 316 *Es ist die Freiheit, nicht …* – vorgetragen vom Autor als Off-Stimme zu einem von Lorenz Wittmann gezeichneten Comic-Vogel in der aktuellen Satire-Kolumne »Bundesadler«, die ab 1983 wöchentlich vom WDR-Fernsehen in seiner »Aktuellen Stunde« ausgestrahlt wurde und Anlaß zu zahlreichen Beschwerden gab. So begehrte eine CDU-Anfrage vom 7. August 1989 im WDR-Rundfunkrat Aufklärung, von wem die »linkslastigen Texte« stammten und was die Sendung koste. Zwei Monate später, am 8. Oktober 1989, wurde Text I gesendet. Die rechtslastige »Rheinische Post« zeterte: »Da wetzt ein schlaffer, fetter Bundesadler seinen Schnabel, diesmal an Kanzler Kohl und Minister Blüm. Die hatten gesagt, die Flüchtlinge wollten Freiheit. Der anonyme Wortesteller des schlaffen Greifers vermißte bei Kanzler und Minister einen Hinweis auf's Wohlleben im Land der ›124 Käsesorten‹. Was soll die schäbige Häme? Die Flüchtlinge bekleckern?« WDR-Intendant Nowottny bereitete daraufhin die Absetzung des Bundesadlers vor, der sich nach mehr als 250 Folgen mit der Sendung am 4. Februar 1990 und dem unter Text II abgedruckten Solo von seinem Publikum verabschieden mußte. Die Hamburger Zeitschrift »Die Zeit« bemerkte dazu: »Ein Adler als Nestbeschmutzer … Sieben Jahre lang kommentierte der Adler mal bissig und humorig, mal böse und kalauerig die Bonner Landschaft … Noch 1987 hatte die sonntägliche Bundesadler-Glosse beim 14. Wettbewerb der Fernsehregionalprogramme in Bremen eine ›Ehrende Anerkennung‹ erhalten … Bis auf wenige Kritiker, die vor allem anfangs ein Staatssymbol der Republik verunglimpft sahen, war der Bundesadler beim Fernsehvolk beliebt.«

S. 317 *Freiheitslied* – vorgetragen vom Potsdamer *Kabarett am Obelisk* in seinem »Wende«-Programm »Ab & Zustimmung«, 1989/90.

S. 318 *Königskinder* – vorgetragen vom *Distel*-Ensemble im März 1990 in der Satire-Sendung »Der scharfe Kanal« des DDR-Fernsehens (DFF).

S. 322 *Prost, Deutschland* – 1991 vorgetragen vom Autor zu eigener Musikbegleitung in seinen Solo-Programmen.

S. 323 *Quer durch Deutschland* – aus dem Programm »Wir machen alles gleich« der *Leipziger Pfeffermühle*, 1992.

S. 324 *Patient BRD* – 1993 vom Autor in seinem Solo-Programm »Perlen der Heimat« vorgetragen.

S. 327 *Preußen-Cancan* – vorgetragen von Barbara Kuster, Johanna Lesch, Andrea Meissner und Judith Steinhäuser im Programm »Alles gefritzt« des Potsdamer *Kabarett am Obelisk*.

S. 328 *Unsere Wolgadeutschen* – vorgetragen von Edgar Harter und Gert Kießling im Mai 1991 in der Satire-Sendung »Der scharfe Kanal« des Deutschen Fernseh-Funks.

S. 330 *Alles im Griff* – vorgetragen vom Ensemble der Dresdner *Herkuleskeule* im Programm »Gibt es ein Leben vor dem Tod?«, 1992.

S. 331 *Solidaritätslied, zeitgeistgemäß* – 1991 vom Autor in seinem Solo-Programm »Das Ei des Kohlumbus: Droge Deutschland« vorgetragen. Die

Musik zum Zeitgeist-Song der Neunziger, der hier leicht gekürzt wiedergegeben ist, stammt vom Autor.

S. 333 *Lied von den deutschen Werten* – vorgetragen von den Ensembles der *Münchner Lach- und Schießgesellschaft* und der *Leipziger Pfeffermühle* in ihrer Gemeinschaftsproduktion »Schimpf vor Zwölf«, die am Silvesterabend 1989 vom ARD-Fernsehen ausgestrahlt wurde. Die Musik schrieb Ludwig Eckmann.

S. 334 *Die Pottsau* – 1990 vom Autor in seinem Solo-Programm »Gaudi-Radi-Kaviar« vorgetragen.

S. 335 *Strategie und Utopie* – 1990 vorgetragen von Achim Ballert im Programm »Im Namen der Neurose« der Berliner *Phrasenmäher*.

S. 337 *Last Food* – 1994 vorgetragen im Programm »Familien-Bande« von Katrin Bremer-Hart im Leipziger *Academixer*-Kabarett.

S. 338 *Kanalarbeiter* – 1990 von Michael Nitzel, Detlef Nier und Karl Heinz Oppel im *Distel*-Programm »Mit dem Kopf durch die Wende« vorgetragen. – SED-Chefideologe Kurt Hager und FDGB-Boß Harry Tisch zählten zu den mächtigsten Politikern in der ehemaligen DDR.

S. 340 *Deutschland – ein Liebesmärchen* – aus dem Programm »Gibt es ein Leben vor dem Tod?« der Dresdner *Herkuleskeule*, 1992. Die Parodie auf Brechts »Dreigroschenoper« wurde zur Musik von Kurt Weill vorgetragen. – Hans Globke, einst »Personenstandsreferent« im Reichsinnenministerium und Mitverfasser der Kommentare zu den antisemitischen Nürnberger NS-Rassegesetzen, war ab 1953 zehn Jahre lang Staatssekretär im Bonner Kanzleramt und Adenauers »rechte Hand«. Friedrich Flick, einer der einflußreichsten deutschen Unternehmer vor und nach 1945, war der Altvater der Flick-Dynastie. Flick-Sohn Friedrich Karl löste in den achtziger Jahren durch Millionenzuwendungen an Bonner Politiker und Parteien die sogenannte »Flick-Affäre« aus.

S. 342 *Alles nicht so einfach* – vorgetragen vom Autor im Programm »Wir (re)formieren uns« der Magdeburger *Kugelblitze*, das im Januar 1990 in München Premiere hatte.

S. 343 *Das Scheiße-Lied* – im Oktober 1990 von den Autoren in ihrer »Hundekomödie« vorgetragen, die in der Ost-Berliner Akademie der Künste Premiere hatte. Die Musik schrieb Hans-Eckardt Wenzel. Die beiden Clowns-Figuren, WEH und MEH, die das »tragische Clowns-Spiel« bestreiten, wurden vom Duo Wenzel & Mensching bereits für die 1982 gemeinsam erarbeitete »Hammer-Rewüh« entwickelt. Regieanweisung zum »Scheiße-Lied«: »Sie heulen, singen, jaulen. Das Konzert zweier Hunde. Stille. Sie wittern, riechen.«

S. 344 *Metamorphose* – 1992 vorgetragen vom *Literarischen Kabarett Hamburg* im Programm »Die W'Ossis kommen«. Die Musik schrieb Rainer Schulze.

S. 346 *Das große Weinen* – 1992 im Programm »Wörtliche Betäubung« der Dresdner *Herkuleskeule* vorgetragen.

S. 347 *IM Gänseblümchen* – 1992 im Programm »Diesseits von Gut und Böse« der *Distel* vorgetragen. – IM steht für Inoffizieller Mitarbeiter des DDR-Staatssicherheitsdienstes. Die sogenannte Gauck-Behörde verwaltet die Stasi-Akten der ehemaligen DDR.

S. 348 *Wir passen noch nicht* – 1992 von Zara Arnold, Heiderose Seifert, Dieter

Richter und Theo Richtsteiger in der *Leipziger Pfeffermühle* als Finale des Programms »Wir passen noch nicht« vorgetragen.

S. 349 *Wandel* – vorgetragen vom Autor in seinem Solo-Programm »Hart an der Grenze«, 1993.

S. 350 *Revolte mit Stil* – vorgetragen im Programm »Schlag auf Schlag« der Leipziger *Academixer*, 1992.

S. 352 *Die Wahlnachtsgeschichte* – 1992 vorgetragen vom Autor in seinem Programm »Wir sind, was volkt«.

S. 354 *Ost-West-Frühstück auf den Balearen* – 1990 vorgetragen von Wiltrud Fischer und Heinz Herrtrampf im Programm »Holidays« der Kölner *Machtwächter*.

S. 357 *Operation geglückt – Patient tot* – 1990 vom Duo Wenzel & Mensching in seiner »Hundekomödie« vorgetragen, die in der Ost-Berliner Akademie der Künste Premiere hatte.

S. 358 *Die Einheitser* – vorgetragen 1991 vom Autor in seinem mit Arnulf Rating gestalteten Duo-Programm »Wo andere beten«.

S. 359 *Die Illona* – in den neunziger Jahren vom Autor in seinen Solo-Programmen vorgetragen.

S. 360 *Sauna-Monolog* – 1990 vorgetragen vom Autor in seinem Programm »Ausschwitz'n«.

S. 362 *Uns gehts gut* – Opening des Hildebrandt-Programms »Wippchen oder Die Schlacht am Metaphernberge«, das der Autor zusammen mit Renate Küster und Franz-Josef Grümmer im September 1991 in der *Münchner Lach- und Schießgesellschaft* aus der Taufe hob. Hinter dem Pseudonym »Wippchen« verbirgt sich der zeitkritische Journalist und Herausgeber des Satire-Blattes »Berliner Wespen«, Julius Stettenheim (1831–1916), der während der Gründerjahre die wilhelminische Ära glossierte. Wippchen, der fiktive Kriegsreporter, berichtete mit bewußt schiefen Metaphern von Schlachten in fernen Ländern und unterlief damit die heroische, wichtigtuerische Sprache der kaisertreuen Presse-Berichterstattung.

S. 366 *Sprengsätze* – im Sommer 1993 vorgetragen vom Autor in seinen Solo-Programmen. – Die Nummer nimmt Bezug auf die Polit-Skandale der verflicksten Republik: von den Finanzgebaren des Flick-Konzerns über die Steuerhinterziehungs-Praktiken der Bonner Minister-Riege bis zum Gewerkschafts-Schmuh mit der »Neuen Heimat«, Tandlers Zwick-Tricks und den illegalen Waffenlieferungen bundesdeutscher Konzerne.

S. 368 *Terrorverdrossenheit* – 1993 vom Autor in seinem Solo-Programm »Wenn das der Führer wüßte ...« vorgetragen. Die Nummer bezieht sich auf den der Rote Armee Fraktion (RAF) zugeschriebenen Sprengstoff-Anschlag auf die gerade fertiggestellte Justizvollzugsanstalt Weiterstadt, die dabei teilweise zerstört wurde

S. 368 *Bad Kleinen – Bahnsteig 4* – 1993 vom Autor in seinem Solo-Programm »Wenn das der Führer wüßte ...« vorgetragen. – Am 27. Juni 1993 war es auf dem mecklenburgischen Provinz-Bahnhof von Bad Kleinen bei dem Versuch, Birgit Hogefeld und Wolfgang Grams, zwei mutmaßliche Terroristen der Rote Armee Fraktion (RAF), durch eine halbe Hundertschaft Polizisten verhaften zu lassen, zu einer wilden Schießerei gekommen. Dabei wurden Grams und der Elite-Polizist Michael Newrzella erschossen. Wie Grams zu Tode kam, wurde nie ganz aufgeklärt; ein Schweizer Gutachten vom Institut für Rechtsmedizin an der Zürcher Universität vertrat die These, der Schwerverletzte habe sich selbst gerichtet. Eine Frau, die vom Kiosk aus Augenzeugin der Vorfälle war, will statt dessen gesehen haben, wie der sterbende Grams auf Bahnsteig 4 von der Polizei regelrecht »hingerichtet« worden sei. Die Ungereimtheiten dieser Aktion brachten die Antiterror-Einheit der Grenzschutzgruppe 9 (GSG 9) sowie die Untersuchungsmethoden des Bundeskriminalamtes (BKA) ins Zwielicht: Bundesinnenminister Seiters und Generalbundesanwalt von Stahl mußten ihren Hut nehmen. – Clementine war die durch TV-Spots populär gewordene »Sauberfrau« einer bekannten Waschmittelfirma.

S. 369 *Die Ballade von Antonio Amadeu Kiowa* – vorgetragen vom Autor in der September-Ausgabe von Dieter Hildebrandts TV-»Scheibenwischer«, 1992. Unter Bezugnahme auf seinen populären »Willy«-Song von 1977 (s. S. 230) kommentiert Wecker mit dieser Ballade die ausländerfeindlichen Pogrome im ostdeutschen Eberswalde, wo ein Trupp jugendlicher Skinheads und Heavy-Metal-Fans in der Nacht zum 25. November 1990 den Angolaner Antonio Amadeu Kiowa totgeprügelt und zwei weitere Afrikaner lebensgefährlich verletzt hatten. Fünf der Neo-Ultras, die an der Totschlag-Aktion beteiligt waren, wurde im Herbst 1992 vor dem Jugendstrafsenat am Bezirksgericht Frankfurt/Oder der Prozeß gemacht. Der Mord an Antonio Amadeu Kiowa (Todesursache: »multitoxisches Organversagen, hervorgerufen durch einen Tritt ins rechte Auge«), wurde wie folgt gesühnt: Dreimal vier Jahre Jugendstrafe wegen gefährlicher Körperverletzung mit Todesfolge, einmal dreieinhalb Jahre Jugendstrafe wegen gefährlicher Körperverletzung sowie Beleidigung und Nötigung, einmal zwei Jahre Jugendstrafe auf Bewährung wegen Körperverletzung.

S. 372 *Der Hitler in uns* – 1989 von beiden Autoren vorgetragen im Duo-Programm »Gnadenlos deutsch«.

S. 375 *Informationsfolter* – 1991 vom Autor in seinem Solo-Programm »Gnade für niemand – Freispruch für alle« vorgetragen.

S. 376 *Requiem* – 1993 vom Autor sowie Rainer Basedow und Hans-Jürgen Silbermann im Programm »Requiem für einen Wurstel« der *Münchner Lach- und Schießgesellschaft* vorgetragen.

S. 377 *Kein Thema* – 1991 vorgetragen von Gerburg Jahnke und Stephanie Überall im *Missfits*-Programm »Zwischentöne«.

S. 380 *Die künstliche Gebärmutter* – 1990 vorgetragen von Stephanie Überall im *Missfits*-Programm »Die Frau in den besten Jahren«.

S. 383 *Menschen samma olle olle* – in den Neunzigern vom Autor in seinen Solo-Programmen vorgetragen.

S. 384 *Cyrano von Bergen-Enkheim* – 1992 vorgetragen vom Autor als »Rächer der Entsorgten« in seinem Solo-Programm »Unter Geiern«.

S. 385 *Die Eckbank* – 1991 vorgetragen von Hendrike von Sydow und Dieter Thomas in ihrem Duo-Programm »Das Bio tobt«.

S. 387 *Rap* – 1994 vom Autor in seinen Solo-Programmen »Nicht zu fassen – unser globales Dorf soll schöner werden« vorgetragen.

S. 389 *Der Ahnungslose* – 1993 vorgetragen von Wiltrud Fischer im Programm »Brandsätze« der *Machtwächter*.

S. 390 *Watzkowiak* – 1993 vorgetragen vom Autor im Programm »Bilder einer Einstellung« des Berliner Kabaretts *Phrasenmäher*.

S. 392 *Der Hasser* – 1991 vom Autor im Programm »Alles meins!« vorgetragen.

S. 393 *Der Patenonkel* – 1989 vorgetragen vom Autor in seinem Solo-Programm »Solche Männer hat das Land«. – »Gefrierfleischorden« hieß im Volksmund die von Hitler gestiftete Medaille »Winterschlacht im Osten«, die den deutschen Soldaten verliehen wurde, die während des Kälteeinbruchs 1941/42 an der Ostfront gekämpft hatten.

S. 397 *Waun ois a bissl zvü wird* – in den Neunzigern vom Autor in seinen Solo-Programmen vorgetragen.

S. 398 *Friedensgespräche* – 1994 von Horst Schroth in seinem Solo-Programm »Null Fehler« vorgetragen.

S. 401 *Lied von der kleinen Granate* – 1994 vorgetragen vom Autor und Helmut Krauss in ihrem Duo-Programm »Macht verrückt«. Die Musik schrieb Uwe G. Ebert.

S. 402 *Kriegsspiele* – 1994 vorgetragen vom Autor und Helmut Krauss im Duo-Programm »Macht verrückt«.

S. 405 *Meine sehr!* – Richlings Tischrede wurde im Dezember 1993 in der Hamburger Wochenzeitung »Die Zeit« veröffentlicht.

S. 409 *Ruckdeschels Finish* – 1992 vorgetragen vom Autor in seinem Solo-Programm »Finish«.

S. 413 *Positiv unterwegs* – 1987 vorgetragen vom Autor in seinem Solo-Programm »Der Morgen davor«.

S. 415 *Positiv denken!* – 1991 vorgetragen vom Autor im Duo-Programm »Wo andere beten«, das er gemeinsam mit Heinrich Pachl spielte.

S. 416 *Kreisverkehr* – 1992 vom Autor in seinem gleichnamigen Solo-Programm vorgetragen.

S. 417 *Ich werde immer böser* – 1993 von der Autorin vorgetragen in ihrem Solo-Programm »Die Schnauze voll«. Die Musik schrieb Jürgen Knieper.

S. 420 *Von der Begrüßung des einzigen Zuschauers* – 1985 vorgetragen vom Autor in seinem Solo-Programm »Der Himmel über Anna«.

S. 423 *Die neue Sempler-Oper* – 1993 vorgetragen vom Autor in seinem Programm »Weiss du noch«, das im Foyer der Oper Leipzig Premiere hatte.

S. 424 *Lied eines Berufssatirikers* – Ende der sechziger Jahre vom Autor erstmals in seinen Solo-Programmen vorgetragen. Die Nummer blieb für Jahrzehnte im Hüsch-Repertoire.

S. 425 *I mog nimma* – vorgetragen 1990 vom Autor als Finale seines Programms »Ausschwitz'n«, das die Hamburger Wochenzeitung »Die Zeit« als »nicht nur Zimmerschieds bisher bestes Programm« feierte, sondern zugleich als einen »Höhepunkt deutschen Kabaretts«. In dem Stück geht es um fünf Rauschmonologe, fünf Saunamonologe und CSU-Huberts Rede an sein Volk: »Wer hod denn den Staat aufbaut? Wer hod denn jahrelang de Demokratie fia eich erledigt? Immer a wengal und a bissal, grod a so, daß a bo', am bessan de mehran, dafia sa, a wengal und a bissal wos dean. Des is mei Leitspruch.«

S. 431 *Rede an die Zunft* – in den siebziger Jahren vorgetragen vom Autor in seinen Solo-Programmen. Die »Hommage an Heine und Nachfolger« blieb für Jahrzehnte im Hüsch-Repertoire.

S. 434 *Alles von vorne!* – Ende der fünfziger Jahre vorgetragen vom Autor in seinem Kabarett *arche nova*. Die Nummer von der erfreulichen Nachricht, wie viele seiner Texte von zeitloser Aktualität, gehörte noch in den Achtzigern zum Hüsch-Repertoire.

# Autoren

*Gunter Antrak* (* 1941), Autor, Kabarettist. Nach einer Ausbildung als Diplomingenieur ist er ab 1981 als Texter und Dramaturg für die Dresdner *Herkuleskeule* tätig. Daneben veröffentlichte er Kriminalgeschichten (»Die Jagd nach der Fiktion«, »Im Griff der Angst«). Mit Wolfgang Stumph und dem Musiker Detlef Rothe gründet er 1991 die Kabarettgruppe *Antrak auf Stumphsinn*. Antrak ist Autor und Darsteller der TV-Sitcom-Serie »Salto Postale«.

*Philip Arp* (1929–1987), eigtl. Hermann Fischer, Autor, Schauspieler, Regisseur, Kabarettist. 1949 schrieb der Schauspielschüler sein erstes Stück (»Das Klavier im Kuhstall«), seinen Unterhalt verdiente er sich als Jugendherbergsvater, Chauffeur, Opernstatist, Sportplatzwart, Operettensänger und Lottoauszähler. 1959 gründete er zusammen mit seiner Partnerin Anette Spola ein Puppentheater, geht auf Tournee, die ihn auch nach Finnland, Brasilien, Chile, Peru und Mexiko führt. 1969 Rückkehr nach München, wo er ein Jahr später das »Theater am Sozialamt« (TamS) eröffnet. 1971 erster Valentinaden-Abend mit eigenen, an Karl Valentin erinnernden Sketchen. Ab 1978 Zusammenarbeit mit Jörg Hube, mit dem er in Widmer-Stücken als »Pic und Pello« und »Stan und Ollie in Deutschland« auftritt. 1984 spielen Arp und Otto Grünmandl das Hausbesetzer-Stück »Ins Sprungtuch wird nicht gesprungen«. Arp-Texte sind nachzulesen in »Keine Auskunft von Philip Arp – Szenen, Geschichten, Gedichte und Collagen« und »Hiermit gebe ich nichts bekannt – Verse, Vorträge, Valentinaden« (hrsg. v. Anette Spola, Rudolf Vogel, Christine Polt und Eberhard Kürn).

*Achim Ballert* (* 1950), Autor, Schauspieler, Kabarettist, arbeitete zunächst bei der Bundespost als Paketzusteller; gehört seit 1984 zum Berliner Kabarett *Phrasenmäher*, für das er neben Frank Lüdecke auch die Texte schreibt.

*Matthias Beltz* (* 1945), Autor, Journalist, Conferencier, Kabarettist, wuchs in Gießen auf und kam 1966 nach Frankfurt/M., wo er nach eigenem Bekenntnis »Rechtswissenschaft und Klassenkampf« studierte. Ab 1971 Fließbandarbeiter bei den Opel-Werken in Rüsselsheim. 1976 war er an der Gründung des Frankfurter Szene-Kabaretts *Karl Napps Chaos Theater* beteiligt, das sich mit dem Programm »Ei, was strahlt denn da?« vorstellte. 1982 gründete er zusammen mit seinen beiden *Chaos*-Kollegen Dieter Thomas und Hendrike von Sydow das *Vorläufige Frankfurter Fronttheater*; das Kabarett-Trio gab mit »Freak und Frieden« sein Debüt. Ab 1986 Duo-Programme mit Heinrich Pachl (»Propheten«, »Das Geheimnis der Aktentasche«). 1989 stellte sich der Mitbegründer, künstlerische Leiter und Conferencier des Frankfurter Varietés *Tigerpalast* mit dem Solo-Programm »Gnade für niemand – Freispruch für alle« vor, 1992 folgte »Füße im Feuer«, 1994 »Die paar Tage noch«. In seiner satirischen Fernsehshow, die der Hessische Rundfunk Anfang der Neunziger ausstrahlte, hält er unter dem Beltz-Motto »Freispruch für alle« ein kabarettistisches, »fröhliches Standgericht« ab. Mehrere Buchveröffentlichungen, darunter ein »Pamphlet gegen die öffentlichen Harmoniestifter« (»Schwarze Politik«), die Textsammlungen »Links vom Main« und »Gnade für niemand, Freispruch für alle« sowie eine satirische Würdigung der

»Deutschen Opposition«. Texte aus dem *Vorläufigen Frankfurter Fronttheater* sind in dem Band »Am besten bös« nachzulesen.

*Heinz-Martin Benecke* (*1938), Autor, Liedermacher, Kabarettist. Während seines Journalistikstudiums war er als Texter und Darsteller am Leipziger Studenten-Kabarett *Rat der Spötter* beteiligt, das 1961 von der SED verboten wurde. Die Kabarettisten, darunter Benecke, wurden verhaftet und wegen angeblicher »staatsgefährdender Hetze« verurteilt. Später Studium an der Theaterhochschule und Praxis im Ensemble des Leipziger Schauspielhauses, wo er 15 Jahre Theater spielte. Ab 1983 trat er mit eigenen Liedern auf; beim Chansonfestival in Frankfurt/Oder erhielt er den Bronzenen Lorbeer des Fernsehens der DDR und später den Kleinkunstpreis der Stadt Leipzig. Der gelernte Maschinensetzer schrieb die Libretti zu zwei erfolgreichen Kinder-Musicals nach H. C. Andersen (»Der Soldat und das Feuerzeug«, Musik: Thomas Bürkholz; »Lach, du lieber Augustin«, Musik: Harald Lerscheider). Viele seiner Lieder wurden vom Rundfunk aufgenommen und auf CD veröffentlicht. Seit Gründung des Senders MDR-Kultur moderiert er Wunschkonzert- und Chanson-Sendungen.

*Wolf Biermann* (*1936), Schriftsteller, Liedermacher. Der gebürtige Hamburger ging als 16jähriger in die DDR, wo er bald als Regieassistent am Berliner Ensemble arbeitete. Anfang der sechziger Jahre erste Auftritte mit eigenen Liedern, darunter in der Ost-Berliner *Distel*. Als Wolfgang Neuss 1965 den umstrittenen »Poeten mit dem Wimmerholz« dem westdeutschen Publikum auf der Abschlußveranstaltung des Ostermarsches in Frankfurt am Main vorstellt, reagiert die DDR mit Auftritts- und Publikationsverbot für den Liedermacher. Während Biermann im Osten immer mehr in Opposition zur SED-Führung gerät, erlangt er im Westen durch zahlreiche Schallplatten und Gedichtbände immer größere Popularität. Im November 1976 erteilen ihm die DDR-Behörden überraschend ein Visum für eine Tournee durch die BRD, verwehren ihm aber anschließend die Wiedereinreise und erkennen ihm die Staatsbürgerschaft ab. Seitdem lebt er in Hamburg. Nach dem Fall der Mauer mischte sich Biermann wieder verstärkt in Deutsch-Deutsches ein. Seine proamerikanische Haltung im Golf-Konflikt (»Ich bin für diesen Krieg!«) öffnete ihm die Spalten vornehmlich bürgerlicher Zeitungen, in denen er sich nun regelmäßig mit scharfer Polemik zu politisch-literarischen Tagesthemen äußert. Biermann, im letzten Jahrzehnt mit Literaturpreisen überhäuft, zog inzwischen auch auf dem Campus ein: 1994 hielt der Poet als Gast-Professor an der Heinrich-Heine-Universität Düsseldorf Vorlesungen zum Thema »Politisch Lied – privates Lied«.

*Klaus Bödeker* (*1930), Autor, stammt aus Berlin. Nach einer Elektrolehre arbeitete er zunächst als Elektromonteur in Halle. Ingenieurstudium in Köthen und Karl-Marx-Stadt, Hochschulstudium in Dresden. Ab 1953 war er zunächst als Elektroingenieur, später als Bereichsleiter bei der Produktion von Elektroanlagen in Ost-Berlin tätig. Daneber verfaßte er Satiren und Fachliteratur; Anfang der siebziger Jahre schrieb er gelegentlich für die Ost-Berliner *Distel*.

*Herbert Bonewitz* (*1933), Autor, Komponist, Kabarettist, arbeitete zunächst in der Werbebranche. In den siebziger und achtziger Jahren machte er durch seine satirischen Beiträge als »Nestbeschmutzer« in der Mainzer Fernseh-Fastnacht von sich reden. Seit

1975 tritt er als Kabarettist im Mainzer »Unterhaus« auf. 1984 erfolgte der Wechsel ins Profilager. Bisher 14 Solo-Programme. Veröffentlichungen: »Typisch Bonewitz – Satiren von B bis Z«.

*Thomas C. Breuer* (* 1952), Autor, Kabarettist, stammt aus Eisenach, 1953 Übersiedlung in die BRD. Buchhändlerlehre. Mehrere Buchveröffentlichungen (»Küß mich, Käfer«, »Hotel Vaterland«) und Schallplatten. Solo-Programme: »Exotick – dada und dort«, 1986; »Das gewisse Etwas ist ein Dingsbums«, 1988.

*Hans D. Brislinger* (* 1947), eigtl. Diethardt Schneider, Autor, Journalist. Nach einer Betonfacharbeiterlehre Studium der Philosophie, Soziologie und Theaterwissenschaften in Leipzig. 1976 Regieassistent und Dramaturg an den Städtischen Bühnen Magdeburg, war er ab 1979 sieben Jahre lang stellvertretender Chefredakteur der Satire-Zeitschrift »Eulenspiegel« und arbeitete von 1986 bis 1991 als Drehbuchautor für die DEFA-Studios Babelsberg (»Drost«, »Zwei schräge Vögel«). Brislinger schrieb Hörspiele, Stücke, Erzählungen, Glossen und zahlreiche Kabarett-Texte, darunter für das Potsdamer *Kabarett am Obelisk* (»Licht am Ende des Tunnels«, 1991). Seit 1992 lebt er als freier Schriftsteller in Köln.

*Martin Buchholz* (* 1942), Journalist, Kabarettist, arbeitete über zwei Jahrzehnte als Reporter und Redakteur, darunter für die APO-Postille »Berliner Extra-Dienst«, für die Satire-Zeitschrift »Pardon« und für »Konkret«. Seit 1983 öffentliche Auftritte als Kabarettist mit politisch-satirischen Solo-Programmen, darunter »Lacht auf, Verdummte dieser Erde«, »Der Mensch ist los«, »Stolz, ein Dumpfer zu sein«, »Dumpfland, Dumpfland«, »Wir sind, was volkt«, »Ein Sitzenbleiber zwischen den Stühlen«, »Nichts als die Wahrheit«. Als Buch liegt eine satirische Würdigung der »Deutschen Verfassung« vor, ferner ein satirisches Schizogramm über den »Ur-Sprung in der deutschen Schüssel« mit dem Titel »Wir sind, was volkt« sowie »Dialeckt uns doch am Patriarsch!«.

*Klaus Dannegger* (* 1943), Autor, stammt aus Havelberg/Mark Brandenburg. Dem Abiturient blieb sein Studienwunsch Germanistik versagt, statt dessen Ausbildung zum Elektromonteur, später Hochschul-Abschluß als Diplom-Wirtschaftler und Tätigkeit als EDV-Projektleiter in einem Industriebaubetrieb. Seit der Schulzeit Mitwirkung in Kabarettgruppen; in Schwedt/Oder nebenberuflich viele Jahre künstlerischer Leiter und Autor des Bauarbeiter-Kabaretts *Zünder*. 1977 Auszeichnung als bester Kabarett-Nachwuchsautor der DDR. Erste Texte fürs Profi-Kabarett, vor allem für die Ost-Berliner *Distel*. Ab 1981 Dramaturg und Autor bei der *Leipziger Pfeffermühle*, nach deren Privatisierung 1993 dort Geschäftsführer. Daneben Textlieferant für die *Pfeffermühle* und andere Kabaretts.

*Franz Josef Degenhardt* (* 1931), Schriftsteller, politischer Liedermacher, brachte 1963, damals noch Assistent an der Uni Saarbrücken, seine erste Chanson-LP heraus. Auftritte mit Neuss, Hüsch und Süverkrüp. 1968 übersiedelte er nach Hamburg, um sich als APO-Anwalt zu betätigen. In den sechziger und siebziger Jahren als singender Polit-Barde populär (»Väterchen Franz«, »Wenn der Senator erzählt«, »Mutter Mathilde«, »Mit aufrechtem Gang«), fand er auch als Romancier Beachtung, darunter mit »Zündschnüre«, »Brandstellen«, »Der Liedermacher«, »Die Abholzung«.

*Matthias Deutschmann* (* 1958), Autor und Kabarettist, stammt aus dem Westerwald. Nach abgebrochenem Biologiestudium landete er beim Studentenkabarett *Die Schmeißfliege*. Ab 1984 Mitarbeit als Autor beim Düsseldorfer *Kom(m)ödchen*. Ein Jahr später startete er mit seinem ersten Solo-Programm »Blinder Alarm«, dem weitere folgten: »Eine Schnauze voll Deutschland« (1986), »Einer flog übers Grundgesetz« (1988), »Solo für Deutschmann« (1990), »Das kleine Fegefeuer« (1992), »Wenn das der Führer wüßte ...« (1993). TV-Auftritte im ZDF-Morgenmagazin wurden durch Mainzer Einspruch einseitig beendet, dafür gab's »Nachschlag« in der ARD. Deutschmann (»Mein Name ist mir Auftrag und Verhängnis«) veröffentlichte 1987 Texte zum Thema »Hitler on the rocks«.

*Die Drei Tornados*, West-Berliner Szene-Kabarett, das sich als »spontan, unberechenbar und radi-radikal« verstand. Zu dem Kabarett-Trio fanden sich 1977 die Berliner Studenten der Theaterwissenschaft Hans-Jochen Krank, Arnulf Rating und Günter Thews zusammen; der erste Auftritt erfolgte auf einer Streikveranstaltung der Technischen Universität gegen die Berufsverbote. Die Tornados (seit 1981 in der Besetzung Holger Klotzbach, Arnulf Rating, Günter Thews) waren über zehn Jahre lang als »Spaß-Guerilla« in deutschen Landen unterwegs, machten mehrere Schallplatten, hatten zahlreiche Fernsehauftritte und zuweilen Ärger mit TV-Oberen und Justiz. 1990 lösten sich die *Drei Tornados* auf.

*Peter Ensikat* (* 1941), Autor, Schauspieler, Regisseur, Kabarettist. Nach dem Studium an der Leipziger Theaterhochschule schrieb er fürs Kabarett und arbeitete für Kinder- und Jugendtheater in Dresden und Ost-Berlin. Ab 1974 freischaffender Autor und Regisseur. Seine in den achtziger Jahren mit Wolfgang Schaller verfaßten Kabarett-Stücke, darunter »Bürger, schützt eure Anlagen«, wurden von mehreren DDR-Theatern und Kabaretts gespielt. Seit 1991 Gesellschafter und Hausautor der *Distel*. Seine Satire-Monologe erschienen unter dem Titel »Wenn wir den Krieg gewonnen hätten«, Einblicke in seine Kabarett-Aktivitäten vermitteln autobiographische Skizzen, die er 1993 unter dem Titel »Ab jetzt geb' ich nichts mehr zu« veröffentlicht hat.

*Hans Magnus Enzensberger* (* 1929), Schriftsteller, stammt aus Kaufbeuren. Seine Gedichtbände »Verteidigung der Wölfe«, »Landessprache« und »Blindenschrift« wurden in viele Sprachen übersetzt. Enzensberger, ab 1964 Herausgeber der Zeitschrift »Kursbuch«, ist auch als Dramatiker (»Der Untergang der Titanic«, »Delirium«), Hörspielautor und Essayist (»Einzelheiten«, »Politik und Verbrechen«, »Deutschland, Deutschland unter andern«) hervorgetreten; seine politpolemischen Analysen der bundesrepublikanischen Wirklichkeit haben die Studentenbewegung der sechziger Jahre maßgeblich beeinflußt. Mitarbeit an Kabarett-Programmen von Wolfgang Neuss; in den siebziger Jahren schrieb er kabarettistische Songtexte für Ingrid Caven.

*Harry Fiebig* (* 1930), Autor, war bis 1965 als Mechaniker tätig. Erste Texte für Laien-Kabaretts und Zeitschriften, ab 1969 für die Ost-Berliner *Distel* und das Kabarett *Die Reizzwecken*. In den siebziger und achtziger Jahren verstärkte Mitarbeit an Programmen der Magdeburger *Kugelblitze* und des Potsdamer *Kabarett am Obelisk*. Ab 1972 textete er für die Fernsehauftritte der *Drei Dialektiker* in der DFF-Sendung »Ein Kessel Buntes«. Nach der Wende schreibt er vorrangig für die Satire-Zeitschrift »Eulenspiegel« sowie Kabarett-Texte für die Berliner *Stachelschweine* und die *Reizzwecken*.

*Ottfried Fischer* (* 1953), Autor, Schauspieler, Kabarettist, stammt aus dem Bayerischen Wald. Kam übers abgebrochene Studium der Rechte zum Kabarett. Begann 1976 bei den Münchner *Nachtschattengewächsen*, ab 1982 Duo-Programme mit Jockel Tschiersch (»Mit Gewalt komisch«). Der schwergewichtige, parodistisch begabte Komödiant erregte 1987 mit einem spektakulären Telefonat Aufsehen, in dem er als Franz Josef Strauß mit dem österreichischen Bundespräsidenten Waldheim sprach. Mitwirkung in Fernsehserien und Spielfilmen (»Go, Trabi, Go«). 1989 Solo-Programm »Schwer ist leicht was«. Die Buch-»Bibliothek der deutschen Werte« bereicherte er durch seine satirische Würdigung zum Thema »Der deutsche Bauer«.

*Hartmut Fittkau* (* 1945), Autor, Regisseur, studierte Fotografie an der West-Berliner HdK und Film an der Deutschen Film- und Fernsehakademie. Von 1978 bis 1985 schrieb und inszenierte er die sechs Programme des West-Berliner *CaDeWe* (Cabarett des Westens): Die Truppe, die keinen professionellen Anspruch hatte und dennoch bald in dem Ruf stand, Berlins führendes, weil einziges alternatives politisches Kabarett zu sein, trat in Galerien, Hochschulen, Jugendzentren und Kneipen auf, ehe sie für eine Weile im Kreuzberger Mehringhof ansässig wurde. Fittkau über das Ende des *CaDeWe*: »Nach über sieben Jahren waren wir wirklich durchgemangelt und hatten nur noch eins im Kopf: was anderes machen!« Er lebt heute als Drehbuchautor und Fotograf in Berlin.

*Lisa Fitz* (* 1951), Schauspielerin, Musikerin, Sängerin, Autorin, Kabarettistin. Betätigte sich zunächst als Schlagersängerin (»I bin bläd«) und als Volksmusik-Moderatorin (»Bayerische Hitparade«). In ihren Rock-Shows (»Ladyboss«) und kabarettistischen Solo-Programmen (»Die heilige Hur'«, »Geld Macht Geil«, »Heil!«) versucht sie, Kabarettistisches, Show-Elemente und eine zwischen Punk und Chanson angesiedelte Rockmusik auf einen Nenner zu bringen. Mehrere Langspielplatten (»I mag di«, »I sag's wie's is«, »I flipp aus«, »Lisa live«) und Textsammlungen.

*Floh de Cologne*, politisch-satirisches Kabarett, das im Januar 1966 von Studenten der Theaterwissenschaft an der Universität Köln gegründet wurde. Die Kölner Kabarett-Truppe verabschiedete sich früh vom alten Nummern-Kabarett, forderte politische Aktion und Agitation, wurde in den sechziger Jahren unter dem Einfluß der Studentenbewegung zum Schrittmacher für linksorientierte Agitprop-Gruppen und Straßentheater und bezog als erstes Kabarett musikalische Rockelemente in ihre Programme ein (»Profitgeier«). 1983 lösten sich die vor allem beim jugendlichen Publikum populär gewordenen »Flöhe« auf.

*Hansi Frank* (* 1942), eigtl. Hans-Jörg Frank, Texter, Musiker, Kabarettist, gründete 1966 zusammen mit Britta Baltruschat, Dieter Klemm, Markus Schmidt und Gerd Wollschon das Kölner Kabarett *Floh de Cologne*, bei dem er siebzehn Jahre auf der Bühne stand. 1983 etablierte er im TV-Magazin »Aktuelle Stunde« des WDR seinen aufmüpfigen Satire-Adler, der sieben Jahre lang die politische Lage kommentierte, bis er nach 250 Folgen von Intendant Nowottny aus dem WDR-Programm gekippt wurde. Texte für *Floh de Cologne*, das Satire-Magazin »Dreizack« und die Kölner *Machtwächter*.

*Wolfgang Franke* (* 1935), Autor, war als Student 1960 Mitbegründer der West-Berliner *Wühlmäuse*, für die er, wie für die *Stachelschweine*, die *Bedienten* und die Münchner *Zwiebel*, Kabarett-Texte schrieb. 1962 begann seine Zusammenarbeit mit dem Düsseldorfer *Kom(m)ödchen*, das ihm eine Vielzahl von Lore-Lorentz-Soli verdankt. Mitarbeit bei Funk und Fernsehen (»Tosca auf dem Trampolin«).

*Thomas Freitag* (* 1950), Autor, Schauspieler, Kabarettist, gab sein kabarettistisches Debüt 1974 im Stuttgarter *Kleinen Renitenztheater*. Während seines Schauspieler-Engagements am Stadttheater Gießen entwickelte er sein erstes Solo-Programm (»In flagranti«). Seit 1976 Mitglied des Düsseldorfer *Kom(m)ödchen*-Ensembles, hatte er auch mehrere Duo-Auftritte mit Lore Lorentz (»Ende offen«, »Playback«) und trat auch als Solist mit eigenen Programmen (»Pfui – da steht er!«, »Comeback mit Schiller«, »... und sie bewegt sich doch«, »Wer kommt durch's Nadelöhr?«, »Was sind denn das für Leute?«) auf. 1994 spielte er sein Solo-Programm »Hoppla – ein deutsches Schicksal«.

*Winfried Freudenreich* (1940–1992), Autor, Regisseur, Kabarettist, spielte 1964 beim DDR-Armee-Kabarett *Die Kneifzange*, bei der er auch zeitweise – als NVA-Major annonciert – Regie führte. Inszenierte und textete in den achtziger Jahren auch für die Ost-Berliner Kabaretts *Distel* und *Flohrettiche*.

*Gerhard Geier* (* 1932), Kabarettautor, Kabarettist, wollte eigentlich Textilkaufmann werden, arbeitete ab 1956 für den Deutschlandsender. Mitbegründer, Texter und Darsteller des Ost-Berliner Kabaretts *Lachbrett*, das sich 1962 mit dem Programm »Pointen müssen sitzen« vorstellte. Neben seiner Arbeit als Autor und Moderator für Radio DDR (»Spaßvögel«) und Stimme der DDR (»Tusch«, »Spaß am Spaß«) schrieb er für eine Reihe von DDR-Kabaretts, darunter für die Ost-Berliner *Distel*. Mit Inge Ristock und Hans Rascher bildete er das Autoren-Team »Rigera«.

*Hans Glauche* (1928–1981), Autor, Regisseur, Kabarettist, begann Anfang der fünfziger Jahre beim Amateur-Kabarett *Die Funken* und stieg 1959 bei der Ost-Berliner *Spottgemeinschaft*, einem Kabarett der DDR-KGD (Konzert- und Gastspiel-Direktion), ein. Zwei Jahre später gehörte er zum Ensemble der Dresdner *Herkuleskeule*, wo er sich mit seinen Solo-Conferencen und Duo-Sketchen profilierte, die er für seine Standard-Typen »Gustav und Erich« schrieb. Glauche, als Volkskomiker auch durch gelegentliche Fernsehauftritte populär, schrieb 1976 mit Wolfgang Schaller das Kabarettical »Ein kleines bißchen Stück«, das in Dresden Premiere hatte.

*Harry Golbeck* (1928–1973), Autor, stammt aus der Schweiz. Der nach Berlin übergesiedelte Golbeck hat in den siebziger Jahren gelegentlich das Duo *Schobert und Black* mit Liedermacher- und Nonsens-Texten (»Das Zuckerrohr«) versorgt.

*Erwin Grosche* (* 1955), Autor, Schauspieler, Kabarettist aus Paderborn, bezeichnet sich als »Besitzer einer Phantasie-Fabrik«, veröffentlichte mehrere Schallplatten für Kinder. Solo-Programme (»Gescheiterte Wunder«, »Komische Helden«, »Der Himmel über Anna«). Zahlreiche Buchveröffentlichungen, darunter »Vom großen G und kleinen Glück« sowie Kinder-, Kriminal- und Kleinstadtgeschichten. CD-Produktion »Der fliegende Mensch«, Film- und Fernsehproduktionen.

*Otto Grünmandl* (* 1924), Schriftsteller und Kabarettist. Bis 1965 als Textilkaufmann tätig, von 1972 bis 1981 Unterhaltungsredakteur beim ORF-Landesstudio Tirol. Ab 1981 als Kabarettist unterwegs, vornehmlich mit Solo-Programmen (»Der Einmannstammtisch«, »Facts and Problems«, »Ich heiße nicht Oblomow«). Zahlreiche Hörspiele und Buchveröffentlichungen (»Das Ministerium für Sprichwörter«, »Meinungsforschung im Gebirge«, »Berge denken anders«). Mehrere Schallplatten (»Alpenländische Interviews«, »Das alpenländische Inspektoren-Inspektorat«, »Alpenländische Erfindungen«), auf denen er mit seinem Sketch-Partner Theo Peer zu hören ist. Gelegentliche Auftritte in Fernsehen (»Notizen aus der Provinz«, »Scheibenwischer«) und in Spielfilmen.

*Eckart Hachfeld* (* 1910), Schriftsteller, Kabarettautor, war ursprünglich Wirtschaftsjurist. Als Kriegsgefangener im britischen Camp Sheffield interniert, gründete er 1946 ein Lagerkabarett, *Das Waschbrettl*. Ein Jahr später nach Hamburg entlassen, schrieb er für verschiedene Kabaretts, darunter für die *Bonbonniere* und Fincks *Mausefalle*; Wolfgang Neuss verdankt ihm seine ersten »Pauken«-Soli. Ab 1953 war er ständiger Autor des Düsseldorfer *Kom(m)ödchen*, daneben schrieb er für Film, Funk und Fernsehen und machte sich als Chanson- und Schlagertexter einen Namen. Über dreißig Jahre lang meldete er sich Woche für Woche – zunächst in der »Welt«, später im »Stern« – mit seiner zeitsatirischen Vers-Kolumne »Amadeus geht durchs Land« zu Wort.

*Rainer Hachfeld* (* 1939), Autor, Bühnenbildner, Karikaturist. 1956–60 Ausbildung als Trickfilmzeichner und Bühnenbildner in Berlin, 1960 freie Malerei in Paris, wo er seine erste Ausstellung hatte. Danach arbeitete er in Berlin als Grafiker und Bühnenbildner für die *Bedienten*, ab 1967 für das *Reichskabarett*. Ab 1968 erste Kindertheaterstücke mit Volker Ludwig (»Stokkerlok und Millipilli«), bis 1979 folgten vier weitere Kinderstücke für das Grips-Theater, für das er bis heute auch als Bühnenbildner tätig ist. In den achtziger Jahren schrieb er Kabarett-Texte für das West-Berliner *Institut für Lebensmut* und das Düsseldorfer *Kom(m)ödchen*. Daneben arbeitete er als Karikaturist und Journalist für Zeitschriften und Zeitungen, darunter für das »Spandauer Volksblatt« und den »Berliner Extra-Dienst«. Seit 1973 viele Ausstellungen in Zentralamerika, vier Erste Preise bei internationalen Karikaturenwettbewerben in der UdSSR, Mexiko, Nicaragua und Kuba.

*Joachim Hackethal* (* 1928), Autor, Schauspieler, Regisseur, Kabarettist, hatte seinen ersten Bühnenauftritt als Verwundeter beim Bunten Abend in einem Lazarett an der Ostfront. 1945 Studium der Volkswirtschaftslehre in Jena, 1947 ging er nach Kiel, wo er an der Gründung des politisch-literarischen Studenten-Kabaretts *Die Amnestierten* beteiligt war, dessen Haupttexter, Conferencier und Leiter er bis zur Auflösung im Jahr 1962 war. 1960 Mitbegründer des Stuttgarter *Kleinen Renitenztheaters*, für das er, wie auch für andere Kabaretts (*Zwiebel*, *Wühlmäuse*), Texte schrieb. Ab 1969 Autor und Regisseur der Kölner *Machtwächter*. Zahlreiche Rollen im Film (»Der starke Ferdinand«, »Die Blechtrommel«, »Hitler's Son«) und in Fernsehspielen (»Gardine«).

*Josef Hader* (* 1962), Autor, Kabarettist, stammt aus Nöchling/Niederösterreich. Studium in Wien (Germanistik, Geschichte), Auftritte in der Wiener Fußgängerzone. Ab 1985 Solo-

Programme (»Biagn oder Brechn«, »Bunter Abend«, »Privat«). Schrieb mit Alfred Dorfer das satirische Volksstück »Indien«, das mit Hader in der Hauptrolle als Kinofilm herauskam.

*Jürgen Hart* (* 1942), Autor, Schauspieler, Regisseur, Komponist, Kabarettist, gehört zu den Gründungsmitgliedern der *Academixer*, die sich 1966 als Studentenkabarett der Leipziger Karl-Marx-Universität bildeten. Der gelernte Lehrer machte 1976 das Kabarett zum Hauptberuf, von 1980 bis 1990 leitete er die *Academixer* als Kabarett-Direktor. Hart schrieb über dreißig Kabarett-Programme und mehr als 200 Lieder (»Sing, mei Sachse, sing«). Gelegentliche Gastspiele bei Film, Fernsehen und Theater, so spielte er den Striese in »Raub der Sabinerinnen«. Zahlreiche Schallplattenproduktionen (»Überall sin Sachsen«, »Hart an der Grenze«).

*Elke Heidenreich* (* 1943), Schriftstellerin, Journalistin, TV-Moderatorin, Kabarettistin. Nach dem Studium der Germanistik, Theaterwissenschaft und Publizistik schrieb sie zahlreiche Hörspiele, TV-Serien und Fernsehspiele; daneben moderierte sie verschiedene TV-Talkshows (»Kölner Treff«, »Leute«, »Live«) und den »Literaturclub«. Einem breiteren Publikum wurde sie mit den Monologen der Metzgersfrau Else Stratmann bekannt, die ab 1975 erstmals im Hörfunk, später auch auf Schallplatten (»Fiertel Funt Gehacktes«, »Schlachtplatte«) zu hören waren. Nachzulesen sind die Stratmann-Texte in »Darf's ein bißchen mehr sein?«, »Geschnitten oder am Stück?«, »Mit oder ohne Knochen?«. Elke Heidenreichs Erzählungen erschienen unter dem Titel »Kein schöner Land«, »Kolonien der Liebe«.

*Dieter Hildebrandt* (* 1927), Schauspieler, Kabarettautor, Kabarettist, bekam als Platzanweiser in der *Kleinen Freiheit* ersten Kabarett-Kontakt. 1955 beim Münchner Studenten-Ensemble *Die Namenlosen*; ein Jahr später gründete er mit Sammy Drechsel die *Münchner Lach- und Schießgesellschaft*, bei der er bis 1972 auf der Bühne stand. Ab 1974 bildete er mit Werner Schneyder ein Kabarett-Duo, das acht Jahre lang mehrere Programme spielte (»Talk täglich«, »Ende der Spielzeit«). Hildebrandt ist Deutschlands populärster, weil medienwirksamster Kabarettist: von 1973 bis 1979 moderierte er die kabarettistischen ZDF-»Notizen aus der Provinz«, seit 1980 sorgt er bei der ARD mit der Satire-Serie »Scheibenwischer« auf dem Fernsehschirm für notwendigen Durchblick. Im historischen Gewand des Sprachkolumnisten »Wippchen« nahm er 1991 die politische Gegenwart satirisch unter die Lupe. Seine Bücher »Was bleibt mir übrig« und »Denkzettel« erreichten Bestsellerauflagen.

*Die Hinterwäldler*, Lehrer-Kabarett im thüringischen Suhl, ist seit Anfang der siebziger Jahre aktiv (»Wir intensivieren heiter«, »Wir nehmen uns beim Wort«). Dem »Ensemble des Hauses der Lehrer«, eins der vielen Laien-Kabaretts in der DDR, wurde 1987 von der West-Berliner Presse anerkennend »Souveränität im Umgang mit den künstlerischen Mitteln« und »mitunter Ärger mit der SED« bescheinigt. Das mochte DDR-Kleinkunst-Chronist und Kabarettautor Mathias Wedel nicht auf sich und seinesgleichen sitzen lassen. Wedel, seinerzeit »beteiligt an der Leitung der Amateur-Kabarett-Bewegung«, setzte sich in seinen Kabarett-Betrachtungen, die er im Frühjahr 1989 unter dem Titel »Ausverkauft« als Buch erscheinen ließ, mit solchem Vorwurf der »Zensur im tiefen Thüringen« grundsätzlich auseinander: »Amateur-Kabarettisten sind vollständig sich selber verantwortlich, für die

Art, wie sie produzieren, für das Produkt. Im ganzen Land gibt es keine einzige Leitung, kein Gremium, keinen Rat, keinen Direktor, Rektor oder Chef, denen ihr Witz unterstellt wäre.« Und ein paar Seiten weiter liest man: »Der Kultursekretär versteht es, bei Generalproben ein Gesicht zu machen, aus dem man überhaupt nichts ablesen kann ... Trotzdem leiden wir, wenn wir einen Einfall aufgeben müssen.«

*Hanskarl Hoerning* (* 1931), Autor, Schauspieler, Kabarettist, beschreibt seine Karriere in Kurzform so: »1953 nach drei Lehrjahren Aufstieg ins Schauspielerfach, 1957 Abstieg ins Kabarett.« Nach dem Debüt beim Leipziger Funkkabarett *Tandaradei* stieg er 1958 bei der *Leipziger Pfeffermühle* als Texter und Darsteller ein, der er bis heute angehört. 1984 veröffentlichte er unter dem Titel »Geh hin, wo der Pfeffer wächst!« seine Geschichte der *Leipziger Pfeffermühle*. 1988 erinnerte er mit einer szenischen Lesung im Leipziger Külz-Haus an den Kabarettisten Wolfgang Neuss (»Neuss Denken«). 1994 zog Hoerning das vorläufige Fazit seines Kabarettisten-Daseins: »Harlekin im Stasiland«.

*Franz Hohler* (* 1943), Schriftsteller, Liedermacher, Kabarettist, lebt in Zürich. Seit 1965 zahlreiche Solo-Programme (»Pizzicato«, »Die Sparharfe«, »Doppelgriffe«, »Lieder ohne Musik«), mit denen er im In- und Ausland gastiert. Er schrieb Theaterstücke, Hörspiele und Fernsehsendungen, Kinderbücher, Erzählungen und Lyrik. Der ihm 1982 für den Erzählband »Die Rückeroberung« zugesprochene Literaturpreis des Kantons Zürich wurde aufgrund des Protestes regierungsamtlicher Stellen nicht überreicht. Mehr als ein Dutzend Schallplatten (»Vom Mann, der durch die Wüste ging«, »Das Projekt Eden«, »Es si alli so nätt«). Eine Auswahl seiner Kabarett-Texte ist unter dem Titel »Franz Hohler – Das Kabarett Buch« erschienen. Ab 1980 trat Hohler, der sich als »freier Gaukler und Spezialist für cellistische Subkultur« versteht, regelmäßig mit einer eigenen Sendung (»Denkpause«) im Schweizer Fernsehen auf, die zeitweise heftigen Protest auslöste. Hohlers »Denkpause« fand im Jahre 1983 ein jähes Ende, nachdem das Fernsehen die Oktober-Ausgabe zum Thema Militarismus abgesetzt hatte, weil Hohler darin als »Dienschtverweigerer« die schwyzerdütsche Fassung des Boris-Vian-Chansons »Le Déserteur« sang. Drei Jahre später spielte Hohler in der Verfilmung seiner Satire »Dünki Schott« die Titelrolle: einen Wissenschaftler, der als Schweizer Variante des Don Quichotte gegen die Zivilisations-Auswüchse der Neuzeit zu Felde zieht.

*Jörg Hube* (* 1943), Autor, Schauspieler, Regisseur, Kabarettist, absolvierte seine Schauspielausbildung am Mozarteum in Salzburg. Nach mehreren Theaterengagements spielte er ab 1971 als Partner von Helmut Ruge bei den Münchner *Hammersängern* die Kabarett-Programme »Maria hilf!« und »Die Meise auf dem Vibraphon«. 1975 startete er seine eigenen »Herzkasperl«-Programme (»Herzkasperls Altstadtfunk«, »Herzkasperls Salto Normale«, »Herzkasperls Abermakaber«. Schauspieler Hube, der 1991 für kurze Zeit die Leitung der Münchner Otto-Falckenberg-Schule übernahm, wurde durch zahlreiche Theatererfolge (»Stan und Ollie in Deutschland«, »Nepal«), Filme, TV-Krimis und Fernsehspiele (»Die Löwengrube«, »Heimat«) bekannt.

*Hanns Dieter Hüsch* (* 1925), Schriftsteller, Komponist, Regisseur, Kabarettautor, Kabarettist, begann während seines Studiums Chansons und Gedichte zu schreiben, die er in kleinen Theatern vortrug. Ende der vierziger Jahre Mitarbeit beim Studenten-Kabarett *Die Tolleranten.* 1956 gründete er in Mainz das Kabarett Ensemble *arche nova*, ab 1962 Solo-Programme, einziges Requisit: die kleine Orgel. Hüsch verfaßte Hörspiele und Revuen, spielte Bühnenrollen, führte Theaterregie; umfangreiche Mitarbeit bei Funk und Fernsehen. Er hat zahlreiche Schallplatten und Textsammlungen (»Frieda auf Erden«, »Cabaretüden«, »Freunde, wir haben Arbeit bekommen«, »Enthauptungen«, »Den möcht ich sehn«, »Hagenbuch hat jetzt zugegeben«) veröffentlicht; Texte und Angaben zur Biographie finden sich in Bernd Schroeders Collage »Hanns Dieter Hüsch hat jetzt zugegeben ...«. Hüsch hat seine »Gedankengänge eines fahrenden Poeten« 1990 unter dem Titel »Du kommst auch drin vor« als Buch vorgelegt.

*Bruno Jonas* (* 1952), Autor, Schauspieler, Regisseur, Kabarettist, stammt aus Passau. Nach seinem Debüt beim Süd-Ost-Bayerischen Städte-Theater gründete er 1975 mit Siegfried Zimmerschied das Kabarett *Die Verhonepeopler.* Ab 1976 zwei Jahre beim Münchner *Rationaltheater*, 1979 erstes Solo-Programm »Zur Klage der Nation«. 1980 »Passauer Abende« mit Siegfried Zimmerschied und Rudolf Klaffenböck. 1981–84 Ensemblemitglied der *Münchner Lach- und Schießgesellschaft*, für die er auch Texte schrieb. Zahlreiche Fernseh-Auftritte, darunter in »Extratour« und im »Scheibenwischer«. Ab 1986 eigene TV-Satire-Sendung bei Radio Bremen (»Jonas«). Weitere Solo-Programme: »Der Morgen davor«, 1987; »Wirklich wahr«, 1991. Jonas ist Autor, Darsteller und Regisseur des Kinofilms »Wir Enkelkinder«, 1992.

*Kabarett Fortschrott*, Studenten-Kabarett am Institut für Erziehungswissenschaft der Universität Münster, wurde 1976 von den Pädagogik-Dozenten Jürgen Henningsen und Anton Austermann gegründet. Gespielt wurden die Programme (»Brot und Seife«, »Nacht und Wind«, »Es kommt ja nicht drauf an«) in Jugendzentren, in Kulturkneipen, auf Festivals. Nach den *NIveauHILISTEN* ist *Kabarett Fortschrott* der zweite Versuch Henningsens, seine kritische Kabarett-Theorie (»Kabarett ist Spiel mit dem erworbenen Wissenszusammenhang des Publikums«) in die Praxis umzusetzen.

*Hannelore Kaub* (* 1936), Kabarettautorin, Kabarettistin, stieß 1959 auf das Heidelberger *Bügelbrett*, für das sie auch textete und dessen künstlerische Leitung sie ein Jahr später übernahm. In der Folgezeit linksengagierte *Bügelbrett*-Programme (»Millionen BILD-Leser fordern«, »Black & White«, »Demokratie 65«, »Trotzdem ... Rot ist die Hoffnung«). Ab 1969 pausierte das inzwischen nach Berlin übergesiedelte Kabarett für zwölf Jahre. Wiederbeginn 1981 mit »Keine Angst – wir kommen!«, dann folgten »Wir sind auf dem rechten Weg«, »Ach, laßt uns doch in Frieden!«, »Nie wieder harmlos«, »Ohne Betäubung« u.a. 1993 spielte Hannelore Kaub ihr Solo-Programm »Die Schnauze voll«.

*Dietrich Kittner* (* 1935), Schriftsteller, Kabarettautor, Kabarettist, gründete 1959 das Göttinger Studenten- und Dilettanten-Kabarett *Die Leidartikler*, mit dem er wenig später nach Hannover übersiedelte. Ab 1965 ist Kittner als Solo-Kabarettist aktiv, der nicht nur durch ausgedehnte Tourneen und die zahlreichen Plattenmitschnitte seiner Programme, sondern auch durch seine an der Real-Satire orientierten spektakulären Polit-Aktionen bekannt wurde. Lieder, Lacher und Leid-Artikel aus 25 Jahren Kittner-Kabarett sind in dem Band »Vorsicht, bissiger Mund!« gesammelt, die der neueren Programme in »Jaaa! Deutschland balla, balla!«. Kittners »Zeitgeschichten aus dem Leben eines Unangepaßten« sind in den Büchern »Vor Jahren noch ein Mensch« und »Gags & Crime« veröffentlicht.

*Knobi-Bonbon*, deutschsprachiges Kabarett (»von Türken für Deutsche«), mit dem die beiden in der BRD lebenden Türken Sinasi Dikmen (* 1945) und Muhsin Omurca (* 1959) seit 1985 in der Bundesrepublik mit ihren Programmen (»Vorsicht! Frisch integriert!«, »Putsch in Bonn«, »Der Beschneider von Ulm«) gegen Fremdenfeindlichkeit, Engstirnigkeit und Mangel an Toleranz zu Felde ziehen. Sinasi Dikmen hat bisher zwei Bücher veröffentlicht: »Wir werden das Knoblauch-Kind schon schaukeln«, »Der andere Türke«. Muhsin Omurca, der auch als Karikaturist arbeitet, ist der Herausgeber von »Gülügülü«, der ersten türkischen Satire-Zeitschrift in Deutschland.

*Werner Koczwara* (* 1957), Autor, Kabarettist, stammt aus Schwäbisch Gmünd, schreibt kabarettistische Beiträge für Funk, Fernsehen und Presse (»Titanic«). Mitarbeit an Programmen für Thomas Freitag und das Stuttgarter *Renitenztheater*. 1987 erster Bühnen-»Gehversuch« mit der satirischen Nonsens-Lesung »Als Opa Sondermüll wurde«, der mehrere Solo-Programme folgten (»Sterben für Fortgeschrittene«, »Warum war Jesus nicht rechtsschutzversichert!?«, »Wenn die Keuschheit im Bordell verpufft«).

*Achim Konejung* (* 1957), Autor, Kabarettist, wuchs in Siegen und Antwerpen auf. 1981 erstes Solo-Programm (»Die Eddie-Elend-Show«). Ein Jahr später Umzug nach Hamburg, dort erste Zusammenarbeit mit Horst Schroth sowie Mitarbeit bei der »Familie Schmidt«. 1986 hatte sein Solo »Das unglaubliche Leben des George Villabour« Premiere. Ab 1987 Duo-Programme mit Horst Schroth (»Sex total«, »Gnadenlos deutsch«, »Alles meins!«). Daneben Mitarbeit als Co-Texter und Darsteller beim Kabarett-Kollektiv *Reichspolterabend* und beim Spielfilm »Der Superstau«. 1994 war Konejung mit eigener Band und seinem kabarettistischen One-Man-Musical »Terror, Spaß und Bürgerkrieg« unterwegs.

*Wolfgang Krause Zwieback* (* 1951), Autor, Theatermacher, Schauspieler, Grafiker, Zeichner, Regisseur, Kabarettist. Nach dem Studium an der DDR-Hochschule für Grafik und Buchkunst begann er 1983 in Leipzig mit seinen an Dada geschulten kabarettistischen Programmen, für die er den Begriff »Kabasurdes Abrett« prägte. Zusammenarbeit mit V. F. Seumel, H.-Christoph Bigalke, Hartwig Eberbach und Erwin Stache. 1988 Solo-Abend »Und nun: aufgehört!«, 1991 Musiktheater-Duo mit Erwin Stache (»Hy-Land«, »Festmahl im Theater Tafü-Lafü«), 1993 Solo-Programm »Weiss du noch«. Buchveröffentlichung: »Die Lust ist schön als Überfall«. Krause Zwieback über Krause Zwieback: »Ich spiele, damit ich fühle, was ich sehe.«

*Georg Kreisler* (* 1922), Schriftsteller, Kabarettautor, Komponist, Kabarettist, arbeitete in Hollywood, wohin seine Familie vor den Nazis aus Wien geflüchtet war, als Filmmusiker, als Fernsehautor und Bar-Entertainer. 1955 nach Wien zurückgekehrt, trat er in der *Marietta-Bar* mit eigenen Chansons auf und erarbeitete mit Helmut Qualtinger, Gerhard Bronner und Peter Wehle verschiedene Kabarett-Programme (»Blattl vorm Mund«), in denen er auch auftrat. 1958 ging er nach

München, 1975 nach West-Berlin, später in die Schweiz, von wo aus er mit »Nichtarischen Arien«, »Liedern zum Fürchten«, am schwarzen Humor geschulten »Seltsamen Gesängen« und aggressiven Polit-Songs auf Gastspielreisen geht. Kreisler, der auch Hörspiele, Revuen und Theaterstücke (»Lola Blau«) verfaßte, hat zahlreiche Textsammlungen und Schallplatten veröffentlicht.

*Volker Kühn* (*1933), Journalist, Schriftsteller, Kabarettautor, Regisseur. Von 1965 bis 1977 schrieb, inszenierte und produzierte er im Hessischen Rundfunk die Hörfunk-Sendung »Bis zur letzten Frequenz« als »kabarettistische Monatsbilanz«. Co-Autor und Regisseur mehrerer Programme des West-Berliner *Reichskabaretts* (»Hab Bildung im Herzen«, »Der Guerilla läßt grüßen«, »Ex und hopp«). 1971 schrieb und inszenierte er für die West-Berliner *Wühlmäuse* das Kabarett-Programm »Deutschland – wir kommen!« 1973 startete er mit Dieter Hildebrandt die ZDF-»Notizen aus der Provinz«. Zahlreiche Fernsehsendungen, darunter das Neuss-Porträt »Ich lache Tränen, heule Heiterkeit«, die Film-Satiren »Die halbe Eva«, »Hochkant« und »Der Eremit« sowie die TV-Features »Bombenstimmung – Unterhaltung unterm Hakenkreuz« und »Totentanz – Kabarett im KZ«. Eigene Polit-Satire auf Schallplatten (»Wie die Alten singen«, »Pol(h)itparade«, »Musik aus Studio Bonn«), LP-Produktionen mit Wolfgang Neuss, Hanns Dieter Hüsch, Dieter Süverkrüp u. a. Textete für verschiedene Kabaretts, darunter für das Düsseldorfer *Kom(m)ödchen*, schrieb und inszenierte Fernseh- und Theater-Revuen (»Libertäterä – Die Revolution findet im Saale statt«, »Quaale Traum erdrosselt meine Singe«, »Vom armen Poeten«, »Bombenstimmung – die Ufa-Revue«), Songtexter für »Turo's Tutti« und das Musical »EinsZweiDrei«. Buchveröffentlichungen u. a. »Das Kabarett der frühen Jahre«, »Die 10. Muse – 111 Jahre Kabarett«, »Leise rieselt der Schmäh – Wende-Parodien zur Lage der Nation«, »Gedicht aus Bonn – Wegwerf-Lyrik aus dem Bundestag«, »Spötterdämmerung – Vom langen Sterben des großen kleinen Friedrich Hollaender« sowie, mit Günter Walter, »Ich bejahe die Frage rundherum mit Ja – Einführung in die Kanzlersprache« und »Schöner wählen«. Herausgeber der Neuss-Textsammlungen »Das Wolfgang Neuss Buch«, »Tunix ist besser als arbeitslos«, »Neuss Testament«, »Die Kellerkinder« und der Satire-Anthologie »Zurück, Genossen, es geht vorwärts!«. Autor und Regisseur der zwölfteiligen ZDF-Reihe »Die 10. Muse« zur Geschichte des Kabaretts.

*Edgar Külow* (*1925), Autor, Schauspieler, Regisseur, Kabarettist, arbeitete zunächst für den Sender Leipzig, bevor er 1959 zur *Leipziger Pfeffermühle* ging, deren Direktor er 1962 wurde. Später arbeitete er als Texter und Regisseur auch für andere Kabaretts, darunter für die *Distel* und die *Taktlosen*. Daneben schrieb, spielte und inszenierte er auch fürs DDR-Fernsehen (»Tele-BZ«).

*Dieter Lietz* (*1937), Autor, studierte Architektur an der TU Dresden und arbeitete zunächst als Architekt an Projektierungsbüros in Potsdam. Nebenbei satirische Kurzprosa und Lyrik für den »Eulenspiegel« sowie Texte für Laien-Kabaretts und den Rundfunk. Zahlreiche Chanson- und Schlagertexte, darunter der von Frank Schöbel gesungene DDR-Hit »Wie ein Stern«. Der seit 1974 freischaffend arbeitende Autor schrieb für fast alle DDR-Kabaretts, vornehmlich für die Ost-Berliner *Distel* und das Potsdamer *Kabarett am*

*Obelisk* (»Grins-Märchen«, »Nuttis Neitklapp«). Autor für unterhaltende Funk- und Fernsehsendungen (»Spaßvögel«, »Ein Kessel Buntes«, »Showkolade«), Verfasser der ORB-Serien »Doener for one« und »Durch die Blume«. 1993 erschien sein Gedichtband mit satirischen Euforismen und Reimwerkeleien (»Noch merpelt das Wunzelchen«).

*Frank Lüdecke* (*1961), Journalist, Autor und Kabarettist, studierte Germanistik und Geschichte. 1979 gründete er in West-Berlin das Amateur-Kabarett *Phrasenmäher*, mit dem er zehn Jahre später ins Profilager überwechselte. Von 1990 bis 1993 war er Fernsehkritiker des Berliner »Tagesspiegel«. Seit 1984 bestreitet Lüdecke mit seinem Partner Achim Ballert als *Phrasenmäher* ein politisch-absurdes Kabarett-Duett um die Kunstfiguren Johannes und Werner, zwei Systemkritiker, die »die Sache auf den grünen Punkt bringen«, so in »Im Namen der Neurose«, 1990, »Sanfte Exzesse«, 1992, »Bilder einer Einstellung«, 1993.

*Volker Ludwig* (*1937), eigtl. Eckart Volker Ludwig Hachfeld, Stückeschreiber, Kabarettautor, schrieb seit 1956 Sketche und Songs für Funk und Fernsehen (»Hallo Nachbarn«, »Scheibenwischer«) sowie für die *Stachelschweine*, für die *Bedienten* und für die *Wühlmäuse*, später auch für das *Kom(m)ödchen*. 1965 war er an der Gründung des West-Berliner *Reichskabaretts* beteiligt, dessen künstlerischer Leiter und Haupttexter er war (»Kein schöner Land«, »Wir kennen keine Parteien mehr«, »Hab Bildung im Herzen«, »Der Guerilla läßt grüßen«, »Alles hat seine Grenzen«, »Ex und hopp«, »Rettet Berlin!«). Anfang der Siebziger gründete er das Kinder- und Jugendtheater GRIPS am Berliner Hansaplatz, für das er eine Vielzahl von Stücken mitverfaßte und die Songtexte schrieb: »Mannomann!«, »Ein Fest bei Papadakis«, »Das hältste ja im Kopf nicht aus«, »Eine linke Geschichte«, »Alles Plastik«, »Ab heute heißt du Sara«, »Balle Malle Hupe und Artur«, »Stokkerlok & Millipilli«, »Maximilian Pfeiferling«, »Doof bleibt doof«, »Nashörner schießen nicht«, »Vatermutterkind«, »Die schönste Zeit im Leben«, »Heile Heile Segen«, »Der Spinner«, »Dicke Luft«, »Trummi kaputt«. Daneben schrieb er das Opernlibretto »Goldelse«. 1983 gründete er zusammen mit Detlef Michel das politisch-satirische Kabarett *Institut für Lebensmut*, das ein Jahr lang im GRIPS-Theater spielte; drei Jahre später gelangte dort auch Ludwigs Erfolgs-Musical »Linie 1« zur Uraufführung, zu dem Birger Heymann die Musik schrieb. Zahlreiche Veröffentlichungen von GRIPS-Stücken; Ludwigs Einschätzung der westdeutschen Kabarett-Szene zwischen 1945 und 1970 ist in dem von Georg Zivier und Helmut Kotschenreuther mitverfaßten Buch »Kabarett mit K – Siebzig Jahre große Kleinkunst« nachzulesen.

*Heinz Lyschik* (*1938), Autor, Regisseur, Kabarettist. Nach einer Lehre als Elektromonteur und dem Studium an der Film-Hochschule Babelsberg war er zunächst als Schauspieler an verschiedenen Theatern der DDR engagiert. 1975 erste Mitarbeit an Programmen der Ost-Berliner *Distel*, für die er bald als Dramaturg, Autor und Kabarettist tätig ist. Funk- und Fernseharbeit.

*Siegfried Mahler* (*1934), Autor, Schauspieler, Regisseur, Kabarettist. Nach der Schauspielschule, die er in seiner Geburtsstadt Leipzig absolvierte, stieg er 1954 in das Ensemble der *Leipziger Pfeffermühle* ein, der er über dreißig Jahre lang angehörte und für die er einen Großteil der Texte schrieb und zeitweise auch Regie führte. Mitwirkung an Spielfilmen und Fernsehsendungen (»Scheibenwischer«). Nach seinem Ausscheiden aus der *Pfeffermühle* im Jahr 1987 lebt Mahler als freischaffender Autor in Leipzig.

*Peter Maiwald* (*1946), Schriftsteller, Journalist, Kabarettautor, studierte Theaterwissenschaft, Germanistik und Soziologie in München. Mitherausgeber der »Düsseldorfer Debatte«. Zahlreiche Buchveröffentlichungen, darunter die Gedichtbände »Geschichten vom Arbeiter B.«, »Antwort hierzulande«, »Die Leute von der Annostraße«, »Balladen von Samstag auf Sonntag«. Kabarett-Texte für die Kölner *Machtwächter* und *Floh de Cologne*, die Münchner *Zwiebel*, das Düsseldorfer *Kom(m)ödchen*. 1977 schrieb er mit Therese Angeloff die Polit-Revue »Die merkwürdigen Abenteuer des edlen Ritters Don Quichotte, nebst seines scharfsinnigen Begleiters Sancho Pansa in den Irrungen und Wirrungen der westlichen Demokratie«.

*Detlef Michel* (*1944), Schriftsteller, Kabarettautor, war bereits als Schüler an kabarettistischen Versuchen beteiligt. Während seines Studiums schrieb er Texte für das Kölner Kabarett *Floh de Cologne* und arbeitete an den Programmen des Berliner *Reichskabaretts* mit (»Hab Bildung im Herzen«, »Der Guerilla läßt grüßen«, »Wir kennen keine Parteien mehr«, »Ex und hopp«). In den siebziger und achtziger Jahren auch an GRIPS-Theater-Stücken (»Das hältste ja im Kopf nicht aus«, »Eine linke Geschichte«, »Ab heute heißt du Sara«) als Co-Autor Volker Ludwigs beteiligt, mit dem er 1983 das Kabarett *Institut für Lebensmut* gründete. Michel, zeitweise Herausgeber der »Berliner Hefte«, schreibt für Funk und Fernsehen.

*Missfits*, Kabarett-Duo der beiden Oberhausener Kabarettistinnen Gerburg Jahnke (*1955) und Stephanie Überall (*1959). Ursprünglich bestand die 1984 gegründete Gruppe aus fünf Frauen, die mit Clownsstücken wie »Küß mich, Romeo« als Straßentheater durch die Lande zogen. Die Entscheidung zur Professionalität trennte die Gruppe, übrig blieben Jahnke und Überall. Mit ihren Programmen »Unheimlich heimlich«, »Eine Frau ist eigentlich ein Mann, nur eben weiblicher«, »Die Frau in den besten Jahren« und »Frauen und Kinder zuerst«, für die sie sich ihre Texte selbst schreiben, karikiert das Duo die Welt der Macho- und Femini-Dogmen. Stephanie Überall: »Anfangs waren wir die Alibifrauen, deren Auftritte kritisch beobachtet wurden. Da aber unsere Art der Auseinandersetzung mit Frauenthemen vom Zuschauer keinen feministischen Background erfordert, wurden wir schon bald akzeptiert.«

*Cornelia Molle* (*1954), Journalistin, Kabarettautorin. Nach dem Germanistik-Studium zunächst wissenschaftliche Mitarbeiterin an der Akademie der Künste der DDR, später freiberuflich als Journalistin tätig. 1989/90 in den Bürgerinitiativen des grün-alternativen Spektrums aktiv. Nach der Wende textet sie für die Leipziger *Academixer*, darunter die Programme »Schlag auf Schlag«, 1992, und »Brutal normal«, 1994. Mitarbeit an Programmen des Potsdamer *Kabarett am Obelisk*.

*Martin Morlock* (1918–1983), eigtl. Günther Goercke, Journalist, Kabarettautor, studierte Medizin, trat Anfang der vierziger Jahre in Münchner Lokalen mit eigenen Gedichten auf. Während des Krieges Ufa-Nachwuchsschauspieler, später Feldarzt an der Front. In amerikanischer Gefangenschaft lernte er Werner Finck kennen, mit dem er im Juni 1945 an einer Zeitung für Lazarette (»Die Fieberkurve«) arbeitete. Schrieb, auch unter dem

Pseudonym Kurt Zundgut, Texte für verschiedene Kabaretts, darunter für das *Nebelhorn*, die *Mausefalle*, die *Kleine Freiheit* und ab 1949 für das Düsseldorfer *Kom(m)ödchen*. Morlock, der acht Jahre lang als »Telemann« TV-Kritiken für den »Spiegel« schrieb, verfaßte Bühnenstücke und Fernsehspiele. In den siebziger Jahren war er als Autor für die *Münchner Lach- und Schießgesellschaft* tätig. Eine Auswahl seiner Texte sind in den Bänden »Regeln für Spielverderber« und »Auf der Bank der Spötter« erschienen.

*Walter Moßmann* (* 1941), Journalist, Liedermacher, singt seit 1964 eigene Songs und trat damit auf vielen Festivals auf. 1966 auf dem Waldeck-Treffen als »Entdeckung des Jahres« gefeiert, engagierte er sich für die Studentenbewegung, für die Kampagne für Abrüstung, gegen den Bau von Kernkraftwerken (»Der KKW-Nein-Rag«). Seine Lieder, die sich oft am französischen Chanson orientieren, sind auch auf Schallplatte erschienen (»Flugblattlieder«, »Die Wacht am Rhein«, »Der Tod von Duisburg«, »Moßmann meets Sophie Lapierre«); Funk- und Fernseharbeit (»Dreyeckland«). Buchveröffentlichungen: »Alte und neue politische Lieder« (mit Peter Schleuning); »Flugblattlieder – Streitschriften«.

*Hanns Christian Müller* (* 1949), Autor, Musiker, Kabarettist, Regisseur, studierte Psychologie, Philosophie und Geschichte in München. Spielte ab 1966 als Musiker in verschiedenen Bands, schrieb Musik für TV-Filme und machte ab 1968 als Darsteller, Texter und Musiker beim Münchner *Rationaltheater* Kabarett. 1975 inszenierte er an der Münchner *Kleinen Freiheit* eine »Nachtrevue«, für die er auch Texte und Musik schrieb. Seit 1978 Zusammenarbeit mit Gerhard Polt und Gisela Schneeberger, mit denen er die TV-Serie »Fast wia im richtigen Leben« inszenierte. Co-Autor und Regisseur einer Reihe von kabarettistischen Bühnen-Spektakeln (»München leuchtet«, »Diri Dari«, »Tschurangrati«), die an den Münchner Kammerspielen Premiere hatten, sowie die Polt-Kinofilme »Kehraus« und »Man spricht deutsh«. Mitarbeit beim »Scheibenwischer«. Die bekanntesten Polt-Müller-Texte liegen als »der dicke Doppel-Polt« in einem Sammelband (»Fast wia im richtigen Leben«, 1990) vor. Für die »Bibliothek der Deutschen Werte« schrieb er einen kabarettistischen Beitrag über die »Deutsche Gründlichkeit«.

*Münchner Crüppel Cabaret* nennt sich eine Satire-Truppe, die sich im Februar 1982 zusammentat, um mit kabarettistischen Mitteln vorzugsweise Vorurteile gegenüber Minderheiten auf dem Kleinkunst-Podium in Szene zu setzen. *Crüppel*-Mitgründer Werner Geifrig zur Namensgebung: »Die französische Schreibweise ›Cabaret‹ wählten wir, weil wir kein reines Nummernkabarett machen, sondern uns auch anderer theatralischer Formen bedienen wollten. Das Wort ›Krüppel‹, für die Behinderten meistens hinter vorgehaltener Hand verwendet, nahmen wir als provokanten Ehrentitel in unseren Namen auf, leicht verfremdet durch das versnobte ›C‹. München schließlich sollte als unser Stand-, Roll- und Hauptspielort in unseren Namen eingehen.« Das »Rolli-Ensemble«, zu dem auch Behinderte gehören, gab 1983 sein Debüt mit »Soziallästig«, einem Programm, das auch außerhalb Münchens vorgestellt wurde. Es folgten Programme wie »Schlagzeilen – krüppeldick«, »Die Rückkehr der Rollpertinger«, »Mit Rollust krückwärts«. Gastspiele in Österreich und der Schweiz. Eine Auswahl seiner Texte veröffentlichte das *Münchner*

*Crüppel Cabaret* unter dem Titel »Neues aus Rollywood«.

*Wolfgang Neuss* (1923–1989), Schauspieler, Autor, Kabarettist, wurde nach einer Metzgerlehre Soldat und machte als Frontkomiker Truppenbetreuung. Nach Kriegsende tingelte er als Ansager von Bunten Abenden durch die West-Zonen und etablierte sich in West-Berlin als »Mann mit der Pauke«. Mit seinem Kabarett-Partner Wolfgang Müller wurde er für den Film und die Musical-Bühne entdeckt. Ab 1963 avancierte Neuss, der auch mit zwei eigenen satirischen Kinofilmen (»Wir Kellerkinder«, 1960, und »Genosse Münchhausen«, 1962) von sich reden machte, mit drei Solo-Programmen (»Das jüngste Gerücht«, »Neuss-Testament«, »Asyl im Domizil«) zum Star-Kabarettisten der Bundesrepublik. Anfang der siebziger Jahre zog er sich ins Privatleben zurück; seitdem gab es nur noch gelegentliche Auftritte vor Fernsehkamera und Funkmikrophon. Mitwirkung an über 50 Spielfilmen. Schallplatten: »Das jüngste Gerücht«, »Neuss Testament«, »Wolf Biermann (Ost) zu Gast bei Wolfgang Neuss (West)«, »Asyl im Domizil«, »Marxmenschen«, »Heissa Neuss«, »Neuss vom Tage«. Seine Texte sind nachzulesen in den von Volker Kühn herausgegebenen Bänden »Das Wolfgang Neuss Buch«, »Wir Kellerkinder«, »Neuss Testament« und »Tunix ist besser als arbeitslos« sowie in »Der gesunde Menschenverstand ist reines Gift« (Hrsg. Mathias Bröckers) und »Neuss' Zeitalter« (Hrsg. Werner Pieper).

*Rainer Otto* (*1939), Autor, Regisseur, stammt aus Chemnitz. Der gelernte Lehrer hatte während seines Studiums erste Kontakte mit Studenten-Kabaretts und Amateurgruppen. 1964 Versuch der Gründung eines Profi-Kabaretts in Karl-Marx-Stadt (Chemnitz), das Programm (eine Diplomarbeit am Literaturinstitut) wurde vor der Premiere verboten, dem Autor gekündigt. Ein Jahr später kam Otto als Autor und Dramaturg zur *Leipziger Pfeffermühle*, für die er ab 1977 auch als Regisseur tätig war und deren Leitung er 1981 übernahm. Während seiner mehr als zehnjährigen *Pfeffermühlen*-Direktion schrieb und inszenierte er mehrere Programme (»Um des lieben Friedens willen«, »Verdammte Pflicht und Schludrigkeit«, »Wir passen noch nicht«). Daneben Mitarbeit beim DFF-Kinderfernsehen und Lehrtätigkeit an der Zentralen Volkskunstschule der DDR sowie zahlreiche Gastinszenierungen an DDR-Kabaretts (u.a. Uraufführung der Programme »Bürger, schützt eure Anlagen« und »Wir sind noch nicht davongekommen« an der Dresdner *Herkuleskeule*) und am Mecklenburgischen Staatstheater Schwerin. 1988 wurde er mit dem Nationalpreis der DDR für Kunst und Literatur ausgezeichnet. Mehrere Publikationen, darunter die 1977 mit Walter Rösler verfaßte »Kabarettgeschichte«; Mitarbeit am DDR-Lexikon für »Unterhaltungskunst«. 1993 verließ er die *Pfeffermühle*, nachdem das Kabarett privatisiert und in eine GmbH umgewandelt worden war. Otto lebt seitdem als freiberuflicher Autor, Regisseur für Kabaretts, Rundfunk und Fernsehen in Leipzig.

*Heinrich Pachl* (*1943), Autor, Schauspieler, Regisseur, Kabarettist. Anfang der siebziger Jahre treibender Aktivist im freien Theater *Der wahre Anton*, bildete er bald mit Richard Rogler ein kabarettistisches Gespann (»Absahnierung«, 1980; »Los Verdammtos«, 1981). Später Duo-Programme mit Matthias Beltz (»Propheten«, 1986; »Das Geheimnis der Aktentasche«, 1988) und Arnulf Rating (»Wo andere beten«, 1991). 1994 Solo-Programm

»Nicht zu fassen – Unser globales Dorf soll schöner werden«. Daneben Regie fürs Kölner Schauspiel und eigene TV-Dokumentationen (»homo blech«).

*Reiner Panitz* (*1950), Texter, Musiker, gründete 1972 zusammen mit seinem Bruder Dietmar das Volksmusik-Duo *Die Mehlprimeln*. Seit 1982 Ruth Gschwendtner zu ihnen stieß, tingeln sie als Trio durch die Lande, das mit seinen Programmen (»Schnauzebautze«, »Pi-Pa-Puff-Panoptikum«) – ähnlich wie ihre bayerischen Kollegen der *Biermösl Blosn* – satirische Texte und musikalische Folklore auf einen Nenner zu bringen versucht und sich umweltpolitisch engagiert. Seit Herbst 1993 sind die Panitz-Brüder, die in Kaisheim die »Kleinkunstbrauerei Thaddäus« betreiben, wieder als Duo unterwegs, zuweilen auch zusammen mit Dieter Hildebrandt. Funk- und Fernseh-Auftritte (»Scheibenwischer«). Mehrere Schallplatten und CD-Produktionen (»Ballmaschinenmenschen«, »Mehlprimeln – Das Beste aus 20 Jahren«).

*Hans-Günther Pölitz* (*1952), Autor, Kabarettleiter, Kabarettist, stammt aus Waldheim/DDR. Nach dem Kabarett-Debüt bei der Zwickauer *Zwickmühle* spielte er ab 1982 bei der Dresdner *Herkuleskeule*, ab 1984 bei den Magdeburger *Kugelblitzen*, deren Autor und künstlerischer Leiter er war. Daneben engagierte er sich beim Magdeburger Betriebs-Kabarett *Die Zange*. Nach der DDR-Wende gastierte er mit den *Kugelblitzen* sowie als Partner von Manfred Breschke häufig in München. 1994 wechselte er ins Ensemble der *Münchner Lach- und Schießgesellschaft*.

*Gerhard Polt* (*1942), Autor, Schauspieler, Regisseur, Kabarettist. Nach dem Studium arbeitete er zunächst als Lehrer und Übersetzer, bevor er Mitte der siebziger Jahre in München zum erstenmal mit einem kabarettistischen Programm auftrat. In Zusammenarbeit mit Hanns Christian Müller und Gisela Schneeberger begann er 1979 seine populär gewordene TV-Serie »Fast wia im richtigen Leben«. Ab 1981 zahlreiche Auftritte mit der Musik-Kabarett-Gruppe *Biermösl Blosn* sowie Mitwirkung in den Satire-Sendungen »Notizen aus der Provinz« und »Scheibenwischer«. Co-Autor und Darsteller einer Reihe von kabarettistischen Bühnen-Spektakeln (»München leuchtet«, »Diri Dari«, »Tschurangrati«), die an den Münchner Kammerspielen Premiere hatten. Polts Kinofilme (»Kehraus«, »Man spricht deutsch«, »Herr Ober«) machten ihn einem breiteren Publikum bekannt. Die populärsten Polt-Müller-Texte liegen als »der dicke Doppel-Polt« in einem Sammelband (»Fast wia im richtigen Leben«) vor.

*Michael Quast* (*1959), Autor, Schauspieler, Kabarettist, debütierte an den Städtischen Bühnen in Ulm, bevor er 1982 beim Düsseldorfer *Kom(m)ödchen* einstieg. Mitwirkung in TV-Produktionen und Kinofilmen (»Die wahre Geschichte von Männern und Frauen«). 1985 erstes Solo-Programm (»Satyr im Getriebe«); 1989 folgte »Die Wüste lebt«, 1992 »Unter Geiern«. Zwischendurch immer wieder Theater (vom »Fledermaus«-Frosch über Shakespeares »Richard III.« und Wedekinds »Marquis von Keith« bis zum Hitler in Taboris »Mein Kampf«). Ab 1990 bestreitet er als stimmakrobatisch begabter Parodist die »Michael Quast Radio Show« im HR-Rundfunk.

*Hans Rascher* (*1922), eigtl. Helmut Schneller, Schriftsteller, Kabarettautor. Ursprünglich als Toningenieur beim Rundfunk tätig, textete er ab 1953 für die Ost-Berliner *Distel*, außerdem für die Dresdner *Herkuleskeule* und die *Leipziger Pfeffermühle.* Im Frühjahr 1988 schrieb er zusammen mit Inge Ristock an einem *Distel*-Programm mit dem Arbeitstitel »Ideal auf Abwegen«, das zu Schwierigkeiten mit der SED führte, weil es sich mit Gorbatschows Glasnost-Initiative auseinandersetzte. Im November des gleichen Jahres brachte es das inzwischen in »Keine Mündigkeit vorschützen« umbenannte *Distel*-Stück nur bis zur Generalprobe.

*Rat der Spötter*, politisch-satirisches Leipziger Studenten-Kabarett, zu dem sich zwischen 1958 und 1961 eine Gruppe von 15 Studentinnen und Studenten der Leipziger Karl-Marx-Universität zusammengefunden hatte. Bereits mit ihren ersten Programmen (»Der Mensch versuche die Spötter nicht!«, »In Satirannos«, »Odyssee von Humor«) hatten die *Spötter* einen durchschlagenden Erfolg bei Presse und Publikum. Das mehrfach ausgezeichnete Ensemble, 1959 mit dem »Staatspreis für künstlerisches Volksschaffen« bedacht, wurde während der »Weltjugendfestspiele« in Wien gefeiert und in die westdeutsche Universitätsstadt Marburg geschickt, um zu beweisen – so der damalige DDR-Volkskammer-Präsident Johannes Dieckmann wörtlich –, »daß es auch in der DDR kritisch zugeht«. Nicht lange: »Nachdem wir dem Namen unserer Universität zunächst mit Szenen über ›Ewiggestrige‹ Ehre machen wollten«, erinnert sich Ex-*Spötter* Heinz-Martin Benecke, »gerieten wir später immer mehr in Konflikt zur wirklichen Aufgabe der Satire: wir nannten die mißwirtschaftlichen und scheinsozialistischen Lehren in jugendlichem Elan beim Namen. Da schlugen die SED des Bezirkes Leipzig und das Ministerium für Staatssicherheit präzedenzmäßig zu. Die Folge: Inhaftierungen. Relegationen. Exmatrikulationen en gros.« Anlaß war die Zensur-Abnahme des Programms »Wo der Hund begraben liegt«, das im Herbst 1961 Premiere haben sollte. Dazu kam es nicht mehr. Das Programm wurde verboten, das Kabarett wurde geschlossen, die sechs *Spötter*-Kabarettisten Manfred Albani, Heinz-Martin Benecke, Rolf Herschel, Ernst Röhl, Peter Seidel und Peter Sodann wurden verhaftet, Stasi-Verhören unterzogen und wegen »staatsgefährdender Hetze« vor Gericht gestellt. Im Juni 1962 erging das Urteil: Gefängnis mit Bewährung. »Vor allem eignete sich der Fall *Rat der Spötter* maximal zur politischen Ruhestellung der Studentenschaft einer beachtlich großen Universität«, erinnert sich Ex-*Spötter* Ernst Röhl. »So wurden Sodann und fünf andere der Stasi überantwortet, die die Dreckarbeit machen sollte. Alle weiteren Kabarettmitglieder wurden mit Schimpf und Schande von der Universität verjagt, auch diejenigen, die durch ›parteiliche‹ Zeugenaussagen für sich das Schlimmste zu verhindern trachteten.« Solidarisierungen der Theater- und Kabarettszene mit dem *Rat der Spötter* blieben aus. Von den Chronisten des DDR-Kabaretts wurde das *Spötter*-Kapitel totgeschwiegen. Lediglich Rudolf Hösch wies in seiner Kabarettgeschichte »Kabarett von gestern und heute« warnend auf das schlechte Beispiel hin: »In der letzten Zeit seines Bestehens ließ das Ensemble in einer Reihe von Programmnummern diesen parteilichen Standpunkt vermissen, stellte den kabarettistischen Gag über die politische Aussage und brachte damit falsche ideologische Akzente in seine Arbeit. Diese Entwicklung führte 1961 zur Auflösung des Ensembles.«

*Arnulf Rating* (* 1951), Autor, Kabarettist, wuchs in Wuppertal auf. Nach »Studienversuchen« in Mathematik, Physik, Philosophie kam er zur Theaterwissenschaft. Mit seinen Kommilitonen Günter Thews und Hans-Jochen Krank tat er sich 1977 in Berlin zum Kabarett-Trio *Die Drei Tornados* zusammen, das in der Besetzung Rating–Thews–Klotzbach bis 1990 bestand. Mitbegründer und Akteur des *Reichspolterabend*-Teams, das ab 1992 auf Deutschland-Tournee ging. 1991 spielte Rating mit Heinrich Pachl das Duo-Programm »Wo andere beten«. 1993 erstes Solo-Programm (»Perlen der Heimat«).

*Bernd Regenauer* (* 1956), Autor und Kabarettist, schrieb für Hildebrandts TV-»Scheibenwischer« sowie für die *Herkuleskeule* und die *Distel*. 1987 begann er seine Serie von Duo-Programmen mit wechselnden Partnern: »Leider so, Deutschland« und »Selten so gedacht« mit Uwe G. Ebert, »Letzte Probe« und »Sommerfeld oder aber Geschäfte« mit Christian Kusche, »Koste es, was Sie wollen« und »Macht verrückt« mit Helmut Krauss.

*Mathias Richling* (* 1953), Kabarettist, Schauspieler, Autor und Parodist. Nach Schauspielausbildung und Studium (Literaturwissenschaft, Philosophie, Geschichte) 1975 erstes Kabarett-Solo (»Köpfe u. v. a.«), dem inzwischen ein gutes Dutzend folgten (»Zuerst mal die Zugaben«, »Ich habe nie gesagt – Sätze, Worte, Brüche«, »Wieviel Demokratie ist es bitte?«). Zahlreiche TV-Auftritte (»Jetzt schlägt's Richling«, »Richling – Klappe, die erste«). Buchveröffentlichungen: »Du bist so treibend wahnesblöd – wahrmögliche Geschichten«, »Manch Nimmermär«, »Der deutsche Selbstverstand«.

*Inge Ristock* (* 1934), Kabarettautorin, studierte zunächst Plan-Ökonomie, später Dramaturgie an der Filmhochschule Babelsberg. Arbeitete beim DDR-Fernsehen und als Dramaturgin am Ost-Berliner Max Gorki Theater. Anschließend ging sie zur *Distel*, wo sie in sechs Jahren 13 Programme erarbeitete. Dann wurde die »helfende Kritik« der Parteifunktionäre »so massiv, daß ich beschloß, zu kündigen«. 1988 hatte sie zusammen mit Hans Rascher das *Distel*-Programm »Keine Mündigkeit vorschützen« geschrieben, das über eine Generalprobe nicht hinauskam. Nach der Wende ist sie als Autorin für Funk, Fernsehen und Kabaretts tätig, darunter auch für die *Distel*.

*Ernst Röhl* (* 1937), Schriftsteller, Kabarettautor, Kabarettist, stammt aus Mecklenburg. Während seines Journalistik-Studiums in Leipzig (1957–1961) war er Texter, Darsteller und zeitweise Leiter des Studenten-Kabaretts *Rat der Spötter*, das 1961 von den DDR-Behörden verboten wurde. 1961/62 gemeinsam mit fünf weiteren *Spötter*-Kabarettisten wegen »staatsgefährdender Hetze und Propaganda« inhaftiert; danach Sägewerks- und Gießereiarbeiter, Korrektor. Seit 1965 Redakteur der satirischen Zeitschrift »Eulenspiegel«, daneben als Autor für Funk, Fernsehen und Kabaretts tätig. Buchveröffentlichungen: Humoristische und satirische Geschichten und Gedichte (»Der Fuchs mit den blauen Augen«, »Einstein spielte Saxophon«, »Ich wollte, ich wäre mein Bruder«) sowie zwei sprachkritische Wörterbücher (»Wörtliche Betäubung«, 1986; »Deutsch-Deutsch«, 1990).

*Richard Rogler* (* 1949), Schauspieler, Autor, Kabarettist, arbeitete einige Jahre am Kindertheater »Ömmes & Oimel« mit, bevor er 1980 zusammen mit Heinrich Pachl unter der Bezeichnung *Der wahre Anton* auftrat. 1982 wechselte er in Flimms Kölner Theater-Ensemble. 1986 startete er seinen kabarettistischen Bühnen-Monolog »Freiheit aushalten!«, 1992 folgte das Kabarett-Solo »Finish«. Zahlreiche

Fernsehauftritte, darunter ein »Scheibenwischer«-Duett mit Dieter Hildebrandt, »Mitternachtsspitzen« und die kabarettistische Comic-Serie »Herr Rogler und Herr Busse«.

*Hansjürgen Rosenbauer* (* 1941), Journalist, war während seines Studiums an der Frankfurter Universität als Texter und Darsteller am Studenten-Kabarett *Die Freimauler* beteiligt, dessen Leitung er 1964 übernahm. Seit 1969 Fernsehredakteur beim Hessischen Rundfunk, der ihn 1972 als ARD-Korrespondent nach Prag schickte. 1974 wechselte er zum WDR, wo er für das Studio Bonn arbeitete, eine eigene Talk-Show (»Je später der Abend«) hatte und zahlreiche Sendungen (»Kulturweltspiegel«) moderierte. 1983 avancierte er im WDR-Fernsehen zum Hauptabteilungsleiter Kultur und Wissenschaft, nach der Abwicklung des DDR-Fernsehens wurde er Intendant des Ostdeutschen Rundfunks Brandenburg (ORB).

*Helmut Ruge* (* 1940), Schriftsteller, Kabarettautor, Kabarettist, war Anfang der Sechziger an der Gründung des Berliner Studenten-Kabaretts *Die Hammersänger* beteiligt, für das er auch die Texte schrieb (»Hiebe 64«, »Pferdeäpfel fürs Vaterland«). Nach der Umsiedlung nach München ist er mit einer Reihe von politisch-satirischen Programmen (»Volkskörperpflege«, »Vorsicht, die Mandoline ist geladen«, »Die Meise auf dem Vibraphon«) erfolgreich. Mitte der siebziger Jahre startete er eine Karriere als Solo-Kabarettist. Daneben Funk- und Fernseharbeit (Mitarbeit an den TV-Satire-Serien »Notizen aus der Provinz« und »Dreizack«, Funk-Dialoge »Hammer und Stichel« mit Hanns Dieter Hüsch). Mehrere Revuen, Rock-Musicals und Theaterstücke, darunter »Weihnachten an der Front«, »Noch sind wir nicht tot«, »Abflug«. 1993 erschien sein Lyrik-Band »Gespräch auf der Haut«.

*Wolfgang Schaller* (* 1940), Kabarettautor, Journalist, Kabarettist. Kam 1970 zur Dresdner *Herkuleskeule*, deren Programm er bald als Hausautor, Dramaturg und später als künstlerischer Leiter prägte. Zusammenarbeit mit Peter Ensikat, mit dem er mehrere erfolgreiche Kabarettstücke (»Bürger, schützt eure Anlagen«, 1980; »Aus dem Leben eines Taugewas«, 1983; »Auf dich kommt es an, nicht auf alle«, 1986) verfaßte, die in über 100 Inszenierungen von Theatern und Kabaretts der DDR nachgespielt wurden. Nach der Wende erarbeitete er für die inzwischen zur GmbH umgewandelte *Herkuleskeule* die Programme »Wörtliche Betäubung«, 1992, »Gibt es ein Leben vor dem Tod?« (Co-Autor: Peter Ensikat), 1992, und »Bar aller Illusionen«, 1993.

*Uwe Scheddin* (* 1953), Autor, studierte Theaterwissenschaften und Kulturtheorie in Berlin. Leistete erste kabarettistische Kleinkunstarbeit bei Studentenbühnen, ab 1981 war er als Dramaturg und Texter für das Potsdamer *Kabarett am Obelisk* tätig (»Zwischen Berg und tiefem, tiefem Tal«, »Volldampf woraus!?«). Ab 1986 Programme und Texte für Magdeburger und Hallenser Kabaretts (»Keine Zeit, Genossen«, »Miss-DDR«) und freie Gruppen (u. a. »Rocksanatorium« für die »Gauklerrockbühne«). Arbeitet an einem Solo-Programm, mit dem er selbst auf die Bühne will. Daneben organisiert er Führungen, Spaziergänge und Fahrten rund um die Hauptstadt (»Uwe Scheddin – Stadt- und Landausflüge Berlin«).

*Hans Scheibner* (* 1936), Autor, Kabarettist und politischer Liedermacher. Der gelernte Verlagskaufmann und Journalist trat ab 1968 mit eigenen

Texten auf und sang seine Lieder (»Schmidtchen Schleicher«, »Das macht doch nichts, das merkt doch keiner«) auch auf Schallplatte. Zahlreiche Buchveröffentlichungen (»Klopfzeichen aus der Anstalt«, »Wahnwitz vom Feinsten«, »Das Glücksgefühl vorm Aufprall«) mit Songtexten, Gedichten und Satiren. Seine TV-Sendung »... scheibnerweise« wurde 1986 abgesetzt, nachdem er öffentlich jene Politiker als »Mörder« bezeichnet hatte, die mit Massenvernichtungswaffen ihre Planspiele treiben.

*Werner Schneyder* (* 1937), Schriftsteller, Journalist, Regisseur, Kabarettist, stammt aus Graz/Österreich. Promovierte in Publizistik, arbeitete nebenbei als freier Journalist, später als Werbetexter und ging dann als Dramaturg zum Theater. Ab 1965 freier Autor. Von 1974 bis 1981 mehrere Duo-Programme mit Dieter Hildebrandt (»Talk täglich«, »Lametta & Co.«, »Wie abgerissen«, »Keine Fragen mehr«, »Ende der Spielzeit«), ab 1981 Solo-Programme (»Solo mit Trio«, »Satz für Satz«). 1982 gastierte er mit seinem Solo-Programm »Zwischentöne« in der *Leipziger Pfeffermühle*. Zahlreiche TV-Auftritte, auch zuweilen als Sportmoderator. Mehrere Buchveröffentlichungen, darunter das literarische Porträt »Erich Kästner – ein brauchbarer Autor«, Erzählungen (»Abschied vom Karpfen«, »Das Gefährliche an der Kunst«), Aphorismen, Epigramme und Textsammlungen (»Ende der Sommerpause«, »Wut und Liebe«, »Gelächter vor dem Aus«, »Satz für Satz«).

*Georg Schramm* (* 1949), Autor, Kabarettist. Nach Abitur und Bundeswehr Psychologiestudium in Bochum. Von 1976 bis 1988 war er als Diplom-Psychologe tätig. Seit 1983 Mitglied des Noien Para-Theaters in Konstanz. 1985 erstes Kabarett-Solo-Programm (»Solche Männer hat das Land«), dem bald weitere folgten, darunter »Schlachtenbummler«, 1994.

*Klaus Peter Schreiner* (* 1930), Kabarettautor, Kabarettist, war 1952 an der Gründung des Münchner Studenten-Kabaretts *Die Seminarren* beteiligt, 1955 Autor und Darsteller bei den *Namenlosen*, dann bei den *Amnestierten*. Ab 1958 Hausautor der *Münchner Lach- und Schießgesellschaft*. Daneben schrieb er Unterhaltungsserien fürs Fernsehen (»Klimbim«) und fürs TV-Kabarett (»Notizen aus der Provinz«, »Scheibenwischer«). Seine *Lach- und Schießer*-Biographie erschien unter dem Titel »Die Zeit spielt mit«, seine persönliche Kabarettgeschichte nennt sich »Ins Schwarze geschrieben«.

*Horst Schroth* (* 1948), Autor, Schauspieler, Kabarettist. Nach einem Kreuz- und Querstudium beteiligte er sich an der Hamburger freien Theaterszene (Aktions-, Straßen-, Kindertheater). 1975 gründete er zusammen mit Michael Batz das »Theater zwischen Tür und Angel«. 1983 erstes Programm mit Achim Konejung (»Volkszählungsrevue«), dem weitere Duo-Programme folgten (»Sex total«, 1987; »Gnadenlos deutsch«, 1989; »Alles meins!«, 1991). 1994 erstes Schroth-Solo (»Null Fehler«). Daneben Mitarbeit am Kabarett-Kollektiv *Reichspolterabend* (mit Rating, Konejung, Pachl, Beltz), bei Funk und Fernsehen sowie am Spielfilm »Der Superstau«. Buchveröffentlichungen (Co-Autor: M. Batz): »Theater zwischen Tür und Angel«, »Theater grenzenlos«.

*Rolf Schwendter* (* 1939), eigtl. Rudolf Schesswendter, Schriftsteller, Hochschullehrer, Kabarettautor, Kabarettist. In Wien Studium der Rechtswissenschaft, der Soziologie und der Theaterwissenschaft, jeweils mit Promotion abgeschlossen; dann vier Jahre arbeitslos. In dieser Zeit als Liedermacher mit seinen »Liedern zur Kindertrommel« unterwegs, die 1970 auch auf Schallplatte erschienen sind. Seit 1967 in der Bundesrepublik wohnhaft, ist er als Professor für Devianzforschung an der Gesamthochschule Kassel tätig. Buchveröffentlichungen: »Modelle zur Radikaldemokratie«, »Theorie der Subkultur«, »Ich bin noch immer unbefriedigt – Lieder zum freien Gebrauch«, »Zur Geschichte der Zukunft«, »Katertotenlieder«.

*Peter Sodann* (*1936), Autor, Regisseur, Theaterleiter, Kabarettist, stammt aus Meißen. 1950 Entlassung aus der Grundschule, 1953 Ausbildungsabschluß als Werkzeugmacher, 1954 Besuch der Arbeiter- und Bauernfakultät in Dresden, 1957 Jurastudium, 1959 Schauspielstudium, 1961 Studium der Knastologie (s. u. *Rat der Spötter*), 1962 Spitzendreher, 1964 Beendigung des Schauspielstudiums, 1965 Schauspieler am »Berliner Ensemble«. Daneben gelegentliche Kabarett-Aktivitäten: Anfang der sechziger Jahre Texter und Darsteller beim Leipziger *Rat der Spötter*, 1965 »Nachtschicht« am BE, 1966 Regie an der *Distel* und bei der *Kneifzange* (»Der gestiefelte Kader«), 1968 Darsteller und Regisseur des Programms »Ach, du meine Hüte« der *Kleinen Bühne* Erfurt. Weitere Stationen: Schauspieler und Regisseur in Erfurt und Karl-Marx-Stadt, Schauspieler, Regisseur und Intendant in Magdeburg; 1981 Schauspieldirektor in Halle, 1990 Intendant des Neuen Theaters Halle. Ab 1985 hat er als Schauspieler in zahlreichen Film- und Fernsehproduktionen mitgewirkt (»Sansibar oder der letzte Grund«, »Trutz«, »Verbotene Liebe«, »Zwei schräge Vögel«, »Tangospieler«, »Jana und Jan«, »Tatort«).

*Christof Stählin* (*1942), Autor, Sänger, Kabarettist, studierte vergleichende Religionswissenschaft und Völkerkunde. 1963 erste Auftritte mit Michael Wachsmann, ab 1964 ist er regelmäßig auf den »Chanson Folklore«-Treffen auf Burg Waldeck vertreten. In den achtziger Jahren schreibt Stählin mehrere Programme (»Schneeluft im Treibhaus«, »Mag denn keiner die Bundesrepublik?«). Mehrere Textveröffentlichungen (»Findelkinder«) und Schallplatten (»Privatlieder«, »Lieder für andere«, »Das Einhorn«, »Wie das Leben schmeckt«, »Geheime Hymnen«).

*Jochen Steffen* (1922–1987), Journalist, Autor, Politiker, Kabarettist, stammt aus Kiel. 1941 von der Schulbank zur Wehrmacht eingezogen. Nach Kriegsende studierte er Philosophie, Volkswirtschaft, Soziologie und war anschließend wissenschaftlicher Assistent an der Universität Kiel. Ab 1955 als Journalist tätig, 1958 wurde er Landtagsabgeordneter der SPD, zehn Jahre später deren Landesvorsitzender in Schleswig-Holstein. Nach sechsjähriger Tätigkeit als Oppositionsführer der SPD im Kieler Landtag und Mitglied des Bundesvorstandes verließ der inzwischen prominente SPD-Politiker die Politik und begab sich auf die Kabarettbühne, wo er als Kuddl Schnööf auftrat. 1977 erstes Solo-Programm, TV-Auftritte in den »Notizen aus der Provinz« und im »Scheibenwischer«. Buchveröffentlichungen: »Strukturelle Revolution – Krisenmanagement oder Politik«; »Wer sich nicht in Gefahr begibt .../Krisenprotokolle«; »Auf zum letzten Verhör – Erkenntnisse des verantwortlichen Hofnarren der Revolution Karl Radek« (Co-Autor: A. Wiemers). Seine kabarettistischen Kuddl-Schnööf-Texte sind nachzulesen in »Kuddl Schnööfs achtersinnige Gedankens und Meinungens von die sozeale Revolutschon und annere wichtige Sachens«, 1972; »Nu kommst du!«, 1975; »Da kanns du auf ab«, 1981.

*Dieter Süverkrüp* (* 1934), Musiker, politischer Liedermacher, arbeitete als Werbegraphiker und spielte als Jazz-Gitarrist bei den »Feetwarmers«. 1959 erschien seine erste Schallplatte mit Liedern der Französischen Revolution. Die kabarettistischen Polit-Songs, die er in den sechziger Jahren schrieb und auf Gastspielreisen vortrug, machten ihn rasch populär. 1967 gemeinsame Auftritte mit Hanns Dieter Hüsch, Franz Josef Degenhardt und Wolfgang Neuss als »Quartett 67«. Mitarbeit bei Funk und Fernsehen, auch für Jugendsendungen; er schrieb das Kinder-Musical »Das Auto Blubberbumm«. LP-Produktionen: »Fröhlich ißt du Wiener Schnitzel«, »Die widerborstigen Gesänge des Dieter Süverkrüp«, »Süverkrüps Hitparade«, »So weit alles klar!«

*Günter Thews* (1945–1993), Autor, Kabarettist. Der gelernte Kaufmann gründete 1977 als Student der Theaterwissenschaft zusammen mit seinen Kommilitonen Arnulf Rating und Hans-Jochen Krank das West-Berliner »Szene«-Kabarett *Die Drei Tornados*. Das Anarcho-Trio, bei dem ab 1980 Holger Klotzbach für Krank einstieg, bereiste bis 1989 »den deutschsprachigen Kulturraum des real existierenden Kapitalismus, um gegen Gagen zwischen null und achthundert Mark kräftig auf die FDGO zu treten«. 1990 löste es sich auf.

*Dieter Thomas* (* 1947), Autor und Kabarettist. Der gelernte Volksschüler und Fabrikarbeiter kam in den sechziger Jahren aus Limburg nach Frankfurt, wo er sein Abend-Abitur machte und ein Germanistik-Studium begann. 1976 war er an der Gründung des Frankfurter Szene-Kabaretts *Karl Napps Chaos Theater* beteiligt. Sechs Jahre später bildete er mit Hendrike von Sydow und Matthias Beltz ein Kabarett-Trio, das sich *Das Vorläufige Frankfurter Fronttheater* nannte. Ab 1988 Duo-Programme mit Hendrike von Sydow (»Zwei Paar Schuh«, »Heiß und innig«, »Das Bio tobt«, »Ex und Mob«). Wie schon die »vorläufigen Frankfurter« ist auch das Duo Thomas/v. Sydow mit zahlreichen Funk- und Fernseharbeiten vertreten; so bilden sie u.a. mit Rogler und Rating das TV-»Schattenkabinett« der ARD. Textveröffentlichungen im Buch über das *Vorläufige Frankfurter Fronttheater* (»Am besten bös«).

*Horst Tomayer* (* 1938), Journalist, Schriftsteller, Kabarettautor, schrieb in den sechziger Jahren fürs West-Berliner *Reichskabarett* und arbeitete für Wolfgang Neuss (»Neuss Testament«). Mitarbeiter bei etlichen Links-Postillen, darunter »Pardon« und »Konkret«. Das Beste aus seinen »Deutschen Gesprächen«, jener verkappten Telefon-Aktion mit prominenten Zeitgenossen zur Aufklärung dunkler Sachverhalte, legte er als Buch vor. Der Mitherausgeber einer Satire-Sammlung (»Lachend in die Achtziger«, 1976) gab einen Bruchteil seiner gesammelten Werke unter dem Titel »Hirnverbranntes und Feinzieseliertes« heraus. Funk- und Fernseharbeit; außerdem trat T. zuweilen als Spielfilm-Darsteller auf.

*Karl-Heinz Tuschel* (* 1928), Schriftsteller, Kabarettautor. Nach dem Studium am Literaturinstitut Leipzig war er Dramaturg beim Armee-Laien-Kabarett *Die Schlagbolzen* in Halle. 1961 wechselte er für mehr als zehn Jahre als Texter und Dramaturg zum NVA-Kabarett *Die Kneifzange*. Verfasser wissenschaftlich-phantastischer Romane (»Ein Stern fliegt vorbei«, »Die Insel der Roboter«) und Schöpfer agitproperen FDJ-Liedguts (»Pionierlied«).

*Henning Venske* (* 1939), Autor, Schauspieler, Regisseur, Kabarettist.

Nach Engagements am West-Berliner Schiller-Theater und am Hamburger Thalia-Theater ab 1967 freiberufliche Tätigkeit bei Funk, Fernsehen und Bühne. Seit 1973 zunehmend journalistische Arbeit, darunter zwei Jahre Chefredakteur der Satire-Zeitschrift »Pardon«. Von 1985 bis 1993 war er Mitglied der *Münchner Lach- und Schießgesellschaft*, für die er auch einen Großteil der Programme schrieb. Zahlreiche, vorwiegend satirische Buchveröffentlichungen, darunter »Gestammelte Werke«, »Posa und Damen«, »Das versendet sich oder Gesammelte Fettnäpfe«, das Satire-ABC »Der Schmutz aus dem Nest«, »Klüngel, Filz & Korruption«, eine satirische Würdigung der »Deutschen Arbeit« sowie mehrere Kinderbücher.

*Stephan Wald* (* 1951), Autor, Schauspieler, Kabarettist, trat vor allem als Parodist hervor: seine Spezialität sind die Bonner Realpolitiker von Kohl bis Blüm, die er auch auf Schallplatten verewigte (»Ich bin Kohl, mein Herz ist rein«). Walds Stimmenimitationen sind auch Kernstück seiner Solo-Programme (»Die Hungergala«, »Schizofritz«, »Jenseits von Edeka«), mit denen er ab Mitte der achtziger Jahre durch die Lande reist.

*Ulrich Waller* (* 1956), Autor und Regisseur, studierte Germanistik und Geschichte, inszenierte an verschiedenen Bühnen, darunter am Deutschen Schauspielhaus Hamburg und am Frankfurter TAT. Schrieb eigene Stücke (»Küssebisserisse«, »Nur du« sowie die Revue »Davon geht die Welt nicht unter«) und ist seit 1985 verstärkt fürs Kabarett tätig. So führte er u. a. Regie beim *Vorläufigen Frankfurter Fronttheater* (»Leute 85«), bei Programmen des Duos Konejung & Schroth (»Sex total«, »Gnadenlos deutsch«, »Alles meins!«), für die er auch textete. Inszenierte Solo-Programme mit Matthias Beltz, Richard Rogler, Matthias Deutschmann und Arnulf Rating.

*Konstantin Wecker* (* 1947), Liedermacher, Komponist, Schauspieler. Studium an der Musikhochschule und an der Universität München. 1972 LP-Debüt mit »Die sadopoetischen Gesänge des Konstantin Amadeus Wekker«, seitdem zahlreiche Konzerte, Filmmusiken (»Schtonk«) und Schallplatten (»Genug ist nicht genug«, »Weckerleuchten«, »Wecker live«, »Das macht mir Mut«). 1978 erste Buchveröffentlichung »Ich will noch eine ganze Menge Leben«; es folgten mehrere Textsammlungen und der Roman »Uferlos«, 1992.

*Mathias Wedel* (* 1953), Journalist, Kabarettautor, Regisseur. Der studierte Gesellschaftswissenschaftler, er promovierte über »Besonderheiten der Kabarett-Satire im Sozialismus«, war Dozent an der Ost-Berliner Hochschule für Schauspielkunst »Ernst Busch« und gehörte zeitweise der sogenannten Beratergruppe an, in der FDGB- und SED-Genossen die Programme der DDR-Kabaretts bewerteten. Als er sich für ein unbequemes Programm der Magdeburger *Kugelblitze* stark machte, verlor er sein Amt. Zur Zeit der Wende war er Direktor des Potsdamer *Kabarett am Obelisk*, für das er 1989 das Programm »Ab & Zustimmung« inszenierte. Arbeiten über Kabarett und Satire in der DDR (»Ausverkauft«). 1994 erschien sein Buch über die »Ossifizierung« der Republik (»Einheitsfrust«).

*Hans Well* (* 1953), Autor, Musiker, wurde als neuntes Kind einer 17köpfigen Dorfschullehrerfamilie im Landkreis Aichach/Altbayern geboren. Nach der Lehrerausbildung 18 Semester Germanistik und Geschichte. 1978 tat er sich mit seinen beiden Brüdern

Christoph und Michael zum Volksmusik-Trio *Biermösl Blosn* zusammen, das allein oder an der Seite Dieter Hildebrandts und Gerhard Polts zahlreiche Kabarett-Auftritte mit politisch-satirischen Bayernliedern absolvierte. TV-Auftritte und Mitwirkung an kabarettistischen Bühnen-Shows in den Münchner Kammerspielen (»München leuchtet«, »Diri Dari«, »Tschurangrati«).

*Wenzel & Mensching*, kabarettistisches Clowns-Duo, zu dem sich Hans-Ekkardt Wenzel (* 1955) und Steffen Mensching (* 1958) zusammengetan haben. Gemeinsame Projekte (Mühsam-, Becher-, »Göte«-Abende und eine »Hammer-Rewüh«) seit den siebziger Jahren. 1982 Clowns-Abend »Neues aus der Da Da eR«, der im Laufe der Jahre immer wieder verändert und der Wirklichkeit angeglichen wurde (»Altes aus der Da Da eR«, 1988; »Letztes aus der Da Da eR«, 1989); 1990 »Hundekomödie«. Mehrere Buchveröffentlichungen.

*Ron Williams* (* 1942), Autor, Schauspieler, Entertainer, Kabarettist, stammt aus Oakland/USA. 1961 kam er als Besatzungssoldat nach Stuttgart, wo er bald als DJ im amerikanischen Soldatensender AFN zu hören war. Nach absolviertem Militärdienst erste Kabarett-Auftritte im Stuttgarter *Renitenztheater*; Solo-Karriere als Entertainer und TV-Moderator.

*Gerd Wollschon* (* 1944), Autor, Kabarettist, studierte Theaterwissenschaft und Psychologie; war 1966 an der Gründung des Kölner Kabaretts *Floh de Cologne* beteiligt, dessen Haupttexter er wurde. 1976 verließ er die *Floh*-Truppe, trat mit Solo-Programmen auf (»Der mündliche Staatsbürger«, »Neues aus Schizophrenien«) und gründete den Kölner Satire-Verlag, in dem er ausschließlich Kabarett-Texte veröffentlichte. Mitarbeit bei Funk und Fernsehen. Buchveröffentlichungen: »Sudel-Lexikon«, »FDGO & Co. KG«, »Der Duft von Freiheit und Adenauer«.

*Siegfried Zimmerschied* (* 1953), Kabarettist, Schauspieler, Autor, lebt und wirkt in Passau, wo der Theologiestudent 1975 zusammen mit Bruno Jonas das »Ministranten-Kabarett« *Die Verhohnepeopler* gründete. Bereits das Erstlingsprogramm (»Die Konferenz«), das sich wie der von Zimmerschied von Zeit zu Zeit an alle Passauer Haushalte verschickte »Hirtenbrief – an alle schwarzen Schafe« mit der Allmacht klerikaler Institutionen auseinandersetzte, führte zu Protesten und staatsanwaltschaftlichen Ermittlungen wegen angeblicher Religionsbeschimpfung und Gotteslästerei. Ab 1977 Solo-Programme (»Zwischenmenschen«, »Haltungsschäden«, »Betondepp'n«), daneben stand er in selbstverfaßten satirischen Volkstheaterstücken (»Für Frieden und Freiheit – ein Holzweg in 14 Stationen«) auf der Passauer »Scharfrichter-Haus«-Bühne. Seine Solo-Programme »A ganz a miesa, dafeida, dreckata Dreck san Sie«, 1982, und »Ausschwitz'n – eine deutsche Tugend«, 1990, sind als Textbücher erschienen.

*Andreas Zweigler* (* 1947), Autor, Kabarettist, stammt aus dem Erzgebirge. Nach dem Abitur Studium der Mathematik, Abschluß als Diplom-Mathematiker. 1970 Mitbegründer des studentischen Amateur-Kabaretts *Lachkartenstanzer*, Karl-Marx-Stadt, das unter seiner Leitung 1983 in ein professionell arbeitendes Kabarett umgewandelt wurde; erklärtes Ziel: »Volkstümliche Spielweise, direkte Abbildung von Alltagsbewußtsein.« Nach der Wende tauften sich die *Lachkartenstanzer* in *1. Chemnitzer Kabarett* um.

# Chronik

1970
Erstes innerdeutsches Gipfeltreffen Stoph/Brandt in Erfurt – USA weiten Vietnamkrieg auf Kambodscha aus – Deutsch-polnischer Vertrag schreibt Oder-Neiße-Grenze fest

1971
Machtwechsel in der DDR: Honecker löst Ulbricht ab – Mikrochips im Vormarsch – Chemiekonzern Hoechst richtet Moskau-Büro ein – Transitabkommen zwischen DDR und BRD

1972
Bundestag billigt Ostverträge – Terroranschlag auf Israels Olympiamannschaft in München – Böll erhält Literatur-Nobelpreis – RAF verübt verstärkt Bombenanschläge, Baader-Meinhof-Gruppe verhaftet

1973
Waffenstillstand in Vietnam – Militärputsch gegen Chile-Präsident Allende – Beide deutsche Staaten in der UNO – Bonn verfügt vorübergehend Sonntagsfahrverbot für Autos

1974
Kanzlerreferent Guillaume als DDR-Spion enttarnt: Brandt tritt zurück, Schmidt wird Kanzler – Äthiopien-Kaiser Haile Selassie entthront – US-Präsident Nixon stürzt über »Watergate-Affäre« – In Biblis geht weltweit größter Atommeiler ans Netz

1975
Berliner CDU-Chef Lorenz entführt, freigepreßte Häftlinge werden in den Südjemen geflogen – Proteste gegen geplantes Wyhl-AKW – Prozeß gegen Baader-Meinhof-Gruppe – 35 Staaten unterzeichnen KSZE-Akte in Helsinki

1976
Militärputsch in Argentinien – Ulrike Meinhof stirbt in Stammheim – Rassenunruhen in Südafrika – Dioxin-Giftgaskatastrophe in Seveso – Bürgerkriegsartige Szenen um das Kernkraftwerk Brokdorf – Liedermacher Biermann von der DDR ausgebürgert – Mao stirbt

1977
ČSSR-»Charta 77« fordert Menschenrechte – RAF ermordet Generalbundesanwalt Buback und Arbeitgeberpräsident Schleyer – Bundestag verabschiedet Kontaktsperre-Gesetz – Geiselbefreiung in Mogadischu – RAF-Häftlinge Baader, Ensslin und Raspe in Stammheim tot aufgefunden

1978
Bundestag beschließt »Anti-Terror-Gesetze« – Ministerpräsident Filbinger muß wegen NS-Vergangenheit zurücktreten – »Dreipäpstejahr« in Rom, polnischer Kardinal Wojtyla besteigt Heiligen Stuhl – Italiens Rote Brigaden ermorden Aldo Moro

1979
Persien-Schah gestürzt, Khomeni kommt an die Macht – Erste Direktwahl zum Europa-Parlament – AKW-Unfall in Harrisburg/USA – In Bremen ziehen die Grünen erstmals in ein Landesparlament ein – Sowjet-Truppen marschieren in Afghanistan ein – TV-Serie »Holocaust« bewegt deutsche Fernsehzuschauer

1980
Golfkrieg zwischen Irak und Iran – SPD/FDP-Koalition gewinnt Bundestagswahl – Reagan wird US-Präsident – Polnische Arbeiter gründen freie Gewerkschaften

1981
Kanzer Schmidt besucht Honecker – Massenprotest gegen Frankfurter Startbahn West – Ägyptens Präsident Sadat ermordet – 300 000 bei Friedensdemo in Bonn – CD-Platten kommen auf den Markt

1982
Bruch der Bonner sozialliberalen Koalition – Kohl wird Kanzler – »Vorläufiges Frankfurter Fronttheater« gegründet

1983
Friedensnobelpreis für Lech Walesa – Die Grünen im Bundestag – Stern-Skandal um »Hitler-Tagebücher«

1984
Richard von Weizsäcker wird Bundespräsident – Indira Gandhi ermordet – DDR entfernt Selbstschuß-Anlagen entlang der deutsch-deutschen Grenze

1985
Warschauer Pakt um 20 Jahre verlängert – Privatfernsehen in der BRD – Weltweites Kernwaffenarsenal entspricht Vernichtungskraft von 2,4 Tonnen TNT pro Kopf der Bevölkerung – Ära Gorbatschow beginnt

1986
AKW-Katastrophe von Tschernobyl – Großdemonstrationen in Wackersdorf und Brokdorf – Olof Palme in Schweden ermordet – Sechs US-Astronauten sterben bei »Challenger«-Unfall

1987
Ex-Gestapo-Mann Klaus Barbie in Frankreich abgeurteilt – Hitlers Stellvertreter Rudolf Heß begeht in Spandauer Haft Selbstmord – Österreichs Bundespräsident Kurt Waldheim wegen NS-Vergangenheit international isoliert

1988
Flugzeug-Katastrophe von Lockerby – Gorbatschow setzt auf Demokratisierung – Sowjet-Truppen verlassen Afghanistan – Atommüll-Skandal in der BRD

1989
40. Jahrestag der DDR mit Jubelfeiern und Protestdemos – Wolfgang Neuss stirbt in Berlin – Leipziger Montags-Demonstrationen – Honecker entmachtet – Berliner Mauer fällt

1990
Deutsch-deutsche Vereinigung: DDR wird Teil der BRD – Ostblock bricht auseinander – Golfkrieg um Kuwait

1991
Überfälle auf Ausländerheime nehmen zu – Präsident Gorbatschow tritt zurück – Bürgerkrieg in Jugoslawien

1992
Gewaltwelle der Neonazis eskaliert – Marlene Dietrich stirbt in Paris – Willy Brandt gestorben – Clinton US-Präsident – Tschechoslowakei zerbricht

1993
Europäischer Binnenmarkt tritt in Kraft – Prozeß gegen Ex-DDR-Chef eingestellt, Honecker-Ausreise nach Chile – Bundeswehr engagiert sich als »Blauhelm«-Truppe in Somalia – Kali-Bergleute in Bischofferode treten für den Erhalt ihrer Grube in Hungerstreik – Rätsel um Todesschuß von Bad Kleinen – Israelis und Palästinenser beschließen Friedensplan – Südafrika rückt von der Apartheid ab

1994
Mandela wird Staatspräsident von Südafrika – Lore Lorentz gestorben – Israel und PLO unterzeichnen Autonomievertrag – Eurotunnel unter dem Kanal eröffnet – Erstmals »Ausländerwahlrecht« bei Europawahlen – Erich Honecker gestorben

# Rechtsnachweis

Wenn nicht anders angegeben, liegen die Abdruckrechte bei den Autoren.

Für die erteilten Abdruckgenehmigungen danken wir dem C. Bertelsmann Verlag, München, für den Text von Franz Josef Degenhardt; Drei Masken Verlag, München, und Anette Spola für Philip Arp; Global Musikverlag, München, für Konstantin Wecker; Haffmans Verlag, Zürich, für Hanns Christian Müller/Gerhard Polt (aus Gerhard Polt/Hanns Christian Müller, Da schau her. Alle alltäglichen Geschichten. Mit Zeichnungen von Reiner Zimnik © 1984); Igel Verlag, Paderborn, für Erwin Grosche (aus: Erwin Grosche, Vom großen G und kleinen Glück); Verlag Kiepenheuer & Witsch, Köln, für Wolf Biermann (aus: Wolf Biermann, Alle Lieder © 1991) und Richard Rogler (aus: Finish. Ein Monolog © 1992); Kindler Verlag, München, für Martin Morlock; Luchterhand Literaturverlag, München, für Franz Hohler; Rowohlt Verlag, Reinbek, für Elke Heidenreich (aus: Elke Heidenreich, Darf's ein bißchen mehr sein?); Suhrkamp Verlag, Frankfurt, für Hans Magnus Enzensberger.

Trotz intensiver Recherchen konnte für einige Autoren und Texte der Verbleib der Urheberrechte nicht geklärt werden. Berechtigte Ansprüche werden selbstverständlich abgegolten.

# Abbildungen

# Gesamtregister